CONSEJERÍA BÍBLICA

Tomo 5

Tomos de la serie *Consejería bíblica*:

Consejería bíblica 1: Manual de consulta sobre 40 temas críticos
Consejería bíblica 2: Manual de consulta sobre el matrimonio y la familia
Consejería bíblica 3: Manual de consulta sobre adolescentes
Consejería bíblica 4: Manual de consulta sobre mujeres
Consejería bíblica 5: Manual de consulta sobre la sexualidad y las relaciones

CONSEJERÍA BÍBLICA

Tomo 5

Manual de consulta sobre
la sexualidad y las relaciones

DR. TIM CLINTON
DR. MARK LAASER

EDITORIAL
PORTAVOZ

La misión de *Editorial Portavoz* consiste en proporcionar productos de calidad —con integridad y excelencia—, desde una perspectiva bíblica y confiable, que animen a las personas a conocer y servir a Jesucristo.

Título del original: *The Quick-Reference Guide to Sexuality & Relationship Counseling,* © 2010 por Tim Clinton y publicado por Baker Books, una división de Baker Publishing Group., P.O. Box 6287, Grand Rapids, MI 49516-6287. Traducido con permiso.

Traducción: Juan Sánchez Araujo

EDITORIAL PORTAVOZ
2450 Oak Industrial Drive NE
Grand Rapids, Michigan 49505 USA
Visítenos en: www.portavoz.com

ISBN 978-0-8254-5602-2 (rústica)
ISBN 978-0-8254-0847-2 (Kindle)
ISBN 978-0-8254-7942-7 (epub)

1 2 3 4 5 edición / año 25 24 23 22 21 20 19 18 17 16

Impreso en los Estados Unidos de América
Printed in the United States of America

Contenido

Agradecimientos

El Dr. Laaser y yo quisiéramos dar las gracias especialmente a todos los que han participado en la tarea de producir este manual, el cual pedimos a Dios que sea útil para los líderes cristianos y las demás personas comprometidas en ayudar a otros, en todo lugar, promoviendo la esperanza y la sanidad de quienes buscan sabiduría, dirección y comprensión.

Nuestro más profundo reconocimiento a Robert Hosack, de Baker Books, por creer en el proyecto, y a Mary Suggs y Mary Wenger por su excelente trabajo de edición.

También extendemos nuestra más sincera gratitud a todo el equipo de la AACC, que nos ha ayudado en la redacción, corrección e investigación de este manual:

Pat Springle, MA
Joshua Straub, PhD
Amy Feigel, MA, LMFT
Anthony Centore, PhD
George Ohlschlager, JD
Laura Faidley

Asimismo, quisiéramos agradecer a nuestras esposas —Julie y Deb— y a nuestras familias, por su apoyo y amor a lo largo de los años. Sin ellos no hubiéramos podido dedicarnos al trabajo que hacemos.

Y para todo el equipo de la AACC y las decenas de miles de pastores y consejeros que se adentran literalmente en las tinieblas de las vidas de tantas personas heridas, nuestro deseo es que este manual los ayude a llevar la luz y la esperanza de Jesús a cada situación. A ustedes dedicamos esta serie.

Introducción

En cierta ocasión la humorista Phyllis Diller se quejaba: "La noche pasada me sucedió algo terrible... ¡nada!".

Vivimos en una sociedad exageradamente volcada en el sexo, pero muchas personas que acuden a nosotros en busca de consejo están, como Phyllis, decepcionadas de su vida sexual. Algunos vienen a vernos con sus problemas sexuales como el tema prioritario de conversación; sin embargo, aun en nuestra cultura saturada de sexualidad (o tal vez por esa misma razón), ciertas personas se avergüenzan de traer a colación sus problemas sexuales en las sesiones de consejería.

Nos complace poner en sus manos este *Manual de consulta sobre la sexualidad y las relaciones*, confiando en que Dios lo utilizará para transmitir su esperanza y vida a millones de creyentes estadounidenses y del mundo entero a quienes sirve el creciente grupo de miembros de la Asociación Americana de Consejeros Cristianos (AACC).

Doquier miramos en este nuevo milenio, vemos personas que necesitan desesperadamente el toque de Dios, y que claman sin cesar pidiendo su cuidado misericordioso. Los alucinantes avances en todos los campos profesionales y científicos, junto con el bombardeo de una publicidad multimillonaria, han avivado la falsa esperanza de que podemos "tenerlo todo y tenerlo ya". Si consideramos las últimas estrategias publicitarias nos damos cuenta de inmediato de que "el sexo vende". Todos esos factores no hacen sino agrandar el doloroso "agujero en el alma" que tantos experimentan en medio de la opulencia material y las relaciones rotas, intensificando así el estrés bajo el cual todos vivimos las veinticuatro horas del día, siete días por semana, en nuestro panorama cultural. De ahí que nos preguntemos si de veras existe algún remedio.

Nosotros creemos que la respuesta es un *sí* rotundo, que comienza con usted. Puesto que está leyendo la introducción de este libro, quizá tenga un llamado a ejercer el ministerio de consejero y a brindar cuidados de calidad. Ha sido llamado, y muy posiblemente capacitado en cierta medida, para cuidar y consolar a las muchas almas quebrantadas y abatidas que hay en su iglesia y su comunidad. Este libro, y toda esta serie, le serán de gran utilidad si Dios lo ha llamado a recordar a otros que "el Señor está cerca de los que tienen quebrantado el corazón [y] rescata a los de espíritu destrozado" (Sal. 34:18, NTV). Él lo ha escogido como instrumento para dispensar esa gracia especial, y su privilegio y responsabilidad consisten en proporcionar tales cuidados de la manera más excelente y ética posible.

Cuando se trata de aconsejar sobre problemas de sexualidad y relación, una de las cosas más importantes que podemos hacer por las personas es hablar con naturalidad acerca del sexo. Si la gente aprende a dialogar con nosotros de manera más abierta y natural, en un entorno seguro, probablemente tendrá más valor y confianza para hacerlo también con su cónyuge o su médico cuando intente solucionar sus problemas. A lo largo de toda una vida, y en los matrimonios de larga duración, cada aspecto de la relación de pareja sufre altibajos, incluso la satisfacción sexual. El embarazo y el parto, las presiones de trasladarse a otra ciudad o de cambiar de empleo, el estrés que conlleva tener poco dinero y muchas facturas por pagar, la enfermedad, el aburrimiento y las limitaciones físicas que surgen con la edad, forman parte natural de nuestras vidas.

Con mucha frecuencia, las personas acuden a nosotros con un problema que parece sencillo, pero unas cuantas preguntas sacan a la luz toda una maraña de dificultades emocionales, espirituales, económicas, sexuales y de relación. La tarea del consejero consiste entonces en descubrir los problemas más acuciantes, priorizarlos y abordarlos de manera tal que ofrezca al aconsejado un proceso de cambio y la esperanza de que la vida puede mejorar.

Aunque cada problema afecta en cierto modo todas las dimensiones de la vida de una persona, una rápida ojeada al contenido de este libro revelará que algunos de los problemas son primordialmente *médicos*, como la infertilidad, las enfermedades de transmisión sexual y el VIH; otros son de *naturaleza psicológica* y proceden de acontecimientos traumáticos, adicciones, compulsiones o miedos irracionales; otros son de *carácter espiritual* y tienen que ver con la relación de esa persona con Dios; por último, otros surgen de la *comunicación* entre los cónyuges. En muchos casos, incluso en la mayoría, el problema es consecuencia de una combinación de varias de estas causas. Si existe alguna sospecha de que el problema pueda estar originado o verse agravado por alguna dolencia física, deberá remitir a la persona a un ginecólogo, urólogo o quizá a un médico de familia.

Hay una amplia gama de enfoques cristianos que han dado buenos resultados en individuos con problemas sexuales. Entre ellos se cuentan: la terapia cognitiva, para ayudar a las personas aconsejadas a identificar y sustituir sus formas de pensar negativas; la terapia del comportamiento, que enseña ejercicios para dispensar caricias y otras formas de contacto físico significativo; los grupos de terapia y apoyo, útiles para hacer frente al maltrato y las adicciones; y diversas técnicas adicionales de capacitación que están empezando a reconocerse y emplearse.

A veces los consejeros y los pastores pasan por alto los problemas sexuales porque las personas que acuden a ellos no los sacan a colación. Por esta causa les recomendamos que en sus hojas de inscripción incluyan alguna pregunta sencilla acerca de la función y la satisfacción sexual. Además de otros elementos del formulario, tales como cuál es el motivo principal de la visita, la historia familiar, la educación, el tipo de trabajo, los intereses espirituales, el historial de uso y abuso de estupefacientes y la salud física, debería aparecer algo como, por ejemplo, "Función y satisfacción sexual: ¿Es esta un área que le preocupa? Explique". En su primera evaluación de las personas que vienen a pedir consejo, busque indicios del deseo o la necesidad que estas puedan tener de hablar más francamente acerca de su vida sexual.

EL SEXO LO INVENTÓ DIOS

La primera vez que Adán vio a Eva debió quedar boquiabierto (véase Gn. 2:23), pero ¿ha pensado alguna vez cómo pudo sentirse al tocarla o tener relaciones sexuales con ella? No le faltaban motivos para disfrutar al máximo de la vida con la mujer que Dios le había dado. La Biblia dice que "estaban ambos desnudos, Adán y su mujer, y no se avergonzaban" (Gn. 2:25, RVR-60), y Jesús reafirmó la intimidad y el deleite sexual como el adhesivo entre los cónyuges. Él repitió las palabras de Génesis: "Los dos serán una sola carne" (Mt. 19:5). El autor del libro de Hebreos, por su parte, reivindica el lecho conyugal como algo "sin mancilla" (He. 13:4, RVR-60), y el apóstol Pablo escribe que las parejas casadas no deben negarse la relación sexual el uno al otro sino solo durante algún tiempo y con el único fin de orar y ayunar (1 Co. 7:5). Ciertamente, el mandamiento que se ha cumplido con más placer a lo largo de toda la historia registrada ha sido el que Dios les dio a Adán y Eva: "Sean fructíferos y multiplíquense"

(Gn. 1:28). El sexo puede disfrutarse sin reparos, con imaginación y alegría en la seguridad y al amparo del matrimonio.

A lo largo de todo este manual constatará usted que nos referimos a menudo a uno de los relatos de amor más hermosos que se hayan escrito: el Cantar de los Cantares, de Salomón. Se trata de la historia de la desposada sulamita y de su amado esposo, un maravilloso testimonio de amor puro, del deseo y la pasión entre un hombre y una mujer, del vínculo que Dios creó para establecer el parámetro de las relaciones sexuales que las parejas pueden y deben seguir hoy día… ¡miles de años después!

Sin embargo, todo lo que tiene un potencial tan grande para bien puede asimismo pervertirse y destruirse. No necesitamos seguir leyendo durante mucho tiempo la Biblia para toparnos con el pecado sexual y la ruptura de las relaciones. ¡Solo en el libro de Génesis encontramos nueve conflictos de carácter sexual!

Los cristianos difieren mucho en sus creencias y prácticas acerca del sexo. Hoy día las personas que buscan ayuda traen consigo una amplia gama de ideas, experiencias y deseos sexuales. Aunque escasos, algunos todavía se aferran al viejo concepto de que la sexualidad está en cierto modo por debajo de lo deseable para alguien plenamente dedicado a Cristo, por lo que sienten una enorme vergüenza cuando mantienen relaciones sexuales con su cónyuge. Otros, por su parte, utilizan el sexo para aprovecharse de los demás tratándolos de manera humillante o exigente, o negándoselo con el objeto de castigarlos o manipularlos.

Ya sea que las personas que buscan ayuda procedan de un ambiente sumamente opresivo y restrictivo o que hayan sido promiscuas o sufrido abusos, necesitan comprender la idea de Dios para el sexo, su maravilloso propósito y su plan para el mismo. Él nos creó como seres sexuales con deseos y necesidades sexuales, y quiere que en nuestra relación amorosa encontremos verdadera libertad, pasión y satisfacción.

QUIÉN PUEDE UTILIZAR ESTE MANUAL

Por la naturaleza de la terapia sexual, este *manual de consulta* está pensado principalmente para consejeros profesionales, pero los pastores y los consejeros laicos también pueden usarlo como una ayuda valiosa. La "terapia sexual" debe dejarse en manos de profesionales capacitados para manejar los asuntos muchas veces complejos, provocadores y explosivos inherentes a la sexualidad humana.

Muchas personas que luchan con su sexualidad sostienen relaciones difíciles. En muchos casos, ellas mismas y los consejeros con poca preparación que intentan ayudarlas quedan expuestos a las tentaciones y los perjuicios que trae consigo el traspasar los límites éticos, algo a lo que se prestan inevitablemente las cuestiones sexuales. Por esta razón, los pastores, e incluso los consejeros laicos, deben usar este manual para obtener información adicional acerca de los asuntos que surgen en las conversaciones, la cual puedan luego utilizar de un modo acertado y eficaz remitiendo sus aconsejados a profesionales de la medicina o la consejería.

LOS TRES PILARES DEL MINISTERIO DE AYUDA

Hemos escrito estos libros tomando en cuenta cada uno de los tres pilares. Proponemos la idea de que el ministerio de ayuda de la iglesia lo componen tres agentes. En primer lugar, los *pastores,* que desempeñan un rol central en el manejo de casos, ya que la persona aconsejada casi siempre vuelve a su papel de feligrés. En segundo lugar, los *consejeros cristianos profesionales,* que a menudo atienden varias iglesias en una zona geográfica determinada. Y en tercer lugar, los *ayudantes laicos*, que han recibido adiestramiento y sirven en la congregación como líderes individuales o de grupos.

Las personas que ministran en esos tres niveles deben adquirir tanto el carácter como las cualidades de siervo que reflejen la gracia y la verdad de Cristo mismo. Dios también ha repartido generosamente sus dones entre toda la iglesia para que los creyentes lleven a cabo las diversas tareas ministeriales que son decisivas para el buen funcionamiento de la iglesia. Así que, por muy capaces, inteligentes o solícitos que seamos, a menos que dependamos directamente de la obra del Espíritu Santo en nosotros para realizar el ministerio divino, nuestro trabajo no llevará fruto para el reino. Dios nos enviará las personas a las que Él quiere que ayudemos, y debemos aprender a confiar en Él para alcanzar a otros de manera sobrenatural, de modo que puedan decir: "¡Dios se ha manifestado (y hemos visto milagros) en la sesión de consejería de hoy!".

Pastores o personal contratado por la iglesia

Si es usted pastor o forma parte de la plantilla de la iglesia, entenderá que casi todos los que se sientan hoy día en los bancos de la iglesia se han visto afectados (o pronto lo serán) por la adicción, el divorcio, la violencia, la depresión, el duelo, la confusión, la soledad y muchas otras evidencias de que somos personas quebrantadas que viven en un mundo caído. Este manual le ayudará a...

- ofrecer consejos eficaces y brindar una ayuda a corto plazo a quienes acudan a usted con sus problemas
- enseñar a otros y preparar sermones acerca de las principales cuestiones con las que luchan las personas en nuestros días
- proporcionar materiales y otros recursos indispensables para que el personal y los líderes laicos de su iglesia progresen en sus ministerios de ayuda

Consejeros profesionales

Si es usted un consejero profesional con licencia o certificado en alguna de las seis disciplinas clínicas principales, probablemente ya conocerá la mayoría de los temas que se tratan en este libro. Aun así, el libro le ayudará a...

- repasar más fácilmente las definiciones y las preguntas de evaluación que debe utilizar en su primera sesión con un nuevo paciente
- comprender e incorporar mejor una perspectiva bíblica del problema de su paciente
- elaborar más eficazmente su estrategia de tratamiento, echando mano de los mejores principios y recursos existentes
- proporcionar a sus pacientes la información más útil para salir de su estancamiento y avanzar de manera más resuelta, dotados de las ideas correctas y la acción enfocada en los pasos prácticos de su proceso de tratamiento

Ayudantes o ministros laicos

Si es usted un ayudante o ministro laico, este libro le ayudará a planificar y suministrar de principio a fin el mejor cuidado posible. Le recomendamos leer el libro completo, subrayando el material que le resulte más útil tanto en el formato individual como de grupo. Este manual le ayudará a...

- comprender y evaluar con más precisión el problema de la persona
- orientar mejor sus conversaciones y hacer sugerencias útiles sin ejercer demasiado control ni restringir la influencia
- recordar los principios clave y pasar del problema a la solución de un modo más eficiente
- traer a su memoria los límites del ministerio laico y ayudarle a remitir a sus aconsejados de un modo constructivo a otras personas más calificadas y capaces de ayudarles

CÓMO UTILIZAR ESTE MANUAL

Como puede ver, hemos dividido cada uno de los temas en siete partes, según el orden del proceso de consejería. La meta y el propósito de las partes son los siguientes:

1. **Retratos.** Cada tema empieza con varias anécdotas breves referentes a personas que luchan con el problema en cuestión. Hemos intentado presentar historias que encontrará a menudo al tratar con los individuos a quienes sirve.
2. **Definiciones e ideas clave.** Esta sección comienza con una clara definición del problema en lenguaje común, a la que luego se añaden ideas y datos diversos para ayudarle a comprender mejor el asunto y el efecto que tiene en las vidas de las personas, así como el daño que puede causar a quienes luchan con él.
3. **Entrevista de evaluación.** Por lo general, esta sección comienza sugiriendo un marco de referencia para evaluar la cuestión, seguido de una serie de preguntas específicas cuyo objetivo es lograr una comprensión más completa del problema de la persona aconsejada.
4. **Consejos sabios.** Aquí se presentan una o más ideas que pueden servirle como guía general para su intervención; el consejo sabio le ayudará a estructurar mejor sus intervenciones. Estas percepciones clave pueden ir dirigidas principalmente al consejero o al pastor, pero son útiles para los tres agentes de ayuda que ya hemos mencionado, y le proporcionarán discernimiento para comprender y tratar a la persona o personas que acuden a usted.
5. **Pasos prácticos.** Esta sección —juntamente con la de "cconsejos sabios"— le ayudará a saber cómo actuar en sus intervenciones como consejero, y a elaborar un plan lógico para que usted y la persona aconsejada puedan pasar de la identificación del problema a su resolución en pasos breves y bien calculados, siempre dados por él o ella. Sin un buen plan de acción es fácil dejar a las personas aconsejadas confusas y a la deriva en vez de avanzar en una determinada dirección hacia objetivos concretos de cambio. La mayoría de los "pasos prácticos" son para quienes reciben el consejo (*aquellos dirigidos al consejero están en cursivas*).
6. **Ejemplos bíblicos.** En este apartado se proporcionan algunos pasajes bíblicos y comentarios pertinentes que le ayudarán en su labor como consejero de principio a fin. Incorporar todo el proceso en un marco bíblico y recurrir al poder del Señor para llevar a cabo las muchas cosas que no podemos hacer solos, constituyen factores esenciales de una auténtica consejería cristiana. Quizá debería poner a sus aconsejados algunos de estos versículos como tarea, pidiéndoles que mediten en ellos o los memoricen, o utilizarlos como guías en su proceso de intervención.
7. **Oración.** Si bien no es aplicable a todos los casos, muchos cristianos quieren,

e incluso esperan, que la oración sea parte de la ayuda que se les proporciona. Debe pedir permiso a cada persona para orar por ella. Usted debe orar por cada individuo aconsejado, aunque él o ella tal vez no lo acompañen mientras lo hace y quizá tenga que hacerlo solo, en silencio, o en su reflexión anterior o posterior a la entrevista. La oración es, por lo general, la intervención espiritual más común en la consejería cristiana, por lo que le sugerimos unas pocas líneas iniciales que puede usar como introducción eficaz para dar a la sesión un enfoque vertical, invitando a Dios a intervenir directamente en el proceso de sanidad.

Hemos de decir, finalmente, que valoramos su deseo de ayudar a las personas a caminar con Dios. La consejería cristiana es una forma sólida y eficaz de discipulado y, con frecuencia, constituye la puerta a través de la cual las personas logran abrirse paso y enfrentar años de dolor, ideas erróneas y hábitos destructivos que les han impedido estar completamente vivos para el Señor. Nos sentimos muy honrados de poder participar con usted en su trabajo, y confiamos en que Dios seguirá utilizándole poderosamente para llevar bendición a otras vidas.

RECURSOS ADICIONALES

Al final de este manual, encontrará una lista de los recursos cristianos más conocidos, así como los seculares, para leer y estudiar más sobre el tema. Ni mucho menos es una lista exhaustiva, pero le sintonizará para acceder a otros recursos que, a su vez, le conducirán a otras obras que le permitan profundizar lo que desee en el estudio de un tema.

La AACC es un ministerio y una organización profesional de casi 50.000 miembros en Estados Unidos y por todo el mundo. Nos dedicamos a ofrecer y a facilitar los mejores recursos disponibles para pastores, consejeros profesionales y ayudadores laicos para el papel o el entorno en que ofrezcan sus servicios. Por medio de nuestra reconocida publicación *Christian Counseling Today* ofrecemos también una gama exhaustiva de educación, formación, orientación ética, consultoría, libros y conferencias para potenciar el ministerio de la consejería cristiana en todo el mundo. Visite la página www.aacc.net (solo en inglés).

PARTE 1

La sexualidad y las relaciones

1 La intimidad de la pareja y el placer sexual

1 RETRATOS

- "Prendiste mi corazón, hermana, esposa mía; has apresado mi corazón con uno de tus ojos, con una gargantilla de tu cuello. ¡Cuán hermosos son tus amores, hermana, esposa mía! ¡Cuánto mejores que el vino tus amores, y el olor de tus ungüentos que todas las especias aromáticas! Cómo panal de miel destilan tus labios, oh esposa; miel y leche hay debajo de tu lengua; y el olor de tus vestidos como el olor del Líbano. Huerto cerrado eres, hermana mía, esposa mía" (Salomón a su desposada la sulamita, Cnt. 4:9-12, RVR-60).
- "Levántate, Aquilón, y ven, Austro; soplad en mi huerto, despréndanse sus aromas. Venga mi amado a su huerto, y coma de su dulce fruta" (Cnt. 4:16 RVR-60).
- "Por tanto, dejará el hombre a su padre y a su madre, y se unirá a su mujer, y serán una sola carne. Y estaban ambos desnudos, Adán y su mujer, y no se avergonzaban"(Gn. 2:24-25).

2 DEFINICIONES E IDEAS CLAVE

- Una de las mejores definiciones de la *intimidad y el placer sexual* la encontramos en Génesis 2:25, donde la Biblia dice que Adán y Eva "estaban ambos desnudos… y no se avergonzaban". *Eran dos personas libres, seguras, valoradas, sexualmente expresivas, amantes y amadas.*
- La intimidad y el placer sexual proporcionan a un marido y su mujer una profunda alegría. *Cuando se experimenta la sexualidad como Dios lo ha planeado, no hay nada que pueda compararse a esa manera de expresar el amor.* Sin embargo, tal expresión es elusiva: muy frágil y fácil de arrebatar. Pero cuando el hombre y la mujer enamorados glorifican a Dios y se honran mutuamente dentro del matrimonio, *la intimidad sexual, en su forma más pura, constituye una bendición* que el propio Señor concede a la pareja fiel.
- Contrariamente a esa mentira que difunde el mundo de que Dios es un gran mojigato al que le desagradan el placer y el deleite sexual, *Él es el creador de nuestra sexualidad.* Su propósito es que, mediante el amor y el disfrute del sexo con nuestro cónyuge, conozcamos un

poco de ese amor y deleite que se da eternamente entre el Padre, el Hijo y el Espíritu Santo.

- Génesis 2:24-25 revela *el plan divino* para el hombre y la mujer casados, el cual consiste en que ellos se unan como una sola carne en todas las formas. Esa unión, que incluye el aspecto sexual, existía antes de que la humanidad pecara; de ahí que podamos deducir que Dios creó a las personas *para que compartieran sus cuerpos libre y abiertamente con sus cónyuges, se deleitaran el uno en el otro sexualmente, y honraran al Señor con su placer.*

ENTREVISTA DE EVALUACIÓN 3

Desde muy temprano en sus sesiones de consejería, y desde luego en sus formularios de inscripción, usted debe formular algunas preguntas concretas que le proporcionen ciertos indicios en cuanto a las creencias de sus aconsejados acerca del sexo. Este tipo de preguntas ayudarán a la persona a reflexionar y afrontar las ideas que trae consigo a la consejería.

1. ¿Tiene usted alguna idea acerca de lo Dios quiere para su vida sexual, si es que quiere algo?
2. Algunos cristianos creen que a Dios le desagrada el sexo y no tiene ningún interés en que disfrutemos del placer que proporciona. ¿Le enseñaron esto en algún momento de su crianza? ¿Cree usted que tales ideas acerca de Dios y del placer sexual son ciertas?
3. ¿Hay determinadas creencias o nociones —buenas o malas— que se manifiestan en sus relaciones sexuales y le hacen sentirse incómodo? ¿Existen algunas que le gustan y quisiera conservar?
4. ¿Se siente usted tan libre y cómodo con su cónyuge acerca del sexo como desearía? ¿Qué ideas o cuestiones le frenan para tener una vida sexual plena y satisfactoria?
5. ¿Cómo habla del sexo con sus hijos (si es que lo hace en modo alguno)? ¿De qué manera manifiesta físicamente su amor y su cariño hacia su cónyuge delante de sus hijos?
6. A muchos padres les resulta difícil encontrar el delicado equilibrio entre revelar los buenos deseos de Dios para la sexualidad humana y cuestionar los excesos de nuestra cultura impregnada de sexualidad. ¿Es esto un problema en la crianza de sus hijos? ¿Cómo resuelve usted el asunto?

CONSEJOS SABIOS 4

El consejero cristiano, sea cual fuere el papel que desempeñe, debe considerar el trato con sus aconsejados —lo quiera o no— como un acto de Dios. Crea que *el Señor le ha puesto en contacto con su aconsejado y desea que usted derrame la gracia y la verdad divinas sobre esa persona necesitada que tiene delante*, y también sobre su matrimonio y su familia.

Además, no debe *nunca limitar a Dios y su gracia*, sino creer que Él puede realizar su obra por medio de los médicos, los terapeutas, los pastores, los abogados y cualesquiera otras personas a quienes recurra en busca de ayuda o consejo para el individuo que tiene bajo su cuidado. Pídale a Dios que conceda sabiduría a estos profesionales.

Utilice un *enfoque de restructuración cognitiva* para cambiar las suposiciones y las creencias erróneas de la persona aconsejada.

- Formule determinadas preguntas a su aconsejado si observa que hace declaraciones o expresa creencias que reflejan falsos supuestos que él o ella pudiera haber traído consigo a la sesión de consejería.
- Pregúntele cómo afectaría su comportamiento o su vida emocional el hecho de admitir ciertas verdades más acordes con las Escrituras o con una manera de pensar que fuera más lógica.
- Aliente a la persona aconsejada para que adopte una creencia o una cosmovisión nueva sobre algún tema específico y a ponerla en práctica durante la semana como si fuera cierta. Pídale que en la siguiente sesión de consejería le informe acerca de lo que ha sucedido.
- Elogie y refuerce cualquier cambio positivo, o considere una estrategia más específica o diferente para lograr esa transformación si lo que la persona ha intentado no ha dado resultado. Pregúntele también si su cónyuge o sus hijos han notado cambios y les han gustado. A veces los miembros de la familia ven esos cambios antes que el propio aconsejado.

La Biblia no guarda silencio acerca del deseo y la intimidad sexual de la pareja. De hecho, es *muy franca en cuanto al acto matrimonial.* Haga que los cónyuges consideren estos pasajes específicos:

> Yo soy de mi amado,
> y él me busca con pasión.
> Ven, amado mío;
> vayamos a los campos,
> pasemos la noche entre los azahares.
> Vayamos temprano a los viñedos,
> para ver si han retoñado las vides,
> si sus pimpollos se han abierto,
> y si ya florecen los granados.
> ¡Allí te brindaré mis caricias!
> Las mandrágoras esparcen su fragancia,
> y hay a nuestras puertas
> toda clase de exquisitos frutos,
> lo mismo nuevos que añejos,
> que he guardado para ti, amor mío (Cnt. 7:10-13).

Para considerar realmente el amor como el más elevado de todos los valores, debemos *apreciarlo más que nuestra propia vida y nuestras posesiones. El verdadero amor engendra libertad* y refleja la relación que tenemos con Dios nuestro Señor: un amor mutuo, exclusivo, puro, absoluto e incondicional, sin límites ni fronteras. Cuando amamos solo a Dios y no tenemos otros dioses delante de Él, somos libres para regocijarnos en su gracia, amor, misericordia y perdón.

La *relación matrimonial debería reflejar esa misma clase de amor: puro, absoluto e incondicional.* Cuando el marido y la mujer se unen en matrimonio después de dejar a sus padres, pueden alcanzar tal cercanía e intimidad que su deseo sea tan solo del uno para el otro, unidos en una sola carne.

> El hombre debe cumplir su deber conyugal con su esposa, e igualmente la mujer con su esposo. La mujer ya no tiene derecho sobre su propio cuerpo, sino su esposo. Tampoco el hombre tiene derecho sobre su propio cuerpo, sino su esposa. No se nieguen el uno al otro, a no ser de común acuerdo, y sólo por un tiempo, para dedicarse a la oración. No tarden en volver a unirse nuevamente; de lo contrario, pueden caer en tentación de Satanás, por falta de dominio propio (1 Co. 7:3-5).

La imagen pública del sexo en nuestra sociedad no guarda prácticamente ninguna relación con la verdad... En la vida real, el mundo poco aclamado y comentado de las relaciones sexuales dentro del matrimonio es, en realidad, el que más satisface a las personas.

R. T. Michael et al., *Sex in America*

Pablo es muy franco en cuanto a la sexualidad en el matrimonio: la ausencia de deseo o de intimidad por parte de un cónyuge puede inducir al otro a experimentar tentaciones tanto dentro como fuera de la relación marital. El apóstol señala específicamente que ni el marido ni la mujer se pertenecen a sí mismos, sino al otro. Por lo tanto, cuando el esposo o la esposa niega deliberadamente las relaciones sexuales a su cónyuge por resentimiento, o si alguno de ellos las exige sin respeto o afecto, el triste resultado puede ser que *quien se ha visto privado de las mismas o convertido en víctima comience a buscar en otro sitio el amor y la intimidad que le faltan.* Es ahí donde se da lugar a la tentación. Pablo comprendía que las influencias externas resultan tentadoras: Satanás está al acecho para destruir cualquier relación que tenga posibilidades de éxito (Jn. 10:10). La Biblia nos advierte que "los labios de la mujer extraña destilan miel, y su paladar es más blando que el aceite" (Pr. 5:3, RVR-60), y la amonestación del apóstol se basa en este inevitable resultado: "Mas su fin es amargo como el ajenjo, agudo como espada de dos filos" (Pr. 5:4-5, RVR-60). Anime a los esposos a entender la importancia de sus relaciones sexuales.

PASOS PRÁCTICOS 5

1. Escuchen y hablen

- La falta de comunicación, el estrés en el trabajo, los problemas económicos y cualquier miedo o ira presente que albergue usted pueden afectar su deseo sexual. Otros problemas comunes que enfrentan las parejas, y que afectan el apetito sexual son las disputas amargas, las aventuras amorosas actuales o pasadas, los factores estresantes de carácter monetario o profesional y la falta de tiempo de calidad en compañía del cónyuge. También las cuestiones emocionales del pasado tales como el daño causado por antiguos abusos sexuales o los sentimientos de traición pueden afectar profundamente.

- Los grandes amantes son grandes comunicadores. Una buena relación sexual es la manifestación clara y delicada del cuidado, la aceptación y el aprecio por el cónyuge. Asegúrese de expresar sus necesidades y sentimientos sinceros, y transmita abiertamente su amor antes, durante y después de la relación sexual. Aunque a muchas personas les resulta difícil hablar de sus emociones con su pareja, hablar con sinceridad acerca de lo que se siente *realmente* es el mejor fundamento para divertirse juntos en la cama.

2. Pasen ratos a solas

- Reserven momentos para dejar a un lado el acelerado ritmo de vida y disfrutar simplemente el uno del otro. A menudo esto significa rechazar otros compromisos y planear con antelación la búsqueda de una niñera.
- Por lo general, la intimidad y la satisfacción sexual aumentan cuando los dos cónyuges empiezan a salir juntos de nuevo, aunque sea para diversiones tan sencillas como ir a cenar o ver una película. Planear escapadas de fin de semana viajando unas horas en avión o en automóvil a un lugar de descanso, para tener una cita romántica de uno o dos días, puede contribuir en gran manera a revitalizar una relación marital atareada o vacía.

3. Tómense tiempo

- La escritora africana Ernestine Banyolak ilustra magníficamente la necesidad de tomar tiempo para la relación amorosa.

  > Para el hombre, la experiencia es como un fuego de hojas secas: se enciende con facilidad, inflamándose de forma repentina y extinguiéndose del mismo modo. Para la mujer, en cambio, es como un carbón encendido que su esposo ha de cuidar con delicadeza y paciencia, pero una vez que la brasa arde intensamente, se mantendrá viva e irradiando calor durante mucho tiempo.[1]

- Los esposos y las esposas deben tomarse el tiempo necesario, y no solo durante la relación sexual, para demostrar a sus cónyuges su cuidado y su amor.

4. Muestren un poco de sensibilidad

- La reconocida escritora Ingrid Trobisch dice que "la zona erógena más importante del cuerpo de la mujer es su corazón".[2] Esto debería ser así tanto para mujeres como para hombres. La sexualidad nunca se concibió como una forma de expresión o un sentimiento aislado. Por el contrario, la combinación de dulzura, comprensión, amabilidad y un espíritu de sacrificio constituye el fundamento de la satisfacción sexual. La sexualidad significa unirse a la pareja tal como Dios lo ideó, a fin de darse mutuamente cariño, intimidad y un vínculo emocional.

> De todos los individuos sexualmente activos, los casados de por vida con una sola persona son los que más suelen decir que están "sumamente" o "muy" satisfechos con la cantidad de placer físico y emocional que experimentan en su vida sexual.
>
> R. T. Michael et al., *Sex in America*

5. Proporciónense contacto físico

- La mayoría de los terapeutas sexuales concuerdan en que el contacto físico significativo es la puerta de entrada al vínculo emocional y corporal de las parejas. Por desgracia, después de intercambiar sus votos, muchos matrimonios se olvidan de darse ese contacto físico o simplemente no toman el tiempo necesario para hacerlo. Gestos tales como frotarse la espalda, tomarse de las manos, darse besos, abrazarse, acariciarse, si se llevan a cabo a menudo, servirán para acercarlos más el uno al otro y mejorar su intimidad.

6. Hablen acerca del sexo

- Lean juntos en voz alta el Cantar de los Cantares, y utilicen las expresiones que emplean Salomón y su esposa para manifestarse el amor y la admiración física que sienten el uno por el otro. Cuéntense mutuamente lo que les gusta y lo que no les gusta cuando hacen el amor (eche mano de palabras adecuadas tales como *excitado* y *sexy*).

7. Explórense el uno al otro

- Proverbios 5:19 dice que el marido debe permitir que los pechos de su esposa le satisfagan plenamente. No hay nada malo en experimentar una profunda satisfacción sexual. Lo cierto, sin embargo, es que esto no sucede por casualidad. Relájense y exploren nuevas formas de hacer el amor con su cónyuge (véase el cap. 4). Dios los creó *el uno para el otro*, de modo que la confianza que demuestren en sus relaciones sexuales glorifica al Señor.

EJEMPLOS BÍBLICOS 6

¡Bendita sea tu fuente! ¡Goza con la esposa de tu juventud! Es una gacela amorosa, es una cervatilla encantadora. ¡Que sus pechos te satisfagan siempre! ¡Que su amor te cautive todo el tiempo! (Pr. 5:18-19).

La relación sexual significativa y deleitosa se disfruta en el contexto de un matrimonio fructífero y gratificante en el que ambos cónyuges se sienten valorados y respetados. Esta es la esencia del plan de Dios para la sexualidad humana.

Sin embargo, no se encontró entre [los animales domésticos] la ayuda adecuada para el hombre. Entonces Dios el Señor hizo que el hombre cayera en un sueño profundo y, mientras éste dormía, le sacó una costilla y le cerró la herida. De la costilla que le había quitado al hombre, Dios el Señor hizo una mujer y se la presentó al hombre, el cual

exclamó: "Ésta sí es hueso de mis huesos y carne de mi carne. Se llamará 'mujer' porque del hombre fue sacada". Por eso el hombre deja a su padre y a su madre, y se une a su mujer, y los dos se funden en un solo ser. En ese tiempo el hombre y la mujer estaban desnudos, pero ninguno de los dos sentía vergüenza (Gn. 2:20-25).

Las parejas casadas con una relación afectuosa de mucho tiempo dicen estar más satisfechas con su intimidad sexual que cualquier otro grupo de individuos.
G. T. Stanton, 1998, *South Carolina Marital Health Index*

Sin lugar a dudas, Adán se emocionó al ver a la mujer que Dios había creado para él, y podemos suponer que ella sentiría lo mismo al contemplar al hombre. El matrimonio es tan importante para el Señor que Él mismo ordenó a los cónyuges, aun antes de que naciese ninguna generación, que dejaran a sus padres y se unieran física, espiritual y emocionalmente el uno al otro.

Honroso sea en todos el matrimonio, y el lecho sin mancilla (He. 13:4, RVR-60).

La sexualidad es un don de Dios y el matrimonio el marco para expresarlo. Él nos creó como seres sexuales, y quiere que disfrutemos al máximo de su regalo en el ámbito seguro y estable del matrimonio. Ante Dios, el lecho marital es sin mácula; lo que significa que no hay nada inherentemente malo o sucio en la expresión sexual mutua y consentida entre marido y mujer.

Cual manzano entre los árboles del bosque es mi amado entre los hombres. Me encanta sentarme a su sombra; dulce a mi paladar es su fruto. Me llevó a la sala del banquete, y sobre mí enarboló su bandera de amor (Cnt. 2:3-4).

Mi amado es mío, y yo soy suya. Él apacienta entre los lirios. Antes de que soplen las brisas del amanecer y huyan las sombras de la noche, regresa a mí, amor mío, como una gacela o un venado joven sobre montes empinados (Cnt. 2:16-17, NTV).

El Cantar de los Cantares es una hermosa descripción del amor marital y de su expresión sensual y sexual. El amado y la amada se hablan mutuamente de deseo y satisfacción. En el pasaje anterior, la esposa se deleita porque su marido "apacienta entre los lirios", explorando su cuerpo en toda su belleza. Las metáforas referentes al juego previo, el deseo, el contacto sensual y el coito manifiestan el placer, la euforia y la creatividad de una rica vida sexual en el contexto de la entrega mutua.

7 ORACIÓN

Señor, venimos a ti para que nos des una mente y un corazón redimidos en relación con tu plan para el matrimonio y la sexualidad marital. Revélanos cuánto te agrada nuestro deseo de conocer acerca de tu deleite en nuestra vida sexual, así como los sagrados límites que has establecido para nuestro disfrute máximo del sexo. Gracias porque nos hiciste seres sexuales y nos has revelado tu designio y tus propósitos en las Sagradas Escrituras para una vida sexual buena y saludable...

2 El deseo y las expectativas sexuales

1 RETRATOS

- Hace algunos años, Pablo y Laura tenían una maravillosa vida sexual, aun después del nacimiento de su tercer hijo. Sin embargo, dos años más tarde la empresa de Pablo tuvo que hacer una reducción de plantilla y el hombre perdió su empleo. Durante meses trató de conseguir un puesto semejante al anterior, pero acabó dándose por vencido y sometiéndose a una formación completa para cambiar de profesión. Pablo aborrece su nuevo trabajo, y esa dura experiencia ha destrozado su ego. Antes solía estar lleno de energía y creatividad, pero ahora se deja llevar por la vida —aun en el ámbito relacional— sin mucho entusiasmo. Pocas veces inicia ya las relaciones sexuales con Laura, y cuando lo hace ella, su respuesta parece mecánica. Entonces Laura se siente triste e irritada, y él más fracasado que nunca.
- Es indudable que el embarazo supuso una parada en la vida sexual de Pedro y Marisa. Con todo, el hombre pensaba que la relación se reanudaría algunas semanas después de nacer su hijo. Pero no fue así, y pasados varios meses Marisa continuaba poniendo excusas: seguía "demasiado dolorida", "demasiado cansada" o "demasiado ocupada" para hacer el amor. Luego, la mujer empezó a notar que la atención de Pedro se desviaba hacia otras mujeres…
- Sandra nunca había sido una mujer "desenfrenada", pero deseaba más creatividad en sus relaciones sexuales con Ricardo. El hacer siempre lo mismo, de la misma manera y en el mismo momento, la aburría. Sin embargo, cuando sugería nuevas técnicas a su marido (o las ponía en práctica sin haberlas sugerido) este retrocedía espantado, porque pensaba que su mujer estaba "traspasando los límites" y no quería tener nada que ver con ello.

2 DEFINICIONES E IDEAS CLAVE

- *El sexo es un don divino.* Dios nos creó como seres sexuales y *diseñó el acto matrimonial para las parejas casadas.* La sexualidad se entiende mejor como un deseo continuado, un apetito que ha de satisfacerse regularmente. Disfrutar de una vida sexual rica y gratificante forma parte del hecho de ser hombre o mujer, pero con frecuencia el deseo de tener contacto sexual es diferente para cada uno de los cónyuges.

- En vista de lo anterior, las relaciones sexuales —como tantas otras cuestiones— se convierten en *un tema de negociación entre marido y mujer* (entendiendo por ello que los deseos y apetencias de cada uno de los cónyuges en este terreno deben recibir la misma atención). No se debe pensar que la adherencia de la pareja a una teología en la que el marido es cabeza de la mujer otorgue a este el derecho a imponerse sexualmente a su esposa, como muchos hombres religiosos suponen.
- Tal vez sea necesario recordar a la pareja —especialmente al hombre— que *nadie ha muerto jamás por no tener relaciones sexuales.* La actividad sexual no es tan esencial para la vida como el oxígeno o el agua, a pesar de la idea en boga de que la falta de dicha actividad conduce a la locura o supone una sentencia de muerte. La abstinencia de relaciones sexuales o el aprendizaje de formas alternativas de vivir la sexualidad es casi un requisito en cualquier matrimonio de larga duración. Cosas tales como un embarazo o una enfermedad, ciertas emergencias familiares, las separaciones por causa de los negocios o el trabajo, el deseo de alcanzar ciertas metas espirituales o situaciones parecidas pueden demandarla.
- En 1 Corintios 7:5, Pablo escribe: "No se nieguen el uno al otro, a no ser de común acuerdo, y sólo por un tiempo, para dedicarse a la oración. No tarden en volver a unirse nuevamente; de lo contrario, pueden caer en tentación de Satanás, por falta de dominio propio". Dios quiso que la intimidad sexual fuera *un aspecto vital de las relaciones maritales saludables*, pero la sensibilidad para con nuestros cónyuges resulta esencial. Él creó dicha intimidad tanto para el deleite del marido *como* de la mujer, y no meramente como una obligación matrimonial.
- Una de las barreras para la mutua satisfacción sexual de los esposos es que la frecuencia del acto sexual viene a menudo dictada por deseos y razones contradictorios atribuibles, por un lado, a la diferencia entre hombres y mujeres y, por otro, a las experiencias particulares que han tenido uno y otro cónyuge. Aunque pueda parecer una afirmación simplista, lo cierto es que *los hombres suelen desear las relaciones sexuales para obtener placer físico y alivio, mientras que las mujeres buscan en ellas fortalecer el vínculo marital y asegurarse nuevamente de que sus maridos aún las desean y ellas siguen siendo lo primero en la vida de ellos.* Resulta importante que los unos y las otras comprendan las diferencias que existen entre ellos.
- Cuando las parejas empiezan a explorar sus expectativas y deseos sexuales en el matrimonio, es importante que consideren que las barreras para la intimidad sexual tal vez constituyan *síntomas de un problema mayor y más amplio de comunicación* entre ellos. Puede que los cónyuges habiten la misma casa y, sin embargo, vivan cada uno en su propio mundo, apenas hablando de nada más significativo que su trabajo y sus horarios particulares; o puede que conversen

abierta y sinceramente acerca de todo menos de sexo, un tema tabú para muchos matrimonios.

- *Forjar y restaurar la confianza* es un aspecto importante de la comunicación sexual. Con bastante frecuencia, las personas casadas han sufrido heridas o se han sentido malinterpretadas, y con el paso de los meses o los años esas heridas llegan a infectarse dando lugar a profundos resentimientos que enturbian todas las áreas de la relación. *La confianza no es algo que se pueda exigir, sino que debe ganarse con el paso del tiempo mediante la sinceridad, la paciencia, la integridad y la dulzura.*
- Como sucede en todo lo relacionado con la comunicación, uno de los progresos más importantes consiste en que *ambas partes se sientan comprendidas* y no solo entiendan el punto de vista de la otra persona. Relacionarse en el nivel emocional requiere tiempo, pero derriba las barreras y forja unos lazos sólidos de confianza, creándose una atmósfera en la que se pueden tratar de forma segura las expectativas sexuales de ambos cónyuges.

3 ENTREVISTA DE EVALUACIÓN

Puede ser que una pareja acuda a verle para hablar de sus deseos y expectativas sexuales, pero con frecuencia es solo uno de los cónyuges quien busca ayuda, porque el otro se siente demasiado avergonzado o enfurecido para tomar parte en la conversación. Si siente que la pareja o uno de los esposos es reacio a hablar francamente acerca de sus expectativas y deseos sexuales, proponga una lista de temas y pídales que escojan uno (o varios) que les produzcan la mayor frustración. Un enfoque basado en sus puntos fuertes les pedirá que enumeren lo que va bien en sus relaciones y edificará sobre ello. Quizá debería usted tener a mano un repertorio de asuntos y pedirle al matrimonio o la persona que escoja aquellos que más problemas causan a la relación. Dicha tabla podría incluir:

- frecuencia del contacto sexual
- calidad del juego previo
- olores, sonidos y preparación para la relación sexual
- lugares en los que mantienen relaciones sexuales
- frecuencia y calidad del orgasmo de la esposa (clímax)
- eyaculación precoz
- creatividad en cuanto a posturas y técnicas
- relaciones que "traspasan los límites" (p. ej. demasiado rudas o excéntricas a su parecer)
- barreras como el estrés, la preocupación económica, los niños o la actividad exagerada
- vergüenza o aversión acerca del propio cuerpo
- desconfianza por las pasadas experiencias sexuales del cónyuge
- desconfianza debida a otras conductas irresponsables
- problemas de salud que impiden la competencia sexual
- existencia de ciertos patrones de pasividad
- incapacidad para hablar abiertamente de los deseos sexuales

Preguntas para las parejas

1. ¿Cómo describirían una vida sexual estupenda y gratificante para ambos?
2. ¿Qué cosas ha oído decir a su cónyuge que le gustan?
3. ¿Cuándo disfrutaban ustedes más del sexo? Describan ese momento de su relación. ¿Qué hacía tan gratificante sus relaciones sexuales entonces?
4. Expliquen lo que les atrajo el uno al otro y los unió. ¿Cuáles de esas cosas forman aún parte de su relación?
5. ¿Qué experiencias sexuales les gustan (o les gustaría disfrutar), que consideran creativas y apasionadas? Por favor, mire a los ojos a su cónyuge y refiérale dichas experiencias.
6. ¿De qué les resulta fácil hablar? ¿Qué temas se les resisten? ¿Cuáles pueden ser algunas razones para su dificultad?
7. ¿Qué significa para ustedes "traspasar los límites" en el ámbito sexual?
8. ¿Qué dice su cónyuge en cuanto a sus propios límites?
9. ¿Cómo describiría su grado de confianza en su esposo o esposa?
10. ¿Qué significa para su cónyuge respetar en la relación los deseos sexuales que usted tiene?
11. ¿Qué pasos genuinos, aunque pequeños, podrían dar a fin de fijar unas expectativas saludables para su relación sexual?

> Las personas de entre 18 y 29 años de edad tienen relaciones sexuales alrededor de 112 veces al año; aquellas de entre 30 y 39 años, una media de 86 veces durante el mismo periodo; y la actividad de las que cuentan entre 40 y 49 años es aproximadamente de 69 veces anuales.
>
> L. J. Piccinino y W. D. Mosher, *Family Planning Perspective*

Preguntas a individuos

Aquí puede usted hacer muchas de las mismas preguntas dirigidas a las parejas, entendiendo que cuenta solo con la mitad de la ecuación. Otras cuestiones adicionales son:

1. (*Antes de cualquier otra pregunta*) ¿Por qué no le ha acompañado su cónyuge para hablar acerca de cómo mejorar la comunicación entre ustedes sobre el sexo? ¿El sexo es lo único que les resulta difícil de tratar en sus conversaciones?
2. ¿Cómo describiría sus deseos y expectativas sexuales si su esposo o esposa estuviera hoy aquí? ¿Cuáles de esas cosas tienen en común y en cuáles difieren?

CONSEJOS SABIOS 4

Ayude al matrimonio a comprender el hecho de que los hombres y las mujeres son *fundamentalmente diferentes* en su enfoque de muchos de los aspectos de la vida, entre ellos el sexo. Con frecuencia los hombres necesitan saber lo que quieren sus esposas, a veces incluso durante las relaciones sexuales. Si las mujeres esperan que sus maridos reconozcan las señales que ellas emiten o les lean la mente, a menudo se quedarán muy decepcionadas. Los varones han de comprender que el juego previo dura todo el día para las féminas, y que a estas no les basta con "apretar el interruptor" en un momento dado como les sucede a ellos. Que los hombres presten atención a sus esposas y las preparen emocionalmente con ternura y respeto adicionales a lo largo de la jornada, ayuda en gran manera a tener una aventura sexual mutuamente gratificante por la noche.

Observe que el *marco de confianza general* entre los cónyuges sea el adecuado para la comunicación acerca de sus vidas sexuales. Si no pueden confiar el uno en el otro se sentirán utilizados y a menudo maltratados. Los malentendidos y las heridas fáciles de resolver con frecuencia pueden convertirse en resentimiento si no se reparan de inmediato, y entonces el rencor se afianza y la relación sufre en todos los aspectos.

Ayude a cada uno de los cónyuges a sentirse comprendido dedicando tiempo a las preguntas de la "Entrevista de evaluación", y pidiendo aclaraciones y apreciaciones por parte del cónyuge ("¿Qué le parece que está diciendo?"). *Si el individuo no se siente comprendido por su esposo o esposa, probablemente volverá a sus viejos hábitos y actitudes.*

El hablar francamente de su vida sexual mejorará cada uno de los aspectos de la relación de la pareja. Una comunicación eficaz pone el cimiento para que el matrimonio exprese sus deseos y expectativas acerca de su propio futuro, sus hijos, el dinero y todo lo demás.

5 PASOS PRÁCTICOS

1. Empiecen por conversar

- Comiencen desde donde se encuentran en su relación: hablando de los momentos divertidos, de lo que marcha bien y de lo que no funciona. Aborden sus frustraciones, desilusiones y otros problemas, particularmente aquellos relacionados con su intimidad sexual. La sinceridad y los buenos recuerdos constituyen una base firme para una vida sexual gratificante.

2. Prepárense para descubrir las barreras existentes

- Al comunicarse, saldrán a la luz obstáculos y distracciones tales como el resentimiento por las indiscreciones pasadas del cónyuge, el remordimiento debido a los pecados sexuales de uno mismo, la vergüenza por el propio cuerpo, el enojo a causa del papel central que ocupan los hijos y un sinfín de problemas diversos. Si las barreras emocionales o la conducta pasada están afectando su grado de intimidad sexual, hay que hablar de ello y resolverlo con la ayuda del consejero. El primer paso consiste en ser sinceros sobre las razones y los sentimientos aducidos por el cónyuge acerca de la falta de entendimiento entre ambos; el segundo es arrepentirse de cualquier conducta en la relación que pueda estar afectando el grado de intimidad de la misma; el tercero se refiere a estar ambos dispuestos a perdonarse mutuamente, y cada uno a sí mismo, por todo comportamiento actual, indiscreción pasada, remordimiento, vergüenza o resentimiento; y el cuarto consiste en buscar la reconciliación.

3. Muéstrense respeto mutuo

- Una comunicación sana de los deseos y expectativas de la pareja comienza por el respeto mutuo. Aunque su cónyuge no esté dispuesto a hacer todo lo que usted desea en su relación sexual, el respeto es fundamental e imprescindible. Si se tiene, la confianza puede crecer y crearse una atmósfera más idónea para la creatividad en el futuro.
- Hablen de formas imaginativas de expresar su deseo sexual: examinen lo que les gusta y les disgusta en sus relaciones íntimas. Aun en esta era de libertad sexual algunas personas están muy reprimidas en el ámbito de la sexualidad, de manera que no se sorprenda si su cónyuge no quiere hacer todo lo que usted desea. Recuerde que el sexo es un don divino cuyo propósito es que lo disfrutemos plenamente, y aunque usted quiera probar métodos nuevos, deberá mostrarse sensible a los sentimientos de su pareja. Nunca imponga a su cónyuge ninguna experiencia sexual; si lo hace, probablemente fracasará y la confianza entre ustedes quedará destruida. Puede que la creatividad tenga que empezar por algo pequeño, pero crecerá a medida que descubran nuevas técnicas que ambos disfrutan, y conforme se sienten más seguros el uno con el otro.
- *Muestre a la pareja o al individuo cómo negociar y comunicar deseos y expectativas antes de que prevalezcan los impulsos.*

4. Identifiquen los obstáculos

- Descubra qué obstáculos y distracciones en sus vidas minan los buenos ratos en pareja y les proporcionan excusas para no dedicar tiempo y energía a su experiencia sexual.

5. Aprendan cuál es la perspectiva de Dios acerca del sexo

- Dediquen tiempo a investigar y leer acerca de la perspectiva divina en cuanto a la sexualidad y la comunicación matrimonial. Su consejero les sugerirá algunos libros útiles para ello y les explicará cómo aclarar mejor sus necesidades, comunicar sus expectativas y avivar la pasión y la creatividad en su vida sexual.

6. Perdónense mutuamente

- Perdónense el uno al otro. Oren y pidan a Dios la ayuda necesaria para perdonar cualquier agravio o malentendido que haya formado parte de su vida matrimonial hasta ahora.
- *No subestime la importancia de invitar a cada miembro del matrimonio a perdonar al otro. Cuando una pareja se decide a buscar consejo, los cónyuges casi siempre están muy frustrados e incluso verdaderamente airados el uno con el otro. Anímelos a perdonarse "como también Dios [nos] perdonó a [nosotros] en Cristo".*

6 EJEMPLOS BÍBLICOS

Por lo tanto, como escogidos de Dios, santos y amados, revístanse de afecto entrañable y de bondad, humildad, amabilidad y paciencia, de modo que se toleren unos a otros y se perdonen si alguno tiene queja contra otro. Así como el Señor los perdonó, perdonen también ustedes. Por encima de todo, vístanse de amor, que es el vínculo perfecto (Col. 3:12-14).

El tratarse el uno al otro con amor, respeto y amabilidad es una decisión que ambos cónyuges pueden tomar. Negociar los deseos y las expectativas comienza por el compromiso de honrarse y valorarse mutuamente en vez de actuar con egoísmo.

El perdón, ya sea de terribles pecados pasados o de pequeños fastidios presentes, resulta esencial para una relación vigorosa y una estupenda vida sexual.

"Si se enojan, no pequen." No dejen que el sol se ponga estando aún enojados, ni den cabida al diablo... Eviten toda conversación obscena. Por el contrario, que sus palabras contribuyan a la necesaria edificación y sean de bendición para quienes escuchan. No agravien al Espíritu Santo de Dios, con el cual fueron sellados para el día de la redención. Abandonen toda amargura, ira y enojo, gritos y calumnias, y toda forma de malicia. Más bien, sean bondadosos y compasivos unos con otros, y perdónense mutuamente, así como Dios los perdonó a ustedes en Cristo (Ef. 4:26-32).

La ira, el resentimiento o la amargura sin resolver pueden dar pie a que el enemigo se infiltre y distorsione, y al final destruya, la dicha sexual con nuestro cónyuge a la cual fuimos destinados. Ser vigilantes y cuidadosos en cuanto a cómo hablamos y tratamos a nuestro esposo o esposa ayuda mucho al disfrute del placer sexual dentro del matrimonio.

Una vez que el marido o la mujer logre pasar de la ira o la amargura a una actitud de perdón, deberá comprender la importancia que tiene llevar una vida de compasión y aliento para con su cónyuge que refleje ese amor del que nos habla 1 Corintios 13.

Las buenas relaciones sexuales en el matrimonio comienzan por el respeto, el perdón y la compasión entre los cónyuges.

Cuán bella eres, amor mío, ¡cuán encantadora en tus delicias! Tu talle se asemeja al talle de la palmera, y tus pechos a sus racimos. Me dije: "Me treparé a la palmera; de sus racimos me adueñaré." ¡Sean tus pechos como racimos de uvas, tu aliento cual fragancia de manzanas, y como el buen vino tu boca! (Cnt. 7:6-9).

El Cantar de los Cantares (o Cántico de Salomón) presenta la belleza del sexo dentro del matrimonio en lenguaje poético. Se trata de un hermoso y sensual libro de la Biblia cuyas metáforas del juego previo, el deseo, el contacto sensual y el coito expresan el placer, el júbilo y la creatividad de una vida sexual gratificante en el marco de la relación de compromiso entre los cónyuges.

La belleza de las relaciones sexuales tiernas, gozosas y sensuales merece que dediquemos tiempo y esfuerzo a sacar el máximo partido del placer que brindan. La poesía, la música, las flores, los aromas y los momentos y lugares especiales, pueden realzar en gran manera el disfrute de la pareja.

ORACIÓN 7

Padre, gracias porque esta pareja [o persona] quiere experimentar ese don tuyo de la relación sexual gozosa en su matrimonio. Han venido hoy aquí porque desean crecer en ese aspecto de sus vidas. Están comprometidos contigo y el uno con el otro. Ayúdalos, Señor, a dar los pasos necesarios para experimentar una satisfacción aún mayor, y dales la valentía para hablar francamente de sus deseos y escucharse mutuamente con gran atención. Confiamos en que tú serás glorificado y que su relación se fortalecerá conforme disfrutan más y más el uno del otro…

3 Las amenazas para la intimidad sexual

1 RETRATOS

- Guillermo es diabético y lleva varios años ganando peso. Ahora, clasificado como obeso, está muy avergonzado de su aspecto. Su esposa Diana le quiere tanto como siempre, pero la relación sexual entre ambos ha sufrido a causa de la diabetes y de la autoimagen negativa del hombre. Aunque Guillermo no se masturba, tampoco se cuida mucho, y no puede creer que su mujer desee mantener relaciones sexuales con él.
- Jaime era un estupendo atleta cuando era estudiante de bachillerato y la universidad, y como era alguien fuerte, viril y apuesto, no había chica guapa que se le resistiera. Cuando él y Pamela se casaron, el joven no quiso mencionar sus anteriores conquistas sexuales, pero su esposa dio por sentado que había mucho que no le contaba. Al principio su vida sexual fue magnífica, pero pronto el miedo y la creciente desconfianza de Pamela ensombreció cada uno de los aspectos de su relación. Ella se replegó sexual y emocionalmente, y a él le invadió el resentimiento y la exasperación.
- Martín y Lina son una pareja de profesionales atareados de poco más de cuarenta años de edad. Ambos dedican entre cuarenta y cinco y cincuenta horas semanales a sus respectivos trabajos, crían a tres hijos revoltosos, participan en varios comités de la iglesia y la comunidad, y pasan cada vez más tiempo con sus envejecidos padres, preocupados por el deterioro de la salud de estos. No les queda tiempo para el otro, lo cual se manifiesta en su vida sexual: en los últimos seis meses han mantenido relaciones una o dos veces, y aun esas ocasiones fueron apresuradas, sin tiempo para los abrazos ni la comunicación.

2 DEFINICIONES E IDEAS CLAVE

- Una *amenaza para la intimidad sexual es todo aquello que impide o interfiere con la experiencia plena y deleitosa* de la pareja que les brinda un matrimonio consumado. Entre los posibles obstáculos se cuentan la mala salud y otros impedimentos debilitantes, la angustia y los conflictos psicológicos, así como las diferentes demandas, expectativas y creencias de los cónyuges acerca del sexo.

Causas biológicas

- *Los trastornos sexuales dolorosos* pueden afectar drásticamente la satisfacción de una pareja cuando hacen el amor. Los estudios revelan que el 43 por ciento de las mujeres dicen tener algún tipo de disfunción sexual, con mayor frecuencia dolorosa, durante el coito;[1] mientras que los hombres las experimentan un poco menos. Conocido normalmente como *dyspareunia*, el dolor genital durante la penetración se da tanto en los hombres como en las mujeres, y puede oscilar desde una simple molestia hasta un malestar debilitante, según sea el origen del mismo.

- En las mujeres, el dolor sexual puede implicar calambres musculares involuntarios, fuertes molestias en la entrada de la vagina, un profundo daño en el útero o un sangrado inusual después del coito. Los trastornos sexuales dolorosos más corrientes en la mujer son:
  - el *vaginismo*, que se caracteriza por espasmos de los músculos pélvicos en el tercio externo de la vagina, los cuales impiden la penetración o hacen sumamente difícil la relación sexual
  - la *vulvodinia*, o sensación dolorosa de ardor en la vulva y la zona vaginal
  - la *sequedad vaginal*, producida normalmente por ciertos cambios hormonales que pueden hacer la relación sexual sumamente incómoda tanto para la mujer como para el hombre durante el coito (al menos el 20 por ciento de las mujeres dicen experimentarla)
  - determinadas *dolencias* como las hemorroides, la endometriosis o las enfermedades de transmisión sexual, las cuales pueden provocar molestias y sangrados vaginales
  - el *nacimiento de un bebé*, que a menudo compromete la fuerza y flexibilidad de la región vaginal debido al desgarramiento, haciendo imposible el coito hasta que la herida se cura
- En los hombres, entre el 5 y el 16 por ciento de las visitas al médico se deben a alguna clase de disfunción sexual dolorosa. Las causas más corrientes del dolor y el trastorno en los varones incluyen:
  - las *lesiones genitales y afecciones de la piel* (tales como la psoriasis y el eczema) que pueden producir irritación
  - ciertas *dolencias* como los cálculos en los riñones o las enfermedades de transmisión sexual
  - la *disfunción eréctil*, conocida como impotencia, la cual hace imposible la eyaculación
  - la *enfermedad de Peyronie*, que da como resultado un pene torcido durante la erección debido a la presencia de tejido cicatrizado
- Aparte de estas causas biológicas, la intimidad sexual puede verse dificultada por *los efectos secundarios de ciertas drogas o medicamentos*. Algunas medicaciones pueden provocar el retraso o la desaparición del clímax erótico. Entre los *productos químicos o medicamentos* capaces de producir síntomas de trastorno orgásmico, especialmente en los varones, se encuentran:
  - el alcohol
  - las medicinas para controlar la tensión arterial
  - los antidepresivos (IMAO o ISRS)
  - los fármacos contra la ansiedad (tales como las benzodiacepinas)
  - los narcóticos y las anfetaminas

Problemas emocionales

- Otras amenazas para la intimidad sexual incluyen el *sufrimiento emocional debido a la vergüenza, el miedo o el remordimiento*, asociados a menudo con experiencias sexuales negativas del pasado.
- El *trauma causado por el maltrato físico, sexual y emocional.* Los que han sufrido una *experiencia traumática* —como el abuso sexual— tienen más tendencia a los trastornos de la sexualidad y llegan incluso a sentir repulsa por el sexo y evitarlo. Muchos estudios han demostrado que el abuso sexual o físico experimentado en la infancia aumenta el riesgo de que la persona desarrolle una parafilia, un trastorno que se caracteriza por la conducta sexual impropia.
- El *pecado impenitente.* Las transgresiones inconfesadas —especialmente cualquier tipo de ira o resentimiento persistente, u otros pecados que la persona pueda estar ocultando de su cónyuge— pueden producir sentimientos de culpa y vergüenza que afectan a las relaciones sexuales saludables.
- Las *lesiones cerebrales por trauma.* Cierto número de casos documentados han revelado que el daño cerebral traumático (DCT) puede aumentar las probabilidades de un comportamiento sexual desviado en personas sin historial previo de actuaciones semejantes.
- Los *trastornos psíquicos y sociales de la personalidad.* Cualquier tipo de perturbación mental y emocional —desde la depresión hasta el narcisismo interesado, pasando por la ansiedad— interfiere en la experiencia y el desempeño sexual satisfactorios.
- La *cultura impregnada de sexualidad.* No hay duda de que en nuestra cultura actual "el sexo vende". Desde las vallas publicitarias, los anuncios y los programas de televisión, el cine y la Internet, hasta los avisos en las revistas y los periódicos, la sociedad de hoy se ve inundada por imágenes sexuales y mensajes arrolladores de que "todo vale". Dios ha revelado que los últimos días de la historia se caracterizarán por el enfriamiento del amor de los hombres y las mujeres y por un aumento descontrolado de la maldad en el mundo. Esto es, en sí mismo, una gigantesca ducha de agua fría que apaga el amor, la ternura y la intimidad marital.
- Las *adicciones sexuales.* Desde la pornografía hasta la prostitución, las formas de adicción sexual roban la intimidad de las relaciones matrimoniales sanas. Las adicciones son actuaciones egoístas que inhiben el propósito desinteresado y altruista del sexo.

Una vida frenética

- No debemos olvidar ese problema que revela el caso de Martín y Lina: *las vidas sumamente atareadas y el incesante estrés, que no dejan ningún margen a la pareja para cuidarse el uno al otro.* Esto se da con demasiada frecuencia en los matrimonios de edad madura que tienen múltiples responsabilidades, las cuales consumen la vitalidad y les quitan el interés por las relaciones sexuales.

ENTREVISTA DE EVALUACIÓN 3

Nuestro reto principal aquí es ayudar a las parejas a identificar cualquier obstáculo persistente que les impida disfrutar de una relación sexual óptima; así como descubrir qué hacen bien los cónyuges para evitar problemas y de qué modo tratan las cuestiones que podrían interferir en su buena intimidad matrimonial.

1. ¿Qué esperan ustedes que podamos lograr juntos con estas sesiones de consejería? ¿Se comprometen a ser constantes hasta el final y hacer todo lo necesario para recuperar y disfrutar de una buena relación sexual?
2. Según ustedes, ¿qué obstaculiza su interés por el sexo o el tiempo que pueden dedicar a éste? ¿Creen que su apetito sexual está por debajo de lo normal?
3. ¿Cuánto tiempo hace que no experimentan lo que considerarían un deseo o unas relaciones sexuales razonables?
4. ¿Pueden desempeñarse adecuadamente en el área sexual?
5. ¿Tienen algún problema en su matrimonio que pueda estar afectando su deseo sexual?
6. ¿Hay circunstancias atenuantes (tales como problemas de salud, estrés, un pasado doloroso, etc.) que podrían estar afectando su impulso sexual de pareja?

CONSEJOS SABIOS 4

Si la relación sexual es el pegamento que ayuda a mantener unido el matrimonio de manera adecuada y saludable, entonces mantener ese vínculo constituye un imperativo permanente.

La totalidad de este volumen es un testimonio de los millares de formas en que las circunstancias de la vida, nuestros propios pecados y egoísmo, los muchos compromisos que adquirimos y la obra del enemigo, pueden interferir en una vinculación sexual óptima. Por tanto, es fundamental prevenir dichos obstáculos y enriquecer la vida matrimonial de la pareja a fin de evitar las amenazas que se ciernen sobre su intimidad sexual. En cuanto a los problemas que no pueden evitarse —y cualquier matrimonio de larga duración sabe muy bien que son muchos—, el aprender a manejar cualquier amenaza u obstáculo resulta decisivo para la felicidad conyugal.

PASOS PRÁCTICOS 5

1. Resuelvan todas las crisis

- Confronten y solucionen cualquier situación de crisis presente en su matrimonio o familia. Tales problemas consumen energía y tiempo preciosos que deben invertir más bien en su matrimonio.

2. Reduzcan el estrés

- El ritmo, el sufrimiento y la presión de nuestra vida cotidiana fomentan unas relaciones sexuales pobres o inexistentes. No escatime en eliminar todo aquello que les impida vincularse emocional, relacional, espiritual y sexualmente el uno al otro.

3. Programen sus relaciones sexuales

- Nada puede sustituir a una planificación fiel y eficaz de sus encuentros sexuales y su vida juntos. La experiencia nos dice que si las parejas atareadas no planean bien sus relaciones íntimas, usualmente no las tendrán. Aunque tal vez piensen que el mejor sexo no es el que se planifica sino el que surge espontáneamente, resultan muchísimo más gratificantes las relaciones sexuales planeadas que aquellas que no se tienen o se llevan a cabo de manera apresurada o mecánica.

4. Reúnanse asiduamente con otros matrimonios

- Ciertos tipos de estrés en una relación se pueden sobrellevar o eliminar, pero otros resultan bastante persistentes. Negar el efecto del estrés no resuelve el problema. Reconozcan el daño emocional que causan a su matrimonio las reacciones destructivas frente al estrés. Una forma eficaz de abordar y reducir el estrés es reuniéndose habitualmente con un grupo de otras parejas de edad madura dedicadas a apoyarse mutuamente. Aunque esto suponga un compromiso adicional, les ayudará a manejar mejor todas las áreas de su vida, especialmente si dicho grupo está compuesto por matrimonios que oran y estudian la Biblia juntos. Dicho de otro modo, ese compromiso vale la pena.

5. Busque asistencia médica y consejo profesional

- Si nada consigue reducir los factores estresantes en sus vidas y ayudarles a vincularse de nuevo como pareja, consideren la intervención de un médico o el consejo de un profesional de la salud mental con licencia para ejercer. El médico de atención primaria quizá pueda diagnosticarles algún trastorno sexual o recetarles un determinado medicamento que les ayude a mejorar su relación. El consejero profesional, por su parte, puede resultar eficaz en el tratamiento de cualquier perturbación sexual al abordar los problemas emocionales subyacentes. Al mejorar su relación matrimonial mediante sesiones de consejería, se identificarán y tratarán las amenazas que se ciernen sobre su intimidad sexual y, en muchos casos, dichas amenazas desaparecerán.

6 EJEMPLOS BÍBLICOS

No se inquieten por nada; más bien, en toda ocasión, con oración y ruego, presenten sus peticiones a Dios y denle gracias. Y la paz de Dios, que sobrepasa todo entendimiento, cuidará sus corazones y sus pensamientos en Cristo Jesús (Fil. 4:6-7).

El primer paso para habérselas con las amenazas contra su intimidad sexual es acudir a Dios, que es la fuente de la sabiduría, el amor y la fortaleza. Él puede darles esa paz que es la base de una comunicación fructífera. Nada está fuera del alcance de la oración: ni los deseos sexuales, ni las amenazas, ni las expectativas. Este pasaje de las Escrituras nos invita a pedir la guía y la asistencia del Señor aun para manejar los deseos y las experiencias que azotan nuestra intimidad matrimonial. Con frecuencia buscamos la sanidad por nuestro lado, pero Dios nos propone espléndidamente que nos acojamos a Él y a sus caminos, y que disfrutemos de una vida nueva y mejor.

Esposos, amen a sus esposas, así como Cristo amó a la iglesia y se entregó por ella... En todo caso, cada uno de ustedes ame también a su esposa como a sí mismo, y que la esposa respete a su esposo (Ef. 5:25, 33).

La frustración puede hacer que las personas se vuelvan pasivas o agresivas según sea el caso, pero ninguna de esas respuestas fomenta las buenas relaciones. El papel que Dios ha otorgado al marido es el de amar a su esposa incondicionalmente, con ternura y comprensión, escuchándola pacientemente y cuidando de ella. La mujer, por su parte, ha de respetar a su marido y responderle de manera amorosa y alentadora.

¡Bendita sea tu fuente! ¡Goza con la esposa de tu juventud! Es una gacela amorosa, es una cervatilla encantadora. ¡Que sus pechos te satisfagan siempre! ¡Que su amor te cautive todo el tiempo! (Pr. 5:18-19).

Las diversas amenazas contra la intimidad sexual no tienen por qué arruinar un matrimonio. El sexo es un don maravilloso para el disfrute de la pareja, pero los cónyuges han de asegurarse de tener siempre como meta el placer y el esparcimiento mutuos.

ORACIÓN 7

Padre celestial, tú eres el creador y dador de cada nuevo día, y has ordenado la mejor manera de planear y vivir el tiempo que nos concedes. Revélanos los principales impedimentos que existen para nuestras relaciones sexuales y el disfrute de este gran regalo que nos has hecho. Revélanos ahora tu plan, el cual resuelve los problemas de tal modo que tú eres glorificado y nosotros damos honra al otro. Gracias porque has considerado esta cuestión y ya sabes cómo resolverla. Confiamos en que nos reveles tu plan para nosotros...

4 El aumento de la satisfacción sexual

1 RETRATOS

- Durante los últimos meses la relación sexual se ha vuelto cada vez más dolorosa para Susana. Jorge, su marido, ha sido comprensivo, amable y muy delicado con ella, pero el dolor no ha hecho sino aumentar. Ahora la vida sexual de la pareja es casi inexistente.
- Belén tomaba siempre todas las precauciones para que Guillermo no la viera desnuda. Se aseguraba bien de que su marido no estuviese cerca cuando se duchaba, y se quitaba la ropa a oscuras si había alguna probabilidad de que pudiera observarla. La mujer sentía vergüenza de su imagen física, porque tenía alrededor de 45 kg de sobrepeso, y esa vergüenza afectaba cada aspecto de la relación. Guillermo trataba de hacerle el amor de vez en cuando, y en ocasiones ella se resignaba y consentía...
- Juan y Jacinta no tenían problemas con la creatividad: probaban cada postura que habían leído. El sexo oral formaba parte de su relación íntima y también habían experimentado con el sexo anal. Pensaban incluso en invitar a algunos amigos a participar con ellos en grupos de tres o cuatro para ver si resultaba divertido. Pero en su caso los intentos surtían cada vez menos efecto o el deleite menguaba cada vez, y probaran lo que probasen no les satisfacía por mucho tiempo.

2 DEFINICIONES E IDEAS CLAVE

- Dios nos ha hecho *seres maravillosamente creativos*. Cada aspecto de nuestra vida, incluso las relaciones sexuales dentro del matrimonio, puede reflejar una palpitante imaginación. La Epístola a los Hebreos nos dice que el lecho marital es algo honroso (He 13:4), y debería ser lo más creativo y gratificante posible para el esposo y la esposa.
- Aun en nuestra cultura saturada de sexo y "amor libre", algunos individuos creen que la plena expresión sexual está en cierto modo fuera de su alcance o no es para ellos. *La vergüenza, el miedo o las heridas pasadas pueden nublar su pensamiento* y robarles el gozo del placer sexual en la relación con su cónyuge.
- Muchas personas —tanto mujeres como hombres— *abrigan fantasías sexuales secretas* de las que jamás han hablado a nadie, especialmente a su esposo o esposa. Anhelan *más creatividad y satisfacción*

en la relación conyugal, pero no manifiestan sus deseos por miedo a que se las considere anormales o licenciosas.

- Según la encuesta llevada a cabo por Tim y Beverly LaHaye en *El acto matrimonial después de los cuarenta*:
  - el 47 por ciento de los hombres "a veces" estimula oralmente el clítoris de sus esposas
  - al 48 por ciento de las mujeres les gusta que lo hagan
  - el 41 por ciento de las mujeres "a veces" emplean la excitación oral de sus maridos[1]
- *Los factores estresantes diversos, problemas de salud y otros elementos según las etapas de la vida pueden acaparar la atención de las parejas, socavar sus energías y erosionar su creatividad y hasta su deseo sexual.*
- Algunos matrimonios no comprenden *la fisiología elemental de la excitación sexual femenina*. Entender la estimulación del clítoris y del "punto G" vaginal a menudo ayuda extraordinariamente al placer sexual de la mujer.

ENTREVISTA DE EVALUACIÓN 3

Haga las siguientes preguntas al matrimonio que busca consejo:

1. ¿Cuándo dirían que su vida sexual fue más creativa, gratificante y divertida? ¿Qué fantasías les vienen a la mente cuando piensan en tener las mejores relaciones sexuales posibles?
2. (*Si la pareja no está dispuesta a responder la primera pregunta, indague sobre lo siguiente*) ¿Qué es aquello que les gusta a ambos y que podrían hacer de modo un poco diferente la próxima vez?
3. ¿Qué le dice su cónyuge usualmente?
4. (*Para ella*) Describa la calidad y la frecuencia de sus orgasmos o clímax sexual. ¿Está satisfecha con él? ¿Por qué?
5. (*Para él*) ¿Tiene usted dificultades con la erección o algún problema de eyaculación precoz? ¿Cómo afecta eso a su creatividad y satisfacción en la cama?
6. ¿Qué posturas sexuales les gustan?
7. ¿Hay alguna cuestión física (enfermedad, peso o discapacidad) que limite su disfrute del sexo?
8. ¿A qué barreras se enfrenta —propias o de su cónyuge— para ser más creativo? (Considere el miedo, los fracasos pasados, la desconfianza, la vergüenza, etc.).
9. ¿Cuáles de esas cuestiones desea afrontar de inmediato para poder superar dichas barreras y planificar sus siguientes pasos?

Si un individuo acude a usted en busca de ayuda puede hacerle las siguientes preguntas y seguir luego con el cuestionario anterior:

1. ¿Por qué no ha venido su cónyuge con usted?
2. ¿Cómo describiría su esposo o esposa la vida sexual que tienen como pareja?

3. ¿Ha demostrado él o ella algún deseo de investigar nuevas técnicas imaginativas para avivar sus relaciones sexuales?

4 CONSEJOS SABIOS

Aunque la *previsibilidad* puede constituir una fuerza estabilizadora de las relaciones, también es susceptible de *convertirse en una rutina y abocar a un matrimonio al desastre.* Preparar las mismas comidas, ir a los mismos restaurantes, ver los mismos programas de televisión, salir con la misma gente y utilizar las mismas técnicas sexuales día tras día, semana tras semana y año tras año, puede hacernos caer fácilmente en *el ritualismo aburrido y la pereza.* El aburrimiento lleva a una pérdida del gozo y de la emoción cuando la expectación empieza a decaer; entonces, las personas se vuelven "tibias" y olvidan su primer amor.

> Mi amado es mío, y yo soy suya; él apacienta su rebaño entre azucenas.
>
> *Cantar de los Cantares 2:16*

En todas las áreas de la vida, incluso en el sexo, *la comunicación resulta esencial.* Tal vez uno de los cónyuges esté satisfecho mientras que el otro no lo está; el esposo puede tener miedo de probar algo nuevo, pero la esposa ser atrevida y creativa... Sin una conversación franca y una escucha paciente, al menos uno de los dos se sentirá muy frustrado, y la relación sufrirá por ello.

Aunque *deba alentarse la creatividad sexual dentro del matrimonio,* es importante que comprendamos que *si uno de los cónyuges se siente incómodo en una postura determinada o con una técnica concreta, no debería utilizarse.* Solo ha de emplearse una práctica sexual precisa de común acuerdo y con mutuo respeto entre marido y mujer.

El sexo excelente: cómo obtener el máximo de sus relaciones íntimas

Creatividad

Es completamente normal que las personas, aun los cristianos más comprometidos, *piensen en maneras de disfrutar imaginativamente del sexo,* pero el grado de creatividad en el dormitorio se ve *radicalmente afectado por un sinfín de otros factores* de la relación. *La confianza, la bondad, la amabilidad y la paciencia* fortalecen los lazos y crean la atmósfera adecuada para una experimentación sexual agradable.

Anime a las parejas a explorar juntos sus deseos y a manifestárselos el uno al otro a fin de descubrir un terreno común para la experimentación. No obstante, los cónyuges deben imponerse ciertos límites. No solo cada uno de ellos tendrá sus propios reparos para experimentar cosas nuevas, sino que determinados actos sexuales no están permitidos ni son bíblicos (p. ej. el sexo en grupo o una relación que sea degradante o abusiva para uno o ambos esposos). Si alguno de los cónyuges hace una sugerencia que rebasa los límites, utilícela como trampolín para hablarles de los deseos, las expectativas y el respeto en la relación.

Estimulación

Lamentablemente hay demasiadas mujeres que no experimentan el placer del orgasmo de clítoris porque *no conocen la fisiología de su propio cuerpo*, y sus maridos no saben la importancia que tiene el estimular las zonas erógenas de sus esposas. El clítoris cuenta con 8.000 nervios concentrados en ese pequeño órgano, todos ellos diseñados para el deleite. La estimulación suave de los mismos excita a la mujer como ninguna otra cosa, y la prepara para alcanzar el éxtasis sexual.

En los años 50 del siglo pasado, el Dr. Ernest Grafenberg describió un punto erógeno de las mujeres que *les proporcionaba un inmenso placer sexual*. La glándula parauretral está situada cerca de la pared anterior de la vagina, entre la uretra y el conducto vaginal. La estimulación de ese "punto G", por lo general, tarda más que el orgasmo de clítoris, pero la sensación puede ser incluso más intensa; tanto que, de hecho, no todas las mujeres la disfrutan. Anime a las parejas a aprender más sobre este tipo de exploración sexual.

Los problemas físicos tales como las enfermedades, el peso o la discapacidad pueden hacer que un matrimonio se sienta sexualmente frustrado. Ayude a los cónyuges a descubrir formas creativas de expresar su amor mutuo a través de técnicas sexuales que les sean útiles.

Comportamientos sexuales

La mayoría de las parejas solo necesitan que se les sugieran una o dos nuevas posturas para hacer más estimulante su relación sexual. Entre algunas de las que podrían probar están:

- *La esposa encima*. Con el hombre boca arriba, la mujer se sienta sobre él con las rodillas apoyadas en la cama o en el suelo. A fin de controlar la profundidad de penetración, y el grado de movilidad, ella puede echarse hacia delante a fin de hacer más fácil para su marido el acariciarle los senos con las manos o los labios, masajear suavemente el clítoris y abrazar todo su cuerpo; también tiene la posibilidad de reclinarse en un ángulo de más de 90º desde la posición vertical para ofrecer a su esposo una vista mejor de su cuerpo y experimentar ella misma una mayor estimulación vaginal. Con el objeto de añadir imaginación al acto o sentirse más cómoda —si sufre, por ejemplo, de las rodillas—, la mujer podría también abordar al hombre de esta manera ya sea en un sofá o mientras él está sentado en una silla.
- *El hombre de pie*. Echada sobre una mesa, cama u otra superficie que esté a la altura de la cintura de su marido, la mujer se coloca cerca del borde de la misma y rodea con las piernas a su esposo. Esta postura permite una penetración profunda y una estimulación fácil del clítoris por parte del hombre. De igual manera, si la pareja es aproximadamente de la misma altura (en caso de que la mujer sea considerablemente más pequeña se puede utilizar un taburete), tienen la posibilidad de permanecer frente a frente mientras ella rodea con una pierna a su marido a fin de presentarle la vagina. En esta posición, a él le es posible penetrarla

> Cierto estudio descubrió que los hombres prefieren una mayor variedad de técnicas, formas de estimulación y juegos sexuales, mientras que las mujeres desean la constancia en las técnicas y la conexión emocional mediante la ternura y la conversación íntima.
>
> Louis y Melissa McBurney, "Christian Sex Rules", *Christianity Today*, 30 de septiembre de 2008

mientras se miran a los ojos y se acarician mutuamente durante el coito. Además, cuando ambos están de pie, ella puede doblarse, y su esposo entrarla desde atrás. Esto es especialmente divertido para los "achuchones" breves en la ducha o como esparcimiento en la cocina.

- *En posición de cuchara.* Cuando ambos están acostados, y los glúteos de la mujer se hallan próximos a la ingle de su marido, ella levanta su pierna sobre él presentándole la vagina, y él le introduce el pene por debajo. Esta postura es increíblemente cómoda para ambos, y permite al hombre acariciar los pezones, el clítoris y toda la parte frontal del cuerpo de su esposa al tiempo que le da fácil acceso a los oídos de esta para besarla y hablarle palabras de amor. La posición resulta especialmente útil durante el embarazo.
- *El uno al lado del otro.* La pareja yace frente a frente y la mujer envuelve con la pierna a su marido. De este modo él puede penetrarla y ambos tienen facilidad para besarse y acariciarse.
- *Posición misionera.* Esta es la que utilizan la mayor parte de las parejas, al menos hasta que aprenden otras más gratificantes. La mujer se acuesta boca arriba con las piernas extendidas y el hombre la monta desde encima. Se trata de una de las posturas más cómodas, y brinda a la pareja una excelente estimulación: los cónyuges pueden besarse en los labios, las orejas o el cuello.
- *Posición de "perrito".* Con la mujer apoyada sobre las rodillas y las manos, el hombre la monta por detrás mientras le acaricia los pechos, le frota la espalda y le estimula el clítoris.
- *El columpio.* La mujer se pone boca arriba, con los glúteos sobre una almohada, y el hombre la penetra estando de rodillas, al tiempo que ella coloca los pies sobre los hombros de su marido. Esta postura proporciona una estimulación máxima del "punto G".

Por simple diversión

- *Ducharse juntos.* En la ducha los cónyuges pueden lavarse el uno al otro por turno y frotarse y acariciarse ciertas zonas sensibles; mientras lo hacen, tal vez quieran seleccionar una de las posturas anteriormente descritas o correr mojados hasta la cama, el poyo del cuarto de baño o a tumbarse en el suelo para mayor diversión.
- *Estimularse manualmente.* Empleen tanto tiempo como quieran en acariciarse y demostrarse afecto y ternura. Si uno de los cónyuges ha contraído una minusvalía y es incapaz de disfrutar del sexo vaginal, la pareja puede estimularse mutuamente hasta alcanzar el orgasmo.

5 PASOS PRÁCTICOS

1. Identifiquen rutinas

- Descubran aquellas áreas de su vida en las que se sienten atascados. Ser sexualmente imaginativos constituye solo uno de los aspectos

en los que necesitan encontrar significado y satisfacción. Piensen en otros cambios creativos en diferentes áreas de su relación.
- *Ayude a las personas a reconocer sus pautas de rutina; identificarlas y ponerles nombre es un primer paso para lograr el cambio.*

2. Hablen de cosas nuevas

- Descúbranse y comuníquense sus deseos y fantasías sexuales el uno al otro, y conversen acerca de los límites de cada uno y de los que Dios impone en cuanto a lo apropiado e inapropiado en el terreno del sexo.

3. Prueben cosas nuevas

- Hablen acerca de nuevas posturas que podrían ensayar en su relación sexual, así como de la posibilidad de lubricación para la esposa.
- Recuerden que cualquier habilidad nueva requiere práctica, de modo que prepárense para experimentar una curva ascendente de aprendizaje.

4. Hablen de lo que va y de lo que no va bien

- No teman conversar acerca de las dificultades que experimentan en sus relaciones sexuales, aun en lo referente a las posturas que están probando, la eyaculación precoz o la sequedad vaginal. Hablen acerca de lo que les gusta, incluso de las posturas y la estimulación del "punto G" o el clítoris.
- *Pregunte acerca de las preocupaciones de la pareja y trátelas si es necesario. Tal vez precise explicarles en qué consisten los orgasmos del "punto G" o del clítoris, aconsejarles acerca de la eyaculación precoz y discernir cualquier otro factor que dificulte o pueda mejorar la satisfacción sexual del matrimonio.*

5. Sean imaginativos

- Muchas parejas disfrutan de los atuendos y los juegos sensuales; hablen de tales cosas y decidan cómo pueden añadir un poco de alborozo a su relación.

EJEMPLOS BÍBLICOS 6

¡Huyan del pecado sexual! Ningún otro pecado afecta tanto el cuerpo como este, porque la inmoralidad sexual es un pecado contra el propio cuerpo. ¿No se dan cuenta de que su cuerpo es el templo del Espíritu Santo, quien vive en ustedes y les fue dado por Dios? Ustedes no se pertenecen a sí mismos, porque Dios los compró a un alto precio. Por lo tanto, honren a Dios con su cuerpo (1 Co. 6:18-20, NTV).

Los corintios tenían una idea distorsionada del sexo y creían que *solo* estaba relacionado con la satisfacción de un apetito, como sucedía con la necesidad de comer. Pablo tuvo que refutar esta opinión con las palabras: "'La comida se hizo para el estómago, y el estómago, para la comida'. (Eso es cierto, aunque un día Dios acabará con ambas cosas). Pero ustedes no pueden decir que nuestro cuerpo fue creado para la inmoralidad sexual. Fue creado para el Señor, y al Señor le importa nuestro cuerpo" (1 Co. 6:13, NTV).

En este contexto, honrar a Dios con nuestro cuerpo es más un asunto de convicción personal que de opinión pública. El amor jamás degrada a otra persona. El sexo marital está relacionado con la pureza y la unión de dos cuerpos en una sola carne, y el lecho del matrimonio debería mantenerse puro y sin mancha (He. 13:4).

Por tanto, dejemos de juzgarnos unos a otros. Más bien, propónganse no poner tropiezos ni obstáculos al hermano. Yo, de mi parte, estoy plenamente convencido en el Señor Jesús de que no hay nada impuro en sí mismo. Si algo es impuro, lo es solamente para quien así lo considera. Ahora bien, si tu hermano se angustia por causa de lo que comes, ya no te comportas con amor. No destruyas, por causa de la comida, al hermano por quien Cristo murió. En una palabra, no den lugar a que se hable mal del bien que ustedes practican, porque el reino de Dios no es cuestión de comidas o bebidas sino de justicia, paz y alegría en el Espíritu Santo. El que de esta manera sirve a Cristo, agrada a Dios y es aprobado por sus semejantes. Por lo tanto, esforcémonos por promover todo lo que conduzca a la paz y a la mutua edificación. No destruyas la obra de Dios por causa de la comida (Ro. 14:13-20).

Este pasaje muy bien podría acabar con las palabras "por causa del sexo", en vez de "por causa de la comida". Cuando las convicciones de uno de los cónyuges no le permiten participar en alguna práctica o utilizar una determinada técnica, cada uno debe apoyar al otro para "mutua edificación".

Si tanto el esposo como la esposa se sienten cómodos y consideran "puro" aquello que hacen juntos delante del Señor en sus vidas sexuales, entonces debería alentarse la creatividad siempre que ello contribuya a relación matrimonial más íntima y satisfactoria.

Su izquierda esté debajo de mi cabeza, y su derecha me abrace. Os conjuro, oh doncellas de Jerusalén, que no despertéis ni hagáis velar al amor, hasta que quiera... Oh, tú que habitas en los huertos, los compañeros escuchan tu voz; házmela oír. Apresúrate, amado mío, y sé semejante al corzo, o al cervatillo, sobre las montañas de los aromas (Cnt. 8:3-4, 13-14).

La mujer describe una postura sexual que le gusta, con el brazo izquierdo de su amado situado debajo de su cabeza y el derecho abrazándola. Lo ve tan activo y juguetón como un cervatillo, y tan fuerte y viril como un joven corzo; ¡no se trata de un amante pasivo! Su fuerza va unida a la fragancia de las especias, de manera que el placer que ambos sienten deleita todos sus sentidos.

ORACIÓN 7

Padre, te doy gracias por esta pareja (persona) que quiere deleitarse en el regalo que le has hecho del placer sexual. Tú nos concedes buenos dones para que los disfrutemos, y su vida sexual es uno de los que ellos atesoran. Dales más gozo, creatividad y deleite mutuo del que puedan imaginar, al tiempo que los acercas más el uno al otro, y a ti...

5 El estrés y las relaciones sexuales

1 RETRATOS

- Roberto y Ana tienen tres hijos en la escuela secundaria, y pasan la mayor parte de sus vidas intentando cumplir con sus horarios. La asistencia a las actividades y los acontecimientos deportivos escolares, y el hacer de chóferes para que sus retoños vean a sus amigos, absorbe todas sus energías y su tiempo. Poco espacio les queda para dedicarse el uno al otro, y su vida sexual se resiente. Sin embargo no les parece que puedan reducir su ritmo de vida, ya que no quieren que a sus hijos les falte nada: "Tal vez dentro de algunos años las cosas cambien y podamos recobrar nuestras vidas", se lamenta Ana.
- Marta llevaba meses viendo cómo disminuía de manera constante su saldo en el banco. Desde que se casaron, lo que ella ganaba, junto con el salario de su marido Ricardo, apenas los había mantenido a flote; pero ahora, la compra imprevista de un automóvil y los gastos médicos los estaban hundiendo económicamente. A medida que aumentaban las facturas, la inquietud producía más tensión en la pareja. Al principio se culpaban silenciosamente el uno al otro, pero después de algún tiempo ese silencio acabó por romperse. Cuando se acostaban, las relaciones sexuales parecían aliviar a Ricardo, pero Marta se sentía cada vez más utilizada.
- El ascenso de Sara era un sueño hecho realidad: había trabajado arduamente para su empresa y, finalmente, el director ejecutivo la recompensaba con un enorme aumento de sueldo y beneficios laborales, acompañados de responsabilidades mucho mayores. El nuevo cargo implicaba que ella y su marido, Juan, tendrían que trasladarse al otro extremo del país; pero el hombre estuvo de acuerdo porque sabía cuánto representaba para su esposa el nuevo puesto. Durante varios meses Sara trabajó alrededor de ochenta horas semanales a fin de demostrar que podía hacer el trabajo; pero cuando llegaba a casa estaba tan agotada que casi no le quedaban energías para dedicar tiempo a su esposo. Los dos se sentían frustrados y, a la larga, el resentimiento acabó envenenando su relación...

2 DEFINICIONES E IDEAS CLAVE

- *El estrés es quizá el principal culpable de que la satisfacción en el dormitorio disminuya.*
- Se llama comúnmente estrés al *síndrome de adaptación general (SAG) o reacción general de alarma/respuesta de "lucha o huída",*

que es una reacción natural del cuerpo a las situaciones amenazantes, la cual nos dispone para luchar o evitar el conflicto. Esta reacción constituye un estímulo y nos proporciona la energía necesaria para enfrentarnos al factor estresante o alejarnos del mismo. El estrés es un aspecto normal de la vida que *puede ser tanto negativo como positivo*, y que nos alerta de determinados problemas o áreas que precisan nuestra atención al tiempo que nos da los arrestos necesarios para afrontarlos.

- Cuando alguien está continuamente estresado —sin alivio ni relajamiento entre reto y reto—, dicho estrés es mayormente *negativo*. El estrés crónico es a menudo el resultado de las evaluaciones pesimistas que la persona hace constantemente acerca de la vida, considerando las cosas como más amenazantes de lo que en realidad son.
- A veces, el estrés procede de una *difícil situación existencial*, pero también puede ser el resultado de las *percepciones negativas que tenemos acerca de nuestras circunstancias*: como la idea de que vamos a fracasar o debemos hacer las cosas perfectas. Es de vital importancia que hagamos comprender a quienes acuden en busca de consejo la *diferencia que hay entre los sucesos estresantes y el estrés percibido*; puesto que nuestra ayuda será diferente según la clase de tensión a que nos enfrentemos. Algunas personalidades —a veces llamadas de Tipo A— *causan estrés* a los que los rodean, además de sí mismos. Se trata de individuos sumamente activos o perfeccionistas. Cuando vivimos o trabajamos con alguien así, experimentamos el estrés de su activismo.
- El estrés continuo puede producir *síntomas físicos* tales como dolores de cabeza, trastornos estomacales, alta tensión arterial, molestias en el pecho y problemas para dormir. También es susceptible de *afectar negativamente las relaciones de la persona*, e incluso la vida sexual de un matrimonio. *Puede influir, por tanto, en el cuerpo, la mente y el espíritu del individuo*, y hay que prestar atención a cada una de estas áreas para reducir los efectos del estrés sobre el bienestar general.
- Si no aprendemos a controlar el estrés será él quien acabe *controlándonos*. Sopese el hecho de que más del 80 por ciento de las visitas al médico están relacionadas con problemas de estrés no resueltos. En realidad, *el estrés es un factor importante en más del 75 por ciento de todas las enfermedades que se diagnostican actualmente*, y muchos estudios elevan esa cifra hasta casi el 90 por ciento.[1]
- Las personas buscan ayuda cuando *se sienten agobiadas y les parece que han perdido el control*, pero esas ocasiones pueden ser estupendas oportunidades para aprender grandes lecciones y adquirir destrezas que podrán utilizar el resto de sus vidas. Las épocas de estrés obligan a las parejas a comunicarse de un modo más eficaz, escucharse más atentamente, hacer comentarios para que su cónyuge se sienta comprendido, perdonar agravios y pedir perdón.

> Todos los cambios, incluso los positivos —como los ascensos laborales, tener un hijo o irse de vacaciones—, conllevan cierta medida de estrés; y la acumulación de situaciones estresantes sin abordar o no resueltas, aunque sean positivas, puede convertirse en una carga abrumadora.
>
> "The Survey of Recent Events"

Afrontadas con esperanza y valor, las épocas de estrés pueden unir más al matrimonio de lo que lo hayan estado hasta entonces.

- Cuando una pareja experimenta tensiones *se ensancha la brecha entre ellos.* Los individuos que tienden a eludir el conflicto se vuelven retraídos y poco comunicativos, aquellos con dificultades para aceptar su propia responsabilidad culpan de los problemas a todos menos a sí mismos, y quienes son ligeros de lengua utilizan el sarcasmo mordaz para castigar y controlar a los que aparentemente están amenazándolos. Por lo general, *el estrés hace aflorar las grietas existentes en una relación, las cuales pueden permanecer ocultas o parecer insignificantes mientras las personas no tienen preocupaciones ni están alteradas.*
- *Cada uno de nosotros reacciona al estrés de manera distinta*, sin embargo algunos factores estresantes pueden afectarnos más que otros. En un famoso estudio acerca del efecto de los periodos de transición, a varios acontecimientos se les asignó un valor numérico de "unidad de cambio de vida" (UCV). A fin de determinar la importancia de tales acontecimientos, el equipo de investigación pidió a personas de trasfondos sociales distintos que evaluaran el grado de agitación que les producía cada uno de ellos. Después de esto, se comparó cada suceso con el hecho de contraer matrimonio, al que se le adjudicó un valor arbitrario de 50 puntos. A los investigadores les sorprendió descubrir que los individuos, sin distinción de edad, sexo, posición social, raza, cultura o educación, puntuaban los diferentes acontecimientos de un modo muy parecido.[2]

  Nota: Este *viejo* estudio de Thomas Holmes y Richard Rahe titulado Social Readjustment Rating Scale (Escala para calificar el reajuste social) se ha visto en buena parte modificado por factores tales como la "resistencia" de la persona, ya que es determinante si esta considera los cambios una amenaza o una oportunidad.
- No resulta sorprendente que los acontecimientos negativos y sus valores de UCV incluyan:
  - la muerte del cónyuge (100)
  - el divorcio (73)
  - la defunción de un miembro cercano de la familia (63)
  - el encarcelamiento (63)
  - las lesiones o enfermedades importantes (53)
  - el despido del trabajo (47)
  - el embargo por falta de pago de la hipoteca (30)
  - los problemas con el jefe (23)
- Sin embargo, muchos sucesos que se consideran habitualmente positivos también requieren muchos ajustes. Por ejemplo:
  - el matrimonio (50)
  - la reconciliación conyugal (45)
  - la jubilación (45)
  - el embarazo (40)
  - la cancelación de la hipoteca sobre una casa nueva (31)
  - la emancipación de los hijos (29)

- los logros personal notables (28)
- el comienzo o el final de los estudios (26)
- el cambio de residencia (20)

- Estos son solo algunos factores estresantes —tanto positivos como negativos— que menciona el estudio. Aunque las personas tienen diferentes aptitudes para lidiar con el estrés, *cuanto más alta sea la suma de las UCV tanto mayor será el riesgo de problemas relacionados con el mismo.* Necesitamos prestar atención a los efectos de la tensión en nuestras vidas y dar los pasos necesarios para manejarla. Cuando la gente soporta niveles de estrés muy elevados —especialmente durante un período largo— también *corre el riesgo de ese agotamiento físico, emocional y espiritual que resulta tan devastador.*
- Algunas clases de estrés son *agudas y transitorias*, pero otras se vuelven *crónicas y llegan a normalizarse en la vida de la pareja.* Es importante comprender con cuáles se está tratando, ya que los remedios para unas y otras pueden ser muy diferentes.
- Un vistazo a cualquier teoría de la personalidad nos monstrará *la variedad de respuestas al estrés* que podemos aplicar a cada individuo y a la vida sexual de cada pareja. Algunos, por ejemplo, tal vez consideren las relaciones sexuales como una forma de reducir la tensión, y otros como la recompensa por dar pasos adelante; y también están aquellos para quienes el acto sexual es una distracción innecesaria (e indeseada) cuando tienen otras cosas que les preocupan.

ENTREVISTA DE EVALUACIÓN 3

Haga las siguientes preguntas al individuo o matrimonio:

1. ¿A qué clase de estrés se enfrenta? (Explíquele que el estrés puede provenir tanto de factores positivos como negativos).
2. ¿Cómo le afecta esa tensión emocional física, relacional, espiritual y sexualmente?
3. ¿De qué manera influye el estrés en ustedes como pareja?
4. ¿Qué oyen decir al otro?
5. Explique cuál es la gama de posibles respuestas al estrés, y luego pregunte: ¿Cómo trata normalmente de controlar su vida y limitar el impacto de esos periodos de tensión?
6. ¿Cuál es la reacción típica de su cónyuge frente al estrés?
7. ¿Qué dicen el uno y el otro?
8. Describa cómo percibe el sexo cuando se siente estresado: ¿Significa para usted una recompensa, un alivio, una distracción o alguna otra cosa?
9. ¿Cómo ve su cónyuge las relaciones sexuales cuando está bajo tensión?
10. ¿Qué objetivos sería provechoso y saludable fijar en cuanto a la comunicación, el manejo del estrés y la resolución de los enfrentamientos durante esos periodos de tensión?

11. ¿De qué maneras pueden negociar unas relaciones sexuales respetuosas y agradables para ambos?

4 CONSEJOS SABIOS

El estrés no tiene por qué abrumarnos. En la Epístola a los Filipenses se nos dice: "No se inquieten por nada; más bien, en toda ocasión, con oración y ruego, presenten sus peticiones a Dios y denle gracias. Y la paz de Dios, que sobrepasa todo entendimiento, cuidará sus corazones y sus pensamientos en Cristo Jesús" (Fil. 4:6-7).

Las personas tienden a *reaccionar de la misma forma ante los mismos factores estresantes* una y otra vez, sin darse cuenta de que podrían hacerlo de un modo distinto. A la pareja o el individuo le resultaría provechoso esforzarse por identificar sus "respuestas habituales al estrés" y ponerles nombre. Esto constituye un primer paso para introducir cambios. Como parte del proceso, se deben identificar también las reacciones sexuales que solemos tener frente a la tensión. Las diferencias en las respuestas al estrés de las parejas a menudo *agravan y aumentan el agobio* causado por problemas externos. Los polos opuestos se atraen, al menos al principio. Sin embargo, en los periodos de estrés las personas pueden resentir profundamente la manera como el otro afronta las dificultades, y necesitan percibir que ambos las están sobrellevando lo mejor que pueden. Su función es ayudarlos a encontrar formas más útiles y eficaces de tender puentes entre sí y apoyarse mutuamente.

Entre los objetivos principales de la consejería de parejas que padecen estrés está el ayudar a cada uno de los cónyuges a interpretar bien al otro y *transmitirle su comprensión, amor y aceptación* para se sienta verdaderamente comprendido y apoyado.

Cada persona necesita responsabilizarse de sus propios pensamientos, sentimientos y conductas en las situaciones de tensión. Una comunicación abierta y sincera, escuchar, responder a lo que se dice, perdonar y pedir perdón son componentes esenciales de los importantes pasos que deben darse.

La calidad de la experiencia sexual de un matrimonio es directamente proporcional a la profundidad de la confianza entre los cónyuges, la capacidad de cada uno de estos para dejarse influir por el otro y la excelencia de su comunicación. Si no se comunican, aman o respetan en las demás áreas de sus vidas, sus relaciones sexuales lo resentirán. Por el contrario, si la pareja afronta las causas del estrés y su manera de reaccionar ante ellas, aprendiendo a hacerlo de un modo más positivo, alcanzarán una intimidad mayor en todos los aspectos, incluso el sexual.

5 PASOS PRÁCTICOS

1. Exploren las causas

- Indaguen acerca del estrés presente en sus vidas: cuáles son sus causas principales y sus consecuencias. Tal vez se trate de alguna preocupación, confusión, tensión, conflicto o resentimiento.

- *Ayude a la pareja a identificar tan claramente como sea posible lo que les produce ese estrés. Determine si los factores causantes del mismo son positivos o negativos, crónicos o agudos.*

2. Manejen los factores estresantes

- Según los resultados de su indagación, conciban formas distintas de empezar a reducir los factores estresantes. El estrés puede separar a las personas o unirlas: dependiendo de la comprensión que tengan, de la percepción de sus personalidades y de sus formas de responder a la tensión, así como de su valentía para reaccionar positivamente en vez de hacerlo de manera irascible o aterrada. Si ustedes continúan respondiendo al estrés como lo han hecho hasta ahora erosionarán su confianza mutua y su relación sufrirá un daño duradero; pero si reaccionan con sabiduría y coraje, su matrimonio se fortalecerá más que nunca.

3. Asuman responsabilidades

- Acepten la responsabilidad de su propio patrón de respuesta, sin olvidar los sentimientos, las actitudes y el comportamiento, la tendencia a culpar a otros o retraerse, así como cualquier conducta controladora o amenazante. Todo aquello que reconocemos puede conducir al arrepentimiento y la renuncia, y a ser perdonados. El perdón es un magnífico lubricante para las relaciones.

4. Busquen puntos de encuentro

- Esfuércense en fomentar la comunicación y adquirir aptitudes relacionales, a fin de promover la comprensión mutua y buscar la afinidad en aquellas cuestiones que les afectan a ambos, sin olvidar los factores estresantes más habituales como la economía familiar, los hijos, la familia política y la sexualidad.
- Comprender sus propias respuestas acostumbradas al estrés y las de su cónyuge, les dará una mayor libertad para hablar y negociar las experiencias sexuales respetuosas y que les brinden placer y satisfacción.

EJEMPLOS BÍBLICOS 6

Humíllense, pues, bajo la poderosa mano de Dios, para que él los exalte a su debido tiempo. Depositen en él toda ansiedad, porque él cuida de ustedes (1 P. 5:6-7).

Ciertamente Dios permite que vengan dificultades a nuestras vidas, y a veces las invita para enseñarnos a confiar en Él más de lo que lo hemos hecho hasta entonces. En los periodos de estrés podemos vernos tentados a reaccionar con ira e intentar controlar las cosas nosotros mismos. Sin embargo, la respuesta apropiada es doblegarnos ante el Señor, confiar en que Él nos dará sabiduría y fuerzas, y entregarle nuestras preocupaciones.

Alégrense siempre en el Señor. Insisto: ¡Alégrense! Que su amabilidad sea evidente a todos. El Señor está cerca. No se inquieten por nada; más bien, en toda ocasión, con oración y ruego, presenten sus peticiones a Dios y denle gracias. Y la paz de Dios, que sobrepasa todo entendimiento, cuidará sus corazones y sus pensamientos en Cristo Jesús (Fil. 4:4-7).

Podemos alegrarnos siempre en los momentos difíciles si confiamos en que Dios es bueno, poderoso y sabio. Así creeremos que Él puede sacar algo provechoso aun de las circunstancias dolorosas y enseñarnos valiosas lecciones por medio de ellas. Nuestro papel consiste en darle gracias y orar por cada preocupación. Cuando intentamos controlarlo todo nosotros mismos, seguimos ansiosos; pero si confiamos en Él, su paz llena nuestro corazón de seguridad.

> Las condiciones de la vida moderna devoran el margen para respirar. Si vive usted en la calle lo mandamos a un albergue; si no tiene dinero le ofrecemos alguna subvención estatal; si le falla la respiración lo conectamos a la fuente de oxígeno; pero si queda sin margen para respirar, le damos aún algo más que hacer.
> *Dr. Richard Swenson,* Margin

Por tanto, no nos desanimamos. Al contrario, aunque por fuera nos vamos desgastando, por dentro nos vamos renovando día tras día. Pues los sufrimientos ligeros y efímeros que ahora padecemos producen una gloria eterna que vale muchísimo más que todo sufrimiento. Así que no nos fijamos en lo visible sino en lo invisible, ya que lo que se ve es pasajero, mientras que lo que no se ve es eterno (2 Co. 4:16-18).

Algunas inquietudes, como el hecho de envejecer, no van a pasar hasta que veamos a Jesús cara a cara. Pero si afianzamos nuestro corazón en Él, experimentaremos su sabiduría y fortaleza aunque nuestros cuerpos se vayan desgastando. Sin embargo, solo podemos confiar así en Cristo si aprendemos a fijarnos en las verdades eternas y no solo en las cosas físicas y tangibles que nos rodean.

¡Qué profundas son las riquezas de la sabiduría y del conocimiento de Dios! ¡Qué indescifrables sus juicios e impenetrables sus caminos! "¿Quién ha conocido la mente del Señor, o quién ha sido su consejero?" "¿Quién le ha dado primero a Dios, para que luego Dios le pague?" Porque todas las cosas proceden de él, y existen por él y para él. ¡A él sea la gloria por siempre! Amén (Ro. 11:33-36).

Nuestra confianza en Dios está directamente ligada a la comprensión que tengamos de su grandeza y su bondad, su sabiduría y su poder. Él sabe todo de nosotros, y es sumamente solícito y capaz de cumplir sus propósitos. A veces nos rescata de nuestros problemas, pero con mayor frecuencia nos da la sabiduría y el valor necesarios para avanzar a través de ellos.

ORACIÓN 7

Padre, estos amigos se sienten abrumados y preocupados por sus problemas, y todos los aspectos de su relación matrimonial sufren por ello. Dales esperanza, fuerza y sabiduría, y ayúdalos a comprenderse a sí mismos y el uno al otro. Concédeles paciencia y bondad para aprender a apoyarse mutuamente como nunca antes, y una vida sexual rica y gratificante en medio de todo esto…

6 El control de natalidad y la reproducción

1 RETRATOS

- Ramiro y Sandra piensan que todavía no están listos para tener su primer hijo, y tratan de encontrar un anticonceptivo que sea seguro y fiable. Puesto que saben que existen algunas controversias acerca del control de natalidad, están buscando consejo para obtener información y guía acertadas.
- Elena y su marido tienen cuatro hijos y esperan otro muy pronto, de lo cual están encantados. Creen que Dios les dará tanta prole como Él quiera y que no deben interferir en el plan divino para su familia.
- Julia bebió un poco en exceso la noche pasada, pero piensa que la velada resultó divertida; aun así, se pregunta si las cosas no habrán ido demasiado lejos. Creyendo que podría quedarse embarazada ha decidido informarse acerca del Plan B de control de la natalidad.

2 DEFINICIONES E IDEAS CLAVE

- Los anticonceptivos y la planificación familiar son *métodos que se utilizan para controlar los embarazos y el nacimiento*, a fin de que el proceso, el momento y el número de niños nacidos dependan de la elección de la pareja y no del azar. Estas cuestiones pueden implicar una serie de decisiones difíciles para los matrimonios. *La Biblia no habla específicamente del control de la natalidad*, aunque muchos teólogos e iglesias sugieren que hay muchos pasajes bíblicos que dan algunas pautas para la toma de decisiones al respecto.
- Las creencias acerca de los anticonceptivos —aun entre los cristianos— varían enormemente. *Algunos piensan que cualquier forma de anticoncepción, incluso la abstinencia sexual, es pecaminosa.* Tales personas tienden a considerar que la aleatoriedad de los nacimientos no planificados está en armonía con el designio y el mandamiento divinos de ser fructíferos y multiplicarse. En el otro extremo del espectro están *los que creen que cualquier forma de control de la natalidad, hasta el aborto inducido, es aceptable.* La mayoría, sin embargo, se sitúa entre ambos extremos.
- Nosotros creemos que *cada niño es una bendición divina y tiene un valor incalculable.* Si bien afirmamos que la vida humana empieza en el momento de la fecundación —que es la unión entre un óvulo

y un espermatozoide— no creemos que impedirla sea incorrecto moralmente. Sin embargo, nos oponemos a cualquier método de control de natalidad que impida la implantación de un óvulo fecundado en el útero de la mujer y ponga fin de este modo a una vida humana ya concebida.
- Contrariamente a la idea que nosotros sostenemos, algunos cristianos no ven ningún problema en los métodos que impiden la anidación en la matriz del huevo fecundado, dado que por naturaleza muchos de esos óvulos no consiguen implantarse en el útero de la mujer después del momento de la concepción. Hay asimismo otros creyentes que afirman que un óvulo fecundado no es un ser humano; del mismo modo que un huevo de gallina no es más que una gallina en potencia. *Esta postura, sin embargo, resulta casi imposible de reconciliar con las Escrituras.*
- Lo cierto es que *muchas familias cuentan con una combinación de hijos planeados y no planeados*, y bastantes matrimonios pueden señalar que uno o más de sus retoños "simplemente llegaron" mientras ellos trataban de decidirse acerca de los anticonceptivos y la esterilización. La mayoría de esas familias consideran que tales hijos son un regalo especial de Dios, y recordatorios de que la vida no es algo que se pueda planear por completo ni dependa de una decisión exclusiva del hombre.

ENTREVISTA DE EVALUACIÓN 3

En última instancia, nadie puede decidir sobre la planificación familiar y el número de hijos sino el matrimonio mismo. Por tanto, un enfoque primordial de ayuda a las parejas es enseñarles acerca de los diversos métodos de control de natalidad que existen y las cuestiones teológicas implícitas. Con esto, los cónyuges pueden tomar una decisión bien informada. Las siguientes preguntas le ayudarán a guiar este tipo de conversación:

1. ¿Cuándo creen ustedes que comienza la vida? ¿En la fecundación, la implantación, algún momento posterior? ¿Coinciden ambos en eso?
2. ¿Les parecería bien utilizar un método de control de la natalidad que puede impedir la fecundación del óvulo, pero también su implantación en el útero cuando ha sido fecundado?
3. ¿Qué piensan en cuanto a abstenerse de las relaciones sexuales durante ciertos periodos para controlar los embarazos?
4. ¿Cómo ven ustedes el uso del condón?
5. ¿Cuántos hijos (más) quieren tener y cuándo?
6. ¿Hablaron durante el último embarazo de la posibilidad de operarse uno de ustedes como forma permanente de control de la natalidad? ¿A qué conclusiones llegaron?
7. ¿Qué es lo que más les preocupa acerca del control de natalidad en este momento? ¿Cómo afecta esto su matrimonio?

4 CONSEJOS SABIOS

Cuando una pareja se casa, sucede un cambio radical. Mientras que antes de la boda la iglesia exhortaba a los novios a abstenerse del contacto sexual, ¡una vez celebrada la misma se les recomienda que no hagan tal cosa!

Un fundamento bíblico para la toma de decisiones en cuanto al momento de tener hijos y los métodos utilizados para controlar los embarazos debe brotar del amor de la pareja por Dios y de su espontaneidad sexual y amor en el matrimonio. *Los cónyuges deben determinar el número de hijos y el momento de tenerlos* en función de cosas tales como su situación económica y el tiempo que pueden dedicarles —como también a sí mismos—, ya que los padres deben contar con momentos suficientes para demostrar a sus retoños que los aman profundamente y luchar por ellos.

Si una pareja decide utilizar un método de prevención de embarazo *debería escoger uno que respete la vida*, que no la destruya ni interfiera con ella cuando ya ha empezado a desarrollarse en el seno de la madre.

Como consejero, debe ser consciente de que parece haber cierta evidencia bíblica de que *la abstinencia no es un método teológicamente adecuado para que los esposos controlen la natalidad*. Muchos le restan importancia o lo consideran irrelevante, porque muy pocos matrimonios lo eligen. Aun así, es importante tener en cuenta esta tendencia e interpretación bíblica que depende en buena medida del pasaje de 1 Corintios 7, donde Pablo escribe: "No se nieguen [el sexo] el uno al otro, a no ser de común acuerdo, y sólo por un tiempo, para dedicarse a la oración" (v. 5). Lea los versículos 2-5 si desea contar con un fragmento más extenso y pertinente de este capítulo.

Anime a la pareja a *incluir la oración y el ayuno en su proceso de decisión* con respecto al control de la natalidad y lo que es mejor para su matrimonio. Cada cónyuge necesita dedicar tiempo a buscar la voluntad de Dios y ambos deben orar juntos acerca de esta cuestión. También es importante que el matrimonio *investigue todas las opciones* existentes para tomar una decisión informada.

Fomentar una buena comunicación entre los esposos debe constituir una de sus intervenciones principales en la sesión de consejería. Estimule la utilización de declaraciones que tengan como sujeto "yo", en vez de "tú", cuando explore los pensamientos y los sentimientos de ellos acerca del control de la natalidad y la reproducción.

Hay muchos métodos para controlar los nacimientos que se pueden considerar. Los que presentamos a continuación son solo una descripción muy breve. Como consejero, si va a tratar este tema con asiduidad, necesitará mantenerse al día de las tendencias y los adelantos médicos pertinentes, según vayan apareciendo (y este es un campo en el que los cambios y las novedades se suceden con regularidad).

Una advertencia elemental que debe hacer a la pareja es que *ningún anticonceptivo resulta cien por ciento eficaz todo el tiempo* (excepto la abstinencia o la cirugía). Sin embargo, muchos son lo bastante buenos si se utilizan adecuadamente, y el mayor número de fracasos ocurre cuando se emplean descuidada o indebidamente. He aquí algunas de las opciones más comunes para los matrimonios.

La planificación familiar natural y el método de observación de la fertilidad

La idea en que se basan la planificación familiar natural (PFN) y el método de observación de la fertilidad (FAM, por sus siglas en inglés) es que la mujer solo es fértil durante un corto periodo cada mes. Se cree que ese breve lapso de tiempo abarca entre 100 y 120 horas mensuales; de ahí que *si una pareja se abstiene del coito cuando se está produciendo dicho ciclo, puede evitarse el embarazo. La PFN/FAM podría también utilizarse a la inversa: para engendrar un hijo cuando se desea.*

La pregunta que se hacen la mayoría de las personas en relación con los diversos métodos de PFN/FAM es cómo calcular exactamente el momento en que tiene lugar el periodo de fertilidad. Si el marco de tiempo pudiera determinarse con una precisión del 100 por ciento, el PFN/FAM sería un método perfecto de control de los embarazos. Sin embargo, *el periodo fértil es solo aproximado*, aunque con bastantes probabilidades de éxito si se calcula debidamente. Hoy día se comercializan diferentes aparatos que ayudan a determinar el plazo de fertilidad de la mujer. *Las parejas que emplean métodos de PFN/FAM de la manera adecuada tienen un porcentaje de fracasos mucho menor que quienes utilizan preservativos, y muy cercano al de aquellas mujeres que toman la píldora.*

> La sexualidad es un instinto poderoso que durante la mayor parte de la historia humana ha estado firmemente vinculado al matrimonio y tener hijos. Solo hasta hace relativamente poco se ha desligado el acto sexual del casamiento y la procreación. Las invenciones anticonceptivas modernas han dado a muchos un sentido de seguridad exagerado y han impulsado más que nunca a las personas a sacar la expresión sexual por fuera de los límites matrimoniales.
> Enfoque a la familia, 2005

A fin de determinar su periodo de fertilidad, las esposas hacen *un seguimiento de ciertos factores*, tales como la duración del ciclo menstrual, la temperatura corporal matutina o el moco cervical.

La PFN es el único método de control de los embarazos aprobado por la Iglesia católica romana; sin embargo, como dijimos antes, *algunas personas tienen problemas teológicos con ella*, porque viola la ordenanza bíblica de abstenerse de relaciones sexuales solo con el fin de orar y ayunar (véase 1 Co. 7:1-5).

Métodos anticonceptivos de barrera

Preservativos masculinos

Los condones para hombres son el método anticonceptivo de barrera más usado. Están hechos de látex o de poliuretano (aunque también se utiliza la piel "natural" de cerdo y ciertos materiales sintéticos nuevos). *Los condones de látex* son los más corrientes, debido a su bajo precio y su gran eficacia. Cabe señalar que estos preservativos solo se pueden utilizar con lubricantes a base de agua y no de aceite, que daña la estabilidad del látex. Cabe añadir que un pequeño número de personas son alérgicas al látex.

Los condones de poliuretano están teniendo amplia difusión: son más finos y transmiten el calor mejor que los de látex, de modo que confieren a las relaciones sexuales una sensación de mayor naturalidad. No está claro cuáles de estos preservativos son más resistentes —si los de látex o los de poliuretano—, aunque ciertos estudios sugieren que ninguno tiene mayor tendencia a romperse que el otro. Sin embargo, hay quienes dicen que ya que los condones de poliuretano se estiran menos que los de látex, existe un mayor riesgo de rotura o de deslizamiento si el preservativo está demasiado apretado o demasiado suelto. Con los condones de poliuretano se pueden utilizar lubricantes a base de agua y a base de aceite.

Los condones probablemente sean los anticonceptivos menos agradables, tanto para los hombres como para las mujeres. El tamaño de los mismos (su longitud y anchura) afectan tanto la comodidad como la eficacia. Para ser más eficaces, estos preservativos deberían colocarse antes de tener cualquier contacto genital. Por otra parte, tras la eyaculación, el pene debe retirarse de la vagina antes de que empiece a perder la erección, manteniendo en su sitio la base del preservativo en el momento de la retirada.

Ciertos estudios recientes han revelado que *las mujeres sexualmente activas que utilizan condones tienen una tasa más alta de depresión* que aquellas que no los usan.[1] Existe actualmente la teoría de que el semen puede funcionar como antidepresivo cuando lo absorbe la vagina de la mujer.[2]

Preservativos femeninos

El condón para mujeres es una funda de poliuretano de aproximadamente 16 cm y medio de largo que la mujer se coloca cuando mantiene relaciones sexuales, la cual recubre el interior de la vagina y ayuda a prevenir las ETS. *Los condones femeninos tienen una tasa de fracaso dos veces mayor que los masculinos, aunque se cree que protegen mejor a las mujeres de las infecciones de transmisión sexual.*

En cada uno de los extremos de este condón hay un anillo flexible, y su extremo cerrado —cuyo anillo es un poco más pequeño— se inserta en la vagina para mantener en su sitio el preservativo. En el extremo abierto de la funda, el anillo se mantiene fuera del conducto vaginal a fin de actuar como guía durante la penetración, e impedir que el condón se amontone dentro de la vagina. Puesto que este preservativo no se mueve con el pene, la sensación es más natural y agradable para el hombre que con los condones masculinos; sin embargo, a algunas mujeres les resulta incómodo. *Observación*: el condón femenino no debería utilizarse juntamente con el masculino, ya que la fricción entre ambos podría romperlos.[3]

Diafragmas, capuchones cervicales y escudos

Los diafragmas, los capuchones cervicales y los escudos son dispositivos similares porque todos ellos se insertan en la vagina antes de la relación sexual y tapan el cuello del útero de la mujer impidiendo el contacto entre el esperma y el óvulo.

- El *diafragma* es un cuenco poco profundo, en forma de cúpula, bordeado por un anillo flexible.

- El *capuchón cervical* es un cuenco de silicona, en forma de gorro de marinero, de menor diámetro que el diafragma y que, aun así, se encaja con seguridad cubriendo el cuello del útero.
- El *escudo* (p. ej. el Escudo de Lea) es un cuenco de silicona, semejante a un capuchón, que tiene una válvula de aire y una lengüeta para facilitar su extracción.

Cada uno de estos anticonceptivos debe utilizarse con una crema o un gel espermicida. El ingrediente espermicida mata los espermatozoides al tiempo que el dispositivo insertado les impide penetrar en el cuello del útero femenino.

Los diafragmas, capuchones y escudos son dispositivos reutilizables que *debe colocar un médico en el cuerpo de la mujer.* Si esta engorda o adelgaza, o si tiene algún parto vaginal, hay que ponerle uno nuevo. Los capuchones son más difíciles de colocar en aquellas mujeres que han dado a luz, y sus índices de fracaso más elevados. Como consecuencia de esto, *dieciséis de cada cien mujeres* que utilizan el diafragma se quedarán embarazadas durante el primer año de uso regular; *catorce de cada cien* que nunca han concebido y emplean un capuchón cervical (de marca *FemCap*) concebirán en un periodo de tiempo semejante; *veintinueve de cada cien* que han dado a luz vaginalmente y utilizan el *FemCap* quedarán encinta ese mismo año; y a *quince de cada cien* que utilizan un escudo les ocurrirá lo mismo.[4]

En cuanto a la satisfacción del usuario, algunas personas piensan que los diafragmas, capuchones o escudos suponen una interrupción importante antes de las relaciones sexuales, mientras que otras piensan que se trata de una cuestión sin importancia. Una vez colocados, *estos dispositivos son muy cómodos tanto para el hombre como para la mujer,* ya que ni él ni ella notarán su presencia durante el coito.[5]

Esponjas

La esponja anticonceptiva es una pieza de espuma de poliuretano en forma de rosquilla que está impregnada de espermicida, la cual se inserta en la vagina y se coloca sobre el cuello del útero. Debido al espermicida, las esponjas actúan tanto bloqueando el paso de los espermatozoides como eliminándolos. Al igual que los capuchones y diafragmas una esponja se puede dejar colocada durante veinticuatro horas, y se considera eficaz para realizar múltiples coitos (aunque haya que añadir para ello más espermicida). También, del mismo modo que los capuchones, las esponjas se deben dejar puestas durante las seis horas siguientes al acto sexual. Su aspecto negativo es que algunos hombres afirman sentir el dispositivo o su lengüeta de retirada durante el coito, y que su índice de fracasos es elevado: del 9 por ciento en aquellas mujeres que no han dado a luz, y hasta del 20 por ciento en las que sí lo han hecho.

Métodos anticonceptivos hormonales

Píldoras

A pesar de su uso generalizado las píldoras anticonceptivas resultan bastante controvertidas para algunos cristianos. La razón es que algunas de ellas (así como otros anticonceptivos hormonales que se enumeran a continuación) previenen la fecundación del óvulo, pero otras impiden la implantación del mismo (que algunos consideran una vida sagrada). Para complicar aún más la cuestión, hay un debate considerable acerca de cuáles son los métodos hormonales que hacen una u otra cosa.

En esencia, *todos los anticonceptivos a base de hormonas contienen progestina, una forma sintética de la progesterona (que impide la implantación), y algunos también un estrógeno artificial (que previene tanto la ovulación como la fecundación).* Estas dos sustancias químicas están presentes en diferentes cantidades e intensidades según el anticonceptivo que se utilice.

Hay dos clases corrientes de píldoras anticonceptivas: las píldoras de progestina sola (PPS) y las píldoras anticonceptivas orales combinadas (PAOC), que contienen tanto progestina como estrógeno. Estas últimas permiten la ovulación al menos parte del tiempo, lo que significa que *la fecundación del huevo es posible,* pero no su implantación. Por tanto, si una mujer cree que la vida empieza en el momento de la concepción debe rechazar las PPS. En cambio, las PAOC son *tan eficaces para impedir la ovulación que la fecundación no puede producirse.*

En teoría, la progestina de las píldoras sería capaz de interferir en la implantación, pero si la fecundación del óvulo no ocurre nunca eso no importa. De ahí que las PAOC podrían ser un tipo de anticonceptivo aceptable aun para aquellas parejas que creen que la vida comienza en el momento de la concepción.

La inyección anticonceptiva

Las inyecciones para prevenir el embarazo —también conocidas como anticonceptivos inyectables combinados (AIC)— se administran cada mes o cada tres meses. Este método se está haciendo más y más popular por su *fácil utilización, ya que la mujer no necesita acordarse de tomar la píldora diaria, al igual que por sus reducidos efectos secundarios y su eficacia como anticonceptivo.* Las AIC contienen tanto estrógeno como progestina y probablemente sean bastante eficaces para impedir la ovulación, pero debido a la novedad del producto *no existen aún datos concluyentes.*[6]

Los implantes

Los implantes consisten en unos seis tubitos del tamaño de una cerilla que contienen progesterona, y que un médico inserta bajo la piel en la parte superior del brazo de la mujer. Estas varillas van liberando poco a poco progesterona en la corriente sanguínea femenina. Aunque se trata de un método solo de progestina, la cual adelgaza el endometrio haciendo imposible la implantación del huevo, puesto que el sistema de administración proporciona una secreción continua de la progesterona, la ovulación queda suprimida por completo. Por tanto, *la fecundación no puede ocurrir.* En general, los implantes *suelen durar de tres a cinco años, tienen una eficacia del 99 por ciento,* y están literalmente protegidos contra errores por parte del usuario. Asimismo, el coste de un implante es bastante razonable —entre 450 y 900 dólares cada cinco años—, y su retirada cuesta de 100 a 300 dólares. Cuando se les retira el implante, las mujeres, por lo general, experimentan una rápida restauración de su fertilidad.

El anillo

El anillo anticonceptivo —el más popular es el NuvaRing— consiste en un círculo flexible de unos 50 mm de diámetro que se lleva alojado en la vagina por tres semanas cada mes y luego se quita durante la semana en la que ocurre generalmente la menstruación. Una vez insertado el anillo la mujer no lo siente, puesto que el mismo se amolda a su cuerpo. La mayoría de los hombres dicen no notarlo tampoco en el transcurso del acto sexual. Las hormonas que contiene dicho anillo —una combinación de estrógeno y progestina— *se disuelven directamente en la corriente sanguínea a través de la pared vaginal.* Este es un método de *gran eficacia para impedir la ovulación*; además, con el uso del NuvaRing, el endometrio se hace más fino de lo habitual, impidiendo la implantación de un óvulo fecundado en caso de que la fecundación haya ocurrido.

> No hay nada en las Escrituras que prohíba a las parejas casadas practicar el control de natalidad: ni por un tiempo limitado para retrasar la procreación, ni de manera permanente cuando ya han tenido hijos y deciden que su familia está completa... Según nuestro punto de vista, el control de natalidad es bíblicamente permisible. Por otro lado, los matrimonios no deberían utilizarlo si atenta contra sus conciencias (Ro. 14:23). No porque sea inherentemente pecaminoso, sino porque ir en contra de la propia conciencia siempre está mal.
>
> John F. MacArthur, 2005

El parche

Los parches se están haciendo cada vez más populares como medios para administrar diferentes tipos de medicación: desde aquella que sirve para dejar de fumar, hasta los fármacos antidepresivos. Su popularidad radica en que constituyen una forma cómoda de tomar medicamentos con menos riesgo de saltarse una dosis. En el caso del control de la natalidad, *la mujer lleva un parchecito de 25 mm aproximadamente durante tres semanas cada mes.* Este parche administra al cuerpo humano las mismas hormonas que las píldoras anticonceptivas tradicionales.

El Plan B

El Plan B (levonorgestrel) *impide el embarazo en un 89 por ciento de los casos si se toma dentro de los tres días siguientes al coito,* aunque su eficacia es mayor cuanto menos tiempo haya transcurrido después del acto sexual. A pesar de que se trata de una píldora poscoital, el Plan B no es lo mismo que la RU-486 (o píldora abortiva), *puesto que no actúa si la mujer está ya embarazada.* Sin embargo, debido a que este método, con frecuencia, *destruye óvulos fecundados, los cristianos lo han condenado en buena medida.* Hay cada vez más evidencia científica de que el Plan B detiene la ovulación, pero no tiene ningún efecto sobre el óvulo ya fecundado.[7] Se considera un anticonceptivo de emergencia que puede *impedir* el embarazo después de que haya habido un fallo en la prevención (como olvidar tomarse la píldora o la rotura del condón), relaciones sexuales sin protección o una violación.[8]

El dispositivo intrauterino

El dispositivo intrauterino (DIU) es un pequeño objeto que se coloca en el útero de la mujer para impedir el embarazo. Los DIU pueden durar de uno a diez años y no se notan durante el coito. Aunque algunos afirman que estos dispositivos actúan influyendo en los movimientos de los óvulos y el esperma para prevenir la fecundación, lo que hacen por lo general es inhabilitar el endometrio para la implantación de un óvulo fecundado.

Métodos anticonceptivos por esterilización

Espermicidas

Los espermicidas se llevan utilizando mucho tiempo; según afirman algunos, desde el año 1850 a.C. Actualmente hay una variedad de espermicidas en forma de *supositorios, geles, cremas, espumas e incluso películas de plástico,*[9] y muchos hombres y mujeres los emplean —bien solos o bien combinados con otros métodos de control de la natalidad—, porque son relativamente baratos, fáciles de usar y se pueden comprar sin receta médica. Los espermicidas también se han ganado el favor de la gente, porque *no requieren ninguna separación física entre los órganos genitales del hombre y de la mujer, como en el caso del condón.*

Sin embargo, tienen ciertas desventajas: la mayor de ellas es *su fiabilidad limitada cuando se utilizan solos.* De ahí que muchas personas los usen juntamente con el condón o con un dispositivo del tipo capuchón cervical. Otros inconvenientes incluyen el momento oportuno para su utilización. Los espermicidas son *eficaces solo durante un tiempo limitado* —por lo general una hora—, y algunos hay que aplicarlos hasta quince minutos antes del acto sexual. Además de esto, el nonoxynol-9 —un ingrediente activo común en los espermicidas que se venden en Estados Unidos— causa irritación en algunas personas. En el caso de las mujeres, se ha descubierto que su uso frecuente aumenta considerablemente la probabilidad de irritación[10]. Sin embargo, si su uso se limita a un día sí y otro no, esto es bastante inusual (solo un 3 por ciento más que con un placebo).

Vasectomía

Se ha dicho que este método anticonceptivo es *la forma más segura de control de natalidad* disponible. Las directrices nacionales de esterilización del Reino Unido, por ejemplo, llegaron a la conclusión de que "debería considerarse el fracaso de la vasectomía como de 1 caso entre cada 2.000 (es decir, del 0,05%).[11] En muy contadas ocasiones, una vasectomía se revierte por sí sola (en el 0,025% de los casos, o sea 1 entre cada 4.000).[12]

La vasectomía consiste en cortar —o, más recientemente, bloquear— el conducto deferente, un tubo que transporta el esperma desde los testículos. *El fracaso del procedimiento es muy raro, y las complicaciones poco habituales.* Además, la vasectomía no produce *ningún cambio en el impulso sexual*, aunque algunos varones parecen tener una respuesta psicosomática que interfiere en su función sexual acostumbrada. Debido también a que los testículos producen menos del 5 por ciento del fluido seminal que se eyacula durante el orgasmo, no se percibe ni se nota diferencia alguna al eyacular. Aunque las vasectomías pueden en ocasiones revertirse quirúrgicamente, esto no siempre es posible, y la operación *debería considerarse como un procedimiento irreversible.*

Ligadura de trompas

La ligadura de las trompas de Falopio en la mujer puede llevarse a cabo de las siguientes formas:

Laparoscopia, que implica insertar un dispositivo óptico e instrumentos quirúrgicos a través de unas pequeñas incisiones practicadas en el abdomen.

Ligadura a abdomen abierto (laparotomía): se lleva a cabo a través de una incisión más grande en el bajo vientre, y puede ser recomendable si la mujer necesita cirugía abdominal por otras cuestiones (p. ej. cesárea) o ha tenido una enfermedad pélvica inflamatoria (EPI), endometriosis o alguna operación anterior en el abdomen o en la pelvis. Estas circunstancias quizá hayan dejado cicatrices o adherencias del tejido y los órganos abdominales, haciendo más difíciles o arriesgados los otros tipos de ligadura de trompas.

Minilaparotomía: se realiza a través de una incisión de alrededor de 50 mm de longitud.

Ligadura posparto: se hace, por lo general, como una *minilaparotomía* después del nacimiento del niño. Las trompas de Falopio se encuentran en la parte superior del abdomen justo después del embarazo, de modo que la incisión se lleva a cabo debajo del ombligo. Con frecuencia la operación se efectúa entre las veinticuatro y las treinta y seis horas posteriores al parto.

La laparoscopia se realiza habitualmente con anestesia general; mientras que *la laparotomía o minilaparotomía* puede efectuarse con anestesia general o local (también llamada epidural).

Revertir una ligadura de trompas es posible, pero no tiene unos resultados excelentes. Por esta razón se considera un método permanente de control de la natalidad.

> Las parejas evangélicas pueden en ocasiones escoger el uso de anticonceptivos para planificar sus familias y disfrutar de los placeres del lecho conyugal. El matrimonio debe considerar todas estas cuestiones con seriedad y estar verdaderamente abierto al don de los hijos. Han de tener bien clara en su mente la justificación moral para utilizar anticonceptivos, y que la decisión que tomen sea realmente consecuente con sus responsabilidades cristianas.
>
> R. Albert Mohler, 2004

El aborto

La última forma de control de la natalidad, y también la más censurable para los cristianos, es el aborto. Para realizarlo se utilizan diversos procedimientos, según la etapa del desarrollo en que se encuentre el feto o el niño y hasta el momento mismo de su nacimiento, *con el fin de matarlo y extraerlo del útero de su madre.*

En diferentes países el aborto lleva años legalizado o está en vías de legalización, y sus víctimas se cuentan por millones (solo en Estados Unidos el número de abortos ronda, con poca variación, los *1.400.000 anuales*).

5 PASOS PRÁCTICOS

1. Investiguen

- Indaguen todas las opciones disponibles para el control de la natalidad a fin de tomar una decisión informada que se adapte a su situación como pareja.
- Naveguen por la Internet en busca de información acerca de las opciones que existen para el control de la natalidad.
- Obtengan información del pastor de su iglesia o de alguna otra persona que consideren un creyente maduro. Puede serles útil el conocer lo que Dios ha revelado a esa persona acerca del control de natalidad.

2. Hablen y oren juntos

- Fijen un momento para sentarse y conversar sobre las opciones y la información que han encontrado, y luego oren acerca de la decisión que deben tomar.
- Programen un día —una o dos semanas después— para volver a reunirse a tomar una decisión. Durante ese intervalo, cada uno de ustedes debe orar individualmente en cuanto a la decisión.
- Cuando hayan decidido cuál es la mejor opción para ustedes como pareja, oren y den gracias a Dios por haberlos dirigido. A partir de entonces confíen en que el Señor sabe lo que es mejor para su matrimonio, y que Él suplirá todas sus necesidades relacionadas con cualquier embarazo —planeado o no planeado— que resulte de su unión conyugal.
- *Asegúrese de recalcar la importancia de que ambos individuos busquen la dirección del Señor en lo concerniente a esta decisión. Tal vez quiera sugerirles un periodo de ayuno además de la oración.*

6 EJEMPLOS BÍBLICOS

Y si alguno de vosotros tiene falta de sabiduría, pídala a Dios, el cual da a todos abundantemente y sin reproche, y le será dada (Stg. 1:5, RVR-60).

Es importante comprender la necesidad de que Dios nos guíe y nos dé sabiduría para escoger el método de control de la natalidad. Hay muchos puntos de vista diferentes en relación con el uso de anticonceptivos, pero lo más importante son los planes y deseos divinos para ese matrimonio.

Entonces entenderás el temor de Jehová, y hallarás el conocimiento de Dios. Porque Jehová da la sabiduría, y de su boca viene el conocimiento y la inteligencia. El provee de sana sabiduría a los rectos; es escudo a los que caminan rectamente (Pr. 2:5-7, RVR-60).

Dios bendecirá a la pareja que desee de todo corazón hacer su voluntad. Al dedicar tiempo a la oración y, tal vez, incluso al ayuno para decidir acerca del control de natalidad, los cónyuges recibirán discernimiento e inteligencia, y el Señor les concederá paz en cuanto al método que es mejor para ellos.

Así dice el Señor, tu Redentor, quien te formó en el seno materno: "Yo soy el Señor, que ha hecho todas las cosas" (Is. 44:24).

Ninguna forma de control de la natalidad está garantizada al cien por ciento, pero podemos confiar en Dios, que es el creador y sustentador de la vida. Para Él no existen los embarazos no planeados: si decide crear un niño en el seno de una madre es porque Él tiene un plan maravilloso y dará a los padres todo lo que necesiten para criarlo.

Y otra vez: Yo confiaré en él. Y de nuevo: He aquí, yo y los hijos que Dios me dio (He. 2:13, RVR-60).

Las parejas deben aprender a confiar en el Señor, orar y pedir sabiduría, y luego a seguir la dirección divina. ¡Él demostrará su fidelidad!

ORACIÓN 7

Padre celestial, tú sabes perfectamente todas las cosas. Da a este matrimonio la sabiduría para considerar la planificación familiar y el control de la natalidad. Son muchas las opiniones viscerales y muchas cuestiones complicadas que hay que dilucidar. Concédeles claridad y dirección mientras sopesan las opciones que existen de planificación familiar...

7 La infertilidad

1 RETRATOS

- Esperanza y su marido llevan años tratando de tener un hijo, y los médicos les dicen que la única forma de engendrarlo es mediante la fecundación in vitro. No obstante, debido a sus creencias religiosas, ellos han decidido no escoger dicha opción, y preguntan a su consejero si llegarán a tener algún día la familia con la que llevan tiempo soñando.
- Después del tercer aborto espontáneo Regina entró en una profunda depresión y tuvo que luchar con pensamientos suicidas. Ha estado descuidando a sus dos hijas, y no puede librarse de la obsesión por no haber podido dar a su marido, Ricardo, el hijo que siempre había deseado.
- Dos años después del duelo por la muerte de su familia en un terrible accidente de automóvil, Santiago comenzó a pensar en lo que había hecho mientras estaba en la universidad: cómo había participado en cierto proyecto experimental de reproducción dirigido por la facultad de Medicina, donando su esperma para la fecundación de óvulos. Aunque ya ha alcanzado la cincuentena, se pregunta si aún podría criar a un "bebé probeta" que estuviera esperando a que lo descongelaran.

2 DEFINICIONES E IDEAS CLAVE

- *La infertilidad consiste en la incapacidad de engendrar o de llevar a término un embarazo.* Generalmente se considera que una pareja es infértil cuando no ha engendrado a pesar de mantener relaciones sexuales regularmente durante un año sin utilizar métodos anticonceptivos. *La esterilidad*, por otra parte, se refiere a la incapacidad del varón para producir esperma o de la mujer para ovular.
- Aproximadamente, el *40 por ciento de los casos conocidos de infertilidad se deben a problemas del varón*, el otro *40 por ciento a dificultades de la mujer*, y el 20 por ciento restante a causas desconocidas o problemas tanto del hombre como de la mujer.
- La causa de la infertilidad puede ser *cualquier complicación en el proceso natural de fecundación, embarazo y parto.* Dicho proceso incluye habitualmente la eyaculación de niveles normales de esperma saludable, el paso del esperma por el cuello del útero hasta la trompa de Falopio femenina, el descenso del huevo (óvulo) hasta la misma desde uno de los ovarios, su fecundación en la trompa, la implantación del óvulo fecundado en un útero receptivo y la capacidad de la mujer para llevar a buen término el embarazo. *Los problemas más corrientes de las féminas son la falta de ovulación y*

el bloqueo de las trompas de Falopio; y, *en el caso de los hombres*, el *bajo contenido espermático.*

- Algunos problemas subyacentes relacionados con la infertilidad son: ciertas *enfermedades* —como la diabetes o las paperas (en los hombres adultos)—, los desequilibrios hormonales, la endometriosis, la enfermedad pélvica inflamatoria (a menudo causada por las ETS), el *abuso del alcohol o las drogas, determinados accidentes laborales y la exposición a algunas toxinas medioambientales.* La *irritación* o *infección* del útero que acompaña con frecuencia al uso del dispositivo intrauterino (DIU) también pueden reducir la fertilidad. A veces existe igualmente una incompatibilidad química, hormonal o inmunológica entre el varón y la mujer. Los factores psicológicos que contribuyen a la infertilidad son por su parte difíciles de evaluar, debido al carácter de por sí estresante de esta clase de trastorno.

ENTREVISTA DE EVALUACIÓN 3

1. ¿Cuánto tiempo llevan luchando con la infertilidad? ¿Han consultado alguna vez al médico acerca de este problema? ¿Qué les dijo él? ¿Les recomendó ciertas opciones de tratamiento? ¿Están siguiendo algún tipo de tratamiento clínico contra la infertilidad?
2. ¿Tienen ustedes más hijos? En tal caso, ¿surgieron complicaciones durante el embarazo o el parto de estos?
3. ¿Han podido hablar a fondo como pareja sobre la infertilidad? ¿Cuál fue el resultado de su conversación? ¿Cree usted que su cónyuge le escuchó y le comprendió?
4. ¿Han estudiado ustedes otras alternativas tales como la adopción? ¿A qué conclusión llegaron?
5. ¿De qué forma ha afectado la infertilidad su matrimonio? ¿Están todavía unidos o se han distanciado?
6. ¿Cómo cree que se sentirían si no les fuera posible engendrar un niño?
7. ¿Han experimentado alguna presión de la familia o los amigos para tener hijos? ¿Se sienten apoyados por sus amistades y parientes? ¿Cuál ha sido la reacción general de otras personas?
8. ¿Cuál creen ustedes que es el tema primordial con el que luchan actualmente respecto a la infertilidad? ¿A su matrimonio? ¿A su relación con Dios o algo más?
9. ¿Están dispuestos a someterse a un proceso de consejería para tratar estas cuestiones?

CONSEJOS SABIOS 4

La prueba de la infertilidad

Cuando una pareja lucha con la infertilidad, el médico puede empezar *examinando el semen del marido* —la cantidad, la forma y el movimiento de los espermatozoides— o sugerir un análisis de *su nivel hormonal.*

En el caso de la mujer, el primer paso es *averiguar si ovula* todos los meses. Hay varias formas de saberlo, y ella misma puede hacer un seguimiento de su ovulación en casa...

- anotando los cambios en la temperatura de su cuerpo cada mañana (temperatura física basal) durante varios meses
- consignando la textura del moco cervical durante el mismo periodo de tiempo
- utilizando una prueba de ovulación de venta en farmacias y supermercados, para realizar en casa

El médico puede asimismo comprobar la ovulación de la mujer llevando a cabo *análisis regulares de sangre y una ecografía de los ovarios.* Si ella está ovulando normalmente, habrá que realizar más pruebas. Algunas de las pruebas de fertilidad más corrientes para las mujeres incluyen:

- *La histerosalpingografía*, en la que los médicos utilizan los rayos X para saber si hay problemas físicos en el útero o las trompas de Falopio. Se comienza inyectando un tinte especial a través de la vagina y el útero, el cual aparece en pantalla y permite que el doctor vea si el mismo está penetrando normalmente en la matriz y las trompas de Falopio. Mediante estos rayos X los médicos detectan bloqueos que puedan estar causando la infertilidad, ya sea impidiendo el descenso del óvulo por la trompa de Falopio hasta el útero, o que el espermatozoide alcance el huevo.
- La *laparoscopia*: una operación durante la cual el médico hace un pequeño corte en el bajo vientre e inserta una cámara diminuta para examinar el interior del abdomen. Con este instrumento, el médico puede comprobar el estado de los ovarios, las trompas de Falopio y el útero, y ver si existe algún problema físico o enfermedad. Por lo general, mediante la laparoscopia, los médicos son capaces de descubrir cicatrices intrauterinas y endometriosis.

Ya que cada vez más parejas toman la decisión de posponer la procreación hasta una edad más avanzada, *la necesidad de tratamiento para la infertilidad se incrementa. En las mujeres, la fertilidad empieza a declinar al cumplir los veinticinco años aproximadamente*, y continúa cada vez más rápido hasta la menopausia. *La fertilidad masculina va disminuyendo gradualmente hasta que el hombre alcanza la cuarentena, y luego decae de manera más acelerada.*

El tratamiento para la infertilidad tiene por objeto resolver un problema específico. El primer paso puede ser la resolución de alguna enfermedad subyacente, y hacer que los hombres eviten ciertas sustancias que podrían afectar negativamente la producción de espermatozoides. A menudo se recetan algunos medicamentos contra la infertilidad que aumentan la posibilidad de embarazos múltiples. Por otro lado, si es necesario, se puede intentar una corrección quirúrgica de las trompas de Falopio obstruidas de la mujer.

Tecnologías de reproducción asistida

Las tecnologías de reproducción asistida (TRA) son formas modernas de tratamiento que abarcan varios métodos dirigidos a ayudar a las parejas infértiles. Este tipo de tratamiento incluye la extracción de los óvulos del cuerpo de la mujer, su combinación con el esperma en el laboratorio y la devolución de los embriones al seno materno. El nivel de éxito de las TRA depende de muchos factores, algunos de los cuales son:

- la edad de los cónyuges
- las causas de la infertilidad
- la política de la clínica
- la clase de TRA
- si los óvulos son frescos o congelados
- si el embrión ha estado en cámara frigorífica o es reciente

Los Centros para el Control y la Prevención de las Enfermedades (CDC por sus siglas en inglés) recogen estadísticas del éxito de las TRA para algunas clínicas de fertilidad, y según su informe del 2003 el porcentaje medio de métodos TRA que dieron como resultado el nacimiento de bebés saludables fue el siguiente:

- el 37,3 por ciento en mujeres de menos de treinta y cinco años de edad
- el 30,2 por ciento en mujeres de edades comprendidas entre los 35 y los 37 años
- el 20,2 por ciento en mujeres de entre 38 y 40 años
- el 11 por ciento en mujeres de 41 y 42 años

Las TRA pueden ser costosas y requerir bastante tiempo, pero han permitido tener hijos a muchas parejas que de otro modo no los habrían engendrado. Entre los métodos más corrientes de TRA están:

- *La fecundación in vitro (FIV)* —es decir, fuera del cuerpo de la mujer— es la técnica más eficaz. A menudo se emplea cuando las trompas de Falopio femeninas están obstruidas o el hombre produce muy pocos espermatozoides. Los médicos tratan a la mujer con un fármaco que hace que sus ovarios produzcan múltiples óvulos. Una vez que estos han madurado, los extraen del cuerpo de ella, los ponen en un platillo junto con el esperma del hombre para su fecundación en el laboratorio, y entre tres y cinco días más tarde implantan los embriones saludables en el útero de la mujer.
- *La transferencia intrafalopiana del cigoto (ZIFT, por sus siglas en inglés)* o transferencia tubárica del cigoto (TIC) es una técnica similar a la FIV. La fecundación se lleva a cabo en el laboratorio y luego se transfiere el pequeño embrión a la trompa de Falopio en vez de al útero.
- *La transferencia intrafalopiana de gametos (GIFT, por sus siglas en inglés)* conlleva la introducción de óvulos y esperma en la trompa de Falopio femenina, de modo que la fecundación se produzca en el cuerpo de la mujer. No muchos profesionales ofrecen el GIFT como opción.
- *La inyección intracitoplásmica de esperma (ICSI, por sus siglas en inglés)* se utiliza a menudo en aquellas parejas que tienen problemas graves con el esperma y, a veces, también en matrimonios mayores

o en quienes ha fracasado la fecundación in vitro. En el ICSI se inyecta un solo espermatozoide en un óvulo maduro y, luego, se transfiere este último al útero o a la trompa de Falopio.

Algunas veces las TRA implican la utilización de *óvulos de donante* (procedentes de otra mujer), *esperma de donante* o *embriones previamente congelados*. En ocasiones, los óvulos de donante se emplean en aquellas mujeres que son incapaces de ovular. Tanto los óvulos como el esperma de donante pueden utilizarse cuando cualquiera de los cónyuges tiene una enfermedad genética susceptible de infectar al bebé.

> Aproximadamente el 12% de las mujeres estadounidenses (7.300.000) de entre 15 y 44 años de edad tenían dificultades para quedar embarazadas o llevar a buen término su embarazo en 2002.
>
> National Center for Health Statistics of the Centers for Disease Control and Prevention

Los médicos investigan la causa de la infertilidad en las parejas haciendo una evaluación completa de la fertilidad de la esposa y del esposo. Por lo general, este procedimiento empieza con unos exámenes físicos y la elaboración de una historia clínica y sexual. Si no existen causas evidentes, tales como un coito a destiempo o la ausencia de ovulación, deberán realizarse diversas pruebas. Encontrar la razón de la infertilidad puede ser un proceso largo, complicado y angustioso, y requerir varios meses hasta que el médico haya realizado todas las comprobaciones necesarias. El matrimonio tal vez precise la orientación y el apoyo continuos de un consejero durante ese difícil periodo.

5 PASOS PRÁCTICOS

1. Pidan a un especialista en infertilidad que les haga una revisión a fondo

- Comiencen por someterse a una evaluación médica, así como por abordar cualquier situación emocional o problema de relación que puedan estar teniendo el uno con el otro.
- *Proporcione a la pareja una lista de médicos calificados de su zona que sean especialistas en infertilidad.*

2. Hablen entre ustedes y consideren las distintas opciones

- Infórmense acerca de todas las alternativas que les sugiera su médico. Es importante que se conviertan en estudiosos de la infertilidad, conozcan las causas de la misma y estén al corriente de los posibles tratamientos que hay, en vez de fiarse únicamente de lo que les diga el médico.
- Cualquiera que sea la causa de su problema, la buena comunicación y las expresiones auténticas de apoyo y empatía contribuirán a fortalecer los lazos de su matrimonio.

3. Oren juntos

- Una vez descubiertas o descartadas las causas clínicas, dediquen tiempo a la oración individual y como pareja. Pídanle a Dios esa paz y sabiduría que solo Él puede dar.

- Tal vez deban plantearse también un periodo de ayuno antes de tomar una decisión acerca de cómo abordar las cuestiones que hayan aflorado.

4. Afronten cualquier obstáculo emocional que tengan

- Durante este periodo saldrán a la luz muchas emociones. La rabia, la confusión, el estrés, la frustración, la tristeza, la pena y el sentimiento de pérdida son algunas de las más corrientes y naturales. Es importante que expresen dichas emociones, o empezará a formarse en sus corazones una raíz de amargura capaz de destruir su relación.
- Sean sinceros acerca del daño emocional y las reacciones destructivas que puede conllevar su respuesta a la infertilidad.
- *Ayude a la pareja a expresar sus sentimientos más íntimos y enséñeles a comunicarlos el uno al otro de manera positiva.*

5. Plantéense asistir a un grupo de apoyo

- Participar en un grupo para matrimonios con problemas de infertilidad podría ser el siguiente paso terapéutico. El hecho de conocer a otras parejas que han tenido la misma dificultad que ustedes les permitirá aprender de la experiencia de ellos, sentirse menos solos en su dolor y poder ayudar a sus compañeros de grupo.
- *Proporcione a los cónyuges una lista de grupos de apoyo que tengan reuniones en su zona.*

6. Consideren la posibilidad de adoptar a un niño

- La adopción es una alternativa sumamente viable para un matrimonio aquejado de infertilidad. Pasen tiempo orando acerca de la posibilidad de adoptar a un pequeño y comiencen a indagar qué agencias de adopción hay en su zona y a conocerlas.
- *Ayude a la pareja a recopilar una lista de opciones e infórmeles de lo que implica la adopción como, por ejemplo, el compromiso económico y los retos que puede conllevar.*

7. Comprométanse con los niños

- Comprometerse con la infancia puede ayudarlos a satisfacer su propia necesidad de criar y cuidar niños, especialmente si la adopción no es una opción viable para ustedes. Podrían dar clases de escuela dominical, prestar sus servicios en un jardín de infancia o participar en algún programa de tutoría. De esta forma estarían transmitiendo un legado de fe y fortaleza a la siguiente generación.

EJEMPLOS BÍBLICOS 6

Viendo Raquel que no daba hijos a Jacob, tuvo envidia de su hermana, y decía a Jacob: Dame hijos, o si no, me muero. Y Jacob se enojó contra Raquel, y dijo: ¿Soy yo acaso Dios, que te impidió el fruto de tu vientre? (Gn. 30:1-2, RVR-60).

La infertilidad hace que afloren muchas emociones tales como la rabia, la pena, el sentimiento de pérdida, la tristeza, la sensación de culpabilidad o la vergüenza, los cuales pueden aumentar el estrés y la presión que sufre el matrimonio. Al intentar resolver la tensión, es posible que los cónyuges se enreden en amargas discusiones creando múltiples problemas para su futura relación. Los maridos y sus esposas deben recordar que Dios es el creador y sustentador de la vida, y que sigue siendo soberano a pesar de todo. Si se rinden a sus planes y su voluntad, el Señor los bendecirá por haber sido fieles.

Y tenía él dos mujeres; el nombre de una era Ana, y el de la otra, Penina. Y Penina tenía hijos, mas Ana no los tenía. Y todos los años aquel varón subía de su ciudad para adorar y para ofrecer sacrificios a Jehová de los ejércitos en Silo, donde estaban dos hijos de Elí, Ofni y Finees, sacerdotes de Jehová. Y cuando llegaba el día en que Elcana ofrecía sacrificio, daba a Penina su mujer, a todos sus hijos y a todas sus hijas, a cada uno su parte. Pero a Ana daba una parte escogida; porque amaba a Ana, aunque Jehová no le había concedido tener hijos (1 S. 1:2-5, RVR-60).

Dios ama a sus hijos y ve el dolor de ellos cuando la infertilidad golpea sus matrimonios. Sin embargo, Él es aún soberano y nuestro pronto auxilio en las tribulaciones. Los maridos y las esposas necesitan comprender la importancia que tiene descansar en el Señor para recibir fuerzas y concentrarse en la dispensación de apoyo mutuo, a fin de superar la aflicción que produce la infertilidad.

Confía en el SEÑOR con todo tu corazón, y no te apoyes en tu propio entendimiento. Reconócele en todos tus caminos, y Él enderezará tus sendas (Pr. 3:5-6, LBLA).

Los esposos y las esposas harían bien en aprender de memoria estos versículos, y confiar en que Dios tiene todo bajo control. Él ve cómo sufren las parejas y entiende por lo que están pasando, porque las ama de veras. Aunque en este preciso momento de sus vidas la mano del Señor no sea evidente para ellos, pueden descansar en el hecho de que Él ve todo el panorama completo.

7 ORACIÓN

Señor, gracias por tu bondad y amor hacia esta pareja. Oramos hoy a ti porque ellos quieren empezar una familia y están teniendo dificultades para engendrar un hijo. Te pedimos que se haga tu voluntad en esta situación y que les des consuelo durante este periodo. Te agradecemos el amor que esta mujer y su esposo se tienen el uno por el otro, y te rogamos que traigas a sus vidas niños a los que puedan amar y criar en los días venideros…

PARTE 2

Problemas sexuales y retos que plantean las relaciones

8 El deseo sexual apagado

1 RETRATOS

- La madre de Virginia le enseñó acerca del sexo a una edad temprana, y le dijo que aunque era algo sucio se trataba de una obligación que tenían las mujeres. Hoy Virginia está casada y rehúye las relaciones sexuales con su marido siempre que puede.
- Roberto admite que jamás ha tenido una libido muy intensa: puede cumplir sexualmente, pero el sexo no le interesa demasiado.
- Susana lleva doce años tomando la píldora, pocas veces ha alcanzado el orgasmo, y si ha de ser sincera sus deseos sexuales no parecen excesivos. Su marido se siente cada vez más frustrado, pero ella no sabe cómo responderle.

2 DEFINICIONES E IDEAS CLAVE

- *El deseo sexual bajo o apocado se caracteriza por unas ganas muy limitadas o inexistentes de sexo*, que pueden dar como resultado relaciones íntimas esporádicas o infrecuentes con el cónyuge o bien una falta completa de interés por las mismas.
- El *Manual Diagnóstico y Estadístico de los Trastornos Mentales, Texto Revisado (DSM-IV-TR)* da la siguiente definición y ofrece dos diagnósticos separados para esta alteración del deseo sexual: el "trastorno de deseo sexual hipoactivo" y el "trastorno de aversión sexual".
  - *El trastorno de deseo sexual hipoactivo* hace referencia a quienes *tienen una falta persistente de apetito sexual*. Sin embargo, cuando se ha iniciado la relación íntima, el desempeño en la misma puede ser el adecuado. Aproximadamente el 20 por ciento de los adultos padecen este tipo de trastorno.
  - *El trastorno de aversión sexual* se manifiesta cuando la persona siente *repugnancia por el contacto íntimo*. La actividad sexual se reduce al mínimo o se evita por completo.
- Una encuesta realizada a 1.250 mujeres, de edades comprendidas entre los veinte y los setenta años de edad, que llevó a cabo el Dr. S. R. Leiblum de la Facultad de Medicina Robert Wood Johnson, descubrió que...
  - *Una de cada cuatro mujeres premenopáusicas y una de cada tres menopáusicas* tenían poco deseo sexual.
  - Las mujeres *participaban en la actividad sexual* —iniciándola, practicando el coito y experimentando el placer o el clímax sexual (orgasmo)— *con mucha menos frecuencia* que otras.

- *Se sentían sexualmente menos deseables* y menos satisfechas con su vida íntima, lo que contribuía a que sus relaciones sexuales fueran poco satisfactorias.
- Las mujeres más jóvenes que tenían la menopausia, porque se les habían extirpado quirúrgicamente los ovarios, se sentían mucho más angustiadas por su escaso deseo sexual que las menopáusicas mayores.

- Por lo general, antes de la menopausia las mujeres mantienen su nivel de deseo sexual, porque *las células productoras de testosterona viven más tiempo que aquellas otras que producen estrógeno.* La testosterona es una hormona sexual masculina, pero las mujeres también la producen en pequeñas cantidades para mantener un impulso sexual saludable. En WebMd se citaron las siguientes palabras de la Dra. Diana Dell, del Duke Medical Center: "El deseo sexual de las mujeres no tiene que ver simplemente con la testosterona. Hay muchos otros factores tales como su salud, la de su cónyuge o las disfunciones de este. La testosterona solo abarca el aspecto hormonal de su problema. Los seres humanos hemos llegado a funcionar de un modo bastante mecánico en muchos aspectos. La testosterona tal vez mejore la función sexual, pero también podría no hacerlo. Tengo pacientes con la testosterona baja de por vida a las que he administrado suplementos de esta hormona; y aunque han notado alguna mejoría en ellas, no se trata de ningún remedio mágico".

> La idea más equivocada es que el bajo deseo sexual [en las mujeres] depende por completo de las hormonas. La libido es bastante más compleja que eso debido a la interacción de todas las esferas de la experiencia humana que incluyen la salud vascular y mental, la nutrición, la imagen física, el nivel de estrés y la calidad de las relaciones en general.
>
> Dr. Juan J. Remos, Miami Institute for Age Management and Intervention

- *Los hombres suelen manifestar un deseo sexual apagado* —e incluso impotencia (véase el cap. 11)— *como consecuencia de enfermedades cardiacas, obesidad, diabetes, cáncer y trastornos degenerativos crónicos* que afectan de manera adversa la libido y el apetito sexual. También muchos de los *medicamentos* para el tratamiento de dichas dolencias crónicas —así como de la depresión— *tienen un efecto desfavorable sobre el desempeño y el deseo sexual masculino.* Muchos varones no pueden tomar las medicaciones que han salido al mercado en años recientes contra la disfunción eréctil, porque están tomando medicinas para el corazón, el colesterol, la diabetes y las enfermedades relacionadas con altos niveles de lípidos.
- *Las causas de los trastornos referentes al deseo sexual apagado* son entre otras:
  - los problemas emocionales en la relación
  - la falta de afecto por el cónyuge
  - la desconfianza
  - el estrés personal
  - el abuso sexual en el pasado
  - los efectos secundarios de la medicación e interacción con los fármacos
  - las enfermedades físicas y de larga duración

- la asimilación de los mensajes acerca de la suciedad e inmoralidad del sexo
- las experiencias sexuales negativas
- los efectos secundarios de las píldoras anticonceptivas

- Aunque los problemas físicos y hormonales pueden afectar, y de hecho influyen en el bajo deseo sexual y la impotencia, *en algunos casos el origen del deseo sexual hipoactivo y de la aversión sexual es psicológico, no físico.*

3 ENTREVISTA DE EVALUACIÓN

Las siguientes preguntas presuponen que la información procedente de las mismas no se utilizará en los tribunales en ningún caso. Si no ha de ser así, suprima de la lista la pregunta número 4.

1. ¿Qué le hace pensar que su deseo sexual sea anormalmente bajo?
2. ¿Durante cuánto tiempo ha experimentado menos deseo del que considera normal?
3. ¿Qué trata de conseguir con la consejería?
4. ¿Ha tenido usted alguna mala experiencia sexual?
5. ¿Es capaz de cumplir sexualmente?
6. ¿Hay algún problema en su matrimonio que pueda estar afectando su apetito sexual?
7. ¿Existen circunstancias atenuantes (como problemas de salud, estrés, abuso sexual en el pasado, etc.) que tal vez estén influyendo en su impulso sexual?

4 CONSEJOS SABIOS

Si está aconsejando a alguien con deseo sexual apagado *considere desde temprano la posibilidad de que existan complicaciones relacionadas con la salud.* Si hay algún problema de ese tipo, deberá referir a la persona a un médico para que le haga un examen físico detallado con el objeto de descartar muchas cuestiones que pudieran influir en su apetito sexual.

Las relaciones sexuales satisfactorias se han vinculado estrechamente con el contentamiento matrimonial y un robusto compromiso religioso. *Si los cónyuges avalan la enseñanza bíblica acerca del sexo en el matrimonio, y adoptan actitudes positivas al respecto,* ello puede ayudarlos a experimentar todas las posibilidades de su sexualidad.

El proceso de consejería podría *concentrarse principalmente en cuestiones relacionadas con el estrés,* especialmente en dolencias crónicas como ciertos problemas actuales, el abuso en el pasado y los mensajes negativos que quizá la persona haya interiorizado. En la mayoría de los casos estas cuestiones constituirán la causa primordial del problema.

Los cónyuges necesitan aprender a *comunicarse de manera clara y eficaz* acerca de sus deseos sexuales; el que uno de ellos tenga poco apetito sexual y el otro acepte pasivamente la ausencia de relaciones íntimas en su matrimonio no es una situación plausible. Michelle Weiner-Davis, autora del libro *Felizmente casados, sexualmente felices* dice que una situación así no es justa y puede conducir fácilmente al adulterio; y explica que la relación marital precisa concesiones en muchas áreas de la vida, tales como el lugar de residencia, cuánto se puede gastar, el tiempo que debe dedicarse a la familia política, si se quiere o no tener hijos, a qué carrera profesional dar prioridad y los momentos para dedicar al sexo. *Con demasiada frecuencia, las parejas descuidan el tema de sus necesidades y expectativas sexuales*: cuán a menudo van a juntarse y cuál debe ser la calidad de esos encuentros. Estas son decisiones que los esposos deben tomar de común acuerdo.[1]

Dios nos ha provisto al menos de cuatro *afrodisiacos naturales*: el tiempo, la conversación, el contacto físico y la ternura.

- *El tiempo* es un requisito del amor: *los cónyuges deben dedicarse atención mutua concentrada*. La escritora africana Ernestine Banyolak ilustra maravillosamente la necesidad de reservar tiempo para las relaciones amorosas:

  > Para el hombre, la experiencia es como un fuego de hojas secas: se enciende con facilidad, inflamándose de forma repentina y extinguiéndose del mismo modo. Para la mujer, en cambio, es como un carbón encendido que su esposo ha de cuidar con delicadeza y paciencia, pero una vez que la brasa arde intensamente, se mantendrá viva e irradiando calor durante mucho tiempo.[2]

- *La conversación.* Los buenos amantes son capaces de hacer partícipe a la persona que aman de los aspectos significativos de sus vidas. *EL buen sexo es fruto del interés, la aceptación y la valoración del amor entre ustedes antes, durante y después del acto sexual.* La mayoría de los matrimonios que buscan consejo han perdido la costumbre de intercambiar confidencias el uno con el otro.
- *El contacto físico.* Se trata de un arte que hemos olvidado. Los amantes seguros de su relación pueden dispensarse roces físicos no sexuales significativos tales como frotarse la espalda, tomarse de las manos, besarse en la cara, abrazarse, acariciarse el pelo… *esa clase de contacto físico es la entrada a la vinculación emocional, relacional y física.* Tales actos, si se repiten a menudo, servirán para acercar más a la pareja y mejorar su intimidad. Una mujer me dijo hace poco: "Él ni siquiera sabe ya lo que me gusta: el contacto físico que me agrada recibir". La mayoría de programas de terapia sexual interrumpen la actividad erótica y enseñan a los matrimonios a reanudar el contacto físico no sexual.
- *La ternura.* La conocida escritora Ingrid Trobisch afirma: "La zona erógena más sensible del cuerpo de una mujer es su corazón".[3] El sexo no se concibió solo como un acto de expresión o sentimiento. Por el contrario, la delicadeza, la bondad y el espíritu de sacrificio

> La libido deprimida es un reconocido efecto secundario de las píldoras para el control de la natalidad.
>
> El secreto consiste en olvidarnos de hacer lo que consideramos normal y abrazar todo aquello que nos resulta divertido, nos da la sensación de ser jóvenes y de considerarnos sexualmente atractivos. Sentirse deseado es el preludio para experimentar deseo.
>
> Kathryn Hall, *Reclaiming Your Sexual Self*

forman parte de las relaciones amorosas. Al parecer, hay pequeñas acciones que caben dentro de la palabra *amor* y se combinan formando los componentes de la satisfacción sexual. El sexo estriba en unirse con el cónyuge tal como Dios lo ideó: para proporcionarnos afecto, intimidad y vinculación emocional (véanse Pr. 5:15-19; Cnt. 7:10-13; 1 Co. 7:3-5; He. 13:4).

5 PASOS PRÁCTICOS

1. Hágase un examen detallado

- Los problemas de merma de interés por la actividad sexual pueden deberse a factores emocionales, relacionales o fisiológicos. Un primer paso positivo consiste en someterse a una revisión médica y abordar cualesquiera experiencias emocionales o dificultades relacionales pendientes.
- *Puesto que la persona aconsejada quizá no se sienta cómoda contando sus confidencias a su médico de familia, proporciónele una lista de doctores reputados de su zona.*

2. Plantéese el tratamiento médico

- Si considera probable que la disminución de su deseo sexual tenga una causa fisiológica, hay varios tratamientos que podría probar los cuales han dado buenos resultados. Se ha comprobado que la terapia hormonal —con bajas dosis de testosterona— es eficaz para tratar el trastorno de deseo sexual hipoactivo femenino, mientras que el Viagra y otras medicaciones contra la disfunción eréctil han ayudado a muchos varones. Hable con su médico acerca de las posibles opciones.

3. Concéntrese en la relación

- Si se descarta la existencia de alguna causa médica, converse con su esposo o esposa sobre cómo podrían fomentar su relación matrimonial. Una mejor comunicación y las expresiones auténticas de empatía y apoyo mutuo fortalecerán el vínculo entre ustedes cualquiera que sea la razón del problema.

4. Afronte los obstáculos emocionales

- Algunos de los factores estresantes que se dan en una relación pueden sobrellevarse o eliminarse, pero otros son bastante persistentes, y negar el impacto del estrés no resuelve de ningún modo el problema.
- Considere que las tensiones en el trabajo, los problemas económicos y cualquier temor o duda actual que alberguen usted o su cónyuge pueden afectar de manera negativa su deseo sexual. Otros problemas corrientes que las parejas afrontan, y que influyen en su apetito por el sexo, incluyen las discusiones amargas, las aventuras amorosas presentes o pasadas, los factores estresantes de carácter

económico o profesional y el hecho de no pasar tiempo de calidad juntos.

- Los problemas emocionales procedentes del pasado —tales como el sufrimiento producido por el abuso sexual o la sensación de haber sido traicionado— pueden afectar al deseo sexual.
- Sean sinceros en cuanto al dolor emocional y las reacciones destructivas que cualquiera de ustedes tiene frente a esas tensiones.

5. Continúe con las sesiones de consejería y la psicoterapia

- La consejería puede ser eficaz en el tratamiento de las disfunciones del deseo sexual al abordar cualquier dificultad emocional que se esconda detrás del problema.
- Cuando los cónyuges asisten juntos a las sesiones de consejería, su relación a menudo mejora, y los síntomas de la aversión al sexo y del deseo sexual apagado se disipan.

EJEMPLOS BÍBLICOS 6

No se inquieten por nada; más bien, en toda ocasión, con oración y ruego, presenten sus peticiones a Dios y denle gracias. Y la paz de Dios, que sobrepasa todo entendimiento, cuidará sus corazones y sus pensamientos en Cristo Jesús (Fil. 4:6-7).

El bajo deseo sexual desalienta a los individuos y causa tensión en las relaciones, ya que uno de los cónyuges —o tal vez los dos— tiene ciertas expectativas que no se cumplen. El primer paso consiste, entonces, en acudir a Dios, que es la fuente de la sabiduría, el amor y la fortaleza. Él puede proporcionarnos esa paz que constituye la base de una comunicación fluida.

No hay nada que esté fuera del alcance de la oración; ni siquiera los deseos y las expectativas sexuales. Este pasaje de Filipenses nos invita a pedir a Dios dirección y asistencia mientras afrontamos los retos de la vida, incluso los concernientes al apetito sexual y las experiencias como pareja.

La hipoactividad del deseo sexual es la queja más corriente entre mujeres de todas las edades, y tiene una variedad de causas; entre ellas, la depresión y los tratamientos para curarla, los problemas de salud, el estrés matrimonial y la evanescencia de las hormonas.

Esposos, amen a sus esposas, así como Cristo amó a la iglesia y se entregó por ella... En todo caso, cada uno de ustedes ame también a su esposa como a sí mismo, y que la esposa respete a su esposo (Ef. 5:25, 33).

No os neguéis el uno al otro, a no ser por algún tiempo de mutuo consentimiento, para ocuparos sosegadamente en la oración; y volved a juntaros en uno, para que no os tiente Satanás a causa de vuestra incontinencia (1 Co. 7:5, RVR-60).

La frustración puede hacer que las personas se vuelvan pasivas o agresivas, y ninguna de esas actitudes es un acicate para las relaciones. El papel que Dios ha asignado al marido consiste en amar a su mujer incondicionalmente, con ternura y comprensión, escuchándola con paciencia y cuidando de ella. La esposa, por su parte, debería respetar a su esposo y responderle con amor y apoyo emocional.

¡Bendita sea tu fuente! ¡Goza con la esposa de tu juventud! Es una gacela amorosa, es una cervatilla encantadora. ¡Que sus pechos te satisfagan siempre! ¡Que su amor te cautive todo el tiempo! (Pr. 5:18-19).

El escaso deseo sexual no tiene por qué estropear un matrimonio: el sexo es un don maravilloso para el disfrute de la pareja, pero como el resto de los quehaceres humanos también se ha visto afectado por la caída y ya no funciona a la perfección. Si los cónyuges se enfrentan a un deseo sexual apagado no deberían darse por vencido, sino seguir intentando atrapar ese estupendo regalo de la intimidad matrimonial.

7 ORACIÓN

Padre, tú has concedido la sexualidad a esta pareja como un regalo de amor hacia ellos, pero están teniendo problemas para disfrutarla. Ayúdanos a discernir la causa del problema, y hazlos valientes para dar los pasos necesarios a fin de avanzar en su vida sexual, como también en su amor y comprensión mutuos…

Los trastornos orgásmicos 9

RETRATOS 1

- Nunca, en toda su vida, Margarita ha experimentado ningún problema en el área de la sexualidad… ¡hasta ahora! Desde que empezó con la menopausia su impulso sexual ha caído en picada. Lo que es todavía peor, cuando tiene ganas, su clítoris está completamente insensible y no responde.
- Alberto lleva varios meses luchando con la depresión. Hace poco su estado de ánimo ha mejorado, pero su vida sexual se halla aún por los suelos. "Puedo sentirme excitado sexualmente —expresa—, pero soy incapaz de alcanzar el orgasmo. ¿Guarda quizá esto relación con los antidepresivos?".
- Natalia es una recién casada que explora por primera vez su sexualidad. Sabe que este debería ser el tiempo más emocionante de su vida, pero se ha convertido en una experiencia desalentadora para ella, ya que se siente muy excitada sexualmente y sin embargo no logra el alivio. Quisiera saber de qué manera ella y su marido podrían hacer algo que la ayudase a "acabar".

DEFINICIONES E IDEAS CLAVE 2

- *El trastorno orgásmico* es una dolencia que *impide a la persona alcanzar el clímax sexual* (experimentar el orgasmo), o que hace que este se retrase tanto que suponga una angustia psicológica para la persona misma o para su cónyuge. Este tipo de trastorno se produce, ya sea en hombres o en mujeres, aun después de una larga e intensa estimulación erótica.
- En el caso del trastorno orgásmico femenino, las afectadas a veces expresan que cuando el orgasmo tiene lugar es de *menor calidad* que los que han experimentado anteriormente: menos intenso y más localizado. Algunas mujeres con trastorno orgásmico dicen que su clítoris parece estar "como muerto".
- Entre *el 10 y el 15 por ciento de las mujeres* parecen sufrir una disfunción orgásmica primaria, y las encuestas indican que por lo general de un 33 a un 50 por ciento de ellas experimentan el orgasmo solo esporádicamente y se sienten insatisfechas. Según el sitio web de *Psychology Today*, se cree que la causa más corriente del problema es la ansiedad acerca del propio desempeño en la cama, y que el *90*

por ciento de las dificultades parecen ser no tanto orgánicas como psicogénicas.

- En algunas mujeres el orgasmo se retrasa o no llega porque sus *parejas no les estimulan suficientemente el clítoris.* El tipo y la cantidad de estimulación física necesaria para alcanzar el orgasmo varía mucho según la mujer. Solo alrededor de la mitad de las mujeres, por ejemplo, experimentan el clímax sexual durante el coito, y *muchas precisan de la excitación manual u oral del clítoris para llegar al orgasmo durante las relaciones sexuales.*
- *Enseñar a la mujer y a su cónyuge* acerca de la estimulación sexual y la anatomía femeninas a menudo resuelve el problema y pone fin a la cuestión del trastorno orgásmico en la esposa.
- *Los índices de éxito de la terapia sexual suelen oscilar entre el 65 y el 85 por ciento.* En la disfunción orgásmica primaria, el tratamiento por lo general da buen resultado en el 75 y hasta el 90 por ciento de los casos. La prognosis positiva está asociada por lo general con el hecho de ser joven, emocionalmente saludable y tener una relación tierna y afectuosa con el cónyuge.
- En el varón *no hay que confundir el trastorno orgásmico con la eyaculación precoz,* que es un orgasmo anticipado durante la relación sexual (véase el cap. 10). *La incapacidad de los hombres para alcanzar el clímax tiene que ver con la impotencia, el no poder mantener la erección y la imposibilidad de eyacular,* todo lo cual está causado por ciertos trastornos físicos crónicos y diversos. Para estos problemas existen actualmente varios tratamientos médicos.
- *El trastorno orgásmico masculino es bastante raro como dolencia física de por vida.* Sin embargo, no es infrecuente en su condición adquirida. La causa de esta disfunción puede ser física y médica, y se la confunde en ocasiones con la eyaculación retrógrada, que consiste en que el hombre eyacula dentro de su propia vejiga en vez de expulsar el semen por la uretra. La mayoría de las veces las causas del trastorno orgásmico masculino son una *experiencia sexual traumática anterior, la educación religiosa estricta, la hostilidad, el control excesivo y la falta de confianza.*

3 ENTREVISTA DE EVALUACIÓN

1. ¿Cuánto tiempo lleva usted sexualmente activo?
2. ¿Es capaz de alcanzar el clímax utilizando la estimulación manual?
3. ¿Ha podido tener orgasmos en el pasado? ¿Cuándo empezó su problema?
4. ¿Pasa por algún problema relacional que tal vez esté afectando su capacidad para alcanzar el clímax sexual?
5. ¿Toma usted alguna medicación que pueda tener esa clase de efectos secundarios?
6. (*Para las mujeres*) ¿Ha empezado ya con la menopausia o se ha sometido a alguna clase de cirugía genital?

7. ¿Hay alguna cosa que pudiese mejorar su capacidad para experimentar el orgasmo?
8. ¿Podría algún trauma o abuso sexual del pasado estar afectando su vida sexual?
9. ¿Cuáles son sus creencias religiosas acerca de las relaciones sexuales?
10. ¿Ha hablado con algún médico en cuanto a su problema?

CONSEJOS SABIOS 4

El trastorno orgásmico es un problema que *incide en la belleza y el gozo* de algo que Dios ha declarado santo: el acto matrimonial. Cuando comience a enfrentar el problema del trastorno orgásmico no dude que el Señor es quien concede la sabiduría, la dirección y el progreso en ese camino.

Considere las *distintas causas posibles* de dicho trastorno, entre las que se cuentan:

- *Los efectos secundarios de fármacos o drogas.* Cierta clase de medicaciones pueden producir el retraso o la ausencia del clímax, especialmente en los hombres. Entre las drogas que afectan el orgasmo se encuentran:
  - el alcohol
  - ciertos medicamentos para la tensión alta
  - los antidepresivos (IMAO o ISRS)
  - las medicinas contra la ansiedad (tales como las benzodiacepinas)
  - los narcóticos o las anfetaminas
- *El trauma producido por el abuso sexual.* Las personas que han sufrido experiencias traumáticas tales como el abuso sexual son más susceptibles de tener disfunciones en el terreno del sexo; entre ellas, el trastorno orgásmico.[1]
- *La menopausia.* Las hormonas sexuales como *el estrógeno y la testosterona se ven particularmente afectadas durante la menopausia.* Los cambios físicos que esta produce pueden causar también una disminución en la sensibilidad del clítoris y retrasar el clímax durante la relación sexual, por lo que se necesita una mayor estimulación del órgano femenino.
- *Las operaciones de cambio de sexo o la cirugía de los órganos reproductores.* Las operaciones quirúrgicas femeninas *en la región pélvica*, la histerectomía o la extirpación de los ovarios, son susceptibles de producir el trastorno orgásmico en la mujer, a causa de posibles lesiones o del corte de algunos nervios (lo cual disminuye la sensación de estímulo sexual), o debido a los cambios hormonales que a menudo suceden después de la cirugía.

> Alrededor del 10% de las mujeres nunca alcanzan el orgasmo, sin importar cuánta estimulación reciban o las circunstancias en que se encuentren.
>
> National Women's Health Resource Center, 2007

5 PASOS PRÁCTICOS

1. Aprenda

- La comprensión de la anatomía y fisiología de la mujer es especialmente importante a la hora de abordar el trastorno orgásmico femenino. Mientras que la estimulación sexual del varón no presenta por lo general muchos problemas, aquella de las mujeres implica descubrir y excitar un área reducida de la vagina que se conoce como el clítoris.
- Los hombres no son necesariamente los únicos que ignoran acerca de la anatomía femenina. También algunas mujeres necesitan familiarizarse más con su propio cuerpo y sus sensaciones sexuales. Saber lo que es sexualmente agradable y lo que no ayudará a la esposa a comunicarle a su marido aquello que la llevará al orgasmo.

2. Considere la terapia hormonal y medicamentosa

- Consultar con un médico puede ser útil para el tratamiento del trastorno orgásmico. Se ha descubierto que las hormonas sexuales, como el estrógeno y la testosterona, ayudan a alcanzar el orgasmo.
- *Esté preparado para referir a quienes aconseja a algún médico respetado de su zona, ya que tal vez no se sientan cómodos acudiendo a su doctor de atención primaria para un caso como este.*

3. Experimente

- A menudo el trastorno orgásmico puede mitigarse con un poco más de juego previo. Experimente con una estimulación adicional y prolongada. La excitación oral o manual —sin coito— aplicada directamente sobre el clítoris puede resultar eficaz para producir el orgasmo.

4. Plantéese la consejería y la psicoterapia

- La consejería puede ayudarle en el tratamiento del trastorno orgásmico abordando cualquier problema emocional que sea un obstáculo para alcanzar el clímax sexual. Algunas problemáticas emocionales comunes que interfieren con el orgasmo son, entre otras: la depresión, el estrés y la ansiedad y los traumas sexuales pasados.
- Además, las parejas con problemas relacionales experimentan a menudo dificultades en el terreno sexual. Intenten mejorar su relación, recibiendo asesoramiento como pareja, y quizá constaten que los síntomas del trastorno orgásmico desaparecen.

6 EJEMPLOS BÍBLICOS

El marido pague a la mujer la debida benevolencia; y asimismo la mujer al marido (1 Co. 7:3, RVA).

Sed benignos unos con otros, misericordiosos (Ef. 4:32, RVR-60).

La incapacidad para lograr el clímax sexual o la falta de orgasmos regulares y satisfactorios pueden crear fricción y desolación en el matrimonio. Los esposos deben ser benignos y misericordiosos el uno con el otro, y reconocer que Dios los ha dado como regalo el uno al otro y otorgado autoridad a cada uno sobre el cuerpo de su cónyuge. El marido y la mujer deben aprender a escuchar con atención, tocar con ternura y ser muy pacientes.

Mi amado es mío, y yo soy suya; él apacienta su rebaño entre azucenas. Antes de que el día despunte y se desvanezcan las sombras, regresa a mí, amado mío. Corre como un venado, como un cervatillo por colinas escarpadas (Cnt. 2:16-17).

Cuando Salomón habla de "apacentar entre azucenas" se refiere a las caricias y la estimulación por parte del marido de las zonas erógenas de su esposa. Dios dio a las mujeres estas áreas maravillosamente sensibles como regalo para su exploración y disfrute en la intimidad matrimonial, y del mismo modo concedió a los varones órganos sexuales accesibles y fácilmente excitables para su deleite dentro del pacto matrimonial.

> Solo entre el 30 y el 44% de las mujeres experimentan el orgasmo durante el coito sin una estimulación directa del clítoris.
>
> J. S. Greenberg et al., *Exploring the Dimension of Human Sexuality*

Su izquierda esté debajo de mi cabeza, y su derecha me abrace. Os conjuro, oh doncellas de Jerusalén, que no despertéis ni hagáis velar al amor, hasta que quiera... Oh, tú que habitas en los huertos, los compañeros escuchan tu voz; házmela oír. Apresúrate, amado mío, y sé semejante al corzo, o al cervatillo, sobre las montañas de los aromas (Cnt. 8:3-4, 13-14, RVR-60).

En este pasaje Salomón tal vez se refiera a una determinada postura sexual en la que el marido estimula manualmente la zona erógena más sensible de su esposa. Se describe a la pareja como activa —incluso atlética— en su disfrute de la relación sexual el uno con el otro. Esta clase de amor, estima mutua y conocimiento de los placeres sexuales son esenciales para que ambos cónyuges tengan una rica experiencia íntima.

ORACIÓN 7

Señor, gracias por las relaciones sexuales dentro del matrimonio. Son un regalo maravilloso. Ayuda a esta pareja a honrarte con su sexualidad y a lograr una verdadera intimidad emocional, espiritual y sexual. Ellos quieren que los ayudes a descubrir las expresiones más plenas del amor conyugal. Dales sabiduría y paciencia, oh Padre, y concédeles el éxito en su empeño de explorar tu don precioso del sexo...

10 La eyaculación precoz

1 RETRATOS

- Pedro no tenía bastante privacidad en su adolescencia, y para evitar que lo descubrieran mientras se masturbaba terminaba de hacerlo lo antes posible. Ahora que ya es adulto, se da cuenta de que su apresuramiento en las actividades sexuales ha llegado a ser la norma en lugar de la excepción.
- Julián está inquieto por su desempeño en las relaciones sexuales. Durante varios años padeció disfunción eréctil (DE); pero ahora, con ayuda de la "pildorita azul", logra la erección sin problemas. Lo que le preocupa, sin embargo, es que no parece ser capaz de controlar la eyaculación.
- Ramón ha tenido luchas emocionales durante toda su vida: creció en una familia de alcohólicos y desarrolló algunos síntomas leves de trastorno obsesivo-compulsivo cuando era solo un niño. Desde que empezó su actividad sexual en la universidad, ha lidiado con la eyaculación precoz y, al casarse, el problema no se ha resuelto y ni siquiera abordado. Su vergüenza le ha envuelto en un mundo de silencio. Puesto que Ramón lleva a su esposa manualmente hasta el orgasmo cada vez que mantienen relaciones sexuales, a ella no parece importarle, pero ahora él quiere hacer algo al respecto…

2 DEFINICIONES E IDEAS CLAVE

- La eyaculación precoz —a veces denominada *eyaculación rápida*— consiste en *la emisión del semen antes de querer tener un orgasmo o estar listo para él*. Se trata del *problema sexual masculino más corriente* y, al parecer, afecta entre el 25 y el 40 por ciento de los varones en algún momento de sus vidas. La Clínica Mayo calcula que la eyaculación prematura aflige a uno de cada tres hombres.[1]
- Masters y Johnson definieron la eyaculación precoz en función del género.[2] Se trata de una dolencia por la que el hombre, *en más del 50 por ciento de los encuentros eróticos*, eyacula antes de que su cónyuge alcance el orgasmo. Sin embargo, no hay ninguna norma médica que determine cuánto tiempo debería tardar un varón en eyacular durante las relaciones sexuales. Como regla aproximada se calcula ese tiempo es de alrededor de cuatro minutos, pero es una cifra arbitraria.
- En el DSM-IV-TR, la Asociación Americana de Psiquiatría enumera los siguientes *criterios diagnósticos* para definir la eyaculación precoz:

  - Eyaculación persistente o recurrente con un mínimo de estimulación antes, durante o poco después de la penetración, y con anterioridad a que la persona la desee. El médico debe tener en cuenta ciertos factores que afectan la duración de la fase excitativa, tales como la edad, la inexperiencia compañero sexual y la frecuencia reciente de actividad sexual.
  - El trastorno causa una marcada angustia o dificultad interpersonal.
  - La eyaculación precoz no guarda una relación exclusiva con el efecto directo de ningún estupefaciente (p. ej. en el caso de la desintoxicación de sustancias opiáceas).[3]
- A pesar de que la eyaculación precoz es un problema corriente y que, muy a menudo, se corrige con tratamiento, a muchos hombres *les da vergüenza someterse a dicho tratamiento.*
- La eyaculación prematura antes se consideraba meramente un problema psicológico. Sin embargo, ahora se piensa que es tanto *psicológico como biológico.*[4]
- La eyaculación precoz se clasifica como primaria o secundaria.
  - *La eyaculación precoz primaria* aparece en el momento mismo en que el hombre *se vuelve sexualmente activo.*
  - *La eyaculación precoz secundaria* es la manifestación del problema *después de una relación sexual previa sin problemas de eyaculación.*

ENTREVISTA DE EVALUACIÓN 3

1. ¿Cuánto tiempo lleva padeciendo de eyaculación precoz?
2. ¿Hay veces en las que no eyacula prematuramente? ¿Ha constatado en qué radica la diferencia entre las dos situaciones?
3. ¿Qué ha intentado usted hacer para superar el problema?
4. ¿Ha consultado con algún médico? ¿Cuáles han sido los resultados?
5. ¿Ha tratado de contener la respiración durante el coito? (*Véase la información acerca de la respiración controlada en el apartado Pasos prácticos*).
6. ¿Ha probado utilizar alguna técnica de manejo del estrés antes de la relación sexual?
7. ¿Ha empleado la técnica de la compresión? (*Véase una descripción de esta técnica bajo el epígrafe Pasos prácticos*). ¿Le dio resultado? ¿Ha aprendido su esposa a comprimir adecuadamente la cabeza y el asta de su pene hasta que la eyaculación haya pasado? ¿Ha accedido a hacerlo con usted?
8. ¿Ha experimentado usted dificultades emocionales de largo plazo —tales como maltrato o abandono por parte de su familia natural— que pudieran contribuir al problema?

CONSEJOS SABIOS 4

Cuando un hombre padece de eyaculación precoz puede experimentar bastante *bochorno, vergüenza y sentimiento de culpabilidad.* Dios quiere que su pueblo disfrute del regalo del sexo, y concederá sabiduría y dirección a aquellos que den los pasos adecuados para superar este problema sexual tan corriente y fácil de tratar. A causa del mundo caído en que vivimos, a veces nuestro cuerpo no funciona de la manera como Dios lo planeó. Las dificultades sexuales forman parte de nuestra vida en este mundo imperfecto. Sin embargo, podemos tener la certeza de que el amor del Señor jamás cambiará, y aunque no seamos perfectos, hemos sido asombrosa y maravillosamente creados.

Ayude al individuo a *comprender las causas* de la eyaculación precoz; entre ellas:

- *Las causas psicológicas.* Algunos expertos creen que las experiencias sexuales tempranas pueden dar como resultado la eyaculación prematura. Dichas experiencias incluyen:
  - situaciones en las cuales el hombre pudo haberse sentido impulsado a alcanzar rápidamente el clímax (p. ej. para que no lo descubrieran masturbándose o manteniendo relaciones sexuales)
  - cuando la culpabilidad que se le hacía sentir acerca del sexo lo llevaba a concluir aceleradamente sus experiencias eróticas
  - la ansiedad que experimenta durante el coito por la inquietud acerca de la disfunción eréctil o el buen desempeño en las relaciones sexuales
- *Las causas biológicas.* Además de las razones psicológicas, pueden existir también causas de carácter biológico para la eyaculación prematura; entre ellas:
  - niveles hormonales descompensados
  - niveles anormales de sustancias químicas cerebrales o neurotransmisores
  - actividad refleja anormal del sistema eyaculatorio
  - determinados problemas de tiroides
  - inflamación o infección de la próstata o la uretra
  - factores genéticos

5 PASOS PRÁCTICOS

En el caso de muchos hombres, el tratamiento para la eyaculación precoz incluye una combinación de medicación y terapia sexual.

1. Hágase una revisión médica completa

- Puesto que hoy día existen tantas razones médicas demostradas para una amplia gama de trastornos sexuales, siempre resulta prudente consultar primero a un médico y descartar cualquier problema médico o farmacológico que pudiera estar afectando el desempeño sexual.

2. Pruebe la terapia sexual

- La terapia sexual puede ser una herramienta eficaz para superar la eyaculación prematura. Hay dos técnicas de terapia sexual que consisten en:

- concentrarse en el juego previo y en la experiencia sexual en lugar de enfocarse en el coito y el orgasmo. Esto puede ayudarle a vencer la ansiedad que tal vez contribuye a que eyacule prematuramente
- estimular a su esposa para facilitarle el orgasmo, lo cual quitará de usted la presión y la preocupación que siente en cuando a la posibilidad de eyacular antes de que ella alcance el clímax

- En *El acto matrimonial después de los cuarenta*, Tim y Beverly LaHaye afirman: "Los hombres deben recordar que hacer el amor es una experiencia en la que sus esposas deben cruzar la línea de meta del orgasmo antes que ellos. ¡Con un poco de experiencia los maridos podrán llegar pisándoles los talones!".[5]

Solo el 44% de las personas dicen estar plenamente satisfechas con su vida sexual. Las claves del contentamiento sexual no son únicamente físicas, sino que algunos factores emocionales cumplen también una función esencial en este terreno.

De los individuos que afirman estar sexualmente satisfechos, el 82% dicen que se sienten respetados y apreciados durante las relaciones sexuales.

Durex Sexual Wellbeing Global Survey, 2007-2008

3. Utilice la técnica de la compresión

- Hay un método en cuatro pasos, llamado la técnica de la compresión, que puede ayudarle a retrasar el momento de la eyaculación.
  - Paso 1. Comience normalmente la relación sexual, hasta que le parezca que está a punto de eyacular.
  - Paso 2. Antes de que la eyaculación se produzca comprima el extremo del pene en el punto donde la cabeza del mismo (el glande) se une con el asta. Mantenga la compresión durante algunos segundos hasta que el deseo de eyacular haya pasado.
  - Paso 3. Una vez que se haya soltado el pene espere treinta segundos antes de reiniciar la actividad sexual. La compresión del pene puede reducir su erección, pero cuando se reanuda el contacto sexual volverá a experimentar la erección completa.
  - Paso 4. Repita el proceso cuando se acerque a la eyaculación.
- Después de haber utilizado la técnica de la compresión durante cierto tiempo, aprenderá a controlar la eyaculación sin necesidad de emplearla.

4. Controle la respiración y los pensamientos

- El control de la respiración puede contribuir a retrasar la eyaculación durante el coito. Esto se consigue respirando conscientemente de un modo más lento y con inhalaciones más largas y profundas.
- El mismo principio de la respiración es válido para el control imaginativo de la mente. Antes de estar listo para la eyaculación, piense que se encuentra en otra situación agradable pero no sexual, como disputando una partida de ajedrez, pescando o haciendo algún trabajo manual que le guste. Cuando su esposa esté próxima al clímax, vuelva a concentrarse en el sexo.

5. Controle el estrés y la ansiedad

- Ya que la eyaculación precoz a menudo sucede en momentos de mucha ansiedad, el utilizar técnicas que reduzcan la misma (o el estrés) le ayudará a no eyacular prematuramente. En algunos casos los problemas emocionales y psicológicos crónicos contribuyen a la eyaculación rápida, pero el abordar tales dificultades en las sesiones de consejería puede tener un efecto beneficioso, no solo sobre este particular, sino en todas las áreas de su vida y sus relaciones.

6. Utilice cremas anestésicas

- Algunas cremas anestésicas de uso tópico son eficaces en el tratamiento de la eyaculación precoz. Por lo general, estas cremas contienen lidocaína o prilocaína, las cuales adormecen la sensibilidad del pene. Un efecto secundario negativo es, sin embargo, que pueden adormecer igualmente los nervios de la vagina de la mujer reduciendo el placer que ella siente.

7. Utilice medicamentos

- Algunos medicamentos, como los antidepresivos, tienen el efecto secundario de retrasar la eyaculación. Tal vez debería usted probar esa clase de medicación para superar la eyaculación precoz. Hable con su médico acerca de la posibilidad de utilizar antidepresivos (ISRS) con ese fin.

6 EJEMPLOS BÍBLICOS

¡Bendita sea tu fuente! ¡Goza con la esposa de tu juventud! Es una gacela amorosa, es una cervatilla encantadora. ¡Que sus pechos te satisfagan siempre! ¡Que su amor te cautive todo el tiempo! (Pr. 5:18-19).

Las relaciones sexuales son un regalo de Dios para que ambos cónyuges lo disfruten plenamente. La eyaculación prematura interfiere en el deleite completo del varón (y probablemente de su esposa), pero la vergüenza no debería impedirles superar este problema.

Pero si esperamos lo que no vemos, con paciencia lo aguardamos (Ro. 8:25, RVR-60).

En este pasaje Pablo se está refiriendo a nuestra esperanza última de redención completa, pero podemos aplicar este principio de la espera ilusionada a todos los aspectos de nuestra vida, incluso al perfeccionamiento sexual. Nuestra esperanza radica en que Dios nos guiará, proveerá lo necesiario y nos llevará progresivamente hasta el éxito.

Gozosos en la esperanza; sufridos en la tribulación; constantes en la oración (Ro. 12:12, RVR-60).

¿Qué produce satisfacción sexual?

- El 37% de las parejas quiere sentirse menos tensas y cansadas.
- El 36% de las parejas desea pasar más tiempo a solas juntos.
- El 31% de las parejas quiere más diversión, intimidad y mejor comunicación.
- El 29% de las parejas quiere tener un mayor impulso sexual.

Durex Sexual Wellbeing Global Survey, 2007-2008

Un marido y su esposa pueden orar acerca de todo, incluso de su experiencia sexual. Al acudir a Dios cuentan con la alegría de saber que Él ya conoce la situación, se interesa por ellos y quiere que disfruten de su regalo de una rica vida sexual. El proceso de aprendizaje y crecimiento puede convertirse en un periodo de excelente comunicación, comprensión y amor entre los cónyuges mientras confían juntos en el Señor.

ORACIÓN 7

Señor, te damos gracias por las relaciones sexuales dentro del matrimonio. Son un regalo precioso. Ayúdanos a honrarte con nuestra sexualidad, y asiste a esta querida pareja para que se comuniquen clara y tiernamente mientras afrontan juntos este problema. Dales intimidad espiritual y sexual, y ayúdalos a disfrutar del sexo plenamente…

11 El trastorno de la excitación sexual

1 RETRATOS

- Jerónimo y Manuela son recién casados, pero no les va demasiado bien. No parecen conseguir que las cosas funcionen, ni en la cama ni fuera de ella. Jerónimo se queja de la falta de respuesta de su mujer: "Resulta tan desmoralizador —expresa—. Uno pensaría que al menos eso sería fácil y natural…".
- Francisca y su marido acaban de mudarse a otro lugar para que él pueda seguir con su profesión. Tienen casa nueva, trabajo nuevo… todo es nuevo. "Está bien —explica ella— pero resulta estresante". Les parece haber dejado su vida sexual allá donde antes vivían. A veces él se siente excitado en cuanto al sexo, pero Francisca no lo está; y otras, es ella quien desea tener relaciones sexuales, pero su esposo se encuentra demasiado agotado. Pocas veces concuerdan.
- Estrella ha pasado de los cincuenta. Se ha sentido satisfecha con su matrimonio durante mucho tiempo, y todo parece ir bien. Todo menos la alcoba. "Simplemente parece que ya no me excito —suspira—. Algunas amigas me dicen que eso sucede cuando las mujeres se hacen mayores".

2 DEFINICIONES E IDEAS CLAVE

- El trastorno de la excitación sexual es la incapacidad de lograr o mantener un respuesta erótica. En los hombres esto significa no poder conservar la erección, mientras que en las mujeres puede implicar una lubricación insuficiente, falta de dilatación o disminución de la sensibilidad vaginal.
- El trastorno de la excitación sexual *ocurre tanto a los varones como a las mujeres*. En el caso de los primeros se conoce habitualmente como *disfunción eréctil*, y en el de las mujeres, como *frigidez*. Los síntomas de este tipo de trastorno son entre otros:
  - falta de lubricación o dilatación de la vagina
  - disminución de la turgencia genital
  - disminución de la sensibilidad en los genitales o los pezones
- *La impotencia ocasional puede darse en casi el 50 por ciento de los varones adultos estadounidenses*, y la impotencia crónica afecta aproximadamente a uno de cada ocho hombres, aumentando las probabilidades con el envejecimiento.

- Tanto en los varones como en las mujeres *estas afecciones pueden manifestarse como una aversión al contacto sexual con el cónyuge o la evitación del mismo.* En los hombres puede tratarse del fracaso completo para alcanzar o mantener la erección o una falta de excitación o deleite en la actividad sexual. Las mujeres, por su parte, tal vez sean incapaces de lubricar lo suficiente como para completar el acto matrimonial.[1]
- Los criterios de diagnóstico del *trastorno de la excitación sexual femenino* que utiliza el DSM-IV-TR incluyen:
  - La incapacidad persistente o recurrente de una lubricación-turgencia adecuada para iniciar o llevar a buen término la actividad sexual, en respuesta a la excitación erótica.
  - La marcada angustia o dificultad interpersonal que produce este trastorno.
  - La disfunción no puede explicarse por otro trastorno de Eje I (a menos que se trate de otra disfunción sexual), ni se debe exclusivamente a los efectos fisiológicos directos del abuso de drogas o ciertos medicamentos, y tampoco a una dolencia médica general.[2]
- El trastorno de la excitación sexual es *a veces psicológico.* La presencia de problemas tales como la depresión, la ansiedad, el estrés, la ira, las disputas o la falta de confianza en la relación pueden dar como resultado una diversidad de dificultades relacionadas con la excitación y el desempeño sexual. La notable compañía farmacéutica Merck proporciona la siguiente información relacionada con el trastorno de la excitación sexual en las mujeres:

  > Si el trastorno ha estado presente desde la pubertad, la mujer puede no saber cómo funcionan los órganos genitales (particularmente el clítoris) o qué técnicas de excitación sexual son eficaces. La falta de conocimiento lleva a la ansiedad, lo cual empeora el problema. Muchas mujeres con trastorno de la excitación sexual asocian el sexo con pecado y el placer con culpa. El miedo a la intimidad y una autoimagen negativa pueden también contribuir a dicho trastorno.[3]

- *El problema es por lo general biológico antes que psicológico.* Los cambios hormonales, el escaso flujo sanguíneo en ciertas partes del cuerpo, la diabetes, el uso de alcohol o drogas y las lesiones en los nervios pueden afectar la excitación sexual. Además de ello se ha constatado una disminución del interés por el sexo en las mujeres a medida que se acercan a la menopausia.
- Conviene que las personas con problemas de la excitación sexual se sometan a un examen tanto *médico como psicológico.* A menudo se pueden descartar las causas clínicas si el individuo manifiesta problemas de excitación sexual en correlación con ansiedad o dificultades relacionales.
- Tanto la *terapia hormonal como la medicación para mejorar el flujo sanguíneo* (p. ej. el Viagra, en el caso de los hombres) han dado buenos resultados para mejorar la excitación sexual.

3 ENTREVISTA DE EVALUACIÓN

1. ¿Cuánto tiempo hace que tiene usted (o su cónyuge) problemas de excitación sexual?
2. ¿Con qué frecuencia se manifiestan dichos problemas? ¿Son constantes o intermitentes? En el segundo caso, ¿ha identificado algo que le ayude a superar el problema de excitación sexual?
3. ¿Padece usted alguna dolencia física que pudiera ser responsable de sus dificultades en el desempeño sexual?
4. ¿Se ha sometido a alguna revisión médica para descartar cualquier dolencia? ¿Está tomando usted (o su cónyuge) medicamentos que pudieran causar la disfunción eréctil o el trastorno de la excitación sexual femenina?
5. ¿Ha habido recientemente alguna experiencia sexual negativa en su relación?
6. ¿Existen problemas en su matrimonio que estén socavando la intimidad emocional con su cónyuge?
7. ¿Se ha deteriorado la confianza entre ustedes? Explique la situación.
8. ¿Hay asuntos de su pasado (o el de su cónyuge) que pudieran estar afectando su excitación sexual (tales como maltrato, traición o vergüenza por su desempeño en la cama)?
9. ¿Qué cosas ha probado anteriormente para superar los retos que le plantea la excitación sexual? ¿Han dado algún resultado? ¿Ha obtenido ciertas victorias sobre las que pueda seguir construyendo?
10. (*Para el hombre*) ¿Se despierta en ocasiones por la mañana o durante la noche con una erección?
11. ¿Están usted y su cónyuge dispuestos a probar una solución y a colaborar con el otro para superar esta dificultad?

4 CONSEJOS SABIOS

Aunque se ha asociado mucho la satisfacción sexual con las buenas relaciones matrimoniales y el sólido compromiso religioso, algunos cristianos —especialmente aquellos a quienes se les ha enseñado que el sexo es en cierto modo sucio o un tema tabú— no relacionan su fe con su vida sexual. *Afirmar la enseñanza bíblica acerca de la bondad del sexo en el matrimonio* y adoptar actitudes sexuales provechosas, puede ayudar a que los cónyuges experimenten el pleno potencial de su sexualidad.

Ya sea que la sexualidad de la pareja haya traído intimidad a su relación, o la haya llevado al dolor y la desesperación, *es importante que recordemos que fuimos creados como seres sexuales a imagen de Dios.* Génesis 2:24-25 señala que el designio divino es que el hombre y la mujer se unan en una sola carne. Esta unión sexual ya ocurría antes de que la humanidad cayese en pecado; de modo que el Señor creó a *las personas libres para compartir sus cuerpos abiertamente con sus cónyuges, deleitarse el uno en el otro sexualmente y honrar a Dios con ese deleite.*

Invite al individuo aconsejado a *expresar sus sentimientos acerca del problema de la excitación sexual.* La comprensión y la empatía que usted le demuestre le ayudarán a reducir su nivel de ansiedad. En muchos casos la asistencia médica resuelve el problema, y el hecho de aconsejarle que busque la ayuda profesional infundirá a la persona la esperanza de que hay solución. Sea consciente, sin embargo, de que el daño emocional (miedo, ansiedad, depresión e ira) puede persistir, y hay que ocuparse del mismo a fin de que el matrimonio se fortalezca y recupere su deseo sexual.

PASOS PRÁCTICOS 5

1. Sométase a una revisión médica y psicológica detallada

- Los problemas de falta de excitación sexual o de poco interés por el acto matrimonial pueden responder a factores emocionales, relacionales o psicológicos.
- Un primer paso positivo consiste en someterse a una evaluación física y abordar cualquier experiencia emocional o dificultad existente en la relación.

2. Plantéese ponerse bajo tratamiento médico

- Si resulta probable que la disminución de la excitación sexual tenga una causa fisiológica, hay varios tratamientos médicos eficaces para paliarla.
- La terapia hormonal femenina —con bajas dosis de testosterona— ha resultado adecuada para las mujeres que padecen trastorno de la excitación sexual.
- En el caso de los varones, los medicamentos que aumentan el flujo sanguíneo como ayuda para mantener la erección —Viagra, Levitra y Cialis, entre otros— son a menudo eficaces para superar la disfunción eréctil.
- *Prepárese para dar a la persona aconsejada una lista de médicos reconocidos de su zona, ya que tal vez no se sienta cómoda consultando con su doctor de atención primaria.*

Según cálculos recientes, en Estados Unidos entre 20 y 30 millones de hombres sufren problemas de impotencia. Alrededor del 52% de los varones entre 40 y 70 años de edad tienen algún grado de disfunción eréctil.

3. Esfuércese por mejorar su relación

- Hable con su cónyuge acerca de cómo puede contribuir cada uno a una mejora de la relación según las pautas divinas.
- Los problemas corrientes que afectan la excitación y el deseo sexual son, entre otros, las discusiones amargas, la ira no resuelta, las aventuras amorosas pasadas o presentes, y el no dedicar suficientes ratos provechosos juntos.

4. Afronte cualquier obstáculo emocional

- Considere que el estrés en el trabajo, los problemas económicos y cualquier miedo o resentimiento que abrigue pueden afectar negativamente su excitación sexual. Si usted o su cónyuge están experimentando uno de esos factores estresantes no conseguirán la intimidad necesaria. De igual manera, las cuestiones emocionales del pasado —tales como el dolor por haber sufrido abusos sexuales o sido víctima de alguna traición— pueden afectar su deseo sexual.

5. Prueben la técnica de enfoque sensorial

- La técnica de enfoque sensorial es un tipo de terapia sexual que puede ayudar a las parejas con dificultades en sus relaciones íntimas causadas por factores psicológicos. El propósito de esta técnica es reducir la ansiedad asociada con el comportamiento y la destreza sexual al tiempo que los cónyuges aprenden lo que resulta agradable para cada uno de ellos. Este método se utiliza tanto para tratar los síntomas del trastorno de la excitación sexual como los problemas relacionados con el trastorno orgásmico.
- La técnica de enfoque sensorial es un proceso en tres pasos. Ambos cónyuges deben sentirse cómodos con un paso antes de avanzar al siguiente.
  - El primer paso se refiere a las sensaciones producidas por el contacto físico, pero sin relación con la estimulación sexual o el coito. Marido y mujer se turnan para tocarse el uno al otro sensualmente pero no de forma erótica, de modo que los genitales y los pechos quedan excluidos.
  - En el siguiente paso los cónyuges se turnan para tocarse cualquier parte del cuerpo, incluso los pechos y los órganos genitales. Sin embargo, el enfoque sigue estando en las sensaciones que produce ese contacto y no en la excitación sexual.
  - En el último paso los cónyuges no necesitan ya tocarse por turnos, sino que pueden hacerlo mutuamente con libertad. Una vez que la pareja se siente cómoda dándose y recibiendo contacto físico, el tercer paso también permite el coito. No obstante, durante el mismo, el enfoque debe seguir estando en el disfrute mutuo y no en el orgasmo.

6 EJEMPLOS BÍBLICOS

Yo soy de mi amado, y su deseo tiende hacia mí (Cnt. 7:10, LBLA).

A lo largo del Cantar de los Cantares el esposo y la esposa se deleitan mutuamente en su atractivo físico. Las descripciones explícitas de su amor destacan la importancia de la relación anímica y el profundo compromiso que los une.

Cuando el hombre y la mujer se hacen uno al casarse, el lazo de la intimidad sexual fortalece la relación entre ambos. Dios aprueba y alienta el placer sexual dentro del matrimonio.

Que el marido cumpla su deber para con su mujer, e igualmente la mujer lo cumpla con el marido. La mujer no tiene autoridad sobre su propio cuerpo, sino el marido. Y asimismo el marido no tiene autoridad sobre su propio cuerpo, sino la mujer. No os privéis el uno del

otro, excepto de común acuerdo y por cierto tiempo, para dedicaros a la oración; volved después a juntaros a fin de que Satanás no os tiente por causa de vuestra falta de dominio propio (1 Co. 7:3-5, LBLA).

El trastorno de la excitación sexual puede constituir un problema desalentador en el matrimonio, pero la pareja no debería rendirse ni conformarse con una amistad sin sexo. Los cónyuges han de comprometerse a solucionar la cuestión, para lo cual se requiere buena comunicación, creatividad y paciencia.

Mas el fruto del Espíritu es amor, gozo, paz, paciencia, benignidad, bondad, fidelidad (Gá. 5:22, LBLA).

El individuo o la pareja que lidia con el trastorno de la excitación sexual necesita acudir al Señor. La confianza en Él libera la obra del Espíritu para transformar los corazones, dar sabiduría y paciencia, y cambiar la trayectoria de la relación.

ORACIÓN 7

Señor, gracias por las relaciones sexuales dentro del matrimonio. Son un regalo precioso. Ayuda a esta pareja a honrarte con su sexualidad, y haz que forjen entre sí una intimidad emocional, espiritual y sexual, y que recuperen la pasión en su relación matrimonial. Padre, tú quieres que experimenten la vida hasta lo sumo, y esto forma parte de tu plan para ellos. Dales paciencia consigo mismos, con el otro y con el proceso de cambio…

12 El trastorno de dolor genital

1 RETRATOS

- Antonia ha disfrutado de una magnífica vida sexual con su marido. No había experimentado relaciones íntimas dolorosas desde su primera experiencia sexual unos treinta años atrás, cuando estudiaba bachillerato. ¡Hasta ahora! "No quiero que las relaciones sexuales con mi esposo se acaben, pero durante el coito tengo un dolor intenso y una sensación de quemazón —explica lamentándose—, y está empeorando".
- María y Joel llevan casi dos años casados. Ella era virgen cuando contrajeron matrimonio; Joel, sin embargo, había tenido relaciones sexuales esporádicas con otras mujeres antes de conocer a su esposa. Últimamente, el hombre ha estado experimentando dolor durante el coito: "¡Me quema como el fuego cuando lo hacemos! —explica—. ¿Cree que puede tratarse de una ETS?", pregunta angustiado.
- Santiago y Angelita han estado juntos más de veinte años: desde que se hicieron novios durante el bachillerato. "A mi marido y a mí nos gusta el sexo agresivo —confiesa Angelita—, pero a veces me quedo muy dolorida. ¿Qué puedo hacer para atenuar el problema?

2 DEFINICIONES E IDEAS CLAVE

- *El trastorno de dolor genital* puede ser de dos clases: *dispareunia* y *vaginismo.*
  - *La dispareunia* puede darse tanto en hombres como en mujeres, y se refiere al *dolor en la zona pélvica* durante el coito o después del mismo.
  - *El vaginismo* ocurre solo en las mujeres. Se trata de *un espasmo muscular involuntario* del tejido que rodea la vagina el cual la obliga a cerrarse, haciendo la penetración dolorosa o imposible. El vaginismo se da en menos de un 2 por ciento de las mujeres.
- Según la Asociación Americana de Psicología, la dispareunia *se debe a factores fisiológicos* por lo menos el 75 o el 80 por ciento de las veces.[1] En los casos en que la misma presenta componentes psicológicos o emocionales, suelen manifestarse a menudo sentimientos de culpa o vergüenza por el contacto sexual, así como recuerdos de abusos sufridos en el pasado.
- El dolor vaginal durante el coito puede *tener varias causas*; entre otras:
  - un cónyuge agresivo o impaciente

- el mantener prematuramente relaciones sexuales después de una operación quirúrgica o de un parto con episiotomía
- la disminución del nivel de hormonas femeninas durante o después de la menopausia (cuando el revestimiento de la vagina pierde su humedad habitual)
- unas hemorroides inflamadas
- las infecciones del aparato genitourinario (p. ej. de la vejiga)
- la vestibulitis vulvar (inflamación del vestíbulo vaginal o área del perineo entre los labios menores que incluye la abertura de la vagina y la uretra), la cual es una de las causas más comunes de dispareunia en las mujeres y suele pasarse por alto
- las úlceras por herpes[2]

Nota: El dolor vaginal producido por el pene cuando se introduce en la vagina y que disminuye durante el coito está causado generalmente por una lubricación inadecuada. A menudo esto se debe a una excitación y estimulación sexual insuficientes.

- *Las causas de la dispareunia masculina* también son bastante comunes. *El dolor que se produce con la erección* puede estar relacionado con la inflamación del prepucio, un traumatismo en el pene, ciertas infecciones, algunas alergias genitales o la enfermedad de Peyronie. Las razones más corrientes del dolor en el hombre durante la eyaculación son la prostatitis y la uretritis.

ENTREVISTA DE EVALUACIÓN 3

1. ¿Cuándo comenzó a tener dolor durante las relaciones sexuales? ¿Ha aumentado el dolor con el tiempo o permanece estable?
2. ¿Hay ocasiones en las que el coito no le resulta doloroso? En una escala del 1 al 10, ¿cuál es la intensidad del dolor que siente antes, durante y después de copular?
3. ¿Le ha ayudado algo a calmar el dolor durante el coito?
4. ¿Es consciente su cónyuge del dolor que usted experimenta?
5. ¿Siente también su esposo o esposa algún dolor a causa del coito?
6. ¿Dónde está localizado ese dolor? ¿En la vulva, la vagina, el glande, el pene…?
7. ¿Tiene usted algún antecedente de trauma sexual debido, por ejemplo, a experiencias íntimas forzadas, negativas o dolorosas?
8. ¿Le resulta la actividad sexual en cierto modo embarazosa, vergonzosa o inmoral?

CONSEJOS SABIOS 4

Si la persona experimenta dolor genital, debería acudir a un médico y hacerse un *examen físico*. Tenga preparada una lista de médicos de atención primaria y ginecólogos de su zona.

Cuando se descarte cualquier problema físico la pareja quizá tienda a desanimarse; en tal caso *ayúdeles a replantear su situación*, recordándoles que un diagnóstico médico negativo es una enorme bendición.

Luego comience el proceso de búsqueda de los posibles factores psicológicos o emocionales que contribuyen a su dolor durante las relaciones sexuales.

Si hay incidencia de las emociones o problemas psicológicos, puede resultar útil *abordar las ideas y los sentimientos que esa persona alberga en cuanto a las relaciones sexuales*. Examine con sus aconsejados cómo entienden ellos la sexualidad. Lleve a cabo una evaluación completa de las relaciones en sus familias de origen, su modo de exponer los problemas, su historia clínica, su trasfondo educativo, el maltrato o las cuestiones legales o judiciales en los que se han visto implicados, y también de sus tratamientos anteriores. Una evaluación a fondo le ayudará a descubrir cualquier asunto subyacente que pudiera contribuir o ser la causa principal del dolor sexual.

La Asociación Americana de Psicología ha dado el siguiente *consejo acerca de cómo tratar el vaginismo*:

> El tratamiento preferible para el vaginismo es un programa exhaustivo de terapia que combine la enseñanza y el consejo con ciertos ejercicios prácticos. Estos ejercicios del suelo pélvico incluyen la contracción y el relajamiento de los músculos (ejercicios de Kegel) para mejorar el control voluntario. Además, el tratamiento en cuestión debe incorporar gradualmente un contacto más íntimo que culmine en el coito.[3]

Las áreas clave que hay que examinar en un principio con la pareja son la comunicación entre ellos, su dependencia de la oración y cuánto se apoyan el uno al otro. Califique su *grado actual de comunicación*. Pregúnteles acerca de su *vida de oración* y si oran juntos con regularidad en cuanto al dolor que experimentan. Hágales hablar de si se sienten o no apoyados por su cónyuge. Si la pareja no constata problema alguno en ninguna de estas áreas, comenten la manera de mejorar su relación presente hasta niveles aún más altos y positivos. Por ejemplo, si los cónyuges oran acerca de su problema pero de manera individual, anímelos a que lo hagan juntos por lo menos una vez al día e incluso hagan un ayuno ante el Señor.

5 PASOS PRÁCTICOS

1. Sea paciente

- Ser menos directo y más delicado durante el acto sexual concederá a la mujer más tiempo para que su vagina se lubrique. Además, si ambos están de acuerdo, añadan juego previo a la realización del coito para disminuir el dolor sexual.
- Después de un embarazo o una operación quirúrgica en la zona pélvica siga siempre el consejo de su médico en cuanto al momento oportuno para reanudar la relación coital.

2. Utilice lubricantes

- Si el problema está relacionado con la sequedad vaginal, se puede aplicar algún fluido, crema o gel lubricante en la vagina o el pene para facilitar la inserción de este último durante el acto sexual.

3. Use medicamentos

- Algunos fármacos pueden contribuir a relajar la vagina durante el coito, aumentar la segregación de hormonas sexuales —tales como el estrógeno o la testosterona— y proporcionar una nueva sensación física al acto matrimonial. Asegúrese de comentar esta posibilidad con su médico de atención primaria o ginecólogo.
- En algunos casos la cirugía puede ser un tratamiento eficaz para el trastorno de dolor sexual femenino, y si el marido experimenta un coito doloroso causado por la infección del prepucio o de la uretra, el médico puede recetarle antibióticos.
- Cuando el dolor durante el coito se debe a las úlceras causadas por un herpes, el mejor tratamiento es permitir que el tiempo las cure. El médico puede recetar algún medicamento para agilizar la curación y retrasar futuros brotes.

Amenazas para la intimidad sexual

- El 44% de las mujeres sufren de sequedad vaginal.
- El 42% de los hombres luchan por mantener la erección.
- Un tercio de las parejas han experimentado relaciones sexuales dolorosas.
- Las parejas dedican en promedio 18 minutos a cada encuentro sexual.
- El 43% de las parejas destacan el papel de la experimentación para aumentar la satisfacción sexual.
- Más del 80% de las personas establecen una correlación entre el respeto mutuo y la satisfacción con su relación a largo plazo.

Durex Sexual Wellbeing Global Survey, 2006-2007

4. Utilice la técnica de enfoque sensorial

- Esta técnica es un tipo de terapia sexual que puede ayudar a las parejas con dificultades en sus relaciones íntimas a causa de factores psicológicos. El propósito de la misma es reducir la ansiedad asociada con el comportamiento y el desempeño sexual, enseñando al mismo tiempo a los cónyuges lo que resulta agradable a cada uno de ellos. La técnica en cuestión puede servir para guiar poco a poco la relación sexual del matrimonio.
- La técnica de enfoque sensorial es un proceso en tres pasos. Ambos cónyuges deben sentirse cómodos con uno antes de pasar al siguiente.
  - El primer paso involucra las sensaciones que produce el contacto físico, pero excluye la estimulación sexual y el coito. Marido y mujer se turnan para tocarse el uno al otro sensualmente pero no de forma erótica; así que los genitales y los pechos quedan descartados.
  - En el siguiente paso los cónyuges se turnan para tocarse el uno al otro cualquier parte del cuerpo, incluyendo los pechos y los órganos genitales; sin embargo, el enfoque sigue estando en las sensaciones que produce el contacto y no en la excitación sexual. En este paso no se permite el coito.

- En el último paso los cónyuges ya no necesitan turnarse, sino que pueden tocarse libremente el uno al otro. Una vez que la pareja se sienta cómoda dando y recibiendo contacto físico, en este tercer paso también está permitido realizar el coito; no obstante, durante el mismo, el enfoque debe ponerse en el disfrute mutuo más que en el orgasmo.

5. Apóyense mutuamente y oren por la intervención de Dios

- Expresen sus preocupaciones al Señor en oración como pareja. Pidan sanidad y restauración según la voluntad divina y el plan de Dios para su matrimonio. Apóyense el uno al otro durante este proceso de todas las maneras posibles, y comuníquense francamente los sentimientos que experimentan.

6 EJEMPLOS BÍBLICOS

Entonces, como escogidos de Dios, santos y amados, revestíos de tierna compasión, bondad, humildad, mansedumbre y paciencia (Col. 3:12, LBLA).

La compasión es una decisión que tomamos, no meramente un sentimiento agradable que nos viene dado de manera natural. Las frustraciones pueden acumularse en cualquier matrimonio, especialmente cuando la pareja experimenta dificultades sexuales. Tanto el marido como la esposa tienen la posibilidad de "revestirse" del carácter de Cristo y demostrar su amor mutuo en momentos de quebranto y desaliento. Este amor influye en cada aspecto de su relación.

Así dice el SEÑOR: No se gloríe el sabio de su sabiduría, ni se gloríe el poderoso de su poder, ni el rico se gloríe de su riqueza; mas el que se gloríe, gloríese de esto: de que me entiende y me conoce, pues yo soy el SEÑOR que hago misericordia, derecho y justicia en la tierra, porque en estas cosas me complazco —declara el SEÑOR (Jer. 9:23-24, LBLA).

El dolor genital es una cuestión importante en el matrimonio que puede separar a los cónyuges a consecuencia de la frustración o acercarlos más. Las parejas cristianas pueden empezar concentrándose en la misericordia divina. Dios se complace en manifestar su gracia y su misericordia hacia nosotros, y a medida que experimentamos su amor permitimos que dicha misericordia se desborde sobre nuestro cónyuge. Comenzamos, por tanto, con una experiencia más rica y profunda de la gracia divina como fundamento para nuestra comunicación de pareja.

La paz os dejo, mi paz os doy; no os la doy como el mundo la da. No se turbe vuestro corazón, ni tenga miedo (Jn. 14:27, LBLA).

Muchas veces, cuando alguien experimenta dolor —especialmente dolor genital— puede sentirse amedrentado. La angustia de no saber si podrá recuperarse por completo de su sufrimiento, o si este durará toda la vida, complica aún más el problema. Es importante que aprendamos a confiar en Dios para recibir la paz que solo Él puede darnos. Debemos confiar en que el Señor se mostrará fiel y creer en su fuerza para superar este reto.

ORACIÓN 7

Amado Señor, gracias por el acto matrimonial. Hoy mi amigo sufre a causa de un problema en sus relaciones sexuales: está experimentando dolor durante el coito, el cual tú has dado a los esposos como regalo para que lo disfruten. Ayúdale a sanar de su dolor genital a fin de que pueda gozar plenamente con su cónyuge...

13 La masturbación y el autoerotismo

1 RETRATOS

- Ramiro lleva masturbándose desde la preadolescencia. Ahora, ya cuarentón, aún disfruta de hacerlo ocasionalmente. Su esposa, sin embargo, piensa que ese comportamiento es inmaduro e inapropiado, pero no le dice nada al respecto.
- A Carlota le gusta la relación sexual con Antonio, su marido, sin embargo le encanta utilizar un vibrador; y aunque en ocasiones se siente culpable por disfrutar tanto con un juguete sexual, espera impaciente el momento de poder usarlo de nuevo.
- Santiago es estudiante de bachillerato, y como la mayoría de los chicos adolescentes, a menudo sus pensamientos vagan hacia el terreno del sexo. Pero a diferencia de sus congéneres, Santi se masturba hasta diez veces al día. Él piensa que no es diferente de los demás jóvenes de su edad, sin embargo otros discrepan de esa idea. Uno de sus entrenadores deportivos le sorprendió masturbándose en el vestuario de la escuela antes del ejercicio, y se lo dijo a su madre. Para esta no fue ninguna sorpresa, ya que le ha visto u oído hacerlo muchas veces en casa.
- Roberto, el marido de Juanita, viaja por negocios durante varios días seguidos, y pasa fuera de casa al menos dos semanas cada mes. Cuando vuelve, la pareja goza de unas relaciones sexuales estupendas; pero cuando su esposo falta, Juanita se proporciona placer a sí misma de manera regular. Roberto piensa que el que ella disfrute del sexo en solitario es una perversión.

2 DEFINICIONES E IDEAS CLAVE

- La masturbación consiste en *estimular los propios genitales* para obtener excitación y placer, por lo general hasta alcanzar el orgasmo. Se realiza habitualmente tocándose, acariciándose o masajeándose el pene o el clítoris con el objeto de lograr el clímax sexual. Algunas mujeres también utilizan la estimulación de la vagina para masturbarse, o algún juguete sexual como, por ejemplo, el vibrador.
- Las personas se masturban por *diversas razones*:
  - Porque produce una sensación agradable.
  - Porque no hay una pareja disponible para realizar el coito.
  - Porque alivia la tensión sexual.
  - Porque evita el riesgo de embarazo y de contraer enfermedades de transmisión sexual.

- Hace años muchos, expertos enseñaban que la masturbación adolescente era una forma de perversión sexual que producía ceguera, parálisis y otros resultados terribles. Actualmente, muchos la consideran *un comportamiento normal del desarrollo* que no es malo en sí mismo.
- La esencia del debate sobre la masturbación, sin embargo, tiene que ver con dos cuestiones principales: la *fantasía* y el *dominio propio*.

  En *El acto matrimonial después de los cuarenta*, Tim y Beverly LaHaye comentan:

  > Todas las formas de masturbación deben evaluarse, no según la experiencia física, sino conforme a la actitud mental del momento. Por lo general, la masturbación masculina va asociada a la pornografía o las fantasías de carácter pornográfico, lo cual es nocivo. La masturbación puede hacerse también adictiva... Creo que la masturbación es un asunto entre cada individuo y Dios: si no sientes la necesidad de confesarlo como pecado, el hecho físico de inducirte el orgasmo no es en sí un acto pecaminoso.[1]

  Estamos de acuerdo en que el acto de la autoestimulación sexual no es malo en sí mismo, pero cuando la gente se masturba *combinando su actividad con pornografía o fantasías sexuales* —como sucede a menudo en el ensimismamiento de los adolescentes mayores y los adultos— sí que lo es. Además, la masturbación conduce a menudo a un comportamiento crónico, y Pablo nos insta a no dejarnos dominar ni controlar por nada que no sea Cristo (1 Co. 6:12; 1 Ts. 4:3-5).
- La naturaleza esencial de las relaciones sexuales es la unión física y emocional entre dos individuos, de modo que la masturbación *no debería utilizarse como substituto de la actividad sexual, normal y saludable dentro del matrimonio*. Cuando esa práctica se convierte en una distracción o un sustituto de la interacción erótica y emocional entre marido y mujer, constituye un problema que debe abordarse, y puede *indicar que la relación matrimonial no goza de buena salud*.
- Algunos terapeutas sexuales sugieren que la masturbación *puede servir para mejorar la experiencia sexual de la pareja*, porque cada uno de los cónyuges aprende a agradarse a sí mismo y puede comunicarle al otro esa información.
- A menudo los individuos y las parejas utilizan *juguetes sexuales* a fin de aumentar su estimulación erótica, y los terapeutas a veces los recomiendan para quienes tienen dificultades sexuales. Sin embargo, algunos cónyuges se sienten amenazados, al no poder competir con la sensación que producen tales objetos. Además, es posible volverse adicto a los juguetes eróticos y otros sustitutos, y convertir las relaciones sexuales, primordial o exclusivamente, en un medio para disfrutar del orgasmo de manera egoísta. La pregunta que cabe hacerse es si esa relación amorosa ha llegado a un momento crítico y se está utilizando el sexo para propósitos egoístas y no para agradar al esposo o la esposa. En 1 Corintios 7:3 Pablo nos

El hombre debe cumplir su deber conyugal con su esposa, e igualmente la mujer con su esposo. La mujer ya no tiene derecho sobre su propio cuerpo, sino su esposo. Tampoco el hombre tiene derecho sobre su propio cuerpo, sino su esposa.

1 Corintios 7:3-4

recuerda que en el matrimonio nuestro cuerpo no nos pertenece, sino que es de nuestro cónyuge.

- ¿Deberíamos obtener placer o disfrute de nuestra actividad sexual? ¡Desde luego que sí! Pero *ningún hombre o mujer se morirá por no mantener relaciones sexuales.*

3 ENTREVISTA DE EVALUACIÓN

1. ¿Qué le preocupa acerca de la masturbación? ¿Se debe dicha preocupación a su propio comportamiento o al de su hijo o su cónyuge?
2. ¿Cuándo se masturbó por primera vez?
3. ¿Por qué tiene la necesidad de masturbarse? ¿Puede dejar de hacerlo?
4. ¿Cuánto ha variado la frecuencia de su masturbación desde que empezó a practicarla?
5. ¿Cuán a menudo se masturba usted (o la persona en cuestión)?
6. ¿Interfiere la masturbación (o su obsesión por ella) en la comunicación y las relaciones saludables con su cónyuge? Explique de qué manera.
7. ¿Cuál diría que es un uso saludable y apropiado de la masturbación (en su caso o en el de la persona a que nos referimos)?
8. ¿Qué actitud tiene usted en cuanto a la utilización de vibradores y otros juguetes sexuales?

4 CONSEJOS SABIOS

Un consejero sabio evaluará la idea inherente de la persona acerca del tema de la masturbación, a fin de determinar si su conducta es de *desafío o resistencia* incluso a comunicarse sobre el tema.

En el caso de Santiago, que hemos visto en el apartado "CASOS", la masturbación se había convertido en una obsesión malsana. En ese caso, el camino hacia la libertad puede resultar muy difícil de recorrer (véase la Parte 3: "La adicción y las perversiones sexuales").

La Biblia dice muy poco —si es que dice algo— acerca de la masturbación, pero se refiere muchas veces al buen regalo divino del sexo y el matrimonio, así como al abuso pecaminoso que se hace de dicho regalo. Si el autoerotismo se disfruta como un don de Dios asociado con una relación sexual rica y saludable dentro del matrimonio, tal vez no sea un problema. Sin embargo, cuando alguien se ha sobrepasado, lo cual es muy fácil que ocurra en nuestra cultura obsesionada con la sexualidad, *y se masturba en conexión con fantasías lascivas o como sustituto de la intimidad relacional, está mal y debe tratarse.*

Una cuestión importante en la práctica de la consejería es cuando alguien revela su *grado de obsesión* con la autoestimulación sexual y la prominencia que esta última tiene en su vida. Aquellos que piensan sin cesar en la masturbación y organizan su tiempo en torno a este comportamiento, necesitan ayuda para controlar su conducta habitual y afrontar lo que ha pasado. Los cónyuges que han visto sus relaciones matrimoniales afectadas por la masturbación precisan la asistencia de un consejero para resolver el incumplimiento de sus votos de amor y cualquier problema o expectativa de comunicación subyacente que pueda existir.

Los terapeutas sexuales tal vez aconsejen a las parejas que experimenten con la masturbación, a fin de *explorar formas en las que puedan disfrutar al máximo de sus cuerpos.* Nosotros sugerimos que el esposo y la esposa discutan el asunto y lo pongan juntos en práctica si ese es el propósito. Seguidamente cada uno de los cónyuges puede trasmitir al otro la información sobre aquello que le proporciona placer para que ambos disfruten de una experiencia sexual más gratificante.

PASOS PRÁCTICOS 5

1. Exprese las ideas que tiene acerca del autoerotismo y examínelas

- ¿Qué le enseñaron en el pasado sobre la masturbación? Hablando acerca de cómo percibe usted esa conducta, y examinando sus ideas y su sistema de creencias en cuanto a ella, será capaz de identificar cualquier problema subyacente que pueda existir y que le cause angustia o confusión.
- *Cuando las personas saquen a colación el tema de la autoestimulación sexual, pregúnteles acerca de su trasfondo y de la comprensión que tienen de esa práctica, sin olvidar las experiencias que han vivido con el autoerotismo y los sentimientos que albergan en cuanto a las mismas.*

2. Instrúyase e infórmese

- Busque la guía y la instrucción de su consejero. Conviértase en un buen estudiante, y examine el plan divino para una sexualidad saludable.
- *Corrija con delicadeza cualquier información errónea que la persona pueda tener acerca de la masturbación.*
- *Explíquele la naturaleza, la belleza, el gozo y el propósito del sexo en el matrimonio, y anime al individuo o la pareja a aspirar a la mejor relación sexual posible.*
- *Descubra la raíz oculta de ese comportamiento.*

3. Concéntrese en la relación principal

- Examine cualquier temor o desconfianza que haya podido surgir en su matrimonio o la relación principal afectada por la masturbación.
- La preocupación que siente por el autoerotismo (suyo propio, de su cónyuge o de su hijo) puede haber producido tensiones en su relación. El hecho de haber quedado en evidencia el autoerotismo tal vez haya causado cierta desconfianza, o quizá se dé cuenta de que la masturbación se utiliza como sustituto de una relación sexual

saludable con su cónyuge. Hable de sus temores y recelos, los cuales son generalmente un problema mucho mayor que los actos específicos de autoerotismo.

6 EJEMPLOS BÍBLICOS

Mas el fruto del Espíritu es amor, gozo, paz, paciencia, benignidad, bondad, fidelidad, mansedumbre, dominio propio; contra tales cosas no hay ley (Gá. 5:22-23, LBLA).

Una de las preocupaciones principales relativas a la masturbación es el dominio propio. Cuando un hombre o una mujer se masturba, esa conducta se convierte por lo general en algo absorbente y que a menudo incorpora la lascivia y fantasías sexuales en cuanto a otras personas. Es obvio que tal cosa queda por debajo del fruto del Espíritu, algo por lo cual debemos orar diariamente.

Todo es lícito, pero no todo es de provecho. Todo es lícito, pero no todo edifica. Nadie busque su propio bien, sino el de su prójimo (1 Co. 10:23-24, LBLA).

El autoerotismo está —como su propio nombre indica— centrado en uno mismo. Se trata respectivamente de un reto del desarrollo para los adolescentes y de un problema de intimidad para los adultos solitarios, pero no es el propósito divino para el esposo y la esposa. Si la masturbación se ha convertido en la fuente primaria de satisfacción sexual de la pareja casada y empieza a interferir en su intimidad conyugal, entonces se ha convertido en un problema que es preciso abordar.

Y todo lo que hagan, de palabra o de obra, háganlo en el nombre del Señor Jesús, dando gracias a Dios el Padre por medio de él (Col. 3:17).

Los matrimonios pueden masturbarse y disfrutar de ello como parte de la sexualidad que Dios les ha dado si lo hacen con gratitud y no con el objeto de escapar de su relación, ni dejando que el asunto los obsesione. Por lo general este es el caso de ciertas parejas en las que, por trabajo u otras responsabilidades, los cónyuges están a menudo separados —o tienen que hacer frente a algún reto físico o enfermedad— y sin embargo piensan en el otro.

7 ORACIÓN

Padre, gracias por la preocupación que tiene esta persona por su sexualidad. Tú nos has dado el sexo como un maravilloso regalo para que lo disfrutemos, y queremos que así sea plenamente. Entendemos lo frágil que es en realidad este don tuyo, y con cuánta facilidad cualquiera puede abusar de él o emplearlo mal. Te pedimos sabiduría respecto al papel que podría desempeñar el autoerotismo en el disfrute del sexo. Muéstrale a esta persona de qué manera —si hay alguna— esa práctica puede servir a su matrimonio cuando él o ella está lejos de su cónyuge…

14 El sexo oral

1 RETRATOS

- Sara se siente más excitada cuando ella y Fernando se estimulan oralmente el uno al otro. "No hay nada semejante —explica—, me hace alcanzar el orgasmo casi sin excepción". Luego oyó decir a un maestro de escuela dominical en su iglesia que esa práctica era pecaminosa y repugnante. Ahora se siente confundida y asustada, y se pregunta si Dios la condena por hacer algo que ella creía correcto y que le gusta tanto.
- Rosa y Felipe están en primer año de bachillerato y ambos comprometidos con el grupo de jóvenes de su iglesia. La relación entre ellos ha llegado a un nivel más físico. Ella quiere conservar su virginidad, pero él quiere mantener relaciones sexuales. Una amiga le ha dicho a Rosa que hay una forma en la que ambos pueden conseguir sus deseos, y le ha explicado como se practica el sexo oral.
- Alberto y Cristina se consideran "amigos con ciertas ventajas". Cris rompió su relación íntima con Alberto, porque este seguía insistiendo en realizar el coito, y ella había prometido permanecer virgen hasta el matrimonio. Pero ya que a ambos les gustaba practicarse mutuamente el sexo oral y disfrutar del orgasmo sin copular, decidieron seguir dándose ese placer. Cris tuvo que redefinir su concepto de virginidad para que esa clase de relación no quebrantara su promesa.

2 DEFINICIONES E IDEAS CLAVE

- El sexo oral consiste en *la estimulación manual y con la boca de los órganos sexuales.* El que se practica a los hombres se llama *felación*, y el de las mujeres *cunnilingus.*
- Cierto estudio del National Center for Health Statistics (Centro Nacional de Estadísticas de la Salud) estadounidense reveló que un poco *más de la mitad de los adolescentes americanos de edades comprendidas entre los quince y los dieciocho años han practicado el sexo oral*, y la cifra para los de dieciocho y diecinueve alcanza el 70 por ciento.
- La encuesta de *El acto matrimonial después de los cuarenta* informa que en el 44 por ciento de las parejas entrevistadas, *el marido estimula "a veces" el clítoris de su esposa oralmente* y que, del mismo modo, en el 41 por ciento de los casos, *las esposas "a veces" excitan con la boca a sus esposos.*[1] Un estudio más amplio de las prácticas sexuales reveló que tres de cada cuatro hombres y dos de cada tres mujeres disfrutan del sexo oral, y un número bastante significativo

(el 10 por ciento de los varones y el 18 por ciento de las mujeres) prefieren el sexo oral al coito para lograr el orgasmo.[2]

- El sexo oral se practica en ocasiones *para evitar un embarazo no deseado* o tener relaciones sexuales que dejen intacto el himen de la mujer, preservando así la virginidad de esta.
- Debido a la naturaleza íntima del sexo oral, *las ramificaciones subjetivas, emocionales y espirituales del mismo no se atienen a una definición semántica objetiva de las relaciones sexuales.* Las parejas casadas que han experimentado el sexo oral con alguien aparte de su cónyuge alegan que no han sido infieles. Por su parte, muchos solteros que lo han practicado creen que, técnicamente hablando, todavía son vírgenes. *Nosotros pensamos que el sexo oral transgrede las normas de Dios en cuanto a la pureza si se practica antes o fuera del matrimonio.*
- Con frecuencia, los solteros y quienes practican el sexo oral con alguien que no es su cónyuge creen en el mito de que el mismo no tiene tantos riesgos como el coito. Sin embargo, desde una perspectiva médica, esa práctica es igual de peligrosa, y a veces más, que la cópula sexual. *Ciertas enfermedades de transmisión sexual pueden contagiarse a través del sexo oral.* Un estudio reciente ha revelado, por ejemplo, que tal vez esta práctica sea la causa del cáncer orofaríngeo. La frecuencia de este cáncer se ha duplicado en los últimos treinta años, y se cree que el mismo está relacionado con los fluidos infectados por el VPH en la garganta. También el herpes, la gonorrea, la clamidia y el VPH se pueden contraer a través de la cavidad bucal.[3]

ENTREVISTA DE EVALUACIÓN 3

1. ¿Busca usted más emoción en su vida sexual? Explique qué espera obtener.
2. ¿Cuáles son sus razones para considerar el sexo oral?
3. ¿Es acaso para controlar la natalidad?
4. ¿Es porque quiere evitar la relación vaginal?
5. ¿Ha experimentado alguna vez el sexo oral en el pasado?
6. ¿Lo ha hecho su cónyuge? ¿Habla él o ella acerca del asunto de un modo que le repugna o le hace sentirse inadecuado?
7. ¿Qué temores le produce el sexo oral? ¿Ha hablado abiertamente de ellos con su cónyuge? ¿Cuál ha sido su respuesta? ¿Se siente presionado a mantener esta clase de relación sexual?
8. ¿Conoce los riesgos físicos del sexo oral?

CONSEJOS SABIOS 4

El sexo oral parece ser una práctica bastante extendida y que va en aumento. Según indican los datos, buen número de parejas casadas mantiene esta clase de relación, y para algunas es la favorita, porque el coito por sí solo quizá no las estimule para alcanzar el orgasmo.

Por otro lado, hay personas que realizan el sexo oral, porque su pareja las presiona para que lo hagan. Cierta esposa, aunque le practicaba la felación a su marido, se sentía muy decepcionada y desconectada de él tanto en lo sexual como en la relación en general, porque el sexo oral era lo único que él deseaba. La mujer no comprendía por qué su esposo no quería hacer el amor (realizar el coito) con ella. Esto, a nuestro modo de ver, constituye la vulneración de un principio superior como es el llamamiento al amor y la intimidad.

> En un muestreo realizado entre estudiantes universitarios, el 61% no consideraba que practicar a otro el sexo oral fuera tener relaciones sexuales, y el 60% pensaba lo mismo si era el receptor.
>
> *The Journal of Sex Research*, 2008

De modo que las experiencias y las opiniones acerca del sexo oral y de su práctica varían bastante, incluso —y especialmente— en las iglesias. Aunque muchos lo consideran normal y permitido si se realiza entre marido y mujer, otros lo ven como antinatural y ajeno al propósito divino para la actividad sexual. La mayoría de los expertos hacen referencia a Hebreos 13:4, donde se dice que el lecho conyugal debe ser "sin mancilla" (RVR-60) delante de Dios. La decisión de practicar o no el sexo oral (o cualquier otro acto sexual no especificado o condenado claramente en las Escrituras) es, en última instancia, un tema de discusión y acuerdo entre los esposos.

5 PASOS PRÁCTICOS

Si una pareja decide explorar o practicar el sexo oral, invítelos a seguir estos criterios bien informados:

1. Hablen de manera sincera y abierta

- Siéntense juntos y comenten sus opiniones y puntos de vista acerca del sexo oral. Esté dispuesto a expresar sus emociones en tono positivo, y también abierto a escuchar los sentimientos de su cónyuge.
- Como en todos los casos, la comunicación entre esposos resulta esencial. Comenten sus deseos y temores acerca de las relaciones sexuales y, específicamente, de aquellas de este tipo. Cuanto mejor se comprendan el uno al otro tanto mejor se podrán ayudar a disfrutar al máximo de sus experiencias sexuales.

2. Demuéstrense amor y respeto

- No permita que su cónyuge le obligue a practicar el sexo oral; oren juntos e individualmente pidiendo a Dios que les dé paz y les haga saber si esta práctica conviene a su matrimonio.
- Establezcan ciertos límites y muestren cada uno respeto por los deseos del otro. El amor y la consideración mutua son la mejor base para mantener una relación sexual gratificante, y preparan la escena para la experimentación gradual, aun en el caso de los cónyuges habitualmente temerosos.

3. Plantéense la posibilidad de experimentar

- Consideren la experimentación con diferentes formas de sexo oral, siempre respetando los límites de moralidad y holgura que tiene cada uno.

- Cualquier práctica puede convertirse en rutina, haciendo que la pareja se estanque en un mismo ciclo. Intenten formas nuevas y emocionantes de estimularse el uno al otro y disfrutar el uno del otro.
- Si el sexo oral o cualquier otra práctica erótica se convierte en una obsesión para alguno de ustedes —especialmente en contra del deseo del otro—, necesitan discutir e investigar mejor la naturaleza de ese impulso y lo que podrían hacer para fomentar su intimidad, tal vez con la ayuda de un consejero profesional.

EJEMPLOS BÍBLICOS 6

¡Bendita sea tu fuente! ¡Goza con la esposa de tu juventud! Es una gacela amorosa, es una cervatilla encantadora. ¡Que sus pechos te satisfagan siempre! ¡Que su amor te cautive todo el tiempo! (Pr. 5:18-19).

El regalo divino del sexo puede constituir un enorme deleite y una fuente de placer y vinculación afectiva para la pareja que se quiere. Sin embargo, como cualquier otra habilidad, es necesario desarrollarlo. La creatividad, el ensayo y el error, así como una buena comunicación, resultan esenciales para gozar de una vida sexual rica y placentera. El sexo oral debería ser una expresión del más profundo amor entre los cónyuges. De lo contrario, los conducirá posiblemente a la manipulación y tendrá un efecto destructivo.

El 10% de los hombres y el 18% de las mujeres dijeron preferir el sexo oral para lograr el orgasmo.
The Janus Report on Sexual Behavior

Como el manzano entre los árboles del bosque, así es mi amado entre los jóvenes. A su sombra placentera me he sentado, y su fruto es dulce a mi paladar (Cnt. 2:3, LBLA).

En muchas culturas, incluso la de Salomón, se ha utilizado el manzano como símbolo del amor y la expresión sexual. Debido a la frase poética "dulce a mi paladar", numerosos teólogos han formulado la hipótesis de que este pasaje del Cantar de los Cantares podría estarse refiriendo a un acto de sexo oral para expresar el amor entre marido y mujer.

Por esto dejará el hombre a su padre y a su madre, y se unirá a su mujer, y los dos serán una sola carne. Grande es este misterio; mas yo digo esto respecto de Cristo y de la iglesia. Por lo demás, cada uno de vosotros ame también a su mujer como a sí mismo; y la mujer respete a su marido (Ef. 5:31-33, RVR-60).

Este clásico pasaje acerca del matrimonio nos dice que las mujeres florecen con el amor incondicional de sus maridos, y que los hombres disfrutan del amor respetuoso de sus esposas. El uno y la otra consideran a Cristo como su ejemplo, y ambos se deleitan en entregarse a su cónyuge. El amor y el respeto pueden expresarse de muchas maneras y en cualquier momento, incluso en el dormitorio, donde la pareja experimenta con distintas técnicas sexuales. Los cónyuges jamás deberían perder de vista la esencia del matrimonio, que consiste en ofrecerse desinteresadamente para proporcionar placer al otro.

7 ORACIÓN

Padre, gracias por estos cónyuges que quieren deleitarse el uno en el otro y experimentar el sexo como regalo tuyo. Señor, concédeles sabiduría y creatividad. Ayúdales a hablar abierta y sinceramente acerca de sus deseos y temores, y guíalos a ponerse de acuerdo plenamente en sus prácticas sexuales. Asístelos para que su relación sexual les resulte aún más rica y significativa...

El sexo anal 15

RETRATOS 1

- Diana y su marido Daniel han estado probando cosas nuevas para estimular su vida sexual, y después de leer cierto artículo, Dan le dijo a su esposa: "Aquí hay algo que no hemos experimentado: el sexo anal". Al oírlo, Diana hace una mueca y se retira exclamando: "¡Eso es algo que jamás probaré!".
- Felipe se siente muy confundido. El miedo y la ira invaden su cuerpo desde que su mujer le dejó. Había estado viendo películas pornográficas que ensalzaban los placeres del sexo anal, y mientras él y su esposa estaban manteniendo relaciones sexuales, Felipe extrajo el pene de la vagina de ella y se lo introdujo en el ano. Ella gritó de dolor y luchó con él; pero el hombre la tenía bien asida y siguió adelante hasta que hubo terminado. Luego tuvieron una gran disputa, y su mujer hizo las maletas y se fue, diciéndole que iba a ver a su médico para que le hiciera un examen después de la "violación" a la que él la había sometido.
- Tomás y Jacinta estaban reconsiderando su decisión de asociarse al *swinger's club*[1] que, según pensaban, habría añadido picante a su vida sexual. Jacinta había accedido con renuencia a que un desconocido, con mucha rudeza, la penetrara analmente. Ahora, dos días después, ni siquiera podía sentarse a causa del gran dolor que sentía, y aún goteaba sangre por su esfínter inflamado.

DEFINICIONES E IDEAS CLAVE 2

- El sexo anal se refiere generalmente a la *introducción del pene del varón en el recto de otra persona*. Sin embargo, también se llama así al acto de meterle los dedos o algún otro objeto por el ano a alguien con el propósito de producirle u obtener placer sexual. El anilingus, por su parte —que significa estimular oralmente el recto de otro individuo—, se denomina a veces igualmente "sexo anal".
- Los datos obtenidos en 2002 en Estados Unidos por un muestreo representativo nacional proceden del *National Survey of Family Growth* (Encuesta Nacional sobre el Crecimiento de la Familia), que entrevistó a más de 12.000 hombres y mujeres de entre 15 y 44 años de edad. Los resultados de dicho estudio indican que *el 34 por ciento de los hombres y el 30 por ciento de las mujeres dijeron haber practicado el sexo anal por lo menos una vez.*[2]
- En 2002, *el 11 por ciento de los chicos y chicas de entre los 15 y los 19 años de edad* habían tenido relaciones sexuales de naturaleza anal

con alguien del otro sexo, y el 3 por ciento de los varones lo habían hecho con otro varón.[3]

- El sexo anal es una práctica *considerada en cierto modo como de alto riesgo*, a causa del posible daño físico que se produce durante el acto sexual, las infecciones que pueden contraerse por la naturaleza séptica del recto y las probabilidades cada vez mayores de contagiarse de alguna enfermedad de transmisión sexual (ETS).
- Las personas pueden contraer una ETS por medio de una actividad sexual en la que participan la boca, el ano, la vagina o el pene. *Las ETS son enfermedades graves* que requieren tratamiento: algunas —como el sida— no se curan y tienen un efecto mortal.[4]
- Si la pareja está decidida a practicar o explorar el sexo anal, ha de haber acuerdo entre los cónyuges y estos deben tener bien claro lo que están haciendo y lo que necesitan hacer cuando se alcanzan ciertos límites de dolor o repugnancia moral. *Algunos de los riesgos del sexo anal pueden controlarse mediante el uso de un condón o un lubricante personal, y una plena y franca comunicación entre el esposo y la esposa durante el acto sexual en sí.* (*Nota*: La lubricación es importante en el caso del sexo anal, ya que la mucosa natural del recto no segrega demasiado lubricante).
- El sexo anal se practica *para obtener placer en las relaciones sexuales*. Es, por lo general, del dominio público que el ano tiene menos amplitud que la vagina, lo cual puede producir más deleite físico o una sensación diferente durante el acto sexual, tanto a los hombres como a las mujeres, ya que alberga un cúmulo de nervios capaz de generar placer sexual para la persona receptora.
- En el nivel relacional, *el sexo anal se considera a menudo una forma fría y distante de disfrutar de la sexualidad.*
- Esta clase de relación sexual puede tener un valor *simbólico*, ya que representa al varón ejerciendo control o dominio sobre la mujer.

3 ENTREVISTA DE EVALUACIÓN

1. ¿Cómo describiría usted su vida sexual?
2. ¿Cuáles son las razones por las que se está planteando el sexo anal?
3. ¿Utiliza usted esta práctica como método de control de la natalidad?
4. ¿Quiere practicar el sexo anal para evitar realizar el coito?
5. ¿Ha experimentado el sexo anal en el pasado?
6. ¿Ha realizado alguna vez su cónyuge el sexo anal? ¿Habla él o ella del mismo de una manera que a usted le repugna o le hace sentirse incompetente?
7. ¿Qué temores tiene en cuanto a esta práctica? ¿Ha hablado francamente de esos temores con su cónyuge? ¿Cómo reaccionó él o ella?
8. ¿Siente que se le presiona para mantener ese tipo de relación?
9. ¿Conoce los riesgos físicos del sexo anal?
10. ¿Tiene reparos espirituales para practicarlo?

CONSEJOS SABIOS 4

En su libro *Getting Your Sex Life Off to a Great Start* [¡Dele un impulso magnífico a su vida sexual!], Clifford y Joyce Penner escriben:

> La cópula anal debería evitarse por razones físicas. ¡Sencillamente no es algo prudente! Si el hombre penetra el recto de su esposa y luego la vagina de esta, contaminará los conductos reproductivos de ella y a veces su sistema urinario, el cual está muy cerca de la vagina. Cuando el pene del varón entra por el ano de la mujer, a menudo el ensanchamiento que produce hace que estallen los vasos sanguíneos rectales femeninos, lo cual deja desprotegidos contra la infección tanto a ella como a su marido.[5]

Estamos de acuerdo con los Penner en que el sexo anal es una práctica peligrosa. Más aún, creemos que ese comportamiento disminuye cualquier tipo de intimidad relacional y degrada la expresión sexual del amor.

PASOS PRÁCTICOS 5

Si después de haber considerado todas esas posibles consecuencias la pareja decide ir adelante y explorar o practicar el sexo anal, hágales seguir estos criterios bien informados:

1. Comuníquense

- Resulta esencial que conversen entre ustedes acerca de las creencias y los sentimientos personales de cada uno con respecto al sexo anal. Cuanto más se comprendan el uno al otro tanto más podrán ayudarse el uno al otro a hacer más placentera la experiencia sexual.
- Hablen de sus deseos y temores en cuanto a las relaciones sexuales y, en especial, en cuanto al sexo anal.

2. Sean considerados

- El amor y el respeto mutuos constituyen la mejor base para una relación sexual gratificante.
- Deje que su consejero le explique la importancia de establecer límites saludables y de mostrar respeto el uno por el otro. Consideren una actitud de amoldarse al otro como algo que los dos necesitan practicar.

3. Prepárense y protéjanse

- Durante la cópula sexual la mucosa del recto no se lubrica de la forma en que lo hace la vagina. Utilizar un lubricante hará más placentero el sexo anal para ambos, y reducirá el riesgo de lesiones físicas.
- La comunicación es importante tanto antes como durante el acto sexual. Hablar con su cónyuge acerca de lo que es agradable para él

o ella, y de lo que le causa dolor reducirá el peligro de sufrir algún daño físico.

4. Guarden sus corazones y sus mentes de la obsesión

- Si el sexo anal o cualquier otra clase de práctica sexual aparte del coito se convierte en un deseo obsesivo y exclusivo para alguno de ustedes, comente a su pareja —y quizá también a un consejero— por qué se siente de esa manera y qué podrían hacer para fomentar la intimidad.

6 EJEMPLOS BÍBLICOS

El amor es sufrido, es benigno; el amor no tiene envidia, el amor no es jactancioso, no se envanece; no hace nada indebido, no busca lo suyo, no se irrita, no guarda rencor (1 Co. 13:4-5, RVR-60).

Este pasaje nos recuerda que el amor y no nuestros propios intereses egoístas es lo que debería prevalecer siempre en el matrimonio, incluyendo —y de manera especial— el dormitorio. Cuando uno de los cónyuges no está interesado en forzar los límites sexuales, el otro debería honrar esa actitud con amor y aprender a estar satisfecho y agradecido por el cariño y la intimidad que ya comparten, así como por la relación que aún sigue desarrollándose. Dios ampliará y honrará ese amor y contentamiento, y prestará su ayuda para que el sexo llegue a ser muy agradable y satisfactorio para ambos cónyuges.

- El 37% de los estudiantes universitarios creen que el sexo oral es un tipo de abstinencia sexual.
- El 24% de los estudiantes universitarios piensan que el sexo anal también lo es.
- El 61% de los estudiantes universitarios creen que masturbarse mutuamente equivale a practicar la abstinencia sexual.

P. F. Horan, J. Phillips y N. E Hagan, "The Meaning of Abstinence for College Students"

¡Bendita sea tu fuente! ¡Goza con la esposa de tu juventud! Es una gacela amorosa, es una cervatilla encantadora. ¡Que sus pechos te satisfagan siempre! ¡Que su amor te cautive todo el tiempo! (Pr. 5:18-19).

El regalo divino del sexo puede constituir un enorme deleite y una fuente de placer y vinculación afectiva para la pareja que se ama, pero como cualquier otra habilidad hay que desarrollarlo. La creatividad, el ensayo y el error, así como una buena comunicación, resultan esenciales para tener una vida sexual rica y placentera. El sexo anal —si se practica— debería ser una expresión del más profundo amor entre los cónyuges. En caso contrario, los conducirá probablemente a la manipulación y tendrá un efecto destructivo.

Maridos, amad a vuestras mujeres, así como Cristo amó a la iglesia, y se entregó a sí mismo por ella, para santificarla, habiéndola purificado en el lavamiento del agua por la palabra, a fin de presentársela a sí mismo, una iglesia gloriosa, que no tuviese mancha ni arruga ni cosa semejante, sino que fuese santa y sin mancha. Así también los maridos deben amar a sus mujeres como a sus mismos cuerpos. El que

ama a su mujer, a sí mismo se ama. Porque nadie aborreció jamás a su propia carne, sino que la sustenta y la cuida, como también Cristo a la iglesia, porque somos miembros de su cuerpo, de su carne y de sus huesos. Por esto dejará el hombre a su padre y a su madre, y se unirá a su mujer, y los dos serán una sola carne. Grande es este misterio; mas yo digo esto respecto de Cristo y de la iglesia. Por lo demás, cada uno de vosotros ame también a su mujer como a sí mismo; y la mujer respete a su marido (Ef. 5:25-33, RVR-60).

Este clásico pasaje acerca del matrimonio nos explica que las mujeres florecen con el amor incondicional de sus maridos, y que los hombres disfrutan del amor respetuoso de sus esposas. El uno y la otra consideran a Cristo como su ejemplo, y ambos se deleitan en entregarse a su cónyuge. El amor y el respeto pueden expresarse de muchas maneras y en cualquier momento, incluso en el dormitorio, donde la pareja experimenta con distintas técnicas sexuales. Los cónyuges jamás deberían perder de vista la esencia del matrimonio, que consiste en entregarse desinteresadamente para proporcionar placer al otro.

ORACIÓN 7

Padre, gracias por este matrimonio que quiere deleitarse el uno en el otro y experimentar el sexo como el regalo tuyo para ellos. Señor, concédeles sabiduría y creatividad. Ayúdales a hablar abierta y sinceramente acerca de sus deseos y temores, y guíalos a optar por las prácticas sexuales con las que ambos estén de acuerdo plenamente. Asístelos para que su relación sexual les resulte aún más rica y significativa…

16 Enfermedades de transmisión sexual

1 RETRATOS

- María no se ha estado sintiendo bien últimamente. Pensaba que había contraído algún virus, pero ya lleva más de dos meses y el malestar no desaparece. Tiene sensación de fiebre, dolor de cabeza, molestias al orinar y flujo vaginal. No se reconcilia con la idea de que pueda ser una enfermedad de transmisión sexual, aunque una amiga le ha dicho que tal vez se trate de un herpes genital.
- Ricardo había tenido varias parejas sexuales, pero se consideraba afortunado porque jamás le habían contagiado una ETS. Sin embargo, después de casarse, su esposa contrajo gonorrea, y él se puso furioso y la acusó de mantener relaciones sexuales con otros hombres. La mujer insistía en que no le había sido infiel, y cuando ambos se sometieron a un examen médico resultó ser Ricardo quien la había infectado a ella.
- Alejandro intentaba convencerse de que aquello era simplemente una tiña inguinal, pero la dolencia empeoraba cada día. Tenía algunos bultos en el pene y, por muchas medicinas sin receta médica que tomara, dichos bultos parecían hacerse más grandes.
- Rafael había sido fiel a su esposa durante veinte años, pero en secreto ansiaba tener relaciones sexuales con otro hombre. Pronto descubrió que Pedro, un nuevo empleado de su misma sección, era homosexual, y mantuvo encuentros sexuales sin protección con él varias veces; hasta que, aproximadamente un año más tarde, Rafael empezó a sentirse verdaderamente enfermo. Después de examinarlo, su médico le dio la mala noticia de que tenía sida (VIH) y el virus se estaba extendiendo de manera agresiva.

2 DEFINICIONES E IDEAS CLAVE

- *Las enfermedades de transmisión sexual* (ETS), también llamadas a veces infecciones transmitidas sexualmente (ITS), se han vuelto *más y más comunes en nuestra sociedad.* Estas enfermedades requieren *un diagnóstico y un tratamiento médico*, y a menudo las complicaciones que ocasionan en la vida de las personas precisan una intervención de carácter emocional, relacional y *espiritual por parte de un consejero.*
- Los Estados Unidos padecen una epidemia de enfermedades de transmisión sexual: *más de setenta millones de americanos tienen alguna ETS en la actualidad.*

- Las ETS pueden estar *causadas por bacterias* (p. ej. la clamidia, la gonorrea o la sífilis), diferentes clases de *virus* (como el sida, la hepatitis, el herpes o el VPH) o ciertos *parásitos* (tales como la tricomoniasis). La clamidia es la ETS bacteriana más corriente; el virus de papiloma humano (VPH), la ETS viral de mayor frecuencia. *Las personas contraen las ETS durante la actividad sexual* (incluidos el sexo vaginal, oral o anal), y algunas (como el VPH y el herpes) pueden extenderse incluso por contacto con la piel infectada. También las hay que se contagian por compartir jeringuillas. Es posible infectarse con una ETS de alguien que no tenga los síntomas.
- El *Medical Institute for Sexual Health* (Instituto Médico para la Salud Sexual) estadounidense informa de que la mayoría de las personas con ETS no manifiestan los síntomas inmediatamente, pero aun así pueden transmitir la enfermedad a sus parejas sexuales. Entre los síntomas más corrientes están: un flujo anormal del pene o la vagina, una quemazón al orinar y ciertos dolores abdominales. Los sarpullidos, las úlceras y las verrugas en la piel también pueden ser indicio de haber contraído una enfermedad de transmisión sexual.[1]
- La mayoría de las ETS bacterianas *se tratan con antibióticos*, y los síntomas de las infecciones de otro tipo como el sida se pueden combatir, pero no curar. Hace poco se ha inventado una vacuna preventiva del virus de papiloma humano (VPH) para niñas de once y doce años. La recomendación de los centros estadounidenses para el control de las enfermedades permite empezar a vacunar a las pequeñas desde los nueve años de edad. También se recomienda la vacunación para aquellas jóvenes de edades comprendidas entre los trece y los veintiséis años que no han sido vacunadas, no han completado toda las dosis, o no han tenido relaciones sexuales.
- El uso del condón para el sexo vaginal *reduce el riesgo de infecciones* con:
  - VIH, en aproximadamente un 85 por ciento
  - gonorrea, en alrededor de un 50 por ciento
  - clamidia, en un 50 por ciento poco más o menos
  - herpes, en torno a un 50 por ciento
  - sífilis, en aproximadamente el 50 por ciento
  - VPH, en 50 por ciento o menos[2]
- *Las ETS pueden causar problemas de salud graves y permanentes.* Pueden provocar, asimismo, nacimientos prematuros, partos de niños muertos o con defectos y abortos espontáneos. Las complica ciones de la infección en el caso de las mujeres incluyen la enfermedad pélvica inflamatoria (EPI), el embarazo ectópico, la infertilidad y el cáncer de cuello uterino. En los hombres, la infección con VPH puede ser responsable del cáncer de pene. Algunas ETS, tales como el VIH, pueden ser mortales.

3 ENTREVISTA DE EVALUACIÓN

1. ¿Por qué piensa que ha podido contraer una enfermedad de transmisión sexual?
2. ¿Qué síntomas tiene? ¿Cuánto tiempo hace que los experimenta?
3. ¿Ha consultado con algún médico acerca del diagnóstico y el tratamiento?
4. ¿Le están tratando por su problema? ¿Dan resultado las medidas?
5. ¿De qué manera le afecta esto emocionalmente?
6. ¿Y a sus relaciones?
7. ¿Lo sabe su cónyuge? ¿Le han hecho a él o ella pruebas y diagnosticado?
8. ¿Qué objetivos persigue con las sesiones de consejería?

4 CONSEJOS SABIOS

Las ETS son *problemas médicos graves* y necesitan que el consejero los aborde con una mezcla de gracia y de seriedad.

Se debe remitir a las personas aconsejadas que tienen o sospechan tener una enfermedad de transmisión sexual a un médico capaz de *diagnosticar con certidumbre la infección y tratarla*. El papel del consejero consiste, en este caso, en ayudar al aconsejado a procesar y resolver las implicaciones emocionales, relacionales y espirituales de la enfermedad.

Forme equipo con el doctor. Cuando la persona aconsejada vuelva a verle, *respalde la evaluación y el plan de tratamiento diseñado por el médico y anímela* señalando el beneficio que obtiene al tratar el problema. Si resulta apropiado y tiene usted trato con ese médico, pídale que le indique cómo puede apoyar mejor el plan de tratamiento que él ha recomendado (recuerde que debe pedir a la persona aconsejada una autorización por escrito para hablar con terceros).

Muchas personas tienen vergüenza por haber contraído la ETS a través de un contacto sexual ilícito, pero *otras se han contagiado inocente e inadvertidamente* por medio de su cónyuge que había sido previamente infectado; de modo que el tratamiento debe adaptarse a las circunstancias específicas de cada individuo, *abordando cuestiones tales como la gracia, el perdón, el perdonar a otros y la restauración de la confianza perdida*.

Si la persona es soltera, recomiéndele la *abstinencia*; si es casada, ella y su cónyuge se beneficiarán de acudir juntos a las sesiones de consejería para *resolver los difíciles problemas relacionales* causados por la infección y su tratamiento.

5 PASOS PRÁCTICOS

1. Hágase una revisión médica

- Concierte una cita con el médico y solicítele las pruebas necesarias para detectar si tiene alguna ETS, ya que la mejor forma de tratar estas últimas es mediante la diagnosis y la intervención tempranas.

- Las ETS son dolencias que un doctor debe abordar lo antes posible.
- *Ayude a su aconsejado a superar el posible estigma de vergüenza que conlleva someterse a un tratamiento médico. Subraye los beneficios del diagnóstico temprano y de comenzar a tratar la enfermedad sin tardanza, a fin de motivarle para que dé los pasos necesarios. Proporciónele una lista de doctores o clínicas de su confianza.*
- Vuelva a ver a su consejero para saber cómo enfrentarse a las complicaciones de las ETS.

2. Afronte sus sentimientos

- Esté dispuesto a hablar de cualquier sentimiento de culpa, vergüenza o ira que pueda haber en su corazón. Converse abierta y francamente acerca de cómo ve usted las ETS, y sea constante en su asistencia a las sesiones de consejería para abordar plenamente sus emociones en lo tocante al diagnóstico que le han dado.
- Si ha contraído la infección mediante un comportamiento sexual ilícito, necesitará experimentar el perdón divino. Recuerde que no hay pecado demasiado grande para la gracia de Dios.
- Si ha sido su cónyuge quien le ha contagiado la enfermedad, sin usted saberlo ni tener culpa de ello, precisará ayuda para reconocer el dolor y la ira que siente, así como para poder perdonarle.
- Recuerde que tanto su proceso de sanidad como el de la persona que le infectó requerirán tiempo y valor.

3. Asuma su responsabilidad

- Si le han diagnosticado una ETS, dé los pasos necesarios para cerciorarse de no infectar a su cónyuge. Si le preocupa que alguien distinto de su esposo o esposa pueda haberse contagiado, asegúrese de actuar con responsabilidad y de notificárselo a esa persona. Aunque sea muy difícil hacerlo, es la forma considerada de proceder.

EJEMPLOS BÍBLICOS 6

Así manifestó Dios su amor entre nosotros: en que envió a su Hijo unigénito al mundo para que vivamos por medio de él. En esto consiste el amor: no en que nosotros hayamos amado a Dios, sino en que él nos amó y envió a su Hijo para que fuera ofrecido como sacrificio por el perdón de nuestros pecados (1 Jn. 4:9-10).

Sin importar lo que hayamos hecho, Dios no nos ha olvidado ni ha dejado de amarnos. Ya sea que la ETS sea culpa nuestra o de otra persona, el Señor aún tiene un plan misericordioso para nuestras vidas.

La medida del amor de Dios es el sacrificio de Jesús como pago por nuestros pecados; la muerte de Cristo en la cruz cancela cada una de nuestras transgresiones y nos comunica las riquezas de su amor y de su gracia.

También [nos regocijamos] en nuestros sufrimientos, porque sabemos que el sufrimiento produce perseverancia; la perseverancia, entereza

de carácter; la entereza de carácter, esperanza.* Y *esta esperanza no nos defrauda, porque Dios ha derramado su amor en nuestro corazón por el Espíritu Santo que nos ha dado (Ro. 5:3-5).

Dios quiere utilizar todo lo que pasa en nuestras vidas —tanto las bendiciones como las dificultades— para moldearnos y acercarnos más a Él. Aun cuando seamos víctimas del comportamiento irresponsable de otra persona, podemos confiar en que el Señor usará de alguna maner esa situación para nuestro bien. Tal vez no lo veamos de inmediato, pero contemos con que Dios, a la larga, hará que produzca fruto en nosotros.

Abandonen toda amargura, ira y enojo, gritos y calumnias, y toda forma de malicia.* Más *bien, sean bondadosos y compasivos unos con otros, y perdónense mutuamente, así como Dios los perdonó a ustedes en Cristo (Ef. 4:31-32).

Las enfermedades de transmisión sexual pueden causar una rabia y un quebranto enormes en los matrimonios. Ante todo debemos recordar que Cristo pagó por nuestros pecados. Y una vez que hayamos sentido nuestros corazones abrumados por la gracia de Dios para con nosotros, seremos capaces de tomar la decisión de perdonar a aquellos que nos han herido. Tal vez tardemos algún tiempo en sentir de nuevo amor y cariño por ellos, pero el perdón es una decisión que podemos tomar tan pronto como estemos listos para ello.

7 ORACIÓN

Padre, nada está fuera de tu vista ni del alcance de tu gracia. Esta persona sufre hoy día por causa de una enfermedad y necesita tu cuidado para vencer el miedo, las dudas, el dolor y la ira. Gracias, Señor, porque tú estás cerca, eres paciente y nos ayudas poco a poco a conseguir la esperanza y la sanidad...

La transmisión del VIH y el sida 17

RETRATOS 1

- Clara se sintió destrozada al escuchar de boca de su médico que había contraído el VIH/sida. La afirmación optimista del médico de que eso ya no equivalía a una sentencia de muerte apenas penetró el terror frío que se apoderaba de su alma. Como enfermera sabía que el tratamiento eficaz para su dolencia era un cóctel de medicamentos tóxicos. Sus pensamientos volaron inmediatamente hacia aquel amante que había tenido durante las vacaciones: un divorciado de mediana edad, como ella, que vivía en Inglaterra y prometió a toda costa, en aquella idílica isla de recreo, que estaba limpio de cualquier enfermedad sexual.
- Benito no aguantaba más la enfermedad y el cansancio, y echaba mucho de menos aquellos días despreocupados de relaciones homosexuales diez años atrás. Decidió no ocultar más que era VIH positivo y volver a algunos bares de clientela homosexual donde sabía que podía "enrollarse" con otros que también eran VIH positivos. *¿Y qué si me enrollo nuevamente con otros homosexuales...?*—pensaba—. *Por lo menos estaremos siendo sinceros.*
- Alejandra se sintió horrorizada cuando su ginecólogo le reveló que era portadora del virus del sida. *¡Estoy embarazada de seis meses!*, pensó, y luego entró en el baño del consultorio médico y vomitó. Comprendió que seguramente había contraído la enfermedad de su marido, de quien sospechaba que estaba teniendo relaciones sexuales con alguien más mientras ella estaba encinta.

DEFINICIONES E IDEAS CLAVE 2

- Ser VIH positivo *significa que se ha contraído el virus causante del sida*, y que la muerte es cosa segura si la persona no se somete a tratamiento, como sucede con bastante corriente en los países pobres del mundo entero. *Cuando el sida alcanza una etapa de enfermedad avanzada, provoca la destrucción del sistema inmunosupresor del cuerpo* y, como consecuencia de ello, la muerte por algunos tipos de cáncer, neumonía, tuberculosis u otras dolencias oportunistas que hacen estragos en el organismo, las cuales serían eliminadas normalmente por el sistema inmunológico de la persona.
- El *síndrome de inmunodeficiencia adquirido (sida) tiene como causa el virus de inmunodeficiencia humano (VIH).* El término *sida* se aplica a las fases más avanzadas de la infección con VIH.

- En 2008, los Centros para el Control de las Enfermedades estadounidenses calcularon que, en los EE.UU., *aproximadamente 56.300 personas más se habían infectado con el VIH en 2006.* Más de la mitad de esas nuevas infecciones (el 53%) ocurrieron entre hombres homosexuales o bisexuales, y se estima que los varones y las mujeres de raza negra tienen un índice de contagio siete veces más alto que el de los blancos.[1]
- *El número acumulativo considerado de diagnósticos de sida hasta 2007 en Estados Unidos y sus áreas dependientes era de 1.051.875.*[2]
- Puesto que la infección temprana con VIH a menudo no produce síntomas, un médico u otro trabajador sanitario puede por lo general *diagnosticarla solo mediante una prueba de sangre de la persona, para ver si tiene los anticuerpos (proteínas que combaten la enfermedad) del virus.* Habitualmente estos anticuerpos no alcanzan niveles medibles en el flujo sanguíneo antes de uno a tres meses después del contagio, y el cuerpo puede tardar hasta seis meses en producirlos en cantidades suficientes para que sean detectables en los análisis de sangre normalizados. De modo que las personas expuestas al VIH deberían hacerse una prueba durante ese periodo de tiempo.
- *Hoy día, el contagio con el VIH/sida no significa automáticamente la sentencia de muerte si a la persona se le diagnostica a tiempo, e inicia un complicado régimen de tratamiento con fármacos capaces de suprimir el crecimiento del virus y controlar su carácter letal durante muchos años.* Piense en la impresionante revelación que hizo la estrella de la NBA, Magic Johnson, quien alrededor de veinte años atrás declaró que era VIH positivo y tenía que retirarse prematuramente de su estrellato en el baloncesto. Hoy día, Johnson continúa activo en los negocios y como comentarista deportivo, porque sigue metódicamente un costoso régimen de medicamentos que lo mantienen vivo.
- *El VIH se propaga sobre todo mediante las relaciones sexuales con una pareja infectada, así como por el contacto con sangre contaminada*, como sucede a menudo entre los adictos a las drogas que comparten jeringuillas o agujas para inyectarse. Las mujeres con VIH puede transmitírselo a sus bebés durante el embarazo, el parto o la lactancia. Sin embargo, si la madre toma el fármaco AZT durante el embarazo, puede reducir significativamente el riesgo de contagio.
- *Muchas personas no manifiestan síntoma alguno cuando justo se contagian con el VIH, mientras que algunas pasan por una especie de gripe durante el primer o los dos primeros meses después de su exposición al virus.* Los síntomas más severos o persistentes pueden no aparecer hasta transcurridos diez años o más desde la entrada del VIH en el cuerpo de un adulto, o dos años en el caso de un bebé nacido con el virus. Este periodo de infección asintomática depende mucho de cada persona. *Sin embargo, durante el mismo, el virus está activo y se multiplica, infectando y matando células del sistema inmunológico. Entretanto, la condición de los afectados es extremadamente contagiosa.*

- A medida que el sistema inmunológico se deteriora, varias complicaciones empiezan a predominar. *Para muchos, el primer signo de infección es un aumento del tamaño de los ganglios linfáticos y una inflamación de las glándulas, que pueden permanecer hinchadas más de tres meses. Otros síntomas persisten durante varios meses o años antes de que se manifieste el sida.*

ENTREVISTA DE EVALUACIÓN 3

Con frecuencia, las personas acuden a un consejero para hablar de sus temores acerca de su posible exposición al VIH y los síntomas característicos del mismo. Si este es el caso, las preguntas que deben considerarse incluirán tanto las manifestaciones físicas y mentales del virus como las luchas emocionales de la persona.

1. ¿Observa o le inquieta a usted cierta falta de energía?
2. ¿Ha notado pérdida de peso o disminución del apetito?
3. ¿Tiene fiebre y sudores cada vez más frecuentes?
4. ¿Experimenta candidiasis con asiduidad (oral o vaginal)? ¿Y qué me dice de sarpullidos persistentes o una piel escamosa?
5 (*Para las mujeres*) ¿Tiene alguna enfermedad pélvica inflamatoria que no parece responder bien al tratamiento?
6. ¿Ha observado usted alguna pérdida de memoria a corto plazo, o problemas de concentración o atención para continuar con lo que hace? ¿Percibe algún deterioro cognitivo?
7. ¿Tiene usted síntomas de depresión o cambios de humor tales como irritabilidad, pérdida de peso, apatía o falta de placer en sus actividades; o quizá una excesiva tendencia al llanto, una sensación de entumecimiento o algún tipo de trastorno del sueño?
8. ¿Nota un aumento en su uso del alcohol o los fármacos, ya sean recetados o no por el médico?
9. ¿Ha consultado a un médico? Si no lo ha hecho, ¿teme ir al médico para someterse a un examen médico?

Para la persona a quien ya se le ha diagnosticado el VIH o el sida

1. ¿Cuándo supo usted que era VIH positivo? ¿Cómo se sintió al enterarse? ¿Qué pronóstico le hizo su médico?
2. ¿Sabe alguien acerca del diagnóstico?
3. ¿Sabe cómo puede haber contraído el VIH? ¿Teme que tal vez haya contagiado a otros?
4. ¿Qué sabe acerca del VIH/sida? ¿Qué clase de tratamiento le ha sugerido su médico?
5. ¿Cómo se ha adaptado desde que le diagnosticaron la enfermedad? ¿Cuáles han sido sus sentimientos? ¿Ha cambiado algunas de sus conductas como, por ejemplo, la forma de comer, los patrones de sueño o su vida social? ¿Se ha apartado de los demás o trata de relacionarse con ellos?

6. ¿Cuál es el peor pensamiento que ha tenido acerca de su diagnóstico?
7. ¿Qué hace con tales pensamientos? ¿Habla con alguien acerca de sus miedos?
8. ¿Qué síntomas físicos le molestan más? ¿Toma usted alguna medicación especial para ayudarse?

4 CONSEJOS SABIOS

El VIH/sida es un *problema médico grave que deben abordar de manera colectiva médicos, profesionales de la salud mental y pastores, y la consejería ha de llevarse a cabo con una mezcla de gracia y seriedad,* tanto en un espíritu de solemnidad como de sosiego. Los consejeros necesitan referir las personas que tienen o pueden tener VIH/sida a algún médico competente, capaz de *diagnosticar de manera certera la infección y tratarla.* El papel del consejero es ayudar a la persona a procesar y resolver las implicaciones emocionales, relacionales y espirituales de su enfermedad.

Después que la persona ha ido al médico, *respalde la evaluación del doctor y el plan de tratamiento que haya dispuesto. Asóciese con el médico* tanto como sea posible. Si resulta apropiado y tiene usted una relación con ese médico, pida que le diga cómo puede apoyar mejor el plan que ha trazado (recuerde que debe pedir el consentimiento de la persona por escrito para consultar con terceros).

Muchas personas se sienten aterrorizadas y avergonzadas por haber contraído el VIH/sida mediante relaciones sexuales ilícitas o el consumo de drogas, pero *otras, inocente e inadvertidamente, se encuentran en esa situación,* porque su cónyuge —que ya lo tenía— o una transfusión de sangre contaminada las ha infectado. Así que el tratamiento debe ajustarse a las circunstancias específicas de cada persona, *abordando las cuestiones de la gracia, el perdón, la necesidad de perdonar a otros y cómo restaurar la confianza perdida.*

Si se trata de un soltero, recomiéndele la *abstinencia*; si está casado, sería provechoso para ambos cónyuges asistir juntos a las sesiones de consejería para *resolver los difíciles problemas relacionales* que conllevan la infección y su tratamiento.

En el caso de los trastornos emocionales —especialmente la depresión en el contexto del VIH o el sida, el proceso debe supervisarlo un profesional de la salud mental como, por ejemplo, un psiquiatra, psicólogo, consejero titulado o trabajador social clínico que se comunique continuamente con el médico que administra el tratamiento. Esto es importante sobre todo cuando se receta alguna medicación antidepresiva a fin de evitar las interacciones potencialmente dañinas de los fármacos. En ciertas ocasiones, puede contarse con un profesional de la salud mental especializado en tratar a individuos con depresión que tienen al mismo tiempo una enfermedad física como el VIH/sida. La gente aquejada de esta dolencia que cae en depresión, así como las personas en tratamiento antidepresivo que luego contraen el VIH, deben informar al médico que los atienda sobre toda la gama de medicamentos que están tomando. A menudo, recuperarse de la depresión lleva tiempo. Los fármacos antidepresivos pueden tardar varias semanas en hacer efecto y quizá sea necesario combinarlos con una psicoterapia prolongada.

Si es posible, otro miembro del equipo de intervención debe *ser un pastor o consejero espiritual que colabore estrechamente tanto con el médico como con el profesional de la salud mental que supervisan el tratamiento del enfermo de VIH/sida.* El consejero o ministro religioso en cuestión debe estar preparado para abordar asuntos tales como la relación con Dios, la vida y la muerte, el significado y el propósito de la existencia, y las relaciones con la familia y los amigos.

PASOS PRÁCTICOS 5

1. Consulte con un médico

- El VIH/sida es un problema de salud que debe abordarse médicamente lo antes posible. La diagnosis y el tratamiento tempranos son esenciales para combatir esta enfermedad.
- No permita que ningún estigma de vergüenza le impida acudir a un médico para obtener el tratamiento que necesita.
- No descuide sus emociones ni sus necesidades espirituales durante su tratamiento del VIH/sida. Continúe viendo a su consejero para recibir ayuda y respaldo. Usted solo no puede sobrellevar esta enfermedad, y el apoyo de un asesor que comprende la naturaleza del virus resulta especialmente importante, ya que sus amigos y familia tal vez no tengan una idea clara del carácter del mismo.
- *Proporcione a la persona una lista de doctores y clínicas de su confianza.*

2. Identifique sus sentimientos y emociones

- Descubra y enfrente cualquier idea o sentimiento relacionado con su diagnóstico de VIH o con la posibilidad de que recibir tal diagnóstico. Las emociones que pueden surgir son miedo, culpa, vergüenza e ira. Hablar sinceramente con su consejero le permitirá identificar posibles estrategias que le ayuden a sobrellevar más eficazmente su enfermedad con la valentía y la fortaleza que da Dios. Esto es poco probable si no revela con sinceridad cómo se siente.
- Muchas personas temen la muerte y el debilitamiento, y sienten una profunda vergüenza —e incluso se aborrecen a sí mismas— cuando descubren que han contraído el VIH/sida. Hable sinceramente con su consejero acerca de estos pensamientos y apreciaciones, y permítale que le infunda esperanza para el futuro.

3. Pida perdón y perdone

- Si ha contraído usted la infección por una conducta sexual ilícita necesitará experimentar el perdón de Dios, ponerse en contacto con su pareja sexual para informarla y —en caso de estar casado— afrontar los problemas más serios de arrepentimiento y perdón de su relación con su cónyuge. Ningún pecado sobrepasa la gracia y el perdón divinos, pero las decisiones que tomamos tienen consecuencias.

- Si ha contraído la enfermedad inocente e inadvertidamente de otra persona, necesitará ayuda para hablar con sinceridad del dolor y la ira que siente, como también para decidir perdonar a quien le contagió.
- Obtener sanidad, tanto para la víctima como para el culpable, es un proceso. Sea paciente y responsabilícese de su comportamiento ahora sin importar quien le provocó la enfermedad.
- Dios puede utilizar para bien cualquier suceso de nuestra vida si se lo permitimos. Da lo mismo cómo se contrajo la enfermedad; el Señor usará lo que ocurrió para enseñarle valiosas lecciones y acercarle más a Él.

6 EJEMPLOS BÍBLICOS

Así manifestó Dios su amor entre nosotros: en que envió a su Hijo unigénito al mundo para que vivamos por medio de él. En esto consiste el amor: no en que nosotros hayamos amado a Dios, sino en que él nos amó y envió a su Hijo para que fuera ofrecido como sacrificio por el perdón de nuestros pecados (1 Jn. 4:9-10).

Servimos a un Dios asombrosamente misericordioso, el cual dio a su único Hijo en sacrificio por todos los pecados que podamos cometer. Los cristianos hemos sido perdonados y liberados pase lo que pase. Sin embargo, esto no nos da derecho a vivir sin restricciones y únicamente para nuestra realización personal. Cada decisión que tomamos tiene sus consecuencias; la vida verdadera y abundante consiste únicamente en vivir para Cristo y su gloria.

En Estados unidos se oyó hablar por primera vez del sida en 1981, y desde entonces la enfermedad se ha convertido en una epidemia global importante.

En 2007, se calculaba en 37.041 el número de personas diagnosticadas de sida en Estados Unidos y las áreas dependientes, y al final de ese año la cantidad había ascendido a 468.578.

También [nos regocijamos] en nuestros sufrimientos, porque sabemos que el sufrimiento produce perseverancia; la perseverancia, entereza de carácter; la entereza de carácter, esperanza. Y esta esperanza no nos defrauda, porque Dios ha derramado su amor en nuestro corazón por el Espíritu Santo que nos ha dado (Ro. 5:3-5).

Dios quiere utilizar todo lo que sucede en nuestras vidas —tanto las bendiciones como las dificultades— para moldearnos y acercarnos más a Él. Aun cuando somos víctima de la conducta irresponsable de otros, podemos confiar en que de algún modo el Señor usará esa situación para nuestro bien. Mientras aprendemos a perseverar en las dificultades y continuamos viviendo para Dios, Él infunde fortaleza a nuestros corazones y nos proporciona madurez espiritual para nuestro tránsito por la vida.

Cada corazón conoce sus propias amarguras, y ningún extraño comparte su alegría (Pr. 14:10).

La ira puede ser una reacción fácil y a veces inmediata ante un diagnóstico tan doloroso como el VIH/sida, especialmente cuando un inocente ha contraído la enfermedad a través de su cónyuge u otra persona infectada.

La ira reprimida conduce al resentimiento: para combatirla, el individuo debe recordar primeramente que Cristo pagó por sus pecados. Entonces su corazón se sentirá abrumado por la gracia divina, y el hombre o la mujer no podrán evitar perdonar al que les ha causado el daño. Sin embargo, esto puede llevar tiempo, y la persona en cuestión tal vez no se sienta tierna y cariñosa con su cónyuge durante ese periodo, pero el perdón es una decisión que puede tomar antes de estar lista para renovar su relación como pareja.

ORACIÓN 7

Padre, gracias por tu gracia, misericordia y perdón. Esta mujer que está delante de ti sufre en este momento, y te pido que intervengas como consideres mejor y le concedas la paz que solo tú puedes proporcionar. Ayúdale a sentir tu presencia en medio de esta tempestad, y que ella pueda conocer que tú todavía la amas y tienes un plan para su vida desde hoy…

18 Los sobrevivientes adultos de abuso sexual

1 RETRATOS

- Magda empezó sus estudios superiores como devota feminista, después de haber escogido una universidad solo para chicas. Muy pronto se sintió atraída por Celeste, y desde mediados del primer semestre ambas iniciaron una relación lésbica de amantes. Cuando los padres de Magda le escribieron sobre la posibilidad de visitarla, ella les contestó que no estaba dispuesta a ver a su padrastro quien —según decía— había abusado de ella sexualmente desde los doce hasta los quince años de edad.
- Pilar se había desempeñado como esposa y madre responsable durante diez años, y había traído al mundo dos hijos: Teresa, de ocho años de edad, y Timoteo, de cinco. Sin embargo, cuando los niños empezaron a visitar a sus abuelos, Pilar comenzó a tener unas pesadillas interminables. Su médico la envió a un psicoterapeuta. Este le explicó el significado de aquellos sueños: estaba teniendo *flashbacks* del abuso sexual que había sufrido a manos de su padre y que ella había borrado por completo de su memoria durante todos esos años. Su padre empezó a abusarla sexualmente cuando tenía ocho años, la misma edad que Teresa.
- Francisco esperaba con gran entusiasmo la celebración de su matrimonio, pero ni en la noche de bodas ni en ninguna otra después de aquella fue capaz de desempeñarse sexualmente. Habló con su pastor y derramó delante de él la espeluznante historia del abuso sexual al que le había sometido su tío y que había durado casi cinco años. Después de que hablara del sexo como algo sucio y poco digno, el ministro le refirió a un consejero cristiano profesional.

2 DEFINICIONES E IDEAS CLAVE

- La infancia debería rebosar de cuentos de hadas, helados, golosinas, paseos en bicicleta, excursiones a la playa y fiestas de cumpleaños. Sin embargo, *para quienes sufrieron abusos sexuales en la infancia, la sola mención de esos días puede disparar un sinnúmero de traumas, y repulsión.*
- En su libro *Counseling Survivors of Sexual Abuse* [Cómo aconsejar a los sobrevivientes de abusos sexuales], la Dra. Diane Langberg escribe:

> El abuso sexual de un niño tiene lugar cuando una persona mayor lo explota sexualmente para satisfacer sus propias necesidades, y consiste en cualquier actividad sexual —ya sea verbal, visual o física— que se le imponga al pequeño. A los niños se les considera incapaces de expresar consentimiento debido a su inmadurez en el desarrollo y a su incapacidad para comprender el comportamiento sexual.[1]

- El abuso sexual infantil se convirtió en una cuestión de interés público en los años 70 y 80 del siglo pasado. Anteriormente, esa clase de abuso se mantenía más bien en secreto y no se hablaba del tema públicamente. *Los estudios acerca del abuso sexual infantil solo empezaron a aparecer en la década de 1920, y el primer cálculo nacional de casos se hizo en 1948.*[2]
- *Ningún niño está psicológicamente preparado para soportar la estimulación sexual repetida.* Incluso los pequeños de dos o tres años de edad, que son incapaces de saber que la actividad sexual está mal, pueden tener problemas como consecuencia de su imposibilidad para afrontar una estimulación excesiva.[3]
- *Los niños de cinco años y mayores que conocen y quieren a sus abusadores, quedan atrapados entre su afecto o lealtad hacia la persona en cuestión y la consciencia de lo inmoral de esas actividades sexuales.* Si el niño intenta romper con la relación sexual, el abusador tal vez lo amenace con represalias violentas o la retirada de su amor. Cuando el abuso sexual se produce en el ámbito familiar, el niño puede temer la ira, los celos o la vergüenza de otros miembros de la familia, o temer que esta se rompa si se revela el secreto.[4]
- *Perfil del abusador*:
  - El abusador es la persona que *coacciona e inicia el abuso sexual* de un pequeño.
  - Hay *dos tipos de abusadores*: uno de ellos considera al niño como una persona adulta, mientras que el otro se considera a sí mismo un niño.[5]
  - Los abusadores del primer tipo tienen dificultades para mantener relaciones sanas con la gente de su edad: no encajan, se sienten inadecuados y se comportan con torpeza. Desean relacionarse con otros adultos, pero no saben cómo. Por esto, el *niño del cual abusan se convierte para ellos en un seudoadulto.*
  - El segundo tipo de abusador *cree que él sigue siendo un niño* y, por tanto, se relaciona sexualmente con alguien que, en su opinión, está a su mismo nivel mental y emocional.
- A menudo, el abuso sexual adopta la forma de incesto, cuando un miembro mayor de la familia —el padre, el padrastro o la madrastra, un tío o un hermano mayor— se aprovecha sexualmente del menor.[6]
- El *Child Maltreatment Report* (Informe sobre el maltrato infantil) del año 2002 reveló que menos del 3 por ciento de los padres había abusado sexualmente de sus hijos. Sin embargo, el 28,9 por ciento de los abusos los cometieron *otros parientes*, y el 11,2 por ciento la *pareja no casada del padre o de la madre.* Más de un tercio de los

abusadores eran adultos que tenían *otro tipo de vínculos* con las víctimas infantiles, tales como monitores de campamentos, empleados de la escuela o personal hospitalario.[7]

- *Los sobrevivientes de incesto suelen ser muy reacios a contar lo que les ha sucedido.* A muchas víctimas jóvenes, los abusadores les dicen que se trata de una "experiencia educativa" que un miembro de más edad lleva a cabo en cada familia. *Las víctimas de incesto quizá teman que nadie las crea, que van a censurarlas o que les impondrán un castigo si cuentan lo ocurrido.*
- Cada vez existen más pruebas de que *los adultos que fueron víctimas no recuerdan uno de cada tres incidentes de abuso sexual cometidos contra ellos,* y cuanto más pequeños eran en el momento del suceso y más estrecha su relación con el abusador, tanto más probabilidades hay de no recordar el suceso.[8]

3 ENTREVISTA DE EVALUACIÓN

Los casos de abuso sexual infantil a menudo acaban en los tribunales, y en años recientes se ha atacado legalmente a muchos terapeutas por llevar a cabo entrevistas a niños que se consideran excesivamente insinuantes u orientadas a la culpabilidad del acusado. Por esta razón, los abogados de la acusación han añadido a su personal entrevistadores adiestrados en la utilización de muñecos anatómicamente apropiados, y realizan interrogatorios a los pequeños con preguntas que por lo general son abiertas.

> En los casos de incesto entre hermanos se calcula que el 74% son personas del sexo opuesto, y el 26% entre personas del mismo sexo (el 16% entre los chicos y el 10% entre las chicas).
>
> Christine A. Courtois, *Healing the Incest Wound*

Si existe alguna posibilidad de que el caso de la persona a quien usted aconseja termine en un juicio, por favor remita esa clase de interrogatorio legal y delicado a otro lugar, e informe a los tribunales, los abogados y a cualquier otra instancia de que el propósito de su entrevista tiene únicamente fines y propósitos terapéuticos. Señale que tiene la intención de mantener confidenciales todas las comunicaciones y apuntes del caso.

Entrevistar a niños que han sido víctimas de cualquier clase de maltrato es un arte legalmente delicado que requiere una formación y una pericia especiales. Todos esos casos deben remitirse a personas expertas en esta área de la consejería.

La siguiente evaluación se hace solo con fines terapéuticos y presupone que el entrevistado tiene doce años o más.

1. ¿Qué ha sucedido para que viniera hoy a verme?
2. ¿Es esta la primera vez que usted o su familia han buscado ayuda?
3. Hábleme de sus familiares. ¿Cómo va todo en casa?
4. Cuénteme acerca de su pasado. ¿Ha tenido algunas experiencias dolorosas o inusuales, aunque ocurrieran hace ya mucho tiempo? ¿Cuánto duró aquello?
5. ¿Puede decirme quién le sometió a esa clase de cosas? (*Si la persona es reacia a manifestarlo, explíquele que necesita saberlo para tener la posibilidad de ayudarla a ella, a otros que pudieran sufrir tales*

abusos y al abusador mismo. Además, si el individuo a quien aconseja es menor de edad, y está aún en contacto con el abusador, quizá deba tomar medidas inmediatas para informar acerca de ello).

6. ¿Sabe usted si hay otros en su familia que estén sufriendo abusos sexuales?
7. ¿Qué problemas tiene últimamente como resultado de lo sucedido? (*Preste oído a la forma en que el abuso ha podido afectar a la persona. No existen dos individuos que respondan de igual forma a la experiencia o las consecuencias del abuso sexual. Sea consciente de que las víctimas de este tipo de abuso tienden a minimizar la influencia del mismo*).
8. Hábleme de cuáles son sus sentimientos acerca de lo que le ocurrió. (*Se le debe permitir al aconsejado experimentar sus verdaderas emociones*).
9. ¿Se considera usted responsable del abuso? ¿Y de haberlo mantenido en secreto?
10. ¿Qué le dijeron que podría suceder en caso de llegar a revelarse este secreto? (*Tranquilice a la persona aconsejada explicándole que no está sola y que tampoco es responsable del abuso a que la sometieron*).
11. ¿Qué opinión tiene usted de sí mismo? ¿Es una persona principalmente buena o mala? (*Descubra qué creencias malsanas haya podido concebir el individuo como consecuencia del abuso*).
12. ¿Qué piensa de la persona que le obligó a hacer aquello? (*Preste atención a las justificaciones tales como: "No pudo evitarlo, estaba borracho". Esos mecanismos de defensa han ayudado a la persona aconsejada a sobrellevar su situación, pero también la han hecho menos capaz de considerarse a sí misma como una verdadera víctima del abuso sexual*).
13. ¿Qué le gustaría que se lograra en esta reunión? ¿Qué le ayudaría a superar lo sucedido?
14. ¿A quién le ha contado estas cosas? ¿Cómo respondió esa persona?
15. ¿Qué papel piensa que ha desempeñado Dios en todo esto?

CONSEJOS SABIOS 4

Los estudios han revelado que *una de cada tres chicas* y *uno de cada seis chicos* sufren abusos sexuales antes de cumplir los dieciocho años de edad.[9]

La Internet también se ha convertido en un conducto fácil y accesible para cometer esa clase de abusos. Según las encuestas, *uno de cada cinco niños recibe propuestas sexuales a través de la red.*[10]

El paso más importante que puede dar cualquier consejero que trabaja con víctimas de abuso sexual es *crear un entorno de seguridad y confianza.* Las víctimas de abuso sexual han sufrido una clase de violación de lo más humillante y desalentadora, por lo que les resulta difícil confiar plenamente en otras personas. Contar con un sitio seguro donde expresar su más íntimo dolor, vergüenza y sentimiento de culpabilidad es vital para alcanzar la sanidad definitiva.

Los terapeutas seguros son aquellos que...

- *dicen siempre la verdad*: se refieren al abuso como una maldad y la manifestación de la esencia del abusador, no de la víctima.
- *se rigen por el amor y la paciencia*, ejemplificando así la actitud y la forma de ser de Jesucristo.
- *actúan con prudencia*: siguen siempre pautas éticas, respetan los límites debidos y guardan la confidencialidad.
- *se guían por las necesidades de sus aconsejados*, no por las suyas propias.

Las víctimas del abuso sexual son muy sensibles y tienen heridas profundas. El abuso sufrido ha conformado su idea de sí mismas y de su mundo. La responsabilidad del consejero consiste en *identificar cualquier creencia falsa que fomente los sentimientos y las conductas actuales de la persona.*

> En Estados Unidos 1 de cada 6 mujeres y 1 de cada 33 hombres dijeron haber sufrido un intento de violación o una violación consumada en algún momento de sus vidas.
>
> Centers for Disease Control

El sentirse comprendido y que alguien cree lo que dice será un catalizador para la recuperación de su aconsejado. A menudo vienen a vernos personas con sentimientos de vergüenza y culpabilidad, que se creen responsables o merecedoras en cierto modo del abuso sexual que han sufrido. Es probable que este sistema de creencias se formara cuando contó a otros que había sufrido abusos y ellos reaccionaron de tal manera que le hicieron sentirse culpable.

La terapia para sobrevivientes del abuso sexual implica *trabajar con recuerdos vivos e intrusivos de los actos vergonzosos, y a menudo violentos, que se han cometido contra ellos.* Las imágenes del abusador pueden ser tan aterradoras y reales que no permitan dormir a la víctima, y las mentiras que el autor del abuso dijo a su aconsejado, y que han visto reforzadas por fuerzas malignas, se hallan profundamente enquistadas y deben confrontarse.

Cobre ánimo con esto: los consejeros cristianos *tienen el privilegio de acercarse al trono de Dios a favor de sus aconsejados para vencer el mal* que se perpetró contra ellos, a fin de que todo se pueda renovar y sanar.[11]

5 PASOS PRÁCTICOS

1. Hable del abuso

- El primer paso hacia la sanidad es conversar acerca del asunto. Busque a alguien en quien confíe —un pastor, un maestro o un consejero— que no forme parte del problema, y cuéntele sinceramente lo que le ha sucedido. Para salir de una situación de abuso sexual se requiere buscar ayuda, y ya ha dado usted el primer paso para ello acudiendo a un asesor.
  - El abuso sexual puede tratarse, lo cual hará de usted un sobreviviente.
  - Usted no es responsabe del abuso, pero sí de su recuperación.

- Exprese, acepte y prepárese para enfrentar sus pensamientos, su conducta y sus emociones (¡aun las que sean irracionales!)

- *Cuídese de no volver a traumatizar a la persona con sus preguntas acerca del abuso. La confianza y la seguridad son de vital importancia en estos casos. Descarte cualquier riesgo de suicidio, depresión o problema médico, especialmente si el abuso sexual ha sido reciente. Evalúe también el carácter y la duración del mismo, su grado de severidad y su historia. A veces la persona viene en busca de ayuda para otros problemas derivados en realidad del abuso sexual.*

2. Concédase tiempo para sanar

- La sanidad del abuso sexual es un proceso largo y difícil, y las personas difieren en la cantidad de tiempo que necesitan para curarse. No se ponga fecha ni se diga a sí mismo que "ya debería haber sanado".
- *Sea sensible y evalúe el estado emocional de la persona en este momento, así como la capacidad que tiene para avanzar o esforzarse más. Elogie el valor de su aconsejado al buscar ayuda, contar su historia y sacar a la luz lo que estaba oculto.*

3. Llore su pérdida

- A usted lo han mancillado, y la rabia y el llanto son cosa normal y deben expresarse. Permítase experimentar y procesar sus emociones en vez de reprimirlas.
- *Algunas personas pueden irse al extremo opuesto como compensación, y quedarse entumecidas y sin ningún tipo de reacción ante su pérdida. En tales casos, no las obligue a llorar o a entristecerse prematuramente. Esté dispuesto a sentir con estos individuos el dolor necesario y acompáñelos en el duelo por su pérdida.*

4. Aprenda a recobrar el poder

- Vaya aprendiendo a defender al niño maltratado que lleva dentro. Recupere el poder, la voz y el control que le arrebató injustamente quien perpetró el abuso. Eche mano del poder de Jesús, quien comprende plenamente su dolor, puesto que Él también sufrió de manera inimaginable en su ignominioso juicio y su muerte en la cruz.
- El hecho de recibir crédito por sus palabras y ser capaz de relatar su historia de abuso sexual son pasos iniciales importantes. Permita que su consejero le ayude a mantenerse firme, tener voz y ganar la autoridad para enfrentar a quien se impuso por la fuerza sobre usted.
- *Algunas personas tal vez quieran confrontar a quien abusó de ellas; otras no lo desearán o serán incapaces de hacerlo hasta que se encuentren más fuertes. Sea sensible para reconocer el punto en que se encuentra su aconsejado en el proceso de sanidad.*

5. Asista a un grupo de apoyo

- La sanidad es un peregrinaje. Los expertos que trabajan con sobrevivientes de abuso sexual conocen el poder de la empatía y la simpatía en el proceso de curación. Usted no necesita recorrer solo ese camino; utilice la experiencia y la disposición de otros a caminar con usted en un espíritu de oración, y a brindarle el apoyo que merece.

- Asistir a un grupo para sobrevivientes de violencia sexual puede ser un paso provechoso hacia la sanidad. Si hace partícipes de su experiencia a otras personas que han pasado por dolor semejante al suyo, podrá crecer al tiempo que contribuye al crecimiento de los demás.
- *Esté preparado para entregar a su aconsejado una lista de profesionales cristianos locales que sean expertos en aconsejar a sobrevivientes del abuso sexual y del incesto, así como de grupos de apoyo que se reúnan en su zona.*

6. Fije límites saludables

- Como sobreviviente del abuso sexual ha visto seriamente violados sus límites personales, lo cual muy probablemente le habrá dejado confuso y desorientado en cuanto a lo que es normal y saludable. Fijar límites sanos y ser capaz de comunicarlos de un modo positivo y resuelto constituye, pues, un paso importante.
- Aprenda a diferenciar entre personas dignas e indignas de confianza, así como entre lo que es apropiado en la interacción física y verbal con los demás y lo que no lo es.

7. Dos pasos avanzados

- Intente descubrir sentido en el dolor.
- Comprométase con el proceso de perdonar. El perdón es un camino con varios niveles, y tendrá que tomar decisiones a diario para seguir perdonando.

Notas adicionales para el consejero:

- *Continúe asegurando a la persona que la sanidad se producirá. Las sesiones de consejería pueden volverse cada vez más difíciles a medida que usted examina minuciosamente su pasado, pero anímelo a lo largo del proceso a perseverar y ser fuerte.*
- *Tal vez necesite alguna orientación profesional para tratar verdaderamente con las profundidades del dolor que el abuso sexual ha causado a la persona. No está mal ni es señal de debilidad consultar con alguien experimentado en la consejería de sobrevivientes de esa clase de abusos. Asegúrese de obtener el consentimiento por escrito de su aconsejado para hablar con terceros.*

6 EJEMPLOS BÍBLICOS

Es verdad que ustedes pensaron hacerme mal, pero Dios transformó ese mal en bien para lograr lo que hoy estamos viendo: salvar la vida de mucha gente (Gn. 50:20).

Si alguien tuvo motivos para vengarse fue José. Los celos habían llevado a sus hermanos a cometer el terrible atropello de venderlo como un vulgar esclavo, a fin de no volver a verlo nunca más (Gn. 37:11-28). Antes de ser exaltado al poder en Egipto, José tuvo que pasar trece años sin libertad personal. Pero José comprendió sabiamente que la soberanía divina había anulado el maltrato de sus parientes, transformando en bien el mal que ellos habían cometido. Esta respuesta de fe y fortaleza solo pueden darla quienes confían en que Dios es soberano e invalida los efectos de la maldad de otros en sus vidas.

No tomen venganza, hermanos míos, sino dejen el castigo en las manos de Dios, porque está escrito: "Mía es la venganza; yo pagaré", dice el Señor... No te dejes vencer por el mal; al contrario, vence el mal con el bien (Ro. 12:19-21).

Dios conoce todo lo que ha sucedido en nuestras vidas, incluso —y muy especialmente— el dolor, la traición y el quebranto. Él estaba presente en la oscuridad y sigue caminando a nuestro lado. Las ofensas que hemos sufrido Él las padeció también, hasta la ignominia de despojarlo de su ropa en la cruz. Y Él promete dar el pago. La venganza es suya y solo suya, y nuestro trabajo consiste en sanar de nuestras heridas y perdonar.

No permita que el mal triunfe sobre usted, ni otorgue a su abusador tanto poder en su vida. Venza el mal haciéndose bien a sí mismo y ayudando a los demás.

La violencia sexual es quizá la manera más terrible en que un ser humano puede lastimar a otro, y resulta especialmente trágica cuando se trata de un incesto.

Ninguna cosa creada escapa a la vista de Dios. Todo está al descubierto, expuesto a los ojos de aquel a quien hemos de rendir cuentas (He. 4:13).

Algunas personas piensan que pueden ocultar de los demás parte de su vida, e intentan esconder su ira, sus celos profundos o su pecado sexual.

Sin embargo, la violencia sexual no ha escapado a la mirada de Dios. Aunque el abusador piense que se ha librado del castigo, el Señor lo sabe todo y promete juzgarlo como es debido.

ORACIÓN 7

Oh Dios, a ti se te parte el corazón cuando ves que se lastima a alguien de un modo tan terrible. Gracias porque esta persona ha venido en busca de tu ayuda y tu sanidad; y gracias, también, por tu bondad y tu fortaleza. Impártele sabiduría y valor mientras avanza en el proceso de afrontar con sinceridad su dolor. Tú jamás nos abandonas, y ayudarás a este querido amigo a experimentar tu amor y tu paz...

19 La infidelidad y las aventuras amorosas

1 RETRATOS

- Flora nunca había albergado duda alguna en cuanto al compromiso de Tomás con su matrimonio. El hombre tenía un buen empleo, se mantenía activo en las vidas de sus hijos, ejercía como entrenador de fútbol durante los fines de semana y hacía reparaciones en la casa. Pero cuando cambió de trabajo, su mujer empezó a notar que poco a poco se distanciaban el uno del otro. Aunque no le gustaba como transcurría la relación, no podía señalar exactamente cuál era el problema. Tomás viajaba casi todas las semanas, y cuando estaba en casa a menudo se sentía cansado y desconectado de la familia. Aunque Flora trataba de restarle importancia al asunto culpando de ello a la estresante profesión de su marido, cierto día encontró un extracto de la tarjeta de crédito que detallaba algunos gastos en restaurantes y hoteles de Nueva York cuando él había afirmado que estaba de viaje de negocios en Detroit.
- Amelia solía charlar con unos y otros durante su tiempo en el gimnasio; de manera que cuando conoció a Ernesto no lo pensó dos veces antes de iniciar una conversación. En los meses siguientes ambos coincidieron bastante a menudo, y pronto empezaron a diseñar su programa en torno a la actividad física que practicaban juntos. Amelia nunca comentó a su marido que había conocido a Ernesto, ya que simplemente no pensaba que lo entendería…
- Desde que era estudiante de bachillerato, Agustín había atraído la mirada de las chicas por su complexión atlética y sus rizos castaño claro, y había salido con algunas de ellas; pero cuando Diana y él se casaron supo que había encontrado a su verdadero amor. Sin embargo, tres años después y con un bebé en camino, la pareja comenzó a experimentar cierto desapego emocional. A menudo Diana estaba demasiado cansada después de un largo día de trabajo, y muchas noches caía rendida en la cama justo después de cenar. Aunque Agustín trataba de comprenderla, se fue sintiendo cada vez más frustrado por el desinterés de su esposa en el aspecto sexual de la relación. De lo único que hablaba Diana era de prepararse para tener al niño. Así que cuando una antigua compañera del bachillerato añadió a Agustín como amigo en Facebook, a este le emocionó la idea de ponerse al día con ella y tener alguien con quien hablar.

Pero lo que comenzó como un inocente chateo en la red se convirtió en llamadas secretas y correos electrónicos diarios. Ambos sabían que su amistad estaba tomando una dirección peligrosa, pero se justificaban diciendo que debía ser la voluntad de Dios puesto que ambos se sentían tan bien.

DEFINICIONES E IDEAS CLAVE 2

- *El adulterio* consiste en mantener *una relación sexual con alguien distinto de su cónyuge*. Esta actividad puede o no incluir un vínculo emocional. *El adulterio de la mente*, que Jesús clasificó como igual de pecaminoso que el de la conducta, implica fantasear acerca de relaciones sexuales con otras personas que no son nuestro esposo o esposa. A menudo esto es consecuencia del uso de pornografía —generalmente como una ayuda para masturbarse— y conduce a la adicción al sexo, al tiempo que levanta una gran barrera de separación emocional y sexual entre la pareja.
- ¿Cuán corriente es el adulterio? Hay estadísticas muy divergentes acerca del mismo: algunos dicen que *dos de cada tres hombres casados y el 50 por ciento de las esposas* han engañado a sus cónyuges, mientras que otros creen que solo un 10 por ciento de los matrimonios experimentan esta clase de traición.[1]
- La influyente *Chicago Sex Survey* (Encuesta sobre el sexo en Chicago), que cambió el punto de vista acerca de la predominancia de la actividad sexual en Estados Unidos, señaló que durante el año anterior el 93,7 por ciento de los matrimonios habían tenido una sola pareja sexual (presumiblemente el propio esposo o esposa), el 2,3 por ciento no mantuvieron relación erótica alguna, el 3,4 por ciento contaron con 2 a 4 compañeros sexuales, y el 0,7 por ciento tuvieron cinco o más amantes. A lo largo de un periodo de 5 años, el 78,6 por ciento permaneció fiel a su única pareja, el 14,8 por ciento tuvo entre 2 y 4 compañeros sexuales, el 2,6 por ciento de 5 a 10 amantes, y el 1,6 por ciento más de veinte. En toda la franja de la vida adulta (a partir de los 18 años de edad), las personas casadas habían tenido una sola pareja sexual durante el 37,1 por ciento del tiempo, entre 2 y 4 durante el 28 por ciento, de 5 a 10 durante el 19,4 por ciento, de 11 a 20 durante el 8,7 por ciento, y 21 o más compañeros durante el 6,8 por ciento.[2]
- *A menudo las aventuras amorosas comienzan como una relación emocional alimentada por vínculos emocionales.* Esto sucede cuando el esposo o la esposa acuden a una persona ajena al matrimonio en busca del apoyo emocional básico. Por ejemplo, si una pareja está experimentando problemas, hostilidad o distanciamiento, y el marido o la mujer se vuelve hacia un amigo del sexo opuesto para obtener compañerismo, ser respaldado o hacer al otro partícipe de sus asuntos íntimos, la aventura amorosa ha comenzado. *Son pocos los amoríos que empiezan por una relación sexual.*
- *¿Por qué las personas engañan a sus cónyuges?*

- Los esposos y las esposas tienen aventuras amorosas porque se ven expuestos a situaciones para las cuales *no están preparados o no han fijado unos límites sensatos.*
- Muchas infidelidades empiezan gradualmente como *amistades bienintencionadas*. Las personas implicadas en ellas no son conscientes de los cambios que se están produciendo en su relación, hasta que la misma desemboca en un notorio comportamiento sexual.
- La infidelidad puede también deberse a alguna privación emocional en la niñez, cuando la persona tiene una *necesidad constante de aprobación y atención*. Si la esposa, por ejemplo, es incapaz de satisfacer la necesidad de aprobación de su marido, este se sentirá engañado y decepcionado, y quizá trate de buscar la atención de otra mujer.
- Muchos adúlteros piensan que están buscando amor cuando en realidad lo que quieren es *sentirse mejor consigo mismos.*
- Un hombre o una mujer pueden ser infieles por *represalia o despecho* contra sus cónyuges, ya sea de un modo consciente o inconsciente.
- Cuando las personas ganan más dinero o ascienden en la escala social es posible que *se sientan con derecho* a disfrutar de los placeres de la vida, incluso de satisfacer todos sus deseos sexuales.
- *Una comunicación deficiente, los conflictos sin resolver y las expectativas poco realistas* que conducen a la insatisfacción de la pareja, constituyen razones para las aventuras extramatrimoniales. Una necesidad que no recibe la atención debida en el matrimonio, se puede tratar de satisfacer fuera del mismo. Aun así, también es cierto que muy pocos amoríos empiezan porque el esposo o la esposa estén desesperados por tener sexo.
- En última instancia, el adulterio es una *decisión egocéntrica* en la que una persona desatiende intencionadamente las necesidades de su cónyuge o su familia, así como los mandamientos de Dios, para satisfacer sus propios deseos. A la raíz del adulterio hay un *estilo de vida que se caracteriza por el engaño.*

3 ENTREVISTA DE EVALUACIÓN

Para el cónyuge fiel

1. ¿Cómo se enteró de la infidelidad de su esposo o esposa?
2. ¿Hace cuánto tiempo que lo sabe? ¿Ha tomado alguna medida al respecto?
3. En vista de lo anterior, ¿qué cree usted que debería saber y hacer en este momento?
4. ¿Qué sentimientos ha despertado en usted esta situación? (*Es bastante frecuente que la persona traicionada experimente una variedad de emociones que van desde el resentimiento hasta la tristeza*).
5. ¿Qué quiere hacer usted en cuanto a la relación con su cónyuge?
6. ¿Sigue él o ella viendo aún a la otra persona?

Para el cónyuge infiel

1. ¿Se lo ha contado ya a su esposo o esposa?
2. ¿Qué le impulsa a tratar el asunto ahora?
3. ¿Quiere usted restaurar su matrimonio? (*No es inhabitual que el cónyuge culpable se sienta confudido acerca de lo que quiere hacer; especialmente si la aventura amorosa ha durado mucho tiempo o implica un profundo compromiso emocional*).

Si el cónyuge infiel quiere restaurar su matrimonio

1. ¿Está usted dispuesto a cortar toda relación con su amante? (*Esta es la pregunta más significativa, y la forma de contestar de la persona será muy reveladora. ¿Duda al responder? ¿Evita el contacto visual?*).
2. ¿Desea indagar las razones que perpetuaron su aventura?
3. ¿Es usted consciente de las necesidades que tiene y que intentaba satisfacer con esa relación?
4. ¿Cómo cree que le afecta a su cónyuge su aventura amorosa?
5. ¿Está usted dispuesto a asumir toda la responsabilidad de sus acciones sin atribuir culpa alguna a su esposo o esposa?
6. ¿Se compromete a rendir cuentas a diario de su tiempo y sus relaciones?
7. ¿Está dispuesto a recibir asesoramiento profesional?

CONSEJOS SABIOS 4

Es posible *perdonar, recuperar la confianza y restaurar el matrimonio* después de la infidelidad. Existe un número creciente de parejas que recorren el camino de *sanidad y restauración* de sus matrimonios. Para acometer el proceso de sanidad, tanto el esposo como la esposa tienen que hacer lo siguiente:

- *Estabilizar la crisis marital y fijar límites adecuados* que favorezcan el matrimonio y eviten cualquier implicación con el amante. Cuando se descubre una aventura amorosa lo normal es que haya caos en el matrimonio, el cual puede llevar fácilmente a decisiones precipitadas e insensatas por parte de uno o ambos cónyuges. Resulta esencial ayudarles a estabilizar su relación en ese momento (ya sea a los dos juntos o por separado) y fijar unos límites claros para que se dediquen tiempo como pareja y pongan fin a la aventura ilícita.
- *Comprender cuál ha sido la causa de la infidelidad matrimonial.* Esto requerirá un largo y detenido examen de las pautas maritales adquiridas, así como de lo que cada cónyuge ha contribuido a la crisis matrimonial. Aunque resulte difícil, tanto el esposo como la esposa *deben concentrarse en sus propios problemas, en vez de criticar y culpar* al otro de ser el causante de la infidelidad.
- *Recuperar la confianza mutua* diciéndose la verdad y rindiendo cuentas mutuamente. Es de capital importancia que cada cónyuge

cumpla su palabra. Si uno de ellos promete hacer algo, ha de llevarlo a cabo y cumplirlo. Por último, se puede recuperar la confianza mediante gestos de afecto y contacto no sexual para expresar solicitud y afirmar al otro.

- *Dedique tiempo a restaurar y enriquecer su matrimonio.* El proceso de restauración *conlleva la identificación y el restablecimiento de lo que estaba sano* en la relación marital antes del adulterio. El proceso de enriquecimiento implica aprender y llevar a la práctica nuevas habilidades y comportamientos que fortalezcan la relación.

Consejos para el cónyuge fiel

La Dra. Elisabeth Kübler-Ross ha señalado que cuando alguien ha sufrido heridas profundas es normal que ocurra un *proceso de duelo.* Normalmente, este proceso de duelo consta de diversas fases que se suceden más o menos cíclicamente[3], e incluyen:

- *Conmoción y negación.* "¡No, a mí no!". En esta primera fase el cónyuge herido no está dispuesto a aceptar la realidad de que su esposo o esposa le ha sido infiel, y puede negar rotundamente los hechos que se le presentan acerca de las actividades de este.
- *Ira.* "¿Por qué yo?". En esta fase la persona es consciente de que la han agraviado y herido, y puede expresar resentimiento o rabia profundos contra el cónyuge infiel.
- *Negociación.* "Si yo hago esto, tú harás aquello". La persona quiere ver cambios de comportamiento para evitar un sufrimiento adicional. Por ejemplo dice cosas como: "Si te quedas cambiaré", en vez de afrontar el alcance más profundo de la infidelidad.
- *Depresión.* "Realmente ha sucedido". Durante esta etapa, la persona se da cuenta de todo el impacto que ha tenido la infidelidad en su matrimonio, y llora la pérdida de la relación tal como era. El cónyuge herido comprende que es preciso decidir el futuro de la relación.
- *Aceptación.* "Esto es lo que ha pasado". El cónyuge herido se reconcilia con todas las implicaciones de la infidelidad de su esposo o esposa y está dispuesto a seguir adelante. En esta fase se reconocen, aprenden y asimilan algunas lecciones valiosas.

Estas fases se pueden experimentar rápidamente —en unas pocas horas— o, como es más frecuente, durante los días o meses posteriores, según cada individuo. Necesita usted evaluar en qué fase del proceso se encuentra en ese momento la persona, y ser sensible para poderla animar con delicadeza a abrirse paso a través de la misma. Nota: Las fases del duelo pueden suceder de manera desordenada y presentarse varias de ellas a la vez, y una persona puede experimentarlas muchas veces.

Anime al cónyuge fiel a *no tomar decisiones inmediatas ni de largo alcance.* Es bastante corriente que una esposa o un esposo herido quiera poner fin a su matrimonio, porque el trabajo de reconstruir la relación le parezca demasiado arduo. *La separación* —especialmente si la aventura amorosa ha durado mucho tiempo— *puede dar la oportunidad y el espacio emocional a ambos cónyuges* para que procesen sus sentimientos y aclaren la situación. El objetivo de la separación es que la pareja *comience a forjar una amistad* y a restaurar la confianza.

Consejos para el cónyuge infiel

Exíjale que revele los pasos que le condujeron a esa aventura amorosa, aun los aspectos más importantes de la relación y cualquier información que haya mantenido oculta. No obstante, sea cuidadoso al hacerlo. El exceso de información, o revelar los detalles gráficos del adulterio, como desearían secretamente uno o ambos cónyuges por diversos motivos ilícitos, puede causar más daño que beneficio.

Recuérdele a la persona que al romper cualquier vínculo con su amante *experimentará un "vacío"*, y que tendrá que *adoptar un estilo de vida que le exige rendir cuentas de cómo pasa todo su tiempo*, si es que quiere recuperar la confianza de su cónyuge.

Necesitará asimismo *recuperar el vínculo emocional con su cónyuge,* dedicándole tanto tiempo como sea posible. La sanidad y la restauración *requieren esfuerzo.* Aprender nuevas pautas y aceptar el compromiso de conocerse a sí mismo y a su esposa o esposo en un nivel más profundo formará parte del proceso de curación.

Pedir perdón también implica restaurar un compromiso más profundo de amar y honrar a su cónyuge.

La pareja necesitará trabajar junto con su pastor o consejero profesional, que pueden ayudarla a *evaluar las pautas de comunicación y relación* que tal vez hayan contribuido a la infidelidad.

PASOS PRÁCTICOS 5

1. Ore

- Trate de pasar tiempo delante de Dios cada día en oración, leyendo las Escrituras y pidiéndole que le capacite para crecer en sus actitudes y hechos a semejanza de Jesús. Solo Él puede darle la gracia de perdonar y el poder para resistir el pecado.

2. Corte todo contacto

- El cónyuge infiel debe convenir en abstenerse de todo contacto con su antiguo amante. Como en el caso de cualquier otra adicción, la única forma de liberarse es poniendo inmediatamente fin a su conducta anterior y comenzando un proceso de desintoxicación.

3. Comprométase

- El cónyuge infiel debe estar dispuesto a hacer un compromiso radical para recuperar la confianza perdida.

4. Empiece un nuevo estilo de vida

- El marido o la esposa infiel han de comprometerse con un estilo de vida sincero y transparente, sin ocultar del examen ningún área de su existencia. Busque el apoyo de algún amigo o pastor a quien pueda rendirle cuentas.

5. Perdone

- El cónyuge fiel debe acometer el proceso del perdón. Perdonar es un acto y un proceso, y tendrá usted que tomar decisiones a diario para seguir perdonando.

6. Traten de reconciliarse

- Dios exige que perdonemos, pero la reconciliación es condicional: está basada en el remordimiento y el arrepentimiento sinceros. Aunque la Biblia nunca ordena el divorcio para los casos de infidelidad, y muchas parejas permanecen juntas y con el paso del tiempo cultivan un matrimonio más sólido, algunos cónyuges tal vez nunca logren superar su quebranto si el que ha sido infiel no se arrepiente.

6 EJEMPLOS BÍBLICOS

Bebe el agua de tu propio pozo, el agua que fluye de tu propio manantial (Pr. 5:15).

Esta hermosa metáfora describe el gozo de la fidelidad matrimonial. Beber "el agua de tu propio pozo" indica la pertenencia mutua y exclusiva de los cónyuges tiernamente embelesados el uno con el otro.

Por el contrario, dejarse embelesar por un tercero y caer en el adulterio puede parecer emocionante en un principio, "mas su fin es amargo como el ajenjo, agudo como espada de dos filos" (Pr. 5:4, RVR-60).

La Palabra de Dios enseña claramente que los cónyuges deben cumplir sus votos y mantener su compromiso mutuo.

¡Bendita sea tu fuente! ¡Goza con la esposa de tu juventud! Es una gacela amorosa, es una cervatilla encantadora. ¡Que sus pechos te satisfagan siempre! ¡Que su amor te cautive todo el tiempo! ¿Por qué, hijo mío, dejarte cautivar por una adúltera? ¿Por qué abrazarte al pecho de la mujer ajena? Nuestros caminos están a la vista del Señor; él examina todas nuestras sendas. Al malvado lo atrapan sus malas obras; las cuerdas de su pecado lo aprisionan (Pr. 5:18-22).

La Biblia no reprueba la satisfacción sexual —de hecho, el Cantar de los Cantares ensalza el deleite de las relaciones sexuales y el amor marital—, pero siempre lo describe dentro de los límites del matrimonio.

El pecado sexual puede ser muy atractivo, casi una tentación abrumadora, pero el adulterio constituye una enorme tragedia que tiene graves consecuencias. Cuando alguien comete adulterio arriesga todo lo que ha conseguido a lo largo de una vida: el matrimonio, la familia, el ministerio, el respeto y la honra.

Las parejas casadas pueden regocijarse en su matrimonio y satisfacerse con su amor mutuo (Pr. 5:18-19). Violar ese compromiso solo trae como consecuencia dolor, pesar y autodestrucción.

Tiempo después pasé de nuevo junto a ti, y te miré. Estabas en la edad del amor. Extendí entonces mi manto sobre ti, y cubrí tu desnudez. Me comprometí e hice alianza contigo, y fuiste mía. Lo afirma el Señor omnipotente (Ez. 16:8).

Podemos encontrar un enorme consuelo en el hecho de que nuestro Padre celestial sea capaz de empatizar con el dolor de alguien que ha sido traicionado por un ser querido. Saber que el Señor nos comprende puede ayudarnos a confiar en Él en nuestro quebranto y dolor.

Ustedes han oído que se dijo: "No cometas adulterio" (Mt. 5:27).

Citando Éxodo 20:14, Jesús recordó a sus oyentes el mandamiento en contra del adulterio, y luego dijo que mirar a otra persona con ojos lascivos es adulterar en el propio corazón. El Señor explicó así que pensar en cometer un acto es lo mismo que llevarlo a cabo, puesto que las acciones brotan de los pensamientos y los deseos.

Ya que la lujuria y el adulterio se abrazan primero en la mente y el corazón, los creyentes deben tratar de evitar las situaciones que causan tentación.

Y [Salomón] tuvo setecientas mujeres que eran princesas y trescientas concubinas, y sus mujeres desviaron su corazón (1 R. 11:3, LBLA).

Aunque se le consideraba el hombre más sabio que había existido, ni siquiera Salomón pudo mantener centrado su corazón en lo que más importaba: su relación con Dios. Y lo mismo sucede con nosotros: nuestros sentimientos jamás permanecerán enfocados en una relación si hay otros que compiten por ella.

Jesús utilizó la analogía del matrimonio para describir su relación con la Iglesia por una razón: cuando volvemos nuestro corazón a los ídolos cometemos adulterio contra Él. Aunque la relación matrimonial atraviese el peor momento, lo primero que debe hacerse es volver a enfocar los afectos en la relación en cuestión y no en terceros, ya que ningún hombre o mujer satisfará jamás los anhelos más profundos de intimidad y vinculación emocional.

ORACIÓN 7

Amado Señor, nos encontramos ante una situación muy dolorosa. El quebranto y la traición están afectando este matrimonio. Pero tú has prometido estar cerca de los quebrantados de corazón y vendar sus heridas. Tú eres el Sanador, el Restaurador... Pedimos tu guía en este momento de dolor...

20 El perdón y la restauración de la confianza

1 RETRATOS

- Cuando Raquel y Daniel se casaron, ninguno de los dos tenía idea de cómo las experiencias de la joven en una familia rota iban a influir en su matrimonio. Daniel, desde luego, no es perfecto, pero sí alguien íntegro y bondadoso; el tipo de hombre con el que la mayoría de las mujeres sueñan casarse. Sin embargo, su esposa parecía incapaz de confiar en él; abrigaba dudas en cuanto a sus intenciones, sus relaciones anteriores y muchas de sus decisiones presentes. Sus sospechas, por lo general, se escondían bajo la superficie, pero afloraban con suficiente frecuencia como para volver loco a Daniel.
- Marisa había sufrido el abuso sexual de su padre y su tío durante varios años, hasta que la chica empezó sus estudios de bachillerato. Ella jamás se lo contó a nadie. Luego Marisa y Juan se casaron, y en lo sexual tuvieron una vida "bipolar": a veces ardiente y apasionada y otras veces fría como el hielo. Juan sabía que algo andaba mal, y le hacía a su esposa algunas preguntas cuando esta lloraba desconsoladamente sin razón aparente. Al final Marisa se derrumbó y le contó la verdad acerca de su pasado y de su dificultad para confiar en los hombres.
- Tanto Paquita como Elías habían tenido muchas parejas sexuales antes de casarse, pero estaban seguros de haber encontrado su verdadero amor el uno en el otro. Durante un tiempo su relación pareció ir sobre ruedas, pero ambos se daban cuenta de que no podían mencionar a nadie del sexo opuesto sin despertar en el otro reacciones de ira, celos y sospecha. Los temores dominaban su vida conyugal, y las relaciones sexuales desinhibidas y gozosas fueron reemplazadas por imaginaciones destructivas durante el acto matrimonial.

2 DEFINICIONES E IDEAS CLAVE

- *La confianza es el ingrediente más importante de cualquier relación*, pero puede ser sumamente frágil: tarda mucho en construirse pero puede destruirse en un instante. Sin embargo, constituye el pegamento en cualquier vínculo significativo con otra persona. *La confianza es siempre una calle en dos direcciones*: implica hacerse vulnerable al otro y, al mismo tiempo, ser fidedigno para que el otro nos extienda su confianza.

- El perdón constituye la base para reconstruir la confianza traicionada en una relación. Una manera de definirla es *la remisión gratuita de una deuda y la renuncia a cualquier derecho que esta pudiera otorgarnos*. Recuerde bien que cuando una persona decide perdonar ello no significa que "deje escapar" al ofensor. De ninguna manera se trata de que dicha persona acepte el comportamiento lesivo o que sus sentimientos de dolor desaparezcan. *Perdonar significa que la víctima elige no permitir que el daño y el dolor controlen y subyuguen su vida.*
- Quienes han experimentado traumas, abusos e infidelidades necesitan *tiempo para asimilar su pena* y estar en disposición de perdonar. Es una senda que debemos recorrer para ser libres. *La Palabra de Dios nos enseña mediante el ejemplo cómo tenemos que perdonar*, y describe el *acto de perdón incondicional por excelencia* que Jesús llevó a cabo al morir por nuestros pecados en la cruz. Se trata de un ejemplo que podemos seguir en nuestras relaciones diarias.
- Aunque el secretismo impide tener estadísticas precisas, se estima que:
  - *El 22 por ciento de los hombres casados* se han descarriado al menos una vez durante su vida matrimonial.
  - *El 14 por ciento de las mujeres casadas han tenido* por lo menos una aventura amorosa durante su vida matrimonial.
  - *Las parejas jóvenes tienen más probabilidades* de ser infieles, y los varones en la misma medida que las mujeres.
  - El 70 por ciento de las mujeres y el 54 por ciento de los hombres casados *no sabían acerca de la actividad extramatrimonial de sus cónyuges.*
  - *El 17 por ciento de los divorcios* en Estados Unidos son causados por infidelidad.[1]
- *La confianza siempre hay que ganarla.* Cualquiera que exija que los demás confíen en él sin dar muestras de ningún comportamiento fidedigno, o acuse a otros sin razón alguna, por lo general no es digno de confianza.
- Al igual que sucede con la confianza, *los patrones de desconfianza se adquieren con el tiempo* y como consecuencia de muchas relaciones dolorosas diferentes. *Tales patrones son difíciles de cambiar.* Los niños, por ejemplo, confían instintivamente en sus padres; pero si dichos padres son abusivos, asfixiantes o están ausentes, el niño o la niña aprenden que el hogar y la vida misma no son seguros en absoluto. Tal vez entonces respondan de maneras extremas: ya sea desconfiando de todos o siendo demasiado confiados con todo el mundo, aun con aquellos que no lo merecen. Sus relaciones son enmarañadas y absorbentes, o bien distantes y esquivas. Si la persona ha tenido una serie de relaciones acaparadoras, agobiantes o codependientes en las que ha confiado demasiado en otros, tal vez llegue al punto de perder la esperanza y se retraiga emocionalmente, negándose a volver a confiar en alguien.

- Sin confianza, *las personas sienten la necesidad de controlar* cualquier amenaza que perciban en su entorno, así como a la demás gente y a ellas mismas. Los métodos de control varían bastante: exigencias, ira, autocompasión, actividad frenética, debilidad de carácter, cobardía, actitud de superioridad, etc. Y cuando hablamos de una sexualidad sana, si se carece de una relación segura y confiada, el sexo se vuelve con facilidad manipulador y egoísta, en vez de algo diseñado para agradar al cónyuge.
- Aprender a confiar y reconstruir la intimidad perdida demanda *tiempo, decisión y valentía.* Las personas tienen que darse cuenta de su contribución al problema: bien por no haber demostrado ser lo bastante dignas de confianza ellas mismas, o bien porque su miedo a correr riesgos no les ha permitido confiar en quienes han demostrado ser confiables. Lo que necesitan es reconocer cada paso adelante, y celebrar el progreso logrado.

3 ENTREVISTA DE EVALUACIÓN

1. ¿Cómo afecta la desconfianza su relación o sus relaciones en términos de comunicación, respeto, relaciones sexuales, etc.?
2. ¿Cuál podría ser la causa principal de su falta de confianza?
3. ¿Cuándo empezó su problema? ¿En qué momento comenzó el mismo a influir en su relación o sus relaciones?
4. ¿Qué patrones de confianza percibe usted al echar una mirada retrospectiva a su vida; por ejemplo, ser cauteloso respecto a confiar en alguien, actuar con ingenuidad en cuanto a personas que no son dignas de crédito, o negarse a confiar aun en aquellos que han demostrado ser fiables?
5. ¿Cuáles son algunas características de los individuos honorables y dignos de confianza? Teniendo en cuenta dichas características, ¿puede usted identificar algunas personas fiables en su vida?
6. ¿Qué cualidades honorables y dignas de confianza posee usted?
7. ¿Hay algo qué pudiera ayudarle a recuperar su confianza? (*Refiérase al primer "Paso práctico" para animar a la persona a confiar de nuevo*).

4 CONSEJOS SABIOS

Ya sea que la identifiquemos o no de esta manera, la confianza es sin lugar a dudas *el factor más importante que tienen las parejas y los individuos* para forjar relaciones sólidas, duraderas y afectuosas. La confianza le permite a los cónyuge sentirse seguros el uno con el otro y comunicar lo que piensan, resolver los problemas que van surgiendo y disfrutar cada uno de los aspectos de su relación, incluso su vida sexual como matrimonio. En cambio, si no hay confianza, toda interacción entre ellos se convierte en una danza manipulativa para controlar el comportamiento del otro.

Ayude a cada cónyuge a entender ese "contrato de confianza" que existe entre una persona confiable y otra que la considera fiable y está dispuesta a correr el riesgo de confiar en ella. Para que las relaciones funcionen, *ambas partes deben ser dignas de confianza, y ambas deben querer y ser capaces de tomar riesgos para confiar en la otra.*

Encuentre los *patrones de confianza de larga duración*, remontándose hasta la niñez, para descubrir tendencias en la forma de percibir las cosas, en la confianza ciega o exigente, así como la negativa a fiarse incluso de aquellas personas que son dignas de crédito. Es bastante probable que el historial de desconfianza de alguno de los cónyuges tenga algo que ver con los problemas actuales de la relación. Además de los patrones de confianza de la familia de origen, indague si existen experiencias sexuales prematrimoniales, adulterios o alguna clase de traición no asociada con el sexo que pudieran estar envenenando la vida de esa pareja.

Los cónyuges necesitan *identificar claramente los patrones de confianza o desconfianza* que forman parte de la historia de su relación matrimonial. Por lo general, los problemas actuales no son nuevos ni diferentes, sino que en la mayoría de los casos se trata de una desconfianza anterior que, por alguna razón, ha crecido vertiginosamente dando lugar a un problema más grande. A menudo la capacidad para detectar los patrones de confianza y desconfianza *ofrece nuevas posibilidades a la relación marital* y genera esperanza para el futuro. Enseñe a sus aconsejados las *técnicas de comunicación sincera, escucha cuidadosa y retroalimentación clarificadora*, a fin de que sepan cómo avanzar por sí solos.

La confianza hay que ganarla. Si alguien *exige que se le crea*, ello no hace más que debilitar aún más su vínculo con aquellos con quienes desea relacionarse.

Aunque la causa de la desconfianza sea el maltrato en la infancia, el abandono o una traición reciente, prácticamente *todas las relaciones pueden restaurarse* perdonando, pidiendo perdón, llorando la pérdida para sanar las heridas sanen, percibiendo las cosas como son realmente y teniendo el valor necesario para avanzar en la relación. *Sin embargo, el proceso de sanidad requiere tiempo y atención*, del mismo modo que se necesita paciencia y cuidado médico experto para curar un hueso que ha sufrido una fractura seria.

Muchas personas que no pueden confiar en otros tampoco confían en sí mismas. Debemos enseñar a los matrimonios a poner su confianza en Dios, en su propia intuición y a confiar en los demás.

PASOS PRÁCTICOS 5

1. Hablen acerca de su nivel actual de confianza

- Evalúen su vida y empiecen a identificar las áreas de la misma que necesitan mejorar, dando especial atención a los problemas de confianza. Estén dispuestos a contar a su consejero las ocasiones en las que han sido heridos o traicionados.
- La confianza es un asunto de dos: alguien que es digno de crédito y otro que se arriesga a creerle.

- La confianza no brota de la noche a la mañana. Una buena analogía es la creación de una hermosa pieza de cerámica: su elaboración requiere tiempo, energía, precisión y esfuerzo para dar forma a la arcilla. Sin embargo, si la vasija cae al suelo se romperá en mil pedazos y restaurarla exigirá dedicación. Del mismo modo, la restauración de la confianza demanda tiempo, así que empiece dando los primeros pasos:
  - Concédase a sí mismo el espacio físico y emocional necesario para sentirse de nuevo seguro.
  - Aprenda a comunicar cuándo no se siente seguro y qué necesita de su cónyuge para recuperar la sensación de seguridad.
  - No permita que los problemas se queden sin resolver ni que se minimicen sus emociones.
  - Acepte a su cónyuge tal como es y no imponga expectativas demasiado elevadas.

2. Hablen de su pasado familiar

- Concéntrense en las historias de sus familias para identificar los patrones de confianza y desconfianza que se han forjado a lo largo de sus vidas. Piensen primero en los miembros de su familia inmediata, y luego incluya los patrones familiares que se han transmitido durante generaciones.
- Cuando formamos o restauramos nuestra capacidad para confiar podemos esperar relaciones más significativas con los miembros de nuestras familias, y abandonar el ciclo de desconfianzas en nuestra propia generación.
- Consideren sus relaciones sexuales prematrimoniales y el adulterio como ocasiones que tal vez hayan erosionado o hecho añicos la confianza en su matrimonio, y exploren también la posibilidad de que otros factores aparte de las indiscreciones sexuales puedan haber generado recelos (cosas tales como un mal manejo del dinero, la ira, la evasión de responsabilidades, las adicciones, etc.).
- Formar o restaurar la confianza les permitirá disfrutar una vida matrimonial más sólida, relajada, significativa y con menos sospechas. La confianza mutua mejorará su experiencia sexual, ya que no la utilizarán para manipularse mutuamente sino solo para agradar a su cónyuge.
- *Dicho esto, resulta esencial ser sensible al hecho de que, por causa del maltrato o el abandono, uno u otro cónyuge puede no saber realmente lo que es la confianza. Una persona así tal vez necesite sesiones de consejería y alcanza el suficiente crecimiento espiritual para llegar a confiar en Dios y en su esposo o esposa.*

3. Aprenda a perdonar

- Responsabilícese de sus sentimientos, pensamientos, actitudes y acciones. Aprenda a perdonar a quienes lo han traicionado y pida perdón a aquellos a los cuales usted ha perjudicado.

- *Perdonar puede requerir algún tiempo, pero resulta esencial. Ayude a la persona a comprender el plan divino del perdón. Utilice el ejemplo de Cristo, del hijo pródigo y su padre, y las enseñanzas de Mateo 18. Supervise el avance de la persona en cuanto a comunicarse con sinceridad, escuchar atentamente y dar pasos adelante para fortalecer cualquier rasgo de confianza que posea en la actualidad, así como otros nuevos que pueda ir adquiriendo.*

EJEMPLOS BÍBLICOS 6

En esto consiste el amor: no en que nosotros hayamos amado a Dios, sino en que él nos amó y envió a su Hijo para que fuera ofrecido como sacrificio por el perdón de nuestros pecados. Queridos hermanos, ya que Dios nos ha amado así, también nosotros debemos amarnos los unos a los otros (1 Jn. 4:10-11).

Las Escrituras nos mandan que nos amemos unos a otros, pero la confianza es algo diferente. Siempre que se la menciona en la Biblia tiene que ver con nuestra relación con Dios. El amor puede entregarse aun cuando la persona no lo merezca, pero la confianza en las relaciones es algo que se gana. Ser fiables significa desear siempre lo mejor para los otros; pero a menos que la otra parte haya demostrado serlo — o hasta que lo haga—, la respuesta prudente es proteger nuestro corazón y lo más íntimo de nuestro ser hasta que la persona lo demuestre.

Que el Dios que infunde aliento y perseverancia les conceda vivir juntos en armonía, conforme al ejemplo de Cristo Jesús, para que con un solo corazón y a una sola voz glorifiquen al Dios y Padre de nuestro Señor Jesucristo. Por tanto, acéptense mutuamente, así como Cristo los aceptó a ustedes para gloria de Dios (Ro. 15:5-7).

La "armonía" es un don divino que debemos atesorar y proteger. No se trata de algo que suceda por casualidad o podamos obligar a desarrollarse. Esta clase de unidad surge cuando las personas han demostrado ser honorables, misericordiosas y sensatas de tal modo que pueden confiar unas en otras. Tal cosa sucede en el cuerpo de Cristo si los creyentes se concentran en Jesús, y se da en un grado aún mayor en el matrimonio cuando el vínculo entre los cónyuges es espiritual, relacional, emocional y sexualmente exclusivo.

Eviten toda conversación obscena. Por el contrario, que sus palabras contribuyan a la necesaria edificación y sean de bendición para quienes escuchan. No agravien al Espíritu Santo de Dios, con el cual fueron sellados para el día de la redención. Abandonen toda amargura, ira y enojo, gritos y calumnias, y toda forma de malicia. Más bien, sean bondadosos y compasivos unos con otros, y perdónense mutuamente, así como Dios los perdonó a ustedes en Cristo (Ef. 4:29-32).

Agraviamos al Espíritu Santo cuando nos atacamos unos a otros, nos culpamos unos a otros y ventilamos nuestra ira para intimidar a los demás. Pablo nos manda renunciar a todo tipo de ira y a sustituirla por bondad y perdón, los rasgos que promueven la confianza en las relaciones.

Y que la paz que viene de Cristo gobierne en sus corazones. Pues, como miembros de un mismo cuerpo, ustedes son llamados a vivir en paz. Y sean siempre agradecidos (Col. 3:15).

Los individuos y matrimonios cristianos no tienen que afrontar solos las dificultades que entraña el confiar en otros: Cristo está con ellos y, de hecho, está en ellos. A medida que las personas confían más y más en el amor, la aceptación y la fortaleza de Jesús, sienten la presencia y la paz del Señor inundando sus corazones. Aun durante el proceso de restauración de la confianza, mucho antes de que haya terminado, podemos experimentar la compañía y la paz de Dios si caminamos con Él. Y mientras edificamos aún el sólido fundamento de confianza en nuestra relación, podemos descansar y disfrutar el uno del otro sin limitaciones.

7 ORACIÓN

Padre, estos amigos están aquí porque quieren que su relación sea la mejor posible y te agrade a ti. Han venido porque tienen dificultades para confiar, y necesitan tu ayuda a fin de aprender a hacerlo sabiamente. Ayúdalos a ser honorables y dignos de confianza, y a tener el valor para arriesgarse y volver a confiar...

PARTE 3

La adicción y las perversiones sexuales

21 La adicción al sexo y al romance

1 RETRATOS

- Después de haber dado a sus dos hijos un beso de buenas noches y tomado un vaso de vino con su mujer antes de que ella se retirara, Ramón se trasladó a la computadora del sótano y entró en uno de los muchos sitios porno que devoraban cada mes cientos de dólares de su declinante cuenta bancaria. Puesto que él comerciaba con el mundo entero a través de la Internet, tenía la coartada perfecta para su esposa, quien no sabía nada en absoluto acerca del hábito de masturbación al que se entregaba su marido cada noche, ni de las decenas de miles de dólares que Ramón había gastado en todos aquellos sitios web a lo largo de los dos últimos años.
- Luisa apenas podía creer que estuviera en semejante aprieto. En la reunión de antiguos alumnos de su escuela secundaria se había encontrado de nuevo, después de diez años, con su novio de entonces. Ambos tenían problemas en sus matrimonios y asistían a la celebración sin sus respectivos cónyuges. Una ardiente noche de sexo les hizo revivir viejos sentimientos, y recordar los ratos de desenfreno que había pasado juntos durante el bachillerato. Ese mismo año volvieron a verse otras dos veces para mantener relaciones sexuales, y ahora su antiguo amor estaba a punto de dejar a su esposa y amenazaba con mudarse al pueblo donde ella vivía. Luisa necesitaba hablar con alguien acerca del pánico que le producía el comportamiento cada vez más compulsivo y obsesivo del hombre, y que empezaba a parecerse mucho al acoso sexual.

2 DEFINICIONES E IDEAS CLAVE

- La adicción a los romances y al sexo, las telenovelas, las películas de amoríos, la última novela de Danielle Steele, los programas nocturnos en diferentes cadenas de televisión, todo ello *prueba que el romance y el sexo venden.* Y en una sociedad tan saturada y tan obsesionada con el sexo como la nuestra, no faltan oportunidades para caer en la adicción.
- Las adicciones son *compulsiones físicas* (como en el caso del alcohol y la mayoría de las drogas) *o psicológicas* (p. ej. cuando se trata del juego o el sexo) a utilizar una determinada sustancia o actividad *para hacer más llevadera la vida diaria.* Si le falta el alcohol o no tiene acceso a una pareja sexual o un sitio web de pornografía, el adicto no se siente "normal" ni puede funcionar como es debido.

- El *mal uso de la sexualidad* que ocurre diariamente para cambiar o mejorar el estado de ánimo o psicológico de la persona, se cataloga como una adicción al sexo o a los romances. *Los individuos utilizan de ese modo su conducta sexual, y abusan de ella, para olvidarse de sus penas y ansiedades*, y cuando combinan este comportamiento con el uso de estupefacientes, el nombre que se da generalmente al mismo es coadicción o poliadicción.
- Las adicciones son también conductas compulsivas y repetitivas que resultan *difíciles o al parecer imposibles de controlar.* Dichas conductas llevan a las personas a actuar con el único fin de *conseguir el estupefaciente o hacer posible el comportamiento en cuestión, así como a encubrir el hecho*: el ama de casa que oculta sus salas de chat en la computadora, el drogadicto que roba en los comercios para costearse el hábito, el jugador que desfalca a fin de cancelar sus deudas… Los adictos, que se caracterizan por el uso de *mecanismos defensivos tales como negar los hechos, restarles importancia y culpar a otros,* atribuye sus problemas a alguien más o a una situación complicada: el jefe es demasiado difícil o el trabajo sumamente estresante, la esposa no se muestra lo suficientemente cariñosa, los niños son desobedientes o los amigos tienen mucho poder de persuasión. El adicto se niega a aceptar la responsabilidad de su conducta o a admitir la gravedad del problema.
- *La adicción al sexo es una dependencia biológica, psicológica y social* de cierto comportamiento erótico habitual como, por ejemplo, ver pornografía en la Internet, practicar el sadismo o el masoquismo, masturbarse o tener un amorío. Con el paso del tiempo, el cuerpo y el cerebro llegan a necesitar esa conducta sexualmente estimulante en cantidades cada vez mayores para soportar a un nivel mínimo la vida y prevenir los síntomas de abstinencia.

Características clave de las adicciones

- Cambios frecuentes de humor.
- Incremento en el uso o el patrón de comportamiento.
- Intensificación de los sentimientos de vergüenza e inutilidad
- Gran necesidad del aprecio o la aprobación de otros.
- Problemas para controlar los impulsos: especialmente aquellos relacionados con la comida, el sexo, las drogas o el dinero.
- Utilización del estupefaciente o la conducta en cuestión para levantar el ánimo decaído y reducir la ansiedad.
- Obsesión con ese comportamiento o sustancia.
- Incapacidad creciente para manejar la situación.
- Incremento del sentimiento de culpabilidad, vergüenza, miedo e ira.
- Fracaso en los esfuerzos por controlar el hábito.
- Peligrosidad del adicto para sí mismo y los demás.

Causas de las adicciones

- *Emocional.* Los adictos son personas emocionalmente heridas, a menudo por haber experimentado traumas severos en la niñez. Un estudio de los adictos al sexo reveló que el 81 por ciento de ellos había sufrido abuso sexual, el 74 por ciento maltrato físico y el 97 por ciento abuso emocional.[1]

- *Relacional.* Los comportamientos adictivos están claramente vinculados con ciertas relaciones turbulentas en una época temprana. En el caso de los adultos, la adicción produce estrés en el trato interpersonal —especialmente en la vida matrimonial y familiar— y causa muchas dificultades de carácter social.
- *Física.* Los adictos llegan a depender físicamente de los estupefacientes o comportamientos que alimentan su hábito, y experimentan el síndrome de abstinencia cuando estas cosas les faltan.
- *Cognitivo y de conducta.* Con frecuencia los adictos tienen pensamientos ilógicos o irracionales que les hacen olvidar su identidad como hijos de Dios. Las expectativas poco realistas en cuanto a sí mismos y a los demás, y la confianza en las soluciones mágicas, también son habituales.
- *Espiritual.* La adicción es, en esencia, rebeldía contra Dios. Además de esto —ya se trate de drogas, alcohol o sexo—, para el adicto su hábito llega a convertirse en un ídolo, y renunciar a esa idolatría de la que se ha hecho dependiente constituye una de las luchas más difíciles y duraderas de su vida.

3 ENTREVISTA DE EVALUACIÓN

Recuerde que una de las características clave de los adictos es la negación. Su conducta nunca representa un problema para ellos, y confrontar esa actitud es parte de su trabajo de evaluación. Cuando entreviste a una persona adicta, concéntrese en hacerle preguntas concretas acerca de las circunstancias, los acontecimientos y los síntomas. Si las preguntas se plantean con delicadeza y dejando a un lado las críticas, el aconsejado debería responder con bastante sinceridad. En caso de estar hablando con algún miembro de la familia, reformule las preguntas en cuestión para referirse al adicto.

Preguntas eliminatorias

1. ¿Han aumentado o disminuido con el paso de los años su uso del sexo o su obsesión por los romances para hacerse la vida más llevadera? ¿Ha habido alguna época en la que no tuviera necesidad de esas cosas? ¿Mezcla usted el sexo con otras drogas o conductas a fin de mantener la excitación que este le produce? (*La tolerancia, o necesidad de aumentar las dosis de una sustancia o comportamiento es un factor clave para distinguir entre un problema y una dependencia. También debe evaluar las fortalezas, incluso familiares, y encontrar razones para confiar en el tratamiento actual buscando periodos anteriores de libertad de la adicción).*
2. ¿Ha sido usted incapaz de recordar alguna vez lo que hizo mientras practicaba su escapismo sexual? ¿Ha experimentado accesos

de ansiedad, ataques de pánico, convulsiones o alucinaciones después de un tiempo sin realizar actividades sexuales?

3. ¿Ha recibido en alguna ocasión tratamiento o consejo para este problema o por otro motivo? (*Esto se pregunta para evaluar la severidad de la adicción y el éxito o el fracaso de los tratamientos anteriores, así como para sopesar si la raíz del problema es un trastorno mental o dual*).
4. ¿Ha perjudicado alguna vez con su conducta sexual a un pariente o le han dicho que usted está obsesionado con el sexo o los romances? De ser así, ¿por qué cree que lo haría?
5. ¿Amenaza su esposo o esposa con abandonarle?
6. ¿Tiene usted algún problema legal como resultado de su adicción? (*Esto sirve para evaluar la necesidad de ayuda familiar, de una intervención profesional o de referir el asunto a un abogado*).

Algunas causas de la adicción sexual

- las heridas emocionales
- las relaciones conflictivas
- la dependencia del comportamiento abusivo
- las ideas irracionales
- las expectativas poco realistas
- la rebeldía contra Dios

Preguntas generales

1. ¿Se ha preocupado alguna vez por una adicción al sexo o a los romances? ¿Consideraría un problema que su mejor amigo o su propio cónyuge demostrara el mismo grado de interés que usted por la sexualidad o las aventuras amorosas? ¿Qué les diría usted?
2. ¿Con qué frecuencia practica usted el sexo adictivo o fantasea con encuentros románticos?
3. ¿Se ha arrepentido de algo que hizo mientras practicaba el sexo adictivo?
4. ¿Alguien de su familia de origen usaba el sexo o algún estupefaciente en exceso durante sus años de crecimiento? ¿Quién? ¿Qué hacía esa persona? ¿Llegó a liberarse de ello? ¿Recuerda usted cómo se sentía al ver a su familiar comportándose como un adicto?
5. Su uso adictivo del sexo o los romances, ¿ha afectado alguna vez su trabajo o su familia? ¿Qué sucedió?
6. ¿Alguna vez ha dejado o intentado abandonar su hábito? ¿Cuánto tiempo duró aquello? ¿Qué sucedió cuando lo hizo? ¿Cómo se sintió? ¿En qué forma reaccionaron otros? ¿Qué sería necesario para que lo dejase ahora?
7. ¿Quiere renunciar a ello por completo? Si le resulta imposible plantearse esto, ¿cuánto tiempo está dispuesto a mantenerse sexualmente puro? ¿Qué sucederá o debería suceder si tuviera una recaída?
8. ¿En qué le parece que mejoraría su vida sin esa adicción al sexo o a los romances? ¿Cómo se enriquecerían sus relaciones si dejara ese hábito?
9. ¿Cree usted que Dios puede ayudarle con fortaleza en esta lucha? ¿Cómo le ha ayudado Él a experimentar la liberación del pecado anteriormente? ¿Está usted dispuesto a hacer cuanto sea preciso para liberarse ahora?

4 CONSEJOS SABIOS

Algunos efectos de la adicción son:

La incapacidad de controlarse. La dependencia que tienen los adictos está fuera de su propio control, y no pueden superarla sin ayuda.

La tolerancia neuroquímica. Dios diseñó nuestros cuerpos para adaptarse a cuanto se les presenta, de ahí que los adictos experimenten tolerancia: sus organismos necesitan una dosis cada vez mayor de la sustancia química o de la actividad habitual para lograr el mismo efecto.

La progresión (a menudo hacia la poliadicción). Muchos adictos empiezan simplemente experimentando: prueban una droga, van a un casino, dan una chupada de cigarrillo, hojean una revista pornográfica... Sin embargo, puesto que luego la persona necesita más de la misma sustancia química o conducta para lograr un efecto semejante, aumentará la frecuencia y la potencia de su práctica adictiva, combinando y mezclando varios comportamientos.

La evasión de los sentimientos. La adicción se utiliza para mejorar el estado emocional o psicológico de la persona, y es una forma de evadir sentimientos como la soledad, la ansiedad, la ira, la pena y la depresión.

Las consecuencias negativas. El distanciamiento de Dios, la manifestación del pecado habitual, la mala salud, el dolor crónico y los problemas sociales e interpersonales suelen ser una consecuencia corriente de las adicciones.

Los adictos necesitan *esperanza y aliento* para superar su adicción, así como saber que *Cristo es más fuerte que el hábito que los oprime.* Hágales memorizar y recitar pasajes bíblicos de esperanza y fortaleza en el Señor, para que puedan recordarlos en los difíciles momentos de tentación.

Además de la sección "Ejemplos bíblicos" que aparece en este capítulo, repase Salmos 44:21; 51; 1 Corintios 6:19-20; Efesios 5:18; y Hebreos 10:22-25, con el fin de animar a su paciente. Aconséjele que medite en la verdad de la Palabra de Dios, la cual llenará su mente y le conducirá a la libertad y la sanidad eternas.

5 PASOS PRÁCTICOS

1. Arrepiéntase y busque el perdón de Dios

- A lo largo del proceso de consejería comenzará a ver cómo la naturaleza pecaminosa puede desmandarse cuando somos incapaces de reconocer la tentación. El pecado tiene mucho poder, y lo que Satanás quiere es destruir nuestra vida. Comience a recuperar el control pidiéndole a Dios que le perdone y le dé fuerzas para resistir. Él le contestará y le proporcionará una vía de escape hacia la libertad en Cristo.

- Tal vez necesite usted sopesar sus relaciones y evaluar la necesidad de pedir perdón también a otras personas.

2. Dispóngase a rendir cuentas

- Comprométase con Dios y con el proceso de consejería, y sea constante en asistir a las sesiones y en vivir libre del pecado y la adicción sexual. También le resultaría provechoso poner por escrito sus metas y su compromiso, para que tanto usted como su consejero tengan un recordatorio de los votos que ha hecho.
- *Ayude a su paciente a comprometerse a rendir cuentas ante otros, y a hacerlo con la mayor seriedad posible. Si está dispuesto a firmar un contrato con usted, es prueba de que está dispuesto a cambiar.*

3. Asista regularmente a las sesiones de consejería

- Participe en un proceso continuo de consejería individual para empezar a descubrir las cuestiones subyacentes que perpetúan el ciclo de adicción en su vida. Asista fielmente y tenga en cuenta que las sesiones pueden ser muy duras antes de que su situación empiece a mejorar. Sin embargo, la sanidad se iniciará conforme aprende a afrontar la vida de maneras más positivas.

4. Plantéese la terapia de grupo

- Considere la posibilidad de seguir un tratamiento en grupo o asistir a un grupo de apoyo local. En un entorno así recibirá bastante información y apoyo de parte de otros que luchan con problemas semejantes a los suyos, lo cual le ayudará a comprender que no está solo en esta batalla por la pureza sexual.

EJEMPLOS BÍBLICOS 6

Pero los que son de Cristo han crucificado la carne con sus pasiones y deseos. Si vivimos por el Espíritu, andemos también por el Espíritu (Gá. 5:24-25, RVR-60).

Dios ofrece esperanza al adicto. El Señor quiere liberar a su pueblo de cualquier cosa que ocupe en sus vidas el lugar que solo a Él le corresponde, enseñarles que es capaz de satisfacer todas las necesidades de ellos. Con la ayuda divina, y la disposición de rendir cuentas ante otros creyentes compasivos, los adictos pueden alcanzar la libertad. No obstante, este proceso requiere tiempo, energía, determinación y el compromiso de rendir cuentas a los demás. Efesios 4:19 expresa: "Después que perdieron toda sensibilidad, se entregaron a la lascivia para cometer con avidez toda clase de impureza" (Ef. 4:19, RVR-60). Guiado por el Espíritu Santo, el adicto tiene la posibilidad de obtener la victoria sobre el pecado de la adicción sexual, pero es necesaria una disciplina austera a fin de abandonar toda actividad sexual que le insensibiliza para andar verdaderamente en el Espíritu.

Todas las cosas me son lícitas, mas no todas convienen; todas las cosas me son lícitas, mas yo no me dejaré dominar de ninguna (1 Co. 6:12, RVR-60).

Dios ha dado todo a las personas para que lo disfruten, pero Satanás trabaja sin descanso para pervertir las bendiciones del Señor convirtiéndolas en algo malo. A los creyentes se les permite gozar de muchas cosas siempre que no las prohíban las Escrituras. Con todo, jamás deben permitir que estas los controlen, ni dejarse "dominar de ninguna".

Haced morir, pues, lo terrenal en vosotros: fornicación, impureza, pasiones desordenadas, malos deseos y avaricia, que es idolatría; cosas por las cuales la ira de Dios viene sobre los hijos de desobediencia (Col. 3:5-6, RVR-60)

Acerquémonos, pues, a Dios con corazón sincero y con la plena seguridad que da la fe, interiormente purificados de una conciencia culpable y exteriormente lavados con agua pura.
Hebreos 10:22

Estos versículos describen algunos deseos pecaminosos que los creyentes deben "hacer morir". Los pecados sexuales, los malos deseos y la avaricia (que es un tipo de idolatría) no deben tener cabida en el corazón de los cristianos. Se necesita una consciente decisión diaria para resistir esas tentaciones y depender del poder del Espíritu Santo para vencerlas.

La voluntad de Dios es que sean santificados; que se aparten de la inmoralidad sexual; que cada uno aprenda a controlar su propio cuerpo de una manera santa y honrosa, sin dejarse llevar por los malos deseos como hacen los paganos, que no conocen a Dios; y que nadie perjudique a su hermano ni se aproveche de él en este asunto. El Señor castiga todo esto, como ya les hemos dicho y advertido. Dios no nos llamó a la impureza sino a la santidad (1 Ts. 4:3-7).

Dios quiere que sus hijos lleven una vida santa, porque Él es santo, y nosotros somos sus embajadores en un mundo gobernado por la maldad. Los cristianos representamos a Cristo; por tanto, tenemos la responsabilidad de ser ejemplos para otros, a fin de que ellos también puedan creer en Dios.

7 ORACIÓN

Amado Señor, gracias porque la persona a quien estoy aconsejando ha venido hoy aquí en busca de asistencia para su problema. Por favor, ayúdale a estar abierto a la idea de que podría tratarse de una verdadera adicción, por lo que necesita ayuda y encontrar sanidad. Guíanos por tu Espíritu Santo a aquellos recursos que sean más útiles. Gracias por tu regalo del perdón…

La pornografía 22

RETRATOS 1

- Sofía no podía librarse de aquel sentimiento acerca de su marido Pablo que la había estado inquietando, hasta que al fin preguntó al hombre si había tenido algo que ver con la pornografía. Él se puso a la defensiva y respondió: "Sí… pero ahora lo tengo bajo control. No necesitas preocuparte". Sofía se echó a llorar mientras describía el horror que sintió al encontrar unas fotos obscenas que su esposo había descargado de la Internet y decía: "Yo había confiado en él…".
- Andrés, un chico de quince años, todavía recuerda la primera vez que ojeó materiales sexualmente estimulantes. Se encontraba en casa de un amigo suyo revisando sus correos electrónicos cuando, de pronto, recibió un mensaje con un archivo adjunto de alguien a quien no pudo reconocer. Al abrirlo se encontró con la foto de un hombre y una mujer practicando un acto sexual. El chico se sintió ruborizado por la excitación y la vergüenza; sin embargo, pronto estaba navegando por la red, cuando no había nadie en casa, para visitar otros sitios semejantes, porque le gustaban las sensaciones que le producían.
- Flora era una mamá confinada en casa con dos niños pequeños, y aunque los amaba con toda su alma a veces le parecía que la vida se le escapaba y se aburría enormemente. En cierta ocasión, mientras veía un programa televisivo para mujeres acerca de los placeres del sexo, pensó en lo insulsa que había llegado a ser su existencia, y decidió navegar por la Internet en busca de algo que añadiera picante a la relación sexual con su marido. Al teclear "mejor sexo" en el buscador entró en un mundo insólito de pornografía; y aunque sentía una mezcla de excitación y remordimiento, quedó atrapada en el mismo. Ahora, cada día veía videos de sexo explícito y chateaba con hombres desconocidos en la red…

DEFINICIONES E IDEAS CLAVE 2

- La pornografía es cualquier *material sexualmente explícito* que deshumaniza, cosifica y degrada a hombres y mujeres con el fin de proporcionar estimulación erótica. Por lo general se trata de fotografías o videos, aunque también se encuentra en forma de relatos o cómics.
- La pornografía *promueve "el sexo sin consecuencias"*, y sirve de ayuda para la gratificación sexual en solitario. A veces se hace referencia a ella como "el pecado sin víctimas", pero esa denominación no tiene en cuenta el daño que causa al alma de la persona misma ni cómo socava sus relaciones.

- Por lo general, *los varones buscan consejo* al respecto, porque alguien del trabajo o algún ser querido los ha descubierto y, a veces, porque están cansados de sus sentimientos de culpabilidad y vergüenza.
- *Las mujeres, en cambio, lo hacen porque sospechan o han descubierto* que sus maridos son aficionados a los materiales pornográficos y no saben cómo deben actuar. Sin embargo, las encuestas revelan que *cada vez más mujeres* ven también pornografía.
- *Los adolescentes pueden acudir a un consejero por iniciativa de sus padres.*
- Muchas personas casadas *justifican su comportamiento como algo "inocuo"*, porque piensan que en realidad no están cometiendo adulterio.
- Con el paso del tiempo, la pornografía *pierde su poder estimulante* y el usuario se siente tentado a dar el siguiente paso y participar en comportamientos sexuales que involucran a otros (generalmente extraños). Por esta razón, la pornografía se considera cada vez más como una "droga blanda" que abre la puerta a un porno más degradante y a perversiones sexuales más graves, tales como el uso de prostitutas, de niños y la incorporación de la violencia y otras conductas peligrosas a la rutina sexual de la persona.
- Algunos individuos utilizan la pornografía para *aliviar el estrés y poder escapar* de lo que perciben como adversidades de la vida.
- Aunque los números siguen aumentando, ciertos estudios recientes revelan que:
  - *existen 4.200.000 sitios web pornográficos* (el 12% del total)
  - *se hacen 68.000.000 búsquedas diarias de pornografía en la red* (el 25% del total)
  - *hay 40.000.000 adultos estadounidenses que visitan regularmente sitios web de contenidos porno*
  - *el 53 por ciento de los miembros de la organización* Promise Keepers *(Guardadores de Promesas) vieron materiales pornográficos la semana pasada*[1]
- Otra encuesta indicaba que:
  - el 47 por ciento de los *cristianos consideran que la pornografía constituye un problema importante* en el hogar
  - la media de edad para *la primera exposición a la pornografía en la Internet* es de once años
  - el 90 por ciento de los jovencitos *entre los ocho y los dieciséis años han visto pornografía en la red* (la mayoría mientras hacían la tarea de la escuela)[2]
- Por lo general, el uso de pornografía es *síntoma de un problema más profundo* (como la baja autoestima, la soledad y el abuso sexual en el pasado).
- Muchas personas casadas utilizan la pornografía *para evitar la intimidad emocional o sexual* con sus cónyuges.
- El uso constante de material pornográfico fomenta la idea de que *las mujeres y el propio cónyuge deben considerarse como meros objetos*

de placer y que *el sexo no guarda relación alguna con el amor, el compromiso y el matrimonio.*

- El hecho de mirar *materiales pornográficos aumenta las probabilidades de contraer una adicción al sexo* y otras patologías sexuales. Como mínimo, el uso de pornografía causará conflictos e insatisfacción en el matrimonio debido a las *expectativas sexuales poco realistas* del cónyuge.
- El usuario de pornografía *luchará constantemente* con la ira, el remordimiento, la vergüenza, una ansiedad cada vez mayor y ciertos recuerdos angustiosos.
- Es bastante corriente que muchos se vean *expuestos por primera vez* a la pornografía entre los 12 y los 14 años.
- Muchos adolescentes empiezan a mirar materiales pornográficos por *curiosidad* y como un modo de aliviar la tensión hormonal.
- Por claridad nos referiremos al usuario de pornografía como alguien del sexo masculino, pero sin duda es posible que las mujeres también vean materiales pornográficos.

ENTREVISTA DE EVALUACIÓN 3

Para el usuario de pornografía

Reconozca que las personas con este problema pueden sentir *mucha vergüenza* y mostrarse reacios a hablar del mismo. Por lo general, tales individuos niegan su participación en esta clase de conducta durante meses o incluso años, y cuando se las confronta con el tema a menudo reaccionan de manera desafiante y defensiva.

Es importante que el consejero *transmita a su aconsejado que lo acepta como persona* y que está abierto a comprender la batalla que ha librado hasta ahora. Acérquese al paciente *con una actitud de gracia y no de juicio. Sea paciente* mientras le anima a relatar cómo empezó su lucha, de qué manera fue progresando y cuál es la situación actual.

Durante el proceso de evaluación *calcule el tiempo* que lleva la persona implicada en esa actividad, así como *su grado de participación* en ella. ¿Es la misma algo diario o esporádico? ¿Piensa su aconsejado que está llegando a ser una adicción, un tema que condiciona su vida...? ¿Afecta la pornografía su trabajo o sus relaciones familiares?). Además, es importante evaluar le medida en que la persona está *arrepentida y lamenta la situación, así como comprobar la disposición que tiene para el cambio.*

1. ¿Cuándo fue la primera vez que miró material pornográfico? ¿Qué edad tenía usted entonces?
2. ¿Cuánto tiempo hace que dura ese comportamiento?
3. ¿Qué le impulsó a ello?
4. ¿En qué momento suele usted ver el material pornográfico? ¿Por la noche, cuando está estresado, cuando tiene delante el ordenador y no hay nadie presente, o en alguna otra ocasión?

5. ¿Ha intentado dejarlo? ¿Qué sucedió?
6. ¿Qué le supondría admitir que utiliza pornografía?
7. ¿Cómo afecta sus relaciones el uso de material pornográfico?
8. ¿De qué manera influye esto en sus sentimientos y su relación con Dios?
9. ¿Ha pasado usted a otras formas de actuación tales como visitar locales de striptease, contratar a prostitutas o tener aventuras amorosas? ¿Se siente tentado a hacer estas cosas?
10. ¿Cómo piensa que le beneficiarán las sesiones de consejería?

Para el cónyuge que busca consejo

Si el aconsejado es el esposo o la esposa de alguien sospechoso de utilizar pornografía probablemente *exprese una variedad de emociones*: desde la ira hasta el sentimiento de culpabilidad, pasando por la vergüenza, por creer que de alguna manera ella tiene la culpa.

En la entrevista inicial tendrá que demostrar una disposición a *escuchar y transmitir esperanza* a la persona en cuanto a que Dios le mostrará el camino a través de esta difícil situación.

Será importante *saber qué quiere hacer específicamente el aconsejado.* Tal vez esté luchando con el miedo a confrontar a su marido o tratando de pensar claramente acerca de la situación, y necesite discutirlo con usted.

1. ¿Cuándo se enteró de que existía este problema?
2. ¿Cómo lo supo?
3. ¿Ha intentado hablar con su marido acerca de ello?
4. Si no lo ha hecho, ¿cuál ha sido la causa? ¿Teme, tal vez, que él reaccione mal?
5. Si lo ha hecho, ¿cómo presentó el asunto?
6. ¿Cómo respondió él?
7. ¿Ha visto algún cambio inusual en su comportamiento recientemente?
8. ¿Cómo se siente usted respecto a esta situación?
9. ¿De qué manera específica puedo ayudarla?
10 ¿Le gustaría que yo hablara con su esposo? ¿Piensa que él estaría dispuesto a venir a conversar conmigo?

4 CONSEJOS SABIOS

Para la persona que mira el material pornográfico

Evalúe cuán *sincera* es la persona consigo misma y con usted. Determine *su disposición a dar los pasos necesarios para cambiar.* Una confesión y un arrepentimiento verdaderos son esenciales para iniciar el proceso de cambio: *el arrepentimiento es un componente espiritual decisivo* para la sanidad del pecado sexual. Tal vez valdría la pena estudiar con la persona la confesión de pecado de David en el Salmo 51.

Es importante *identificar los factores detonantes* que llevan a su paciente a utilizar el material pornográfico. Algunos terapeutas los resumen en cuatro: hambre, enojo, soledad y cansancio.

Transmítale a su aconsejado la esperanza de que triunfará sobre este problema. Hágale comprender que, aunque habrá momentos de tentación y posiblemente algunos reveses, Dios es fiel para perdonar y restaurar. Garantícele que le apoyará personalmente a lo largo de todo el proceso.

Explique a su paciente lo importante que es *poder rendir cuentas a otros*, y ayúdele a estructurar un sistema para ello con la ayuda de algún amigo de confianza.

Para el cónyuge o los padres

Ayude al cónyuge o a los padres a comprender que aunque la persona deje de mirar pornografía inmediatamente, *recuperar la confianza en ella requerirá tiempo, atención y valor* por parte de ambos.

Invite al individuo agraviado a ser sincero en cuanto a su ira, sentimiento de culpabilidad, vergüenza y sensación de haber sido traicionado.

Explique la importancia de *procesar un duelo por las heridas emocionales y perdonar las ofensas*. Ayude a la persona a comprender que el perdón es tanto una decisión como un proceso. La gente muchas veces necesita tiempo para comprender lo que significa perdonar en una situación así, como también darse cuenta de que la confianza aún debe ganarse.

A la inmensa mayoría de las personas ofendidas por cuenta de la pornografía *se les ha mentido* al respecto, así que usted debe explicar que es necesario que el ofensor rinda cuentas a otros.

PASOS PRÁCTICOS 5

Para la persona que ve el material pornográfico

1. Identifique los daños

- Necesitará considerar de qué manera la pornografía ha estado afectando su vida, sin olvidar esos pensamientos obsesivos que le distraen de otras ocupaciones más sanas, el distanciamiento que ha experimentado en las relaciones familiares, y el sentimiento de culpabilidad. (*Si la persona no siente remordimiento no comprenderá la necesidad de arrepentirse).*

2. Identifique los patrones de la tentación

- Identifique todos los lugares y actividades que le causan tentación.
- Evite los comercios donde se venden revistas pornográficas.
- Utilice la computadora solo en presencia de otras personas.
- Compre aplicaciones informáticas que bloqueen el acceso a sitios web indeseables y rinda cuentas a alguien de su confianza.

3. Identifique los detonantes emocionales

- ¿Hay ciertos compañeros de trabajo, momentos del día o situaciones estresantes que le provocan tentación?

- Identifique cuáles de los factores detonantes que hemos mencionado anteriormente —hambre, enojo, soledad y cansancio— son los más difíciles de resistir.
- Tome medidas específicas para minimizar esos detonantes.

4. Considere como un pecado mirar pornografía

- Resulta importante entender que este tipo de conducta es pecado y hay que dejar de justificarla. Recuerde que aun mirar lascivamente a alguien del sexo opuesto constituye un hecho pecaminoso y produce una ruptura entre Dios y nosotros.
- En compañía de su consejero, reflexione acerca de cómo ve Dios el pecado, cuál es la naturaleza del perdón y en qué consiste el amor incondicional del Señor. ¿Cómo se ve usted a sí mismo con respecto a la manera como Dios le ve?

5. Vuelva a enfocar su atención en Cristo

- Trace un plan para fortalecer y profundizar su relación con Jesús; hágase responsable ante alguien de la lectura diaria de la Biblia y la oración.
- Aprenda de memoria ciertos pasajes bíblicos, para que pueda llevar "cautivo todo pensamiento a la obediencia a Cristo" (2 Co. 10:5, RVR-60).
- Dios nos ha creado y nos ama a todos. Intente ver a los demás como hijos e hijas del Rey. Eduque sus ojos —incluso los de su corazón—, con la ayuda de su consejero, para percibir a las personas tal como Dios las ve, y no como meros objetos sexuales.

6. Busque personas que le apoyen y a quienes pueda rendir cuentas

- Participe en algún ministerio cristiano de su localidad que ofrezca apoyo a los que experimentan esta lucha.

7. Considere el daño causado por la pornografía en su matrimonio

- *Evalúe la relación de la persona a quien aconseja con su cónyuge (si está casada), e invítelos a venir juntos a verlo para explorar los efectos de este comportamiento en su relación y sanar sus heridas. Ayude a su paciente a cultivar la intimidad sexual y emocional con su cónyuge.*

8. Consulte a un terapeuta especializado en la rehabilitación de adictos sexuales

- El uso de pornografía puede tener consecuencias devastadoras a largo plazo, tales como aventuras amorosas, divorcios, otras formas de promiscuidad sexual y diversas ETS.
- *Si se trata de un patrón de conducta de larga duración, con un nivel elevado de envolvimiento, es importante buscar apoyo profesional especializado en el área de las adicciones sexuales, y animar a la persona a participar en un grupo de recuperación de su localidad.*

Para el cónyuge que busca consejo

Si el marido no quiere ir a la consulta para hablar con usted, o si la esposa no desea que él se entere de la conversación que han mantenido ustedes dos, solo tendrá la posibilidad de dar ánimo a la mujer.

1. Esté alerta contra los factores detonantes

- Puede usted identificar qué sitios y actividades representan una tentación para su cónyuge.
- Ayude a su marido a evitar los comercios donde se venden revistas pornográficas (p. ej. no lo mande por la noche a comprar en tiendas que abran las veinticuatro horas del día).
- Traslade la computadora a un lugar concurrido. Si su esposo está dispuesto a recibir ayuda debería aceptar este cambio; en caso contrario, puede explicarle que no desea que sus hijos se encuentren con pornografía.
- Compre aplicaciones de software que bloqueen el acceso a sitios web indeseables.

> Una de cada seis mujeres estadounidenses, incluso las cristianas, luchan con la adicción a la pornografía. Esto corresponde al 17% de la población que cree realmente que puede encontrar satisfacción sexual en la Internet.
>
> *Today's Christian Woman*

2. Identifique los detonantes emocionales

- ¿Le parece que hay ciertos compañeros de trabajo de su esposo, momentos del día o situaciones especialmente estresantes que suponen una tentación para él? ¿Qué puede usted hacer para ayudarle?
- ¿Cuáles de los factores mencionados anteriormente —hambre, enojo, soledad y cansancio— constituyen los detonantes más difíciles de resistir para su marido? ¿Qué puede usted hacer para subsanar esto?
- Si su esposo está dispuesto a recibir ayuda, puede hablarle de estos factores detonantes y cómo usted puede ser su aliada para minimizarlos.

3. Siga amándolo

- Las regañinas, la ira o la humillación no darán resultado. Continúe amando a su esposo. Esto le resultará difícil, porque se sentirá traicionada, pero pida a Dios que le ayude a seguir queriéndolo en medio de la situación.
- Comuníquele su deseo de que vuelva a la luz, y de tener un matrimonio sin la interferencia de "otras mujeres".
- Dígale cómo se siente cuando él mira materiales pornográficos.
- Pregúntele si quiere que sus hijos estén también esclavizados cuando sean mayores.
- Explíquele que con el paso del tiempo la pornografía dejará de satisfacerle y necesitará una dosis mayor, otros tipos de excitación o tener una aventura amorosa.

4. Ore

- Ore para que a su marido le repugne lo que ve y decida abandonarlo.
- Pídale a Dios que obre en la vida de su esposo.

5. Anímelo a buscar apoyo

- Anímelo a participar en sesiones de consejería o a formar parte de un grupo de apoyo o estudio bíblico para hombres que le ofrezca la posibilidad de rendir cuentas.

- Haga lo que sea necesario para que su esposo pueda acudir a un grupo así.
- Plantéese participar en un grupo de apoyo para esposas con maridos adictos al sexo.

6. Fije sus límites

- ¿Qué decisión tomará si él no está dispuesto a dejar la pornografía?

6 EJEMPLOS BÍBLICOS

Oísteis que fue dicho: No cometerás adulterio. Pero yo os digo que cualquiera que mira a una mujer para codiciarla, ya adulteró con ella en su corazón (Mt. 5:27-28, RVR-60).

Aquí tenemos el enésimo versículo que nos enseña que el pecado comienza (y a menudo termina) en la mente. No es solo la conducta lo que constituye pecado, sino también los pensamientos. Por eso el pecado no se evita simplemente negándonos a poner en práctica nuestras ensoñaciones sexuales, sino que imaginarnos en situaciones eróticas con personas atractivas llena de pecado nuestro corazón. No se necesita pensar mucho para inferir de este versículo —y convertirlo en un principio de nuestra teología— que es imposible evitar tales fantasías sin el poder del Señor. ¡Cuán necesaria es la transformación santificadora del corazón y de la mente para llevar una vida pura delante de Dios!

Que nadie, al ser tentado, diga: "Es Dios quien me tienta". Porque Dios no puede ser tentado por el mal, ni tampoco tienta él a nadie. Todo lo contrario, cada uno es tentado cuando sus propios malos deseos lo arrastran y seducen. Luego, cuando el deseo ha concebido, engendra el pecado; y el pecado, una vez que ha sido consumado, da a luz la muerte (Stg. 1:13-15).

El pecado es progresivo: comienza con la tentación atractiva y aparentemente benigna a traspasar unos límites, y muy pronto fomenta deseos y comportamientos pecaminosos que destruyen a la persona y perjudican todas sus relaciones.

Moraba Israel en Sitim; y el pueblo empezó a fornicar con las hijas de Moab (Nm. 25:1, RVR-60).

El pecado sexual nunca deja de progresar, arrastrando a las personas cada vez más lejos de Dios. Lo que comienza como un flirteo "inocente" con la transgresión, puede tener consecuencias letales. Si alguien se aventura en el pecado sexual es posible que quede atrapado, y finalmente consumido, por dolores y quebrantos.

La voluntad de Dios es que sean santificados; que se aparten de la inmoralidad sexual; que cada uno aprenda a controlar su propio cuerpo de una manera santa y honrosa, sin dejarse llevar por los malos deseos como hacen los paganos, que no conocen a Dios (1 Ts. 4:3-5).

La Biblia habla muy claramente acerca del pecado sexual. Dios creó la sexualidad como una expresión maravillosa del amor matrimonial, y Satanás tomó esa hermosa expresión y la distorsionó.

Los creyentes no deben participar en el pecado sexual. El Señor conoce el poder que este tiene para destruir a su pueblo, y lo que Él nos ordena es para nuestro bien.

El pecado sexual abarca toda una serie de actividades que Dios prohíbe y —permita lo que permita nuestra sociedad— los cristianos debemos buscar la enseñanza divina acerca de este asunto tan importante.

Los que somos de Cristo necesitamos evitar las actividades y los pensamientos que desvirtúan o destruyen lo que Dios diseñó para cultivar la unidad matrimonial.

Yo soy el que escudriña la mente y el corazón; y a cada uno de ustedes lo trataré de acuerdo con sus obras (Ap. 2:23).

A veces las personas creen que pueden esconder ciertas partes de su vida de todo el mundo, pero Cristo escudriña la mente y el corazón y para Él no hay nada oculto. Ningún pecado sexual le pasa desapercibido. La gente tal vez piense que se saldrá con la suya, pero Dios lo sabe todo.

El Señor conoce todos los lugares adónde vamos y está al corriente de cuanto decimos, pensamos o hacemos. Comprender esto debería ser un motivo para guardarnos del pecado sexual.

ORACIÓN 7

Oh Señor, esta familia está destrozada por una distorsión del deseo sexual que tú creaste para que fuese algo bueno y saludable. Ayúdales a hacer frente al dolor que les está causando la pornografía. Pedimos que fortalezcas a tu hijo, a fin de que pueda mantenerse firme en su compromiso de resistir el poder adictivo de los materiales pornográficos…

23 El "poliamor" y las relaciones sexuales en grupo

1 RETRATOS

- Ronaldo y Carlota habían sido amigos de Eugenio y Alicia durante la mayor parte de sus vidas adultas. A menudo pasaban los fines de semana juntos, y ahora estaban todos criando y apoyando a los hijos los unos de los otros, de modo que también las familias dedicaban mucho tiempo a la compañía mutua. Ronaldo y Carlota sabían que sus amigos eran más liberales que ellos en cuanto a la sexualidad y su expresión, de modo que no los escandalizó del todo que Eugenio y Alicia les propusieran intercambiar parejas y que cada uno compartiera sexualmente a los demás.
- Dora acabó cediendo a la constante presión de su marido para formar un *ménage à trois*, y el hombre pronto llevó a casa a una guapa joven del club al que pertenecían. Sin embargo, la realidad de aquello fue muy diferente de la fantasía. No solo Dora se sentía extraña participando en las relaciones lésbicas que a su marido le encantaba contemplar, sino que también ver cómo este se entregaba sin inhibiciones a una sexualidad desenfrenada con aquella mujer desconocida —incluyendo el sexo anal al que ella jamás se había prestado— la perturbaba enormemente. Y aunque estaba determinada a decirle a su esposo que no quería volver a hacer aquello, preveía tanto la decepción como la ira de este por fijarse límites.
- Paco y Gisela llevaban muchos años compartiendo parejas, lo cual se había convertido en un aspecto rutinario de sus vidas sexuales. Incluso habían pasado numerosas vacaciones de ese tipo cuando el club al que pertenecían había contratado todo un hotel o alguna isla caribeña para ello. Pero imagínense el asombro de ambos cuando el médico de Gisela le dio la noticia de que había contraído una grave enfermedad de transmisión sexual durante sus últimas vacaciones eróticas.

2 DEFINICIONES E IDEAS CLAVE

- *El sexo en grupo o intercambio de cónyuges* implica invitar a otros individuos o parejas a participar en la vida sexual del matrimonio, de modo que *tanto el marido como la mujer tienen relaciones sexuales con terceros.* A menudo se justifica con el argumento de que no hay secretismo ni se llevan a cabo aventuras ilícitas a espaldas del cónyuge.

- *El "poliamor"* es una idea política, social y sexual que apoya el "matrimonio" y el fomento de la familia *entre cualquier número de adultos en edad de consentimiento.* Tres, cuatro o cinco individuos, sin importar cuál sea su sexo, pueden formar un "matrimonio" no reconocido legalmente. La poligamia es un tipo de "poliamor", al igual que la poliandria (en la cual una mujer tiene muchas parejas sexuales a las que se refiere como sus "esposos").
- *Las fantasías relacionadas con el sexo en grupo son corrientes tanto entre hombres como entre mujeres.* Algunos estudios importantes revelan que entre el 54 y el 88 por ciento de las personas fantasean con presenciar las relaciones sexuales de otros, entre el 40 y el 42 por ciento lo hacen imaginándose que son ellas mismas las observadas, y entre el 39 y el 72 por ciento sueñan con que las tienen atadas con cuerdas.[1]

ENTREVISTA DE EVALUACIÓN 3

Sea paciente mientras invita a la persona a relatar cómo empezó su lucha, la forma en que esta progresó y lo que está sucediendo actualmente. Durante el procedimiento de evaluación estime cuánto tiempo ha estado el aconsejado envuelto en dicha actividad y en qué medida. Además, es importante sopesar cuánto lamenta y le duele esto al individuo, y si está dispuesto o no a cambiar.

> Crea en mí, oh Dios, un corazón limpio, y renueva la firmeza de mi espíritu. No me alejes de tu presencia ni me quites tu santo Espíritu. Devuélveme la alegría de tu salvación; que un espíritu obediente me sostenga.
> *Salmos 51:10-12*

1. ¿Qué le ha traído hoy aquí? ¿Cómo cree que le beneficiarán las sesiones de consejería?
2. ¿Cuánto tiempo hace que mantiene este patrón? ¿Se trata de algo esporádico? ¿Afecta esa conducta su vida laboral o familiar?
3. ¿Qué le movió a probar el cambio de parejas? ¿Cuándo lo hace con más frecuencia? ¿Planean usted y su cónyuge su programa semanal o sus fines de semana en torno a dicha actividad?
4. ¿Ha intentado usted dejarla? ¿Cuál fue el resultado? ¿Cómo se siente teniendo que admitir que practica el cambio de parejas?
5. ¿Pensaría usted que este comportamiento se ha convertido en una adicción y que está empezando a controlar su vida?
6. ¿Tiene usted hijos? ¿Están ellos al corriente de lo que usted hace? ¿Saben otros miembros de la familia acerca del asunto o participan en ese estilo de vida?
7. ¿Cómo ha afectado a su matrimonio el cambio de parejas? ¿Qué opinión tiene ahora de su esposo o esposa? ¿Y de usted mismo?
8. ¿Cómo afecta esta práctica sus sentimientos y su relación con Dios?
9. ¿Quiere liberarse de ese tipo de conducta? ¿Desea abandonar el

cambio de parejas como estilo de vida? ¿Está dispuesto a hacer lo que sea necesario para dejarlo?

4 CONSEJOS SABIOS

Pocas veces los adeptos al sexo en grupo o "poliamor" recurren a la consejería para tratar estas cuestiones. Por lo general, son otros problemas que los mueven a ello, y tal vez se resistan tercamente a relacionar su ansiedad, sentimiento de culpabilidad o depresión con el estilo de vida que llevan. Cuando acuden a la consulta para abordar estos asuntos, lo hacen más bien porque están atravesando alguna crisis cuya causa hay que buscarla en su forma de vivir (p. ej. que han contraído alguna enfermedad de transmisión sexual). De modo que tal vez sea prudente considerarlos como pacientes involuntarios, cuya motivación se desvanecerá una vez que la crisis haya pasado.

El arrepentimiento es un componente espiritual decisivo a la hora de sanarse del pecado sexual. Quizá valdría la pena leer y meditar con la persona o el matrimonio a quienes aconseja la confesión de pecado del rey David en el Salmo 51. En este pasaje, David clama a Dios pidiendo misericordia y limpieza. El plan divino es que el disfrute y la satisfacción sexual se experimenten dentro del vínculo del matrimonial entre un solo hombre y su única mujer.

Evalúe la *sinceridad* de la persona hacia sí misma y para con usted. Determine lo *dispuesta que está a dar los pasos necesarios para lograr el cambio.* La confesión y el arrepentimiento auténticos resultan esenciales en el comienzo de este proceso de sanidad: Dios es fiel para perdonar y restaurar.

Asegure al paciente que puede experimentar la libertad y la victoria. Quizá haya algunos momentos de recaída en los que la tentación pueda más que él y le sumerja de nuevo en la práctica del cambio de parejas. Transformar la conducta requiere tiempo, y la sanidad es un proceso, pero si la persona está dispuesta a buscar la ayuda y la sabiduría de Dios al tiempo que se somete al proceso de consejería, podrá dar la vuelta por completo a su existencia y su matrimonio, y experimentar una vida de pureza sexual como el Señor lo planeó.

El responsabilizarse ante otros resulta esencial. Anime a su aconsejado a buscar el apoyo de algún amigo de confianza, y a reunirse regularmente con alguien que le haga preguntas difíciles y le pida cuentas acerca de cómo le va con el estilo de vida sexual que agrada a Dios.

5 PASOS PRÁCTICOS

1. Identifique y resuelva la crisis

- Hable acerca de la situación actual de su vida, su matrimonio y su familia. ¿Hay cuestiones médicas pendientes en este momento? ¿Existe alguna crisis que deba resolverse de inmediato? Esté abierto a mencionar sus preocupaciones y a plantearse el adoptar nuevas ideas. El cambio siempre es difícil, pero puede ocurrir si tiene usted la disposición de esforzarse.

- *Si sus aconsejados quieren concentrarse en la crisis misma, ayúdelos a resolverla para que puedan estabilizar su vida y sus relaciones matrimoniales y familiares. Haciendo esto estará usted tocando la raíz de los problemas asociados con el sexo en grupo, y tal vez se le invite a explorar más a fondo áreas en la vida de sus pacientes que son tabú.*

2. Hágase una revisión médica completa

- Un examen médico descartará cualquier problema de salud causado por las relaciones sexuales en grupo y con múltiples parejas. El médico también será capaz de ayudarle con el tratamiento de cualquier ETS que pueda haber contraído.
- *Esté preparado para ofrecer a su paciente una lista de médicos cristianos de su zona que puedan ayudar a completar la valoración médica. Tal vez la persona aconsejada no se sienta cómoda yendo a la consulta de su médico de atención primaria para esta clase de valoración.*

3. Comprométase a cambiar y a rendir cuentas

- Comprométase con Dios y con el proceso de consejería, y sea constante en asistir a las sesiones y guardar su vida del pecado sexual. También le sería provechoso poner por escrito las metas que se ha propuesto y el compromiso tanto propio como de su consejero, y guardarlo como recordatorio de los nuevos votos que ha hecho.
- Busque un amigo de confianza de su mismo sexo a quien pueda rendirle cuentas del nuevo estilo de vida de pureza sexual que desea llevar. Reúnase regularmente con él y séale sincero.
- *Ayude a la persona aconsejada a comprometerse con alguna forma de responsabilidad y apoyo. Si su paciente está dispuesto a firmar un contrato con usted para abandonar las relaciones sexuales en grupo y con múltiples parejas, eso significará que ha tomado la decisión de cambiar y es más probable que permanezca constante en su asistencia a las sesiones y en buscar ayuda.*

Notas adicionales para el consejero:

- *Pueden existir muchas conexiones entre la crisis que ha llevado a la persona a su consulta y el sexo en grupo o los cambios de pareja que practica. También es probable que la persona se mantenga en la negativa y sea incapaz de reconocer dichas conexiones (aunque tal vez uno de los cónyuges "vea la luz" y esté dispuesto a cambiar su vida sexual desenfrenada por otra más segura y convencional). Comoquiera que sea, refuerce dichas conexiones de manera que exponga las mentiras que su paciente ha estado abrazando en cuanto a que el sexo en grupo y el cambio de parejas son buenos y deseables.*
- *Puesto que la mentira fundamental es que las relaciones sexuales convencionales son insulsas y aburridas, debe usted subir el listón*

alabando la práctica del sexo con el propio cónyuge. Hable acerca de cómo la sexualidad marital puede ofrecer una vida llena de descubrimientos, y un buen matrimonio proporcionar gozo y satisfacción como no se encuentran en prodigarse con múltiples parejas sexuales.

6 EJEMPLOS BÍBLICOS

Así que, si el Hijo os libertare, seréis verdaderamente libres (Jn. 8:36, RVR-60).

Solo Dios puede proporcionar consuelo, gozo y libertad duraderos de la atadura del pecado sexual. Él tiene un plan maravilloso y perfecto para la sexualidad en su forma más pura. Cuando buscamos al Señor y descansamos en su fortaleza llegamos a conocer y desear su camino.

Así también vosotros, consideraos muertos para el pecado, pero vivos para Dios en Cristo Jesús. Por tanto, no reine el pecado en vuestro cuerpo mortal para que no obedezcáis sus lujurias; ni presentéis los miembros de vuestro cuerpo al pecado como instrumentos de iniquidad, sino presentaos vosotros mismos a Dios como vivos de entre los muertos, y vuestros miembros a Dios como instrumentos de justicia. Porque el pecado no tendrá dominio sobre vosotros, pues no estáis bajo la ley sino bajo la gracia (Ro. 6:11-14, LBLA).

Pablo nos advierte que no debemos permitir que el pecado controle nuestras vidas, y anima a los creyentes a estar firmes contra la tentación de la maldad y la lujuria. Se nos ha hecho un llamamiento a buscar la justicia, y podemos obtenerla mediante Jesucristo y su sacrificio en la cruz, ¡su victoria sobre el pecado! Las personas aconsejadas necesitan decidirse a cambiar, sustituir su conducta pecaminosa por otra moralmente sana y, finalmente, buscar una forma distinta de satisfacer sus necesidades.

Haced morir, pues, lo terrenal en vosotros: fornicación, impureza, pasiones desordenadas, malos deseos y avaricia, que es idolatría; cosas por las cuales la ira de Dios viene sobre los hijos de desobediencia (Col. 3:5-6, RVR-60).

Estos versículos describen algunos deseos pecaminosos que los creyentes deben "hacer morir". Los pecados sexuales, los malos apetitos y la avaricia (un tipo de idolatría) no han de tener cabida en el corazón y la vida de ningún cristiano. Se requiere una determinación diaria y consciente para decir no a estas tentaciones y depender del poder del Espíritu Santo con el fin de vencerlas.

Lea la oración de arrepentimiento que hace David en el Salmo 51:1-12.

ORACIÓN 7

Amado Señor, este matrimonio se ha visto muy dañado por una distorsión del deseo sexual que tú creaste como algo bueno y saludable. Ayuda a esta familia a lidiar con el dolor que les está causando el sexo en grupo y el cambio de parejas. Te pedimos que los fortalezcas para que puedan mantenerse firmes y libres del poder adictivo que este tipo de esclavitud sexual es capaz de imponer a los matrimonios. Tú, Señor, puedes proporcionar y conservar esta clase de fortaleza...

24 El exhibicionismo y el voyerismo

1 RETRATOS

- Daniel, un respetable hombre de negocios de su comunidad, expresa: "No puedo creer lo que hice; para mí fue tan chocante como para ellos", y luego describe cómo, al pasar con su automóvil junto a dos chicas escolares, les gritó para atraer su atención y les enseñó los genitales.
- Carlos viaja mucho por negocios y se aloja a menudo en hoteles. Sea cual fuere la ciudad en que se encuentre siempre se siente movido a exhibirse desnudo delante de la gran ventana de su habitación, con la esperanza de que alguien mire hacia arriba y lo vea.
- "Usted no entiende. ¡Yo vivo en Nueva York y allí todo el mundo mira! —se queja Roberto a su consejero designado por el juez—. No soy el único que tiene un telescopio en su apartamento. ¡Si a la gente le importara lo más mínimo bajarían las persianas!".

2 DEFINICIONES E IDEAS CLAVE

- El exhibicionismo es un trastorno psicológico que se caracteriza por unas pautas de comportamiento relacionadas con la *exposición del propio cuerpo a otras personas: a menudo los genitales, los glúteos o los pechos*. Esta exposición puede ser de carácter extravagante y, por lo general, incluir ciertas insinuaciones sexuales.
- El voyerismo es un trastorno reflejo del exhibicionismo. El *voyeur* experimenta *fantasías o comportamientos sexualmente estimulantes mientras observa a una persona desprevenida que está desnuda, en proceso de desnudarse o participando en una actividad sexual.*
- El DSM-IV-TR clasifica el exhibicionismo en la categoría de las parafilias: patrones de comportamiento sexual que incluyen por lo general algunas *prácticas poco corrientes y socialmente inaceptables.* La Asociación Americana de Psiquiatría también considera el voyerismo una parafilia.
- A quienes practican el voyerismo se los conoce como *voyeurs* o mirones. *Para diagnosticar de voyerismo se requieren dos ingredientes*:
  - El individuo debe experimentar, durante un mínimo de seis meses, fantasías, deseos o comportamientos recurrentes, intensos y sexualmente estimulantes por el hecho de observar a una persona desprevenida que está desnuda, en proceso de desnudarse o tomando parte en una actividad sexual.

- Tales fantasías, deseos o comportamientos sexuales deben producir en el individuo *una angustia clínica significativa o una deficiencia para el funcionamiento social, laboral o en otras áreas importantes.*[1]

- Cierto equipo de investigadores preguntó una vez a 185 exhibicionistas: "¿Cómo preferiría que reaccionara la persona a quien le muestra sus partes íntimas?". La respuesta más corriente fue: "Que deseara tener relaciones sexuales conmigo" (35,1%). La segunda: "No tiene por qué haber ninguna respuesta" (19,5%). La tercera: "Que me enseñara también las suyas" (15,1%). La cuarta: "Admiración" (14,1%). Y la quinta: "Ninguna en absoluto" (11,9%). Muy pocos exhibicionistas eligen la respuesta: "Rabia y asco" (3,8%) o "miedo" (0,5%).[2]
- Al exhibicionismo se lo conoce también como apodisofilia o Síndrome de Lady Godiva, e igualmente como *parafilia "sin manos"*, un término descriptivo para diferenciarlo de las parafilias "con manos", que incorporan el contacto físico con otros. En ciertos casos *el exhibicionista se masturba* mientras lleva a cabo su exposición.
- Algunos exhibicionistas tienen un *deseo consciente de escandalizar o molestar* a la persona o las personas ante quienes se exponen. En contraposición, hay un alto porcentaje que espera o se imagina que el blanco de su exposición *se excitará sexualmente y querrá tener relaciones sexuales con ellos.*
- Los voyeurs a menudo *se imaginan llevando a cabo alguna actividad sexual* con el objeto de su interés. Un mirón obtiene *placer al observar secretamente* (ya sea de manera directa o mediante grabaciones) a otra persona desnuda o semidesnuda. Ciertos voyeurs intentan ver a otros mientras se bañan, evacuan o toman parte en una actividad sexual. Algunos expertos han constatado que la cultura se está volviendo más voyerista desde que apareció la "telerrealidad".
- Una variante del voyerismo consiste en *escuchar en secreto conversaciones eróticas*, o a otras personas que están participando en una actividad sexual. Esta práctica ha ganado muchos adeptos debido a las salas de chateo en la Internet.
- Las leyes varían bastante entre los estados con respecto a la gravedad del voyerismo; sin embargo, *la legislación internacional se está volviendo más estricta* en lo concerniente a esta práctica.

ENTREVISTA DE EVALUACIÓN 3

Para el exhibicionista

1. ¿En qué clase de exhibicionismo participa ahora? ¿Cuándo empezó a pensar en las conductas exhibicionistas? Explique su historial de exposición.
2. ¿Con qué frecuencia se ha exhibido ante otros durante el año pasado y cómo ocurre habitualmente esa exhibición?

3. ¿Se masturba usted mientras enseña los genitales? ¿Lo ha hecho en el pasado?
4. ¿Intenta alguna vez entrar en contacto físico con las personas a quienes elige como blancos de su exhibicionismo?
5. ¿Lo han arrestado alguna vez o ha intervenido la policía en respuesta a alguna queja presentada contra usted por exhibirse en público?
6. ¿Está experimentando alguna otra conducta o fantasía sexual extravagante?
7. ¿Ha intentado cambiar su comportamiento y abandonar esa práctica? ¿Qué resultados obtuvo?
8. ¿De qué manera afecta este comportamiento, directa o indirectamente, sus relaciones?
9. ¿Está dispuesto a renunciar al exhibicionismo? ¿Qué beneficios le reportaría el cambio?

Para el voyeur

1. ¿Cuándo empezó a mirar furtivamente o a espiar a otros?
2. Describa su primera experiencia. ¿Cómo se sintió?
3. ¿De qué manera encubrió su comportamiento?
4. ¿Le han descubierto alguna vez?
5. ¿Hay ciertos lugares en los que se siente usted más tentado a mirar de hurtadillas?
6. ¿Existen algunos momentos y lugares en los que le resulta más fácil evitar la tentación?
7. ¿Conoce a aquellos a quienes espía? En caso contrario, ¿intenta contactarlos de alguna manera?
8. ¿En qué forma ha afectado su vida y sus relaciones —ya sea directa o indirectamente— esa conducta?
9. ¿Qué beneficios le reportaría abandonar el voyerismo?
10. ¿Le ha ayudado alguien o alguna cosa en el pasado con su problema? ¿Cuáles fueron los resultados?

4 CONSEJOS SABIOS

Se han propuesto varias teorías acerca de *lo que causa las tendencias exhibicionistas y voyeristas*, las cuales, aunque no son concluyentes, pueden aportar un elemento importante para determinar el origen del trastorno en algunas personas.

Causa biológica. Se ha descubierto que unos niveles inusuales de testosterona aumentan la susceptibilidad de los varones a caer en comportamientos sexuales pervertidos.

Maltrato en la infancia. Muchos estudios han revelado que el maltrato emocional o físico en la infancia aumenta el riesgo de desarrollar tendencias exhibicionistas.

Traumatismo craneoencefálico. Varios casos documentados han demostrado que el traumatismo craneoencefálico (TCE) puede preceder al comportamiento sexual pervertido —incluyendo el exhibicionismo— en personas sin antecedentes en esa clase de delitos.

Estos trastornos son *problemas sexuales y sociales* que afectan negativamente tanto a la persona que los padece como al blanco que ha elegido. Las formas en que se manifiestan esas tendencias y los sitios en que se produce el comportamiento pervertido van en aumento en los Estados Unidos. Ya no se trata simplemente de un problema de las "grandes ciudades"; la continua expansión urbana ha dado lugar a que esta clase de actuación se dé en los centros comerciales y en los aparcamientos.

Un *aspecto importante en la recuperación de tales parafilias es el arrepentimiento* público de la conducta pervertida. Siempre que resulte posible o apropiado, podría ser beneficioso pedir perdón a las personas que han sido el blanco de la conducta en cuestión.

Tanto el exhibicionismo como el voyerismo constituyen parafilias sexuales, que *pueden producir sensaciones y causar conductas semejantes a las adicciones en quienes las padecen.* Una combinación de consejería individual, terapia grupal y medicación resulta útil en algunos casos, y el miedo a verse descubiertos y avergonzados puede disuadir a ciertas personas de entregarse a esa clase de comportamientos.

El voyerismo y el exhibicionismo *se clasifican generalmente como delitos menores* en la mayoría de las jurisdicciones, por lo que las penas impuestas a los que las practican son menos rigurosas. No resulta fácil procesar legalmente a los voyeurs, debido a que su intención de mirar es difícilmente demostrable. En sus alegatos esas personas suelen afirmar que la observación que se llevó a cabo fue meramente accidental.

PASOS PRÁCTICOS 5

1. Cultive el deseo de cambiar

- El primer paso para superar el exhibicionismo o el voyerismo es querer dejar atrás tales prácticas, lo cual requiere un grado de motivación muy alto, como sucede en el caso de las adicciones.
- Prevenir el exhibicionismo o el voyerismo cuando estos se hallan aún en su fase inicial, o antes de convertirse en un hábito con sus deseos y fantasías, es la manera más eficaz de tratarlo. Una intervención temprana incluye la psicoeducación, rendir cuentas ante otros y considerar tales conductas como un pecado que puede vencerse, con el poder que Dios da, mediante la confesión y el arrepentimiento.
- *La mayoría de los exhibicionistas y voyeurs nunca buscan someterse a tratamiento, ya sea por vergüenza o porque no quieren cambiar. Por esto, un gran porcentaje de las personas que sí lo buscan lo hacen después de que se les haya juzgado y por imposición de una orden judicial.*

2. Limite su exposición a los factores detonantes

- Debe usted identificar cuáles son los desencadenantes emocionales de estas prácticas y evitar aquellos lugares donde se sienta tentado a participar en ellas.
- *La sinceridad y un análisis exhaustivo son imprescindibles en este caso, ya que el parafílico que desea secretamente conservar su hábito no dará ninguna pista ni revelará lugares a ninguna persona o grupo ante el cual haya de rendir cuentas.*

3. Controle en mayor medida sus pensamientos e impulsos

- En la consejería individual aprenderá usted algunos mecanismos que le ayuden a resistir el deseo de exponer su cuerpo a otras personas o de observarlas secretamente en sus momentos de intimidad.
- Tiene usted que aprender cómo los pensamientos influyen en las emociones, las emociones negativas llevan a conductas pervertidas, y cómo puede usted frenar las fantasías activadas y sustituirlas por ocupaciones y pensamientos distintos. Su consejero también le animará a identificar e impugnar cualquier razón que utilice para justificar su comportamiento inapropiado.
- Una técnica conocida como "recondicionamiento orgásmico" incluye sustituir las fantasías vinculadas a la exhibición de uno mismo o la observación de otras personas, por imaginaciones de comportamientos sexuales aceptables.

4. Plantéese asistir a algún grupo de terapia o apoyo

- Los grupos de terapia y apoyo pueden resultar muy eficaces y convertirse en la fuente necesaria para rendir cuentas a otros. Uno de los aspectos más provechosos de las terapias de grupo es llegar a comprender que no está solo en su lucha contra el exhibicionismo o el voyerismo.
- *Tenga a mano una lista de grupos de tratamiento en su zona para entregársela a su paciente. Si se incorpora a un programa de apoyo como "Sexahólicos anónimos", por ejemplo, la persona podrá aprender de otros que han logrado dejar atrás esa clase de conductas, e incluso convertirse en su pupilo o "protegido". El hecho de contar con algún tutor cristocéntrico puede también reforzar esa práctica necesaria de rendir cuentas a otro, de la que se carece por completo si se lucha en solitario.*

6 EJEMPLOS BÍBLICOS

El amor debe ser sincero. Aborrezcan el mal; aférrense al bien. Ámense los unos a los otros con amor fraternal, respetándose y honrándose mutuamente. Nunca dejen de ser diligentes; antes bien, sirvan al Señor con el fervor que da el Espíritu. Alégrense en la esperanza, muestren paciencia en el sufrimiento, perseveren en la oración. Ayuden a los hermanos necesitados. Practiquen la hospitalidad (Ro. 12:9-13).

El exhibicionismo y el voyerismo son comportamientos egoístas y pecaminosos: a quienes los practican les preocupa más la excitación sexual y el sensacionalismo que el bienestar de las personas. Aquellos que han participado en tales conductas necesitan comprender el daño que han causado a sus víctimas, a sus propias familias y a sí mismos. Como todos nosotros, ellos también pueden ser perdonados y aprender a amar con un corazón desbordante de gratitud hacia Dios.

Mis queridos hijos, les escribo estas cosas para que no pequen. Pero si alguno peca, tenemos ante el Padre a un intercesor, a Jesucristo, el Justo. Él es el sacrificio por el perdón de nuestros pecados, y no sólo por los nuestros sino por los de todo el mundo (1 Jn. 2:1-2).

Los pecados de exhibicionismo y voyerismo no quedan fuera del alcance de la gracia divina. El perdón de Cristo se extiende a los transgresores sexuales como a cualquier persona, pero ese perdón no se limita a una declaración legal de inocencia, sino que implica una relación con Jesús que puede ser transformadora si aprendemos a relacionarnos estrechamente con nuestro Amigo y Salvador.

Miren tus ojos hacia adelante, y que tu mirada se fije en lo que está frente a ti. Fíjate en el sendero de tus pies, y todos tus caminos serán establecidos. No te desvíes a la derecha ni a la izquierda; aparta tu pie del mal (Pr. 4:25-27, LBLA).

En este pasaje Salomón nos recuerda la importancia de mantener centrada nuestra atención: si seguimos a Cristo y llevamos una vida enfocada en hacer lo bueno a los ojos de Dios, todos nuestros caminos quedarán establecidos. Debemos resistir firmemente la tentación de desviarnos por el sendero de la maldad. El exhibicionismo y el voyerismo conducen únicamente a la destrucción, tanto del que los practica como de sus víctimas.

ORACIÓN 7

Padre nuestro, gracias por tu maravillosa misericordia. Tú perdonas todos los pecados, incluso el exhibicionismo y el voyerismo. Haz que mi amigo crea de veras que te interesas por él, estás presente y aún sigues cambiando vidas. Dale valor para enfrentarse a los deseos que le han traído estos problemas, y ayúdale a recuperar la confianza de sus seres queridos...

25 El fetichismo

1 RETRATOS

- A Susana le encanta el cuero más allá de los límites saludables. Tiene pantalones de cuero, blusas de cuero y, naturalmente, chaquetas de cuero. ¡Incluso las sábanas de su cama son de cuero! El cuero es una parte tan importante de su vida sexual que, sin el mismo, el sexo le resulta aburrido y sin atractivo alguno.
- Pedro es lo que podría llamarse un "amante de los pies". Según dice: "Nunca sé si una mujer es guapa hasta que veo sus pies… ¡Necesito vérselos!". Aun en invierno le pide a su esposa que lleve zapatos de tacón tipo sandalia.
- Hay algo en el olor del caucho que siempre ha excitado sexualmente a Paquita. Cierto día lo reconoció tímidamente ante sus amigas, y luego preguntó: "¿Se trata de algo aberrante?". Pero se quedó asombrada cuando una de ellas le respondió: "A mi hermana le gusta la goma hasta más no poder. Va a las fiestas vestida con esos trajes de caucho ceñidos, y tiene relaciones sexuales con chicos a los que se refiere como los "hombres de la gomita".

2 DEFINICIONES E IDEAS CLAVE

- El fetichismo es la *atracción sexual por materiales u objetos que no se consideran convencionalmente de naturaleza erótica*. Cuando el tema del fetichismo de una persona es una parte del cuerpo del otro (lo cual se conoce como *parcialismo*), a menudo dicha parte adquiere la prioridad sexual sobre el resto del físico de la pareja.
- El fetichismo se llama más precisamente fetichismo sexual o erótico, y a quien tiene un fetiche se le denomina fetichista. El famoso psicólogo Alfred Binet, más conocido por inventar la prueba del coeficiente intelectual, fue el primero en introducir el término *fetiche sexual.*[1]
- La Asociación Americana de Psiquiatría clasifica el fetichismo como una parafilia: un trastorno sexual caracterizado por *determinado comportamiento erótico anormal o socialmente inaceptable*. Se consideran también parafilias el voyerismo y el exhibicionismo.
- Según la Clasificación Internacional de Enfermedades (CIE), el fetichismo es la *utilización de objetos inanimados como estímulo para alcanzar la excitación y la satisfacción sexual.*
- Muchas personas *nunca buscan tratamiento* para su fetichismo erótico, sino que más bien aceptan —e incluso celebran— sus fetiches, creyendo que estos realzan su relación y su placer sexual. Esa es

la razón por la que resulta tan difícil tratar y educar a otros en lo concerniente al control del fetichismo.

ENTREVISTA DE EVALUACIÓN 3

Preguntas de evaluación iniciales

1. ¿Cuánto tiempo hace que es un fetichista sexual?
2. ¿Cuál es su fetiche particular?
3. ¿Se excita usted sexualmente sin su fetiche?
4. ¿Se siente a gusto su cónyuge con su fetiche sexual? Explique su respuesta.
5. ¿Por qué está tratando ahora de superar su fetichismo sexual?
6. ¿Ha habido ciertos periodos en los cuales no experimentaba ese fetichismo?

Preguntas preocupantes acerca del fetichismo

Actualmente muchos psicólogos y médicos consideran el fetichismo como una *variante aceptable de la sexualidad humana*. Con frecuencia, el hecho de incorporar un fetiche a la práctica sexual se ve como algo *inocuo siempre que las personas implicadas en el mismo se sientan cómodas*. Sin embargo, hay cuestiones que muchas veces se pasan por alto en esta clase de valoración permisiva, de modo que habría que hacerse las siguientes preguntas:

1. ¿Se ha convertido el fetiche en una obsesión personal que interfiere en el aspecto relacional de la sexualidad o en su capacidad de conocer o gozar de la intimidad sexual con su cónyuge?
2. ¿Ha convertido usted el fetiche en algo más importante que su esposo o esposa, o que la salud sexual de su matrimonio?
3. ¿Es la relación con su fetiche la única forma que tiene de disfrutar del sexo o de lograr el orgasmo con su cónyuge?
4. ¿Forma parte su fetiche de un problema de abuso sexual o personal que no se ha resuelto debidamente?
5. ¿Le ha ayudado alguna cosa a olvidarse de su fetiche?
6. ¿Ha buscado alguna vez tratamiento para su fetichismo sexual? En tal caso, ¿qué resultados obtuvo?
7. ¿Cuáles son las metas que persigue ahora con su tratamiento?

CONSEJOS SABIOS 4

El fetichismo sexual —tanto si es un ensimismamiento con algún objeto como el cuero o la gomaespuma o con alguna parte determinada del cuerpo de su pareja (como los pies o el ombligo)— *puede distraerle de la importancia de su unión con su esposo o esposa.* Dios hizo al hombre y la mujer para que compartieran sus cuerpos el uno con el otro y mantuvieran sin mancilla el lecho conyugal. Si el fetiche se convierte en un obstáculo para la intimidad sexual del matrimonio, y viola los sentimientos de seguridad de alguno de los cónyuges, tales sentimientos deben comunicarse y abordarse.

Las *causas* de este trastorno *no se han determinado con claridad*, aunque se están investigando los niveles hormonales anormales, el maltrato en la infancia y los historiales de trauma craneoencefálico.

Algunos consejeros han intentado tratar el fetichismo sexual mediante la *terapia cognitiva del comportamiento* (la cual ayuda a las personas a entender de qué manera los pensamientos afectan sus emociones) o el *psicoanálisis* (que podría indagar los orígenes del fetichismo desenterrando algún trauma del pasado de la persona). Sin embargo, tal vez sea más eficaz el tratamiento si se concentra en mantener el fetiche bajo control y en asegurarse de que el cónyuge está conforme con la intimidad sexual existente en su matrimonio.

Se ha demostrado que *el condicionamiento aversivo* reduce las conductas indeseadas. Dicho condicionamiento es un proceso que utiliza determinados estímulos que el individuo aborrece en el momento en que este empieza a fantasear con el objeto de su fetichismo. El propósito es que la persona comience a relacionar su fetiche con ese estímulo detestable y así reducir el atractivo del mismo.

La detención del pensamiento es una técnica cognitivo conductual que también ha resultado útil para controlar los impulsos no deseados. Se le pide a la persona aconsejada que fantasee acerca del fetichismo, y unos pocos momentos después el consejero grita: "¡Alto!". Así el patrón de pensamiento del paciente relacionado con el fetiche se detiene y se pide a la persona que sustituya de inmediato el mismo por una fantasía mejor y más apropiada. Tal vez sea necesario que el consejero haga varios intentos para enseñar a su aconsejado a detener su pensamiento por sí solo cuando la sesión haya terminado.

Un repaso de los archivos de cierto hospital universitario reveló 48 casos a lo largo de 20 años que cumplían los criterios del fetichismo. Sus fetiches incluían prendas de ropa (58,3%), caucho y artículos de caucho (22,9%), calzado (14,6%), diversas partes del cuerpo (14,6%), cuero y artículos de cuero (10,4%) y materiales y tejidos suaves (6,3%).

British Journal of Psychiatry

Nuestros pensamientos son tan importantes que la Biblia enseña mucho acerca de ellos. El apóstol Pablo, por ejemplo, exhortó a los efesios a renovar la actitud de su mente (Ef. 4:23), y Jesús afirmó: "Porque del corazón salen los malos pensamientos, los homicidios, los adulterios, la inmoralidad sexual, los robos, los falsos testimonios y las calumnias. Éstas son las cosas que contaminan a la persona, y no el comer sin lavarse las manos" (Mt. 15:19-20). Por tanto, es de vital importancia que entendamos la advertencia de Pablo a los corintios: "Las armas con que luchamos no son del mundo, sino que tienen el poder divino para derribar fortalezas. Destruimos argumentos y toda altivez que se levanta contra el conocimiento de Dios, y llevamos cautivo todo pensamiento para que se someta a Cristo" (2 Co. 10:4-5). Esto requiere práctica, disciplina y hacernos responsables ante otros, pero es el camino que lleva a la libertad.

Los fetiches siempre tienen algún valor simbólico: pueden ser un intento de resolver algún trauma, alguna herida o una determinada asociación del pasado. Los llamamos la "plantilla de la excitación sexual", y una forma de lidiar con ellos es comprendiendo su significado.

PASOS PRÁCTICOS

1. Controle su comportamiento

- Comprométase consigo mismo, con su cónyuge y con su consejero a hacer cuanto sea necesario para aprender a mantener su conducta bajo control, puesto que la misma está afectando negativamente la intimidad de su matrimonio.
- Rechace toda obsesión fantástica con su fetiche y concéntrese en aquellas partes físicas de su cónyuge que son normalmente de naturaleza sexual. Aprenda a excitarse con la totalidad del cuerpo de su esposo o esposa. Dedique tiempo a apreciar toda su fisionomía y no solo una parte de ella.
- *Si la excitación sexual depende del fetiche, idee un programa de desensibilización sistemática durante el cual el fetiche en cuestión se vaya dejando cada vez más de lado mientras se destacan las experiencias sexuales compartidas.*
- *Utilice ejercicios de enfoque sensorial para reforzar las nuevas pautas de excitación erótica, a fin de que el paciente aprenda a dejarse estimular por distintos aspectos físicos de su esposa y de la experiencia.*

2. Infunda comodidad a su relación sexual

- Hable con su cónyuge y descubra lo que les gusta sexualmente más a cada uno. Conversen acerca de la manera de incorporar ciertas prácticas que aumenten la excitación sexual a gusto de ambos durante sus momentos de intimidad.
- La comunicación con su esposo o esposa es esencial para comprenderse el uno al otro y avanzar en una vida sexual rica y satisfactoria.

3. Participe en sesiones individuales de consejería y en algún grupo de apoyo

- La consejería individual le resultará muy útil para aprender nuevos mecanismos de resistencia. Le informará acerca de la manera como los pensamientos influyen en sus emociones y los sentimientos negativos pueden llevar a conductas sexualmente pervertidas. También le alentará a identificar las razones que utiliza con frecuencia para justificar una mentalidad obsesiva.
- Uno de los aspectos más beneficiosos de la terapia en grupo es que le hará comprender que no está solo en su lucha contra el fetichismo sexual. Logrará aprender de otros, y podrá animarlos y ayudarlos a resolver los problemas relacionados con el fetichismo.
- En un programa de apoyo (busque uno que sea cristocéntrico, como Sexahólicos Anónimos) podrá recibir enseñanza de otros e incluso convertirse en pupilo o "protegido" de quienes han superado el fetichismo sexual.

6 EJEMPLOS BÍBLICOS

Como tenemos estas promesas, queridos hermanos, purifiquémonos de todo lo que contamina el cuerpo y el espíritu, para completar en el temor de Dios la obra de nuestra santificación (2 Co. 7:1).

Cualquier cosa que aparte nuestro enfoque de Dios y de sus propósitos para con nosotros "contamina" nuestro cuerpo y nuestro espíritu. El fetichismo sexual puede parecer una diversión inocente para algunos, o algo pervertido para otros. El punto principal de este pasaje es que debemos ser absolutamente sinceros acerca de la manera como nuestro comportamiento afecta nuestra relación con Dios y con otras personas. Cualquier cosa, pues, que se interponga en esa relación tenemos que cambiarla.

¿Tienes tú fe? Tenla para contigo delante de Dios. Bienaventurado el que no se condena a sí mismo en lo que aprueba. Pero el que duda sobre lo que come, es condenado, porque no lo hace con fe; y todo lo que no proviene de fe, es pecado (Ro. 14:22-23, RVR-60).

La conciencia es una herramienta que Dios nos ha dado para indicarnos lo que está bien y lo que está mal. Cuando el Espíritu Santo inquieta nuestra consciencia y nos hace sentir que nuestras palabras, actitudes o conductas no son tan buenas como Él quiere que sean, tenemos que prestarle mucha atención. Si no podemos dar gracias a Dios por una determinada experiencia, probablemente deberíamos arrepentirnos y refrenarnos de participar en ella nuevamente.

Mientras guardé silencio, mis huesos se fueron consumiendo por mi gemir de todo el día. Mi fuerza se fue debilitando como al calor del verano, porque día y noche tu mano pesaba sobre mí. Pero te confesé mi pecado, y no te oculté mi maldad. Me dije: "Voy a confesar mis transgresiones al SEÑOR", y tú perdonaste mi maldad y mi pecado (Sal. 32:3-5).

El perdón de Dios es firme y está a nuestra disposición. Cuando guardamos silencio acerca de nuestro pecado sufrimos emocional, relacional, espiritual y a veces físicamente. Pero si reaccionamos ante la convicción de pecado con sinceridad y arrepentimiento, el Señor en su misericordia nos perdona y restaura.

7 ORACIÓN

Amado Señor, tu Palabra dice que el esposo y la esposa deben compartir sus cuerpos el uno con el otro, pero en la vida de mi amigo ha entrado una obsesión que los separa a él y a su mujer, en vez de fomentar los lazos de intimidad entre ellos. Ayúdale a enfocar nuevamente su interés y su energía sexual para que se conviertan en algo sano, constructivo y agradable para él y para su esposa...

El froteurismo 26

RETRATOS 1

- David, con su amante esposa, sus dos niños y un próspero negocio, es un respetado pilar de su comunidad. Sin embargo, recientemente se han oído extraños rumores de que ha manoseado a algunas mujeres mientras pasaba junto a ellas en los restaurantes o la oficina.
- Cristóbal toma el Metro cada mañana y cada tarde, y espera con impaciencia hacer tales viajes: cuanto más abarrotados estén, mejor. Dentro del vagón, sostiene su maletín de tal manera que nadie se dé cuenta de que roza con la mano el trasero de las mujeres. Él sabe que lo que hace está mal, pero muchas mujeres ni siquiera parecen notarlo.
- Tomás es un estudiante universitario de diecinueve años que, mientras asistía a un concierto atestado de gente, estiró el brazo por delante de un amigo suyo para tocarle los pechos a una mujer. Esta le agarró la mano y llamó a la policía. Pocos minutos después los guardias de seguridad se lo llevaban detenido...

DEFINICIONES E IDEAS CLAVE 2

- El froteurismo consiste en *tocar, manosear o rozar el cuerpo de otra persona sin su consentimiento con el propósito de estimularse sexualmente*. La forma más corriente que adopta esta práctica es la de restregar los propios genitales contra los muslos o los glúteos de la víctima, y otra alternativa consiste en toquetear las partes íntimas de esta última, sus posaderas o sus pechos. La mayoría de quienes practican el froteurismo fantasean pensando que durante el momento del contacto mantienen una relación exclusiva y afectuosa con la otra persona. Sin embargo, tan pronto como dicho contacto se ha efectuado y rechazado, su autor reconoce la importancia de escapar para evitar que lo persigan.
- En el DSM-IV-TR, la Asociación Americana de Psiquiatría clasifica el froteurismo como una parafilia: *un patrón de comportamiento sexual socialmente inaceptable*.
- El término *froteurismo* se deriva del verbo francés *frotter*, que significa restregar o frotar. Durante el momento del frotamiento, la persona entra generalmente en contacto con su víctima *mediante sus manos o genitales*, y tiende a hacerlo *en lugares abarrotados de gente* tales como los conciertos de música o los medios de transporte llenos de personas.
- Los criterios de la Asociación Americana de Psiquiatría (APA, por sus siglas en inglés) para diagnosticar el froteurismo son:
  - *Tener fantasías o deseos recurrentes, intensos y sexualmente estimulantes* que conlleven el manoseo y roce de una persona sin su

consentimiento. A quienes practican el froteurismo se los llama "frotistas".
- Llevar a la práctica tales fantasías o deseos sexuales, o sentirse tan angustiado por los mismos que ello *afecte al comportamiento diario del frotista.*[1]

- *La mayoría de los frotistas son varones* y sus víctimas mujeres en su mayor parte; sin embargo hay casos de froteurismo varón con varón, mujer con mujer y mujer con hombre.
- El froteurismo es *un delito* y está considerado como una forma de acoso sexual. Cuando la víctima es un niño y el frotista un adulto, se considera *abuso sexual infantil y hay que denunciarlo.*

3 ENTREVISTA DE EVALUACIÓN

1. ¿Cuándo empezó usted a experimentar placer sexual tocando a otros sin su consentimiento?
2. ¿Qué clase de relaciones saludables tiene usted con amigos y familiares? ¿Mantiene algún vínculo romántico con alguien?
3. Describa el placer y la emoción que siente al tocar a otros.
4. ¿Le han descubierto alguna vez toqueteando a otra persona? ¿Cuáles fueron las consecuencias? ¿Lo han arrestado o ha tenido problemas con la justicia por froteurismo en alguna ocasión?
5. ¿Está usted experimentando algún otro deseo o comportamiento sexual semejante? Descríbalo.
6. ¿Ha sufrido abusos sexuales o maltrato físico en el pasado?
7. ¿De qué manera le ha causado el froteurismo dolor o vergüenza?
8. ¿Cuáles son algunos de los beneficios que le reportaría aprender a superar este problema?

4 CONSEJOS SABIOS

El froteurismo es un grave delito sexual. Los pacientes que son actualmente o han sido frotistas necesitan *reconocer sus pensamientos obsesivos y sus acciones compulsivas.* Precisan igualmente arrepentirse del mal que han causado a otros. Este problema es, por naturaleza, secreto, de modo que quienes lo padecen *se esfuerzan al máximo por mantener oculto su comportamiento y negar toda participación en el mismo.* Por lo general, los frotistas no renuncian a su conducta ni tienen siquiera el deseo de hacerlo, hasta que alguna víctima les planta cara y se enfrentan a problemas legales. Aun así, muchos de ellos están impacientes por volver a ese comportamiento compulsivo.

Puesto que el froteurismo es una parafilia sexual, la combinación de consejería individual, terapia grupal y medicación puede resultar útil. *Para su tratamiento se emplea habitualmente la terapia cognitivo conductual:* el frotista debe aprender a frenar sus fantasías y pensamientos eróticos, y a controlar el impulso que siente de tocar a otras personas sin su consentimiento. A menudo, a fin de disminuir su deseo sexual se le receta medroxyprogesterona, que es una hormona femenina.

Las causas de este trastorno no se han determinado claramente. La mayoría de los expertos atribuyen el froteurismo a un primer contacto inopinado o accidental con los genitales de otro que a la persona le resultó sexualmente excitante. Las repeticiones sucesivas de esta acción tienden a reforzar y perpetuar el comportamiento.

El froteurismo está clasificado como un *delito menor* en muchas jurisdicciones, por lo que las penas que se imponen a los frotistas pueden ser bajas. Tampoco resulta fácil procesar a los frotistas, ya que la intencionalidad de tocar a la otra persona es difícil de demostrar. En sus alegatos, los acusados afirman a menudo que el contacto ha sido accidental.

El comportamiento sexual con menores es un delito, y aquellos obligados a denunciarlo —usualmente un consejero, un representante de la comunidad educativa o un agente de la ley— *deben hacerlo ante las autoridades competentes.* Asegúrese de consultar las leyes de su estado referentes a la responsabilidad que tiene de denunciar los hechos.

PASOS PRÁCTICOS 5

1. Evite los lugares donde se produce la tentación

- Rehuir tales lugares tiene su importancia, pero no le impedirá caer de nuevo en el froteurismo; es lo mismo a quitar la cerveza de casa de un alcohólico. No vaya a los sitios en los cuales haya practicado el froteurismo ni a aquellos que, según usted, le brinden la oportunidad de hacerlo.
- Si evita los medios de transporte llenos de gente, las filas en los comercios o los lugares con gran densidad de público, tal vez sea capaz de resistir la tentación de tocar indebidamente a otra persona. Con la ayuda de su consejero, haga una lista de sitios adonde puede ir y adonde no.

2. Identifique los factores detonantes

- Puede que haya desencadenantes internos que le animen al froteurismo. Algunos de los más corrientes son el hambre, el enojo, la soledad, el estrés, la depresión o el cansancio. El hecho de identificarlos y ser consciente de ellos le ayudará a evitar los comportamientos froteuristas cuando el impulso surja.
- Con la ayuda de su consejero identifique y reconozca los momentos, las situaciones y las experiencias internas recurrentes que hacen más difícil evitar el froteurismo. Cuando sienta la presencia de esos factores detonantes, haga un alto y ore, o lea algún pasaje de la Escritura escogido de antemano, saque su teléfono móvil y llame a su mecenas, a la persona a quien rinde cuentas o a un amigo de confianza.

3. Identifique sus fortalezas y recursos

- Es importante reflexionar sobre las oportunidades que tuvo para practicar el froteurismo, pero no lo hizo. ¿Dónde se encontraba? ¿Qué sucedió? ¿Por qué no aprovechó la ocasión? Recuerde esas

veces tan a menudo como pueda para reforzar su decisión de no practicar dicho comportamiento y fortalecer la costumbre de refrenarse del mismo en el futuro.
- ¿Qué relaciones o conductas le han ayudado en el pasado a prevenir su froteurismo? Tal vez tener buen trato con los amigos, esperar con impaciencia ciertas cosas o algún otro estímulo interno.

4. Plantéese la posibilidad de asistir a un grupo de apoyo

- Uno de los aspectos más provechosos de la terapia en grupo es que la persona aprende que no solo ella padece el problema. Además, sentirse desafiada por sus congéneres —que no son expertos ni líderes— a reconocer su conflicto y a cambiar puede ser un incentivo poderoso.
- Infórmese hoy mismo de la logística que conlleva incorporarse a un programa de terapia grupal, y esfuércese al máximo por asistir a la próxima reunión.
- *Tenga preparada una lista de posibles grupos de apoyo de su zona que puedan facilitar el cambio de vida en su paciente.*

Nota adicional para el consejero:
- *Recomiende a la persona que se haga evaluar por su médico de atención primaria u otro doctor. En algunos casos se han recetado fármacos y hormonas —como, por ejemplo, la medroxiprogesterona— con el objeto de disminuir las ansias del frotista. Los medicamentos de reducción de la testosterona han resultado bastante eficaces para atenuar la fantasía y el comportamiento sexual aberrante.*

5. Confiese su pecado, arrepiéntase y pida la ayuda divina

- Como en el caso de cualquier otro pecado sexual, ponga el asunto delante de Dios. Ore leyendo el Salmo 51 y pida a Dios fortaleza para cada día.

6 EJEMPLOS BÍBLICOS

Pues aunque vivimos en el mundo, no libramos batallas como lo hace el mundo. Las armas con que luchamos no son del mundo, sino que tienen el poder divino para derribar fortalezas. Destruimos argumentos y toda altivez que se levanta contra el conocimiento de Dios, y llevamos cautivo todo pensamiento para que se someta a Cristo (2 Co. 10:3-5).

La batalla por la pureza moral se libra en la mente, pero no tenemos por qué luchar solos y, en realidad, no podemos hacerlo. El Espíritu de Dios saca a la luz aquellos pensamientos que son destructivos y desvían nuestra atención, y nos da el poder para combatirlos con la verdad de la Palabra de Dios. Las prácticas sexuales pervertidas están sostenidas por patrones de pensamiento profundamente arraigados que han plagado la vida de la persona durante mucho tiempo. Dichas pautas no ceden fácilmente, pero la combinación de la Palabra de

Dios, el Espíritu Santo y el ánimo y la exigencia de responsabilidad de parte del pueblo de Dios pueden cambiar las vidas.

Haced morir, pues, lo terrenal en vosotros: fornicación, impureza, pasiones desordenadas, malos deseos y avaricia, que es idolatría; cosas por las cuales la ira de Dios viene sobre los hijos de desobediencia, en las cuales vosotros también anduvisteis en otro tiempo cuando vivíais en ellas. Pero ahora dejad también vosotros todas estas cosas: ira, enojo, malicia, blasfemia, palabras deshonestas de vuestra boca. No mintáis los unos a los otros, habiéndoos despojado del viejo hombre con sus hechos, y revestido del nuevo, el cual conforme a la imagen del que lo creó se va renovando hasta el conocimiento pleno, donde no hay griego ni judío, circuncisión ni incircuncisión, bárbaro ni escita, siervo ni libre, sino que Cristo es el todo, y en todos (Col. 3:5-11, RVR-60).

El proceso de cambio no es misterioso. Pablo manda a los creyentes colosenses reconocer los comportamientos que desagradan a Dios y deshacerse de ellos. Pero eso no es todo: también les dice que los sustituyan por la verdad, la justicia y una nueva identidad basada en el amor, el perdón y los propósitos divinos.

Por lo tanto, ya no hay ninguna condenación para los que están unidos a Cristo Jesús, pues por medio de él la ley del Espíritu de vida me ha liberado de la ley del pecado y de la muerte. En efecto, la ley no pudo liberarnos porque la naturaleza pecaminosa anuló su poder; por eso Dios envió a su propio Hijo en condición semejante a nuestra condición de pecadores, para que se ofreciera en sacrificio por el pecado. Así condenó Dios al pecado en la naturaleza humana, a fin de que las justas demandas de la ley se cumplieran en nosotros, que no vivimos según la naturaleza pecaminosa sino según el Espíritu (Ro. 8:1-4).

Dios está más que dispuesto a perdonar el pecado del froteurismo. El Señor se deleita en que las personas se vuelvan a Él y experimenten su amor purificador. Él nos libera a fin de que vivamos para Él en vez de entregarnos a nuestras concupiscencias, y nos concede su Espíritu el cual nos capacita para avanzar hacia unas relaciones sanas con aquellos a quienes conocemos y a quienes no conocemos, pero con los cuales nos cruzamos a diario.

ORACIÓN 7

Padre celestial, te agradecemos tu gracia y tu misericordia. Tú siempre estás con nosotros, incluso cuando hemos actuado mal. Por favor, ayuda a mi amigo que acude a ti en busca de sanidad para su vida íntima y de crecimiento en Cristo. Recuérdale tu amor, tu perdón y tus propósitos para su vida. Ayúdale hoy a dar los pasos necesarios para evitar el toqueteo y los frotamientos con otras personas. Llena su vida del deseo de agradarte y de disfrutar de unas relaciones sanas…

27 El sadismo y el masoquismo

1 RETRATOS

- Desde que era adolescente, Carlos había tenido fantasías reiteradas en las que se veía sexualmente dominado, humillado o maltratado; fantasías que se hicieron realidad cuando conoció a un grupo que practicaba rutinariamente esta clase de comportamientos.
- Julia estaba leyendo la sección íntima de los anuncios por palabras cuando se topó con el aviso de alguien que solicitaba una "esclava sexual". Aunque al principio pasó por alto el anuncio en cuestión, luego notó que el mismo la excitaba, volvió a leerlo e hizo la llamada. Durante los últimos meses se ha estado viendo en secreto con el hombre que publicó ese aviso. Ahora quiere dejar de hacerlo, pero sus amenazas la mantienen encerrada en una relación con él cada vez más degradante.
- "El sexo no funciona igual conmigo que con otras personas —explica Ramiro—. El contacto sexual corriente no me excita. Yo necesito dominar a la otra persona para sentir algo. Quiero utilizar cadenas, esposas, lo que sea, ya me entiendes, eso es lo que me estimula. A mis parejas también les encanta que actúe de ese modo".

2 DEFINICIONES E IDEAS CLAVE

- *El sadismo y el masoquismo se caracterizan por los sentimientos de placer o disfrute sexual que se experimenta al infligir sufrimiento a otra persona, o cuando se es la víctima del mismo.*
- *Resulta bastante corriente que las acciones del sádico —ya sean reales o imaginarias— reflejen un deseo de dominar sexual o psicológicamente a su pareja.* Dichas acciones van desde comportamientos generalmente inocuos físicamente —aunque puedan resultar humillantes para el otro (como orinarle encima)— hasta los que tienen visos criminales y son potencialmente mortíferos.
- El sadismo y el masoquismo sexual son dos trastornos psicológicos distintos, y el DSM-IV-TR clasifica ambos como parafilias o desórdenes *socialmente inaceptables* (otras parafilias incluyen el voyerismo, el exhibicionismo y el fetichismo). El sadismo sexual con consentimiento de la pareja es más corriente que el forzado, y hay más personas que se consideran masoquistas que sádicas.
- Los criterios del DSM-IV-TR para diagnosticar el *sadismo sexual* son:

  - Fantasías, deseos o comportamientos recurrentes e intensos de carácter sexual, a lo largo de por lo menos un semestre, en los cuales figuren actos reales (no simulados) cuya finalidad sea causar sufrimiento psicológico o físico a la víctima (sin excluir su humillación) y que exciten sexualmente a quien los inflige.
  - Que la persona haya *puesto en práctica* tales deseos con otro individuo o que esos impulsos y fantasías le produzcan una angustia manifiesta o le causen problemas en sus relaciones interpersonales.[1]
- Y los criterios del DSM-IV-TR para diagnosticar el *masoquismo sexual* son:
  - Durante un periodo de al menos 6 meses, fantasías sexuales recurrentes y altamente excitantes, impulsos sexuales o comportamientos que implican el hecho (real, no simulado) de ser humillado, pegado, atado o cualquier otra forma de sufrimiento
  - Las fantasías, los impulsos sexuales o los comportamientos provocan malestar clínicamente significativo o deterioro social, laboral o de otras áreas importantes de la actividad del individuo.[2]
- A las personas *diagnosticadas de sadismo sexual* se las conoce como *sádicos* (o *sádicas*). El nombre proviene del marqués Donatien de Sade (1740-1814), un aristócrata francés que se hizo famoso por sus novelas sobre el dolor infligido a otros como fuente de placer sexual.
- A las personas *diagnosticadas de masoquismo sexual* se las conoce como *masoquistas*. El término proviene de Leopold von Sacher-Masoch (1836-1895), novelista austriaco que describe este trastorno psicológico en sus obras.
- El término *sadomasoquista* sirve para referirse bien a la *coincidencia del sadismo y el masoquismo en una sola persona* o como sustituto para ambos conceptos.
- En 1905 Sigmund Freud describía el sadismo y el masoquismo, en su *Drei Abhandlungen zur Sexualtheorie (Tres disertaciones sobre la teoría de la sexualidad)*, como trastornos resultantes de un desarrollo inadecuado de la psique infantil.
- En algunos casos extremos, el sadismo sexual puede infligir lesiones graves e incluso la muerte a la persona objeto de los comportamientos del sádico. Según el DSM-IV-TR, estas ocurrencias son más probables *cuando la parafilia se ha diagnosticado como severa* y *está asimismo presente un trastorno de personalidad antisocial.*
- El sádico practicante escogerá ya sea a una pareja dispuesta a participar en esa clase de comportamientos, o a una víctima sexual.
- Algunos actos de sadismo *no son físicamente lesivos,* sino que tienen por *objeto humillar a la otra persona*. Sin embargo, cuando consideramos la gama de comportamientos sadomasoquistas, este tipo de abusos pueden clasificarse, según el nivel de peligrosidad o daño que supongan para la víctima, de menor a mayor grado, en:
  - insultos en privado o en público
  - retención de la persona mediante esposas, cadenas, cuerdas o jaulas
  - nalgadas o bofetones
  - latigazos

- mordeduras
- palizas
- descargas de orina o excremento encima del otro
- electrocuciones
- cortes y quemaduras
- mutilación física
- violación
- asesinato

3 ENTREVISTA DE EVALUACIÓN

Para el sádico o el masoquista

1. ¿Cuánto tiempo hace que tiene pensamientos de naturaleza sádica o masoquista?
2. ¿Los ha puesto usted en práctica o ha permitido que alguien los ejecute sobre usted?
3. ¿Participa actualmente en alguna de estas conductas?
4. ¿Por qué busca tratamiento o ayuda contra el sadismo o el masoquismo?
5. ¿Lo han arrestado alguna vez por perpetrar actos sádicos?
6. ¿Están otros en peligro a causa de sus actuales tendencias sadomasoquistas? Explique.
7. ¿Cuáles son algunos de los beneficios que obtendría abandonando tales esas prácticas y llevando una vida sexual sana?

Para la víctima de un sádico o masoquista

1. ¿Mantiene usted actualmente una relación sadomasoquista?
2. ¿Cuándo empezó esa clase de comportamiento?
3. ¿Ha hablado con su cónyuge acerca de cómo se siente? ¿Qué reacción tuvo él o ella? Si no le ha dicho nada, ¿cuáles son sus temores si se lo revela? ¿Teme por su seguridad personal? (*Si contesta sí a esta pregunta tendrá usted que elaborar inmediatamente un plan de seguridad que incluya algún refugio de su localidad contra la violencia doméstica o la ayuda de otros expertos en el tratamiento de estos casos*).
4. ¿Cree usted que merece esta clase de trato? ¿Por qué?
5. ¿Cuáles son algunos de los beneficios que obtendría si revelase cómo se siente y buscase protección contra estas prácticas?
6. ¿Cree usted que si se acabaran estos comportamientos usted y su cónyuge tendrían el beneficio de una vida sexual sana?

4 CONSEJOS SABIOS

El verdadero amor y una vida sexual saludable se basan en el respeto y la honra mutuos, y en mantenerse puros como marido y mujer. El deseo del sádico sexual es dominar, manipular, controlar y hacer daño al otro; tal es la esencia de su comportamiento. El masoquista, por su parte, quiere causarse dolor a sí mismo o que se lo inflija otro. En la raíz de ambas conductas están las ansias de dominación, manipulación y control. El sadismo y el masoquismo *mancillan gravementes la hermosa expresión del amor que debe existir entre esposo y esposa.*

Pocas veces están dispuestos los sádicos y masoquistas sexuales a dejarse tratar. Puede que tengan miedo de que los denuncien a la policía. En la mayoría de los casos buscan el tratamiento solo porque los tribunales se lo ordenan después de haber sido arrestados y hallados culpables, o tal vez porque alguna víctima o un miembro de la familia busca ayuda.

Las víctimas de violencia sexual presentan una serie de síntomas psicológicos parecidos a los de otras clases de traumas como, por ejemplo, las guerras y las catástrofes naturales.
National Research Council, 1996

La práctica del sadomasoquismo sexual puede causar *problemas de salud*, no solo como consecuencia de las lesiones físicas, sino también debido a las enfermedades de transmisión sexual que se contagian por la sangre, la orina y otros fluidos corporales. Para las víctimas del sadismo una preocupación más es el riesgo de sufrir *graves daños físicos.*

Aquellos que practican el sadismo y el masoquismo sexual *sufren los efectos de la tolerancia*, como le sucede al alcohólico, que cada vez necesita más bebida para embriagarse. Normalmente los sadomasoquistas *se vuelven más y más violentos y extravagantes* para alcanzar el mismo grado de estímulo y excitación.

En su papel de consejero, es importante que ayude usted a su paciente a comprender el *inmenso amor que Dios tiene por cada persona*, incluso por él. El Señor también nos enseña que debemos manifestar amor unos a otros mediante el respeto, la bondad y la compasión. La tarea principal de quienes luchan con tendencias sadomasoquistas es entrenar sus mentes para que crean en esta clase de amor. *Necesitarán arrepentirse y aceptar el plan trazado por Dios para lograr disfrutar una sexualidad saludable.*

El sadismo y el masoquismo son generalmente intentos de resolver determinadas experiencias tempranas de maltrato sexual y físico. La terapia traumática resulta clave en estos casos.

PASOS PRÁCTICOS 5

Para el sádico o el masoquista

1. Renuncie a los comportamientos violentos y sustitúyalos por otros

- Los comportamientos sádicos pueden abarcar una amplia gama de conductas violentas, algunas de las cuales se centran en la humillación y el dolor leve, mientras que otras tratan de producir un dolor severo. Evalúe sus prácticas sexuales presentes y trate de sustituir los comportamientos violentos por otros que honren y respeten a su pareja y agraden a Dios.
- Entréguense como matrimonio a prácticas que no sean lesivas ni dañinas, e intenten encontrar maneras de garantizar la seguridad

de ambos. Cuando haya logrado este objetivo, continúe explorando las conductas sexuales que honran al Señor.

2. Aprenda acerca del propósito de Dios para el sexo

- Dedique tiempo a investigar y leer acerca de la sexualidad saludable, y estudie la Palabra de Dios y su plan para el sexo. Identifique aquellas prácticas sexuales que son gratificantes pero no incorporan conductas sádicas ni masoquistas.
- Dios creó cada persona con recursos, habilidades y tendencias para un comportamiento erótico normal. Como pareja, hablen acerca de diversas prácticas sexuales aceptables e ideen un plan para incorporarlas a su vida sexual como matrimonio.

3. Pase a la acción y comprométase a cambiar

- Aunque siga fantaseando con el sadismo o el masoquismo, puede comprometerse conscientemente a no participar en esas conductas. Tal vez necesite dar un paso más y poner su compromiso por escrito, para que tanto usted como su consejero lo firmen y den fe del mismo como forma de corroborarlo.
- Con la ayuda de su consejero, concéntrese en el valor intrínseco de las personas y piense cómo tratar a todos con respeto y solicitud. Entender cuánto valen los demás puede vencer cualquier deseo de violencia o humillación contra ellos. De igual manera, considerarse a sí mismo como alguien valioso debería suplantar su propio impulso sadomasoquista de que otros le sometan a actos violentos o humillantes.

4. Busque regularmente el apoyo de un consejero

- No tiene por qué lidiar usted solo con este problema, y le resultaría muy ventajoso contarle lo que piensa y siente a otra persona, como un mentor o consejero. Debido a la naturaleza e intensidad de sus deseos y conductas, es recomendable que se reúna de manera regular con alguien que tenga experiencia y preparación para darle un apoyo continuado mientras dura el proceso de sanidad.

Para la víctima de los comportamientos sadomasoquistas

1. Idee un plan de seguridad personal

- Quizá necesite asegurar su protección personal buscando refugio en casa de algún amigo de confianza o en un programa de su comunidad diseñado para las víctimas de abuso sexual.
- *Tenga a mano una lista de contactos que puedan servir de garantía de seguridad para su paciente en caso de ser necesario.*

2. Pida a Dios fortaleza y sabiduría

- Pida a Dios la fortaleza para vencer todo temor y para tener la sabiduría para abandonar una relación abusiva.
- Tal vez necesite separarse temporalmente de su cónyuge a fin de resolver algunas cuestiones de confianza y respeto.

- Si ese tiempo de separación fuera necesario, estudie con su consejero un plan para el cuidado de los hijos que pudieran verse afectados así como para hacer frente a sus necesidades económicas.
- Usted y su cónyuge tendrán que partir de cero con el fin de conocerse mutuamente y restablecer la confianza en su relación.

3. Busque la bendición del Señor

- El maltrato no tiene cabida en ninguna relación y, desde luego, no es el propósito divino para su matrimonio. Dios bendecirá a aquellos que buscan la justicia y tratan de honrarlo a Él en todos sus caminos.

4. Plantéese la posibilidad de participar en un grupo de apoyo

- Uno de los aspectos más ventajosos de la terapia de grupo es que el aconsejado comprende que no es el único que tiene ese problema. Dios nos creó para relacionarnos con otros, y mientras transitamos por la vida todos pasamos por experiencias de las que podemos aprender, y que nos sirven luego para ayudar a otros a hacer el mismo viaje.

EJEMPLOS BÍBLICOS 6

Así que sométanse a Dios. Resistan al diablo, y él huirá de ustedes. Acérquense a Dios, y él se acercará a ustedes. ¡Pecadores, límpiense las manos! ¡Ustedes los inconstantes, purifiquen su corazón! Reconozcan sus miserias, lloren y laméntense. Que su risa se convierta en llanto, y su alegría en tristeza. Humíllense delante del Señor, y él los exaltará (Stg. 4:7-10).

Tratar a otros con una flagrante falta de respeto y desear dominarlos es un comportamiento pecaminoso contra ellos y contra Dios. En este pasaje, Santiago nos promete que el Señor se acercará a nosotros si nos arrepentimos y, a su vez, nosotros nos acercamos a Él. Pero esta actitud de sumisión requiere una convicción genuina de pecado, un sentimiento saludable de pesar y arrepentimiento.

Se han asociado con la victimización sexual cierto número de síntomas y enfermedades crónicas, tales como el dolor pélvico crónico, el síndrome premenstrual, los trastornos intestinales y varios desarreglos dolorosos continuados (p. ej. los dolores de cabeza, de espalda y de cara).

Éste es el mensaje que hemos oído de él y que les anunciamos: Dios es luz y en él no hay ninguna oscuridad. Si afirmamos que tenemos comunión con él, pero vivimos en la oscuridad, mentimos y no ponemos en práctica la verdad. Pero si vivimos en la luz, así como él está en la luz, tenemos comunión unos con otros, y la sangre de su Hijo Jesucristo nos limpia de todo pecado. Si afirmamos que no tenemos pecado, nos engañamos a nosotros mismos y no tenemos la verdad. Si confesamos nuestros pecados, Dios, que es fiel y justo, nos los perdonará y nos limpiará de toda maldad. Si afirmamos que no hemos pecado, lo hacemos pasar por mentiroso y su palabra no habita en nosotros (1 Jn. 1:5-10).

Justificar, excusar o negar la conducta pecaminosa no conduce al perdón, sino solo a una oscuridad y un quebranto mayores, tanto para la víctima como para el abusador. Pero esta promesa maravillosa nos dice que si confesamos nuestros pecados, Dios, que es misericordioso, nos perdonará. Confesar significa convenir; de modo que estamos de acuerdo con que nuestras acciones son pecaminosas, que Cristo ha pagado ya por ellas, y que decidimos no participar más en tales comportamientos.

En verdad, Dios ha manifestado a toda la humanidad su gracia, la cual trae salvación y nos enseña a rechazar la impiedad y las pasiones mundanas. Así podremos vivir en este mundo con justicia, piedad y dominio propio, mientras aguardamos la bendita esperanza, es decir, la gloriosa venida de nuestro gran Dios y Salvador Jesucristo. Él se entregó por nosotros para rescatarnos de toda maldad y purificar para sí un pueblo elegido, dedicado a hacer el bien (Tit. 2:11-14).

El arrepentimiento es la decisión de decir sí a Dios y no al pecado. La lucha para superar el sadismo o el masoquismo sexual tal vez resulte difícil, pero si la persona quiere progresar, puede tener la certeza de que Dios le dará esperanza, fuerza y sabiduría a lo largo del viaje.

7 ORACIÓN

Padre celestial, gracias por el regalo de la sexualidad. Venimos hoy a ti porque mi amigo está lidiando con el sadomasoquismo. Sabemos y comprendemos que tú odias la violencia y nos llamas a una vida de amor los unos por los otros. Por favor, ayúdalo a andar en tu luz y tu verdad, y guíalo hasta que alcance la sanidad y la restauración verdaderas. Dale el valor de afrontar los complejos problemas que tiene pendientes y que lo han llevado a desear esta clase de sexualidad…

La violencia sexual y la violación 28

RETRATOS 1

- Loida y su marido eran miembros de una iglesia cuya perspectiva teológica en cuanto al hombre como cabeza indiscutible de la familia y la mujer sumisa en todos los aspectos era muy rígida. Cuando su médico le preguntó acerca de los moratones que tenía en la cara y en los hombros, ella no supo qué decir y le explicó que había sido culpa suya: si lograra ser más sumisa, su marido dejaría de pegarle y obligarla a mantener relaciones sexuales violentas. El pastor había estado aconsejando a la pareja, y urgía a Loida a no abandonar el hogar ni su matrimonio aunque ello pudiera proveerle seguridad y cordura. Tanto para su esposo como para el ministro aquello supondría un acto egoísta de abandono.
- Nadia estaba en su primer año de universidad y quería verdaderamente integrarse, así que aceptó la invitación de un apuesto joven a ir con él a una fiesta del círculo estudiantil. Después de beber algunas copas, él la llevó a una habitación trasera donde otras parejas estaban realizando diversos grados de actividad sexual. Cuando la chica protestó, el joven, enfurecido por el alcohol, la dominó, abusó de ella y la violó.
- Daniel y Belén llevan casi dos años casados y, según cuenta ella, poco más o menos un año después de contraer matrimonio, Daniel se volvió muy insistente en cuanto a su deseo de realizar ciertos actos sexuales que a ella la hacían sentirse incómoda. Al principio Belén pensó que se trataba simplemente de una fase de experimentación, y que su marido la superaría. Sin embargo, en una visita reciente a su ginecólogo, este la informó de que tal vez nunca pueda tener hijos, debido al daño que le ha causado su último encuentro sexual con su esposo.

DEFINICIONES E IDEAS CLAVE 2

- *Se define la violencia sexual como* cualquier acto de naturaleza erótica, intento de conseguirlo, proposiciones o comentarios de carácter sexual no deseados, u otras actuaciones que atentan contra la sexualidad de una persona mediante la *coacción* de otro, sin importar su relación con la víctima, y perpetradas en cualquier lugar (no limitados al trabajo o el hogar).[1]

- *La violación se define como* el coito u otras formas de penetración sexual llevada a cabo por una persona (el "acusado" o "abusador") con o contra otra persona (la "víctima") sin el consentimiento de la víctima.[2] "La violación puede ser heterosexual (realizada por un miembro del sexo opuesto) u homosexual (efectuada por alguien del mismo sexo). Las definiciones legales pueden incluir el sexo oral impuesto, violación en una cita romántica, violación colectiva y otros actos sexuales".[3]
- A lo largo de la historia *se ha considerado el matrimonio como una protección contra la acusación de violencia sexual por parte del cónyuge.* Sin embargo, en los últimos cuarenta años, varios países han criminalizado el uso de la fuerza dentro del matrimonio. Las tendencias legislativas indican que una violencia de esta clase no se tolerará más, por ejemplo, en Estados Unidos.
- Los Centros para el Control y la Prevención de las Enfermedades (CDC por sus siglas en inglés) informan que la violencia sexual y las violaciones son *problemas significantes en Estados Unidos.*
  - En cierta encuesta realizada a estudiantes de bachillerato estadounidenses, aproximadamente el *8 por ciento de los participantes dijeron que los habían obligado a mantener relaciones sexuales.* Las chicas (el 11%) tenían menos problemas que los chicos (el 4%) en decirlo.
  - Se calcula que *entre el 20 y el 25 por ciento de las jóvenes universitarias* de Estados Unidos sufren violaciones en grado de intento o consumación durante su estancia en la universidad.
  - En EE UU *una de cada seis mujeres y uno de cada treinta y tres hombres* reportan haber pasado por un intento o una consumación de violación en algún momento de su vida.
  - Estas cifras subestiman lo que para muchos expertos es un problema plagado de *secretismo y ausencia de denuncias.* Gran parte de esos casos no se hacen públicos, porque las víctimas temen contar a la policía, los amigos o la familia. A menudo *se las amenaza con más violencia* contra ellas mismas o contra sus hijos, o simplemente son ellas quienes tienen miedo de que, si hablan, *provoquen la ruptura de la familia y queden desamparadas* y sin recursos económicos para criar a sus hijos.
  - Esas víctimas tal vez piensen, además, que *nadie creerá sus historias de abuso, y que la policía es incapaz de ayudarlas.* Por otra parte, quizá sea demasiado doloroso exponer los profundos sentimientos de *vergüenza y bochorno.*
  - La violencia sexual está a veces relacionada con ciertas *conductas de riesgo* que atentan contra la salud física. Es más probable, por ejemplo, que las víctimas de dicha violencia fumen, beban en exceso, consuman drogas o practiquen actividades sexuales peligrosas.
- El Departamento de Justicia estadounidense informa que:
  - *Cada dos minutos alguien sufre una agresión sexual en Estados Unidos.*

- Las agresiones sexuales se cuentan entre los delitos menos denunciados, con un *60 por ciento de las mismas sin notificar a la policía*. Los varones son los menos inclinados a reportar una agresión sexual, aunque constituyen el 10 por ciento del total de las víctimas.

ENTREVISTA DE EVALUACIÓN

1. ¿Qué ha sucedido para que viniera hoy a verme?
2. ¿Es esta la primera vez que ha buscado ayuda como víctima de violencia sexual?
3. Hábleme de su familia. ¿Cómo va todo en casa?
4. Cuénteme acerca de su pasado. ¿Le ha sucedido algo doloroso o fuera de lo normal, aunque haya sucedido hace mucho tiempo?
5. ¿Puede usted decirme quién ha abusado de usted o lo está haciendo en este momento? (*Si la persona se muestra reticente a hablar, explíquele que necesita saberlo para ayudarla a ella, a otras personas que pudieran estar sufriendo abusos y al abusador mismo. Además, si su paciente es menor de edad y aún tiene contacto con quien perpetra los abusos, es posible que se deba denunciar inmediatamente el hecho*).
6. ¿Cuánto tiempo hace que sufre esta clase de abuso?
7. ¿Sabe usted si hay otros que estén pasando por ello?
8. ¿Qué problemas tiene actualmente como consecuencia de lo que ocurrió? (*Escuche la forma en que a esa persona le afectó el abuso. No hay dos individuos con la misma experiencia de violencia sexual o violación ni a los que estas cosas les hayan dejado las mismas secuelas. Tenga en cuenta que las víctimas tienden a minimizar las consecuencias del abuso*).
9. Cuénteme sus sentimientos acerca de lo que le ha sucedido. (*Hay que permitir que el paciente experimente sus verdaderas emociones*).
10. ¿Se considera usted responsable del abuso? (*Garantícele que no está solo ni es el responsable de la violencia que ha sufrido*).
11. ¿Qué piensa acerca de sí mismo? (*Averigüe los conceptos malsanos que haya podido adquirir como consecuencia del abuso. ¿Qué idea tiene, por ejemplo, sobre su persona por permitir que dicho abuso se siga produciendo?*).
12. ¿Cómo considera a la persona que la violó (abusó de usted o aún lo hace)? *Preste atención a justificaciones tales como: "No sabía lo que hacía, estaba borracho". Estos razonamientos han ayudado al paciente a soportar su experiencia, pero también le han hecho menos capaz de considerarse la víctima verdadera del abuso*).
13. ¿Ha intentado alguna vez detener el abuso? ¿Cuál ha sido el resultado?
14. ¿Qué le gustaría lograr como resultado de nuestra reunión de hoy?
15. ¿Qué tipo de límites piensa que hay que poner para protegerla? ¿Qué necesita para poder sanar de este trauma?

16. ¿Quién más está al corriente?
17. ¿Cómo reaccionó la persona cuando se lo dijo?
18. ¿Tiene usted una red de apoyo personal?
19. ¿Dónde piensa que ha estado Dios en todo esto?

4 CONSEJOS SABIOS

La vergüenza, la humillación, el miedo, el dolor y la confusión son solo algunos de los muchos sentimientos que rodean a la víctima que ha sufrido violencia sexual o violación. Estas víctimas han visto profanadas y atacadas de la forma más degradante posible. *Sus límites personales no se respetaron* cuando la víctima perdió el control sobre su propio cuerpo, causándole profundas heridas.

La responsabilidad del consejero es *crear un vínculo de seguridad y confianza* con el paciente antes de abordar cualquier tipo de estrategia de tratamiento. La relación *consejero-cliente debe considerarse como la intervención inicial primaria de mayor importancia*. Fomentar el entendimiento y la confianza lleva su tiempo y es un proceso que no puede forzarse.

Las razones por las que una víctima puede buscar la ayuda de un consejero son, entre otras:

- miedo a que la propia vida o la de sus hijos puedan correr peligro
- depresión, ansiedad, pánico u otro síntoma de enfermedad mental que impida actualmente el funcionamiento normal diario de la persona aconsejada
- referencia de un pastor, mentor, médico, familiar o amigo de confianza
- requerimiento judicial, debido a alguna causa legal pendiente contra el abusador

Se necesitan una valoración y un juicio meticulosos para calcular *el nivel de discapacidad y la disfunción actual* de la víctima. Las áreas que hay que evaluar incluyen la historia de la persona, el funcionamiento o el deterioro presente, el grado de seguridad de su vivienda actual, el historial familiar, los abusos sufridos, la historia médica y las ideaciones suicidas o de lesiones autoinfligidas.

Si el peligro aún está presente y la integridad física de la persona aconsejada corre cierto riesgo, tendrá usted que idear un *plan de seguridad* junto con ella, el cual podría incorporar arreglos alternativos de vivienda, como el alojarse con un miembro de la familia, alguna amistad de confianza o en algún refugio tutelado de la localidad.

En su libro *Trauma and Recovery* (El trauma y su recuperación), la Dra. Judith Herman escribió: "Los rasgos principales del trauma psicológico son la pérdida de autodeterminación y la desconexión de los demás. Por tanto, la rehabilitación del mismo se basa en recuperar la capacidad del sobreviviente de decidir por sí mismo y la creación de nuevos vínculos. La recuperación solo puede lograrse en el contexto de las relaciones, no del aislamiento".[4]

Aunque la Dra. Herman no escribió su libro desde un punto de vista cristiano, sus percepciones son valiosas y están de acuerdo con las palabras de Salomón en Eclesiastés 4:9-10, que dicen: "Más valen dos que uno… Si caen, el uno levanta al otro. ¡Ay del que cae y no tiene quien lo levante!".

El Señor nos ha *creado para tener relaciones.* Las víctimas de violencia sexual y violación pueden descubrir el poder sanador de Dios iniciando una relación consejero-aconsejado que fomente su empoderamiento, y volviendo luego a tratar con personas que les ofrezcan garantías de seguridad.

PASOS PRÁCTICOS 5

1. Vuelva a establecer vínculos

- Empezará usted a encontrar sanidad cuando se abra a una persona de confianza (p. ej. un consejero) y le hable acerca de sus sentimientos y de lo que le ha sucedido. Al causarle ese daño, la despojaron de su capacidad para controlar y proteger su propio cuerpo. Para la mayoría de las personas, esta es la más grave de las violaciones, y puede producirles estragos emocionales y relacionales durante muchos años si no se trata en un clima de seguridad. Resulta primordial que empiece a recuperar su "voz" y reciba el empoderamiento necesario para superar el dolor que ese abuso la ha causado.
- *Es importante que el consejero proceda con lentitud, y permita a su paciente explorar poco a poco sus sentimientos a su propio ritmo. La persona ha sufrido una violación grave de sus límites personales y necesita volver a considerarse digna de respeto y honor. Sea un refugio seguro para ella.*
- *Muchas víctimas expresarán sentimientos de culpabilidad y vergüenza, creyendo que habrían podido hacer algo para impedir el abuso, o que merecían ser agredidas. Certifique los sentimientos de su paciente, pero garantícele que lo que ha sucedido no ha sido culpa suya. Refute su manera irracional de pensar y explíquele la importancia que tiene el asignar la responsabilidad al agresor.*

2. Diseñe un plan de seguridad

- Si todavía corre peligro, idee con su consejero un plan para garantizar su seguridad física y emocional, así como la de sus hijos si los tiene. Ponga por escrito dicho plan y su estrategia de escape.
- Nunca intente escapar si no cuenta con un programa claro de huida y la asistencia de una persona de confianza. En muchos casos, cuando una víctima ha tratado de huir de improviso, ha sufrido hostigamiento, heridas graves e incluso la muerte a manos de su abusador.

3. Busque ayuda

- Trate de conseguir ayuda integrándose en algún grupo de apoyo, asistiendo regularmente a sesiones de consejería o leyendo e indagando acerca de la violencia sexual y la violación. Sea cual sea su elección, ese tipo de recursos la ayudarán a combatir el miedo y el deseo de aislamiento. No hay razón para que afronte en soledad esta experiencia. Las relaciones son la causa de nuestros quebrantos, pero también recibimos la sanidad mediante unas relaciones sanas y afectuosas.
- *Ayude a su paciente a comprender lo que significa confiar nuevamente en alguien, y enséñele la diferencia que hay entre personas fiables y no fiables.*

4. Busque la sanidad y la sabiduría divinas

- Al principio tal vez le resulte muy difícil acudir a Dios en busca de sanidad, y quizá se pregunte dónde estaba Él mientras usted sufría. Encuentre la manera de resolver sus dudas y temores; eche mano de un comentario y lea algunos versículos de la Biblia que le recuerden el valor y la importancia que usted tiene para el Señor (p. ej. Sal. 18:7-9; 34:7; 1 P. 3:12). Pídale que la ayude a procesar sus sentimientos de culpabilidad, vergüenza o ira. Comprométase con una iglesia local y considere integrarse a un grupo de célula donde pueda estar rodeada de creyentes solícitos.

6 EJEMPLOS BÍBLICOS

Pero si un hombre se encuentra en el campo con una joven comprometida para casarse, y la viola, sólo morirá el hombre que forzó a la joven a acostarse con él. A ella no le harás nada, pues ella no cometió ningún pecado que merezca la muerte. Este caso es como el de quien ataca y mata a su prójimo: el hombre encontró a la joven en el campo y, aunque ella hubiera gritado, no habría habido quien la rescatara (Dt. 22:25-27).

La violación es un delito grave a los ojos de Dios, porque pervierte y corrompe la maravillosa creación divina que es la intimidad sexual. La sentencia para los violadores en el Antiguo Testamento era la muerte.

Denunciar la violencia sexual o la violación está en consonancia con la enseñanza bíblica, como también lo está que la ley castigue debidamente al culpable. Guardar silencio no es una demostración de gracia, sino desconocer el inmenso valor que tenemos ante Dios.

A pesar de los sentimientos de culpabilidad y autoinculpación de la víctima, la violación y la violencia sexual nunca son culpa suya. La Palabra de Dios afirma que la joven "no cometió ningún pecado".

Por eso Dios los entregó a los malos deseos de sus corazones, que conducen a la impureza sexual, de modo que degradaron sus cuerpos los unos

con los otros. Cambiaron la verdad de Dios por la mentira, adorando y sirviendo a los seres creados antes que al Creador, quien es bendito por siempre. Amén. Por tanto, Dios los entregó a pasiones vergonzosas... Además, como estimaron que no valía la pena tomar en cuenta el conocimiento de Dios, él a su vez los entregó a la depravación mental, para que hicieran lo que no debían hacer (Ro. 1:24-26, 28).

¿No saben que los malvados no heredarán el reino de Dios? ¡No se dejen engañar! Ni los fornicarios, ni los idólatras, ni los adúlteros, ni los sodomitas, ni los pervertidos sexuales, ni los ladrones, ni los avaros, ni los borrachos, ni los calumniadores, ni los estafadores heredarán el reino de Dios (1 Co. 6:9-10).

Tasas de violaciones o intentos de violación por razas a lo largo de la vida

- Todas las mujeres (17,6%)
- Mujeres blancas (17,7%)
- Mujeres negras (18,8%)
- Mujeres asiáticas y de las islas del Pacífico (6,8%)
- Mujeres amerindias y habitantes de Alaska (34,1%)
- Mujeres de raza mixta (24,4%)

National Institute of Justice and Centers for Disease Control and Prevention, 1998

La violación y la violencia sexual son una corrupción perversa de esa hermosa verdad acerca de Cristo y su Iglesia que Dios quiso transmitir por medio de la sexualidad humana. En vez de reconocer que el cuerpo es una ofrenda con la que servir y agradar a nuestro cónyuge, el agresor se propone controlar y aterrorizar a la víctima a fin de satisfacer sus propios deseos. Una conducta así degrada y pasa por alto el ejemplo de Jesús, quien entregó su vida por su Esposa, que es la Iglesia.

Dios califica como "perversa", "vergonzosa" y "depravada" toda inmoralidad sexual —incluida la violación—, y promete un castigo justo para quienes la practican.

El Señor está cerca de los quebrantados de corazón, y salva a los de espíritu abatido (Sal. 34:18).

El Espíritu del Señor omnipotente está sobre mí, por cuanto me ha ungido para anunciar buenas nuevas a los pobres. Me ha enviado a sanar los corazones heridos, a proclamar liberación a los cautivos y libertad a los prisioneros, a pregonar el año del favor del Señor y el día de la venganza de nuestro Dios, a consolar a todos los que están de duelo, y a confortar a los dolientes de Sion. Me ha enviado a darles una corona en vez de cenizas, aceite de alegría en vez de luto, traje de fiesta en vez de espíritu de desaliento. Serán llamados robles de justicia, plantío del Señor, para mostrar su gloria (Is. 61:1-3).

Dios llora por el dolor y los efectos perniciosos del pecado en la vida de sus hijos, especialmente en el ámbito de la violencia sexual. Él creó la sexualidad como una expresión maravillosa de la intimidad matrimonial entre un hombre y una mujer, pero es incluso más que eso: se trata de la representación de su propia relación con su Esposa, que es la Iglesia. La violencia sexual mancilla este ideal de comunión íntima entre el hombre y su Creador, y contrista el corazón de Dios.

Pero aun en el caso de tales agresiones injustas, Jesucristo puede liberar de sus angustiosos recuerdos a las víctimas heridas, desligarlas de sus sentimientos de degradación, y consolarlas.

Muchas víctimas de la violencia sexual se consideran repulsivas, inútiles y sin valor; pero Dios promete extraer belleza y alegría incluso del dolor más inconcebible.

7 ORACIÓN

Padre celestial, sabemos que cuando a la gente se la hiere de manera tan profunda eso te quebranta el corazón. Gracias por esta persona que ha venido en busca de ayuda y sanidad, y también por tu benignidad y fortaleza. Concédele sabiduría y valor para dar los pasos siguientes y ser sincera en cuanto a su dolor. Es un enorme consuelo saber que tú nunca nos abandonas, y que ayudarás a esta amiga (o este amigo) a experimentar tu amor y tu paz en medio de la tormenta...

La prostitución y la explotación sexual 29

RETRATOS 1

- Después de un año de prostitución Tina pensaba que las cosas iban bien para ella. Tenía diecisiete años, vivía con su chulo en el lujoso ático de este, y ya no tenía que estar quitándose de encima a su padrastro, quien había abusado sexualmente de ella durante dos años antes de que ella decidiera escapar a la gran ciudad. Luego, cierta noche, la chica permitió que uno de sus clientes la atara para realizar algún tipo de práctica sexual pervertida. Cuando el hombre sacó una navaja automática de veinte centímetros de hoja, Tina gritó de miedo sin saber lo que el hombre había planeado hacerle...
- María estaba hambrienta después de pasar una larga noche tendida de espaldas prestando su servicio a todos aquellos clientes. El sol ya había salido, y la chica decidió tomarse un buen desayuno con parte del dinero que llevaba encima. A media mañana se encontraba en el hospital con el cuerpo lleno de magulladuras, la cara cortada y sangrando, la mandíbula rota y varios dientes menos, debido a que su chulo le había dado una soberbia paliza por robarle "su dinero" y utilizarlo para comprarse comida.

DEFINICIONES E IDEAS CLAVE 2

- *La prostitución* —conocida como el oficio más viejo del mundo— *consiste en vender el propio cuerpo por relaciones y favores de tipo sexual.* También puede significar un intercambio de placeres sexuales por drogas, cobijo, protección u otras cosas indispensables para la vida.
- *La prostitución infantil* hace referencia al mantenimiento de relaciones sexuales con menores de dieciocho años de edad previo pago, y se utiliza a veces para describir el concepto más amplio de *explotación sexual comercial infantil* (ESCI). Se creó este último término en la década de los años 90 del siglo pasado, para abarcar las diferentes formas de comercio sexual con niños, debido a las limitaciones de la descripción como *prostitución infantil.* Sin embargo, se sigue hablando comúnmente de "prostitución infantil", y es esta en realidad la expresión incorporada en los instrumentos legales internacionales.
- *La legalidad de la prostitución adulta varía* en diferentes partes del mundo. En Nevada (EE.UU.), algunos estados de Australia y ciertos

países europeos es legal y está sumamente regulada, pero se condena con la muerte en numerosas naciones de Oriente Medio.

- *La prostitución de menores es ilegal en la mayoría de los países.* Además, muchas naciones cuyos ciudadanos participan regularmente en la explotación sexual de niños —como Estados Unidos, Australia y los países europeos— imponen la jurisdicción internacional a sus ciudadanos que viajan a otros lugares del mundo.
- *En las grandes ciudades de todos los países hay carteles de prostitución controlados por proxenetas que "supervisan" a las mujeres,* entre las que se cuentan a veces preadolescentes que viven y trabajan como esclavas sexuales. Estos rufianes retienen la mayor parte de las ganancias de las mujeres a cambio de darles cobijo y protección contra otros chulos o clientes peligrosos. *Muchos proxenetas son peligrosos,* abusan de las drogas y someten a sus mujeres a un trato servil de la peor especie a base de palizas.
- Según cierto estudio publicado, el número de *prostitutas dedicadas —por así decirlo— a "pleno tiempo" en un área típica de Estados Unidos es de 23 por cada 100.000 habitantes* (el 0,023%); *un 4 por ciento de las cuales cuentan menos de dieciocho años de edad.*[1]
- Otros estudios señalan *tasas mucho más altas de niños implicados en la prostitución.* En 2001 el Dr. Richard Estes y el Dr. Neil Alan Weiner calcularon que en Estados Unidos, 162.000 jóvenes sin techo eran víctimas de la explotación sexual comercial, y 57.800 niños lo eran en los hogares (sin excluir las viviendas sociales). Su estimación fue también que: el 30 por ciento de los jovencitos que vivían en albergues comunitarios y el 70 por ciento de los sin techo en Estados Unidos estaban sometidos a la ESCI, un tercio de las prostitutas callejeras son menores de dieciocho años, y el 50 por ciento de las que trabajan en salas de masaje, clubes de striptease y servicios de compañía tampoco superan esa edad. Según Estes y Weiner, la edad media en que las chicas empiezan a prostituirse en EE.UU. oscila entre los doce y los catorce años.[2]
- La duración de la práctica profesional de esas prostitutas se ha calculado en cinco miserables años; mientras que otro estudio ha revelado que *cada mujer pública tiene al año una media de 868 compañeros sexuales varones* y que el número declarado de hombres que hacen uso de meretrices está muy por debajo de la realidad.[3] En 1994 una investigación sacó a luz que, en Estados Unidos, el 16 por ciento de los varones de entre dieciocho y cincuenta y nueve años de edad pertenecientes al grupo encuestado, había pagado para mantener relaciones sexuales.[4]
- En Estados Unidos tal vez *la forma más corriente de vender favores sexuales sea aquella de las prostitutas callejeras.* Los chulos se apostan en las esquinas y las calles más idóneas de sus comunidades y las vigilan. Luego hacen desfilar a sus chicas ante los clientes que pasan por allí en automóvil. Las transacciones se realizan en plena calle, y las chicas bien se montan en el auto o conducen a sus clientes hasta algún hotel o motel donde se alquilan habitaciones por

horas o para toda la noche, a fin de mantener relaciones sexuales con ellos.

- Los *burdeles* son *establecimientos especialmente dedicados a la prostitución*, y pueden estar circunscritos a determinados barrios bajos de las grandes ciudades. Dichos burdeles reciben también el nombre de *prostíbulos, casas de citas, casas de putas*, etc., y en *algunas salas de masaje* se ejerce asimismo la prostitución. En ciertos países asiáticos pueden incluso ofrecerse tales servicios sexuales como una función secundaria en las *barberías.*
- La *prostitución de compañía* está considerada como un negocio de más alto nivel social y, normalmente, se lleva a cabo en la habitación del hotel del cliente (*out-call*), o en casa de la dama de compañía o una habitación de hotel contratada por ella (*in-call*). Este tipo de prostitución se ejerce bajo el paraguas de las "agencias de compañía", las cuales, supuestamente, proporcionan mujeres atractivas como acompañantes para eventos sociales. Aunque tales agencias de compañía aseguran no ofrecer nunca servicios sexuales, muy pocas de sus exitosas "damas" están únicamente disponibles como escoltas. Aun en los sitios donde esta clase de prostitución es legal, se utiliza comúnmente el ambiguo término de *dama de compañía.* En Estados Unidos, *las agencias de compañía se anuncian con frecuencia en la Internet*, y en cualquier buscador importante o en los foros sociales puede encontrarse sin dificultad la publicidad de las mismas.

ENTREVISTA DE EVALUACIÓN 3

La prostitución debería abordarse primordialmente como una forma de violencia o abuso sexual, porque lo es. Las víctimas han de cargar con el estigma, la vergüenza y el miedo que su trabajo conlleva; de modo que algunas prostitutas probablemente no facilitarán de manera voluntaria ninguna información acerca de este asunto. Puede usted tener la certeza de que la coacción y la violencia ocurren, y que tales actos quizá repercutan negativamente en la salud mental y reproductiva de la mujer. Las sesiones de consejería le servirán para identificar qué mujeres son víctimas potenciales o reales de estos abusos, a fin de poder ayudarlas, ya sea de manera directa o refiriéndolas a otros profesionales. Es importante que escuche bien a la joven mientras le habla de la violencia que padece. De este modo fomentará la confianza y la relación con ella, y creará una atmósfera de respeto y privacidad entre ambos, cosas que quizá les falten a las jóvenes víctimas de la violencia sexual.

Las preguntas que debe usted hacerle a cualquier niña o joven adulta que haya sido rescatada recientemente de los cárteles de la prostitución son:

1. ¿Te han tocado alguna vez con intenciones sexuales en contra de tu voluntad?
2. ¿Cuándo ocurrió eso por primera vez? ¿Te sigue sucediendo?
3. ¿Te sientes en peligro inminente? ¿Tienes miedo de volver a casa?

4. ¿Abusa tu pareja del alcohol o las drogas? ¿Es más probable que te maltrate cuando lo hace?
5. ¿Utilizas tú misma el alcohol o las drogas para soportar mejor esa violencia?
6. ¿Cómo ha afectado la misma a tu vida diaria?
7. ¿De qué manera ha influido en tu concepto actual de las relaciones sexuales?
8. ¿Has pensado alguna vez en suicidarte?
9. ¿Tienes algún familiar o amigo con quien puedas hablar de estas cosas?

4 CONSEJOS SABIOS

Normalmente las prostitutas no buscan ayuda para sus problemas, porque *desconfían de los extraños y las autoridades, temen el rechazo y les asusta el cambio.* Quizá tengan también miedo de admitir que las han lastimado, y de sus chulos que las vigilan veinticuatro horas al día siete días por semana, y a menudo las acompañan cuando van al médico. Tal vez les resulte difícil controlar sus propias vidas lo suficiente como para buscar consejo, y teman que la asistencia sanitaria y otros servicios no estén disponibles para ellas porque son prostitutas. Muchas tienen "parálisis psicológica": desean que las ayuden y, al mismo tiempo, rechazan la ayuda. *Sin embargo, se sabe con certeza que si los teléfonos de asistencia las veinticuatro horas al día, las sesiones de consejería, la defensa jurídica y los albergues se pusieran específicamente a disposición de las prostitutas,* estas los usarían. La consejería ha demostrado ser una buena ayuda para que estas mujeres se recuperen de los traumas sexuales que han sufrido y mejoren su autoestima.[5]

A menudo las prostitutas temen *a los clientes violentos, los proxenetas y los funcionarios corruptos encargados de imponer la ley.* Las que ejercen la prostitución callejera son también blanco algunas veces de los asesinos en serie, quienes las consideran objetivos fáciles y utilizan el estigma social y religioso que las acompaña como justificación para matarlas. *El hecho de que se las vea como delincuentes en la mayoría de las jurisdicciones hace menos probable que la policía las busque cuando desaparecen, convirtiéndolas así en los objetivos favoritos de todo tipo de depredadores.*

Es bastante corriente ver a los cristianos y a algunas feministas en el mismo bando con respecto a la prostitución, por considerarla *degradante para todos los implicados y una forma de explotación en sí misma.* El comercio del sexo es, según ellos, un *tipo de violación* impuesto por la pobreza y, a menudo, por la violencia de los proxenetas. Aquellos que piensan en la prostitución como algo degradante rechazan, por diversas razones, que la misma se pueda reformar o legalizar, y se oponen al falso presupuesto de que las mujeres existen para el disfrute de los hombres, que todos los varones "necesitan" relaciones sexuales o que la integridad física y el placer sexual de las mujeres no son importantes. De hecho, esta clase de ideas es lo que convierte la prostitución en una práctica *inherentemente explotadora y sexista.*

Alguna autoridad en la materia ha afirmado que los dos mayores peligros para la salud de las prostitutas jóvenes son *las enfermedades venéreas y los intentos de suicidio.* El 15 por ciento de todas las mujeres *que se suicidan* son prostitutas, y el 75 por ciento de estas han intentado quitarse la vida alguna vez. Según un estudio publicado, cerca de la mitad de las prostitutas encuestadas dijeron padecer alguna enfermedad de transmisión sexual (ETS).[6] Por otro lado, más del 90 por ciento de las mujeres que realizan su actividad en la calle y fuera de ella incrementaron su consumo de drogas o alcohol durante el ejercicio de su profesión[7]. Asimismo, por el hecho de haber sufrido agresiones sexuales, las prostitutas *padecen los mismos efectos psicológicos que la violación y el abuso sexual infantil,* entre los que se cuentan el síndrome de trauma por violación, la baja autoestima, el sentimiento de culpabilidad y las tendencias autodestructivas.

Cuando trabaje con quienes han sido víctimas de la violencia o la coacción sexual, recuerde hacer lo siguiente:

- actúe con *sensibilidad y escuche atentamente* las necesidades de su aconsejada
- *aborde cualquier problema médico que la mujer tenga*
- *ofrézcale una prueba del embarazo* (si está en sus manos hacerla)
- proporciónele información acerca de los servicios de *detección y tratamiento de las ETS y el VIH*
- infórmela en cuanto al *uso rutinario de anticonceptivos*
- *solicite la ayuda de profesionales*

PASOS PRÁCTICOS 5

1. Sea paciente

- Sanar de la violencia sexual es un proceso largo y difícil, y el tiempo que necesite cada persona para concluirlo será distinto. No se imponga fechas, ni diga "ya debería haberlo superado".
- Es una muestra de valentía el hecho que usted busque ayuda para curarse, hablar de su experiencia y sacar a la luz aquello que estaba oculto.
- *Si este caso está siendo objeto de algún proceso judicial concéntrese en los datos que el tribunal necesita y para cuándo los necesita, y pregúntele a su paciente qué disposición y posibilidades tiene de seguir examinando sus experiencias en sesiones de consejería.*

2. Llore su pérdida

- Ha sufrido usted una violación, y debe permitirse manifestar su rabia y llorar cuando esté lista para hacerlo.
- *Algunas pacientes tal vez se hayan ido al extremo opuesto a modo de compensación, se sientan entumecidas y no tengan reacción alguna ante su pérdida. No las obligue a demostrar sus emociones si no están preparadas para ello. Sienta su dolor y acompáñelas en el duelo por la pérdida que han experimentado.*

3. Arrepiéntase si es necesario

- Si se inició usted en la prostitución voluntariamente, la sanidad y la transformación solo tendrán lugar cuando confiese al Señor sus pecados y se arrepienta de los males que ha causado.

4. Recupere el control de su persona y busque apoyo

- Un primer paso hacia la sanidad podría ser asistir a un grupo de sobrevivientes de la violencia sexual o la violación. Comparta su historia con alguien de su confianza y considere la consejería de restauración como una ayuda para recuperar el control sobre su vida. *Los niños pueden beneficiarse de la terapia lúdica.*
- Comprenda cuánto le entristece a Dios el abuso que usted ha sufrido: Jesús comprende plenamente su dolor, porque Él sufrió de manera inimaginable en su vergonzoso juicio y al morir en la cruz.
- Conseguir que le crean y poder contar lo que le ha sucedido son pasos iniciales importantes para recuperarse; su consejero la ayudará a conservar la fortaleza mientras empieza a comprender que quienes la maltrataron ya no tienen ningún poder sobre usted.

5. Establezca límites saludables

- He aquí algunas cosas que debe usted entender: tiene ante sí un futuro prometedor; no es ninguna víctima, sino una sobreviviente; tal vez haya perdido mucho, pero su porvenir no está arruinado… la sanidad es posible.
- Los sobrevivientes de abuso sexual han de aprender a cuidar de sí mismos, y un paso importante para ello es establecer ciertos límites saludables. Asegúrese de que algunas personas de su confianza sepan de la existencia de dichos límites, para que puedan ayudarle a respetarlos.

6. Plantéese la posibilidad de seguir un programa de consejería o psicoterapia

- Tal vez necesite usted asesoramiento profesional para resolver de veras el profundo daño que le han causado la explotación y el abuso sexual. Busque un consejero con experiencia en aconsejar a los sobrevivientes de estas experiencias.
- *No dude en referir al paciente a un consejero o terapeuta experto en orientar a las víctimas de esta clase de violencia.*

6 EJEMPLOS BÍBLICOS

Ustedes pensaron hacerme mal, pero Dios cambió todo para bien, para hacer lo que hoy vemos, que es darle vida a mucha gente (Gn. 50:20, RVC).

Si alguien tuvo motivos para vengarse fue José. Los celos habían llevado a sus hermanos a cometer el terrible atropello de venderlo como un vulgar esclavo, a fin de no volver a verlo nunca más (Gn. 37:11-28).

Antes de ser exaltado al poder en Egipto, José tuvo que pasar trece años sin libertad personal. Pero José comprendió sabiamente que la soberanía divina había anulado el maltrato de sus parientes, transformando en bien el mal que ellos habían cometido. Esta respuesta de fe y fortaleza solo pueden darla quienes confían en que Dios es soberano e invalida los efectos de la maldad de otros en sus vidas.

A veces la gente piensa que pueden ocultar de todo el mundo ciertos aspectos de su vida, como los arranques de ira, los celos profundos o los pecados sexuales. Sin embargo, Dios no es ciego a la violencia sexual, y aunque el maltratador haya pensado que se iba a salir con la suya, el Señor conoce la situación y promete juzgar dicha violencia como corresponde.

No tomen venganza, hermanos míos, sino dejen el castigo en las manos de Dios, porque está escrito: "Mía es la venganza; yo pagaré", dice el Señor... No te dejes vencer por el mal; al contrario, vence el mal con el bien (Ro. 12:19-21).

Dios está al corriente de todo lo que ha sucedido en nuestra vida: incluso del dolor, la traición y el quebrantamiento. Él estaba presente en la oscuridad y sigue andando con nosotros cuando salimos a la luz. Los agravios que se nos han hecho también los ha sufrido Él mismo, e incluso la vergüenza de estar desnudo en la cruz.

Él promete dar el pago, ya que la venganza es solamente suya. Nuestra tarea consiste en sanar y perdonar. No permita que el mal lo derrote, ni atribuya al abusador semejante poder sobre su vida: venza al mal haciendo bien a otros y a su propia persona.

ORACIÓN 7

Padre nuestro que estás en los cielos, manifiéstate a esta persona como el Padre de las luces y Aquel que cuida y protege a las víctimas del maltrato y la prostitución. Haz que siempre dependa de ti y se mantenga apartada del sistema maligno en que ha estado viviendo, y no se deje de nuevo absorber por él. Acompáñala en su camino de sanidad y redención que tú ya conoces y has determinado para ella. Trae a su vida las personas y organizaciones que pueden ayudarla a curar sus heridas y a luchar por ella como alguien digno de respeto y cariño...

30 La pedofilia

1 RETRATOS

- Andrés tiene un secreto que finalmente confiesa: "Nadie lo comprendería —dice—, ni siquiera yo mismo lo entiendo". Aunque jamás ha llevado a la práctica sus impulsos sexuales hacia los niños, se siente invadido por el remordimiento, y también sucio y avergonzado por causa de sus deseos. Se aborrece tanto a sí mismo por lo que piensa que incluso está considerando suicidarse.
- Loida se ha pasado la tarde en la comisaría pagando la fianza de su marido. "¿Pornografía infantil? —exclama de camino a casa—. Deberías estar avergonzado de ti mismo. ¡Me das asco!". Rogelio se queda simplemente mirando por la ventana del automóvil, sin decir nada...
- Juan llevaba luchando con la lujuria hacia los niños desde que estudiaba el bachillerato, pero mantuvo reprimidos sus deseos durante muchos años. Cuando cumplió los cuarenta y cinco —ya casado y con dos hijos terminando la secundaria— se encontró a solas con un sobrino de nueve años de edad al que le hizo algunas proposiciones sugestivas. El pequeño no pareció comprender lo que sucedía, pero confió en su tío. Pocos minutos después Juan estaba manteniendo sexo anal con el niño, el cual gritaba de dolor. Después de experimentar el orgasmo Juan amenazó a su sobrino para que no se lo contase a nadie, pero pocas semanas más tarde lo arrestó la policía. Lo condenaron y pasó cuatro años en la cárcel. Actualmente está en la lista de pedófilos vigilados de su comunidad.

2 DEFINICIONES E IDEAS CLAVE

- El diagnóstico médico de la *pedofilia* (a veces escrito *paidofilia*) incluye *fantasías, deseos o comportamientos que implican actividades sexuales ilícitas con niños* (generalmente de trece años de edad y más pequeños).
- El comportamiento pedófilo incluye desnudar al pequeño, animarle a mirar mientras el abusador se masturba, tocar o acariciar los genitales del niño, y realizar actos sexuales con este por la fuerza.
- *Algunos pedófilos se sienten atraídos sexualmente solo por los niños* (pedófilos exclusivos) y no por los adultos. *Otros limitan su actividad a sus propios hijos o parientes cercanos* (incesto). Y otros abusan de otros pequeños.
- *Los pedófilos depredadores* pueden emplear la fuerza o amenazar a sus víctimas si revelan el abuso. *Los proveedores de cuidados sanitarios están obligados por ley a denunciar tales abusos de menores.*

- La publicación DSM-IV-TR de la Asociación Americana de Psiquiatría ofrece los siguientes *criterios para el diagnóstico* de la pedofilia:
  - Tener fantasías, deseos o comportamientos eróticos que incorporen la actividad sexual con niños preadolescentes (generalmente de trece años o menos), durante un periodo mínimo de seis meses, los cuales produzcan una excitación sexual intensa y recurrente.
  - Poner en práctica dichos deseos o fantasías sexuales o experimentar una angustia acentuada o dificultades interpersonales por causa de ellos.
  - Tener al menos dieciséis años de edad y ser cinco años mayor que el niño.[1]
- El diagnóstico de pedofilia *se define además según el sexo de los niños* hacia quienes la persona se siente atraída, y se añade una denominación específica en el caso de que los impulsos o acciones tengan que ver solo con el incesto.
- Las causas de la pedofilia no se conocen del todo. Algunos estudios sugieren una *alta correlación entre ser víctima de los pedófilos y llegar a convertirse en uno de ellos.* Según una encuesta realizada a 2.429 varones adultos, pedófilos delincuentes, en Estados Unidos, solo el 7 por ciento se identificaron como "exclusivos"; lo cual sugiere que *la mayoría de ellos* —o como mínimo aquellos con tendencia a consumar sus deseos— se sienten sexualmente atraídos tanto por niños como por adultos.[2]
- En opinión del FBI, el 61 por ciento de las personas violadas tienen menos de dieciocho años de edad, y el *29 por ciento no han cumplido aún los once.* Ciertos estudios académicos aceptados generalmente afirman que una de cada cuatro mujeres ha sido acosada sexualmente por un adulto antes de tener dieciocho años, mientras que entre los varones esa cifra se limita a uno de cada diez. Sin embargo, solo uno de cada diez casos de abuso sexual infantil se denuncia a las autoridades.[3]
- La mayoría de los delincuentes sexuales sufrieron esa clase de abusos cuando eran niños. Según comenta David Burton, catedrático de la Michigan University School of Social Work (Facultad de Trabajo Social de la Universidad de Michigan) en Ann Arbor, "en la inmensa mayoría se trata de comportamientos aprendidos, mientras que en otros casos no lo entendemos tan bien". A menudo los pedófilos escogen y abusan de niños que tienen la misma edad de ellos cuando sufrieron sus primeros acosamientos. También hay mucho desacuerdo acerca de si los depredadores de niños se pueden o no curar. Burton afirma que la mayoría de las investigaciones revelan que los tratamientos intensos arrojan unos "resultados soberbios". Y sigue diciendo: "Ayudamos a los afectados a imaginar situaciones peligrosas tales como acercarse a niños, y qué hacer y cómo actuar para soportar la angustia y evitarla".[4]
- Aunque muchas personas culpables de cometer abusos sexuales con niños son pedófilos, *no todos los que luchan con la pedofilia han consumado los deseos que sienten hacia los pequeños.* En otras palabras,

no todo el que experimenta los impulsos propios de la pedofilia está implicado en conductas pedófilas. Según Rubén Rodríguez, director de la Exploited Children Unit (Unidad de Niños Explotados) del International Center for Missing and Exploited Children (Centro Internacional para Niños Desaparecidos y Explotados), "algunas personas viven de la fantasía, mientras que otras van más lejos y tienen que abusar de algún niño".[5]

3 ENTREVISTA DE EVALUACIÓN

1. ¿Cuándo comenzó su atracción sexual por los niños?
2. ¿Experimenta la misma atracción por los adultos?
3. ¿Ha consumado sus deseos alguna vez? ¿Cuándo y cómo lo ha hecho? (*Si la respuesta es sí, consulte el apartado "Consejos sabios" para saber qué acción debería usted tomar*). Si no lo ha hecho, ¿teme que pueda caer en ello?
4. ¿Ha descubierto usted algo que le ayude a disminuir su atracción sexual por los niños?
5. ¿Es capaz de identificar ciertos momentos y situaciones en los que se siente más atraído sexualmente por los pequeños?
6. ¿Conoce alguien más (p. ej. su cónyuge) los sentimientos pedófilos que experimenta?
7. ¿Lo han arrestado o acusado alguna vez por abusos sexuales o pornografía infantil?
8. ¿Se encuentran en peligro ahora mismo algún niño por causa de su pedofilia? Está usted poniendo actualmente en práctica sus deseos?
9. ¿Está usted fichado como delincuente sexual? Si es así, ¿qué regulaciones y prohibiciones específicas se le han impuesto? ¿Qué piensa usted acerca de su condición?
10. ¿Se ha enfrentado alguna vez a una acción legal o lo han arrestado por delitos sexuales? ¿Cómo sucedió aquello? ¿Qué hizo intervenir a las autoridades?
11. ¿Está usted dispuesto a participar en un proceso de consejería que tal vez sea penoso, difícil y lento pero que le brinde una esperanza real de cambio?

4 CONSEJOS SABIOS

El pecado nos afecta a todos, ya que nadie es inmune a las tentaciones del mundo que nos rodea, pero *el daño que causamos a los demás con nuestras luchas no siempre es el mismo*.

La pedofilia constituye *esencialmente un deseo de controlar a otra persona*, y puesto que en este caso la víctima es un niño estamos hablando de alguien relativamente débil y con una capacidad de resistencia limitada. El pedófilo quizá se valga de amenazas para lograr el silencio del pequeño después de perpetrar el hecho.

Los abusadores tal vez intenten *convencerse a sí mismos de que sus acciones buscan el mejor interés del niño,* que las relaciones sexuales con los pequeños son una muestra de amor, les enseñan a estos acerca de la belleza del sexo, y crean con ellos unos fuertes lazos de afecto. *Tales engaños deben refutarse en las sesiones de consejería.* La pedofilia es uno de los pecados más destructivos a que se pueda someter a otra persona.

Las fantasías ejercen una función esencial en este trastorno: *se representa al niño como alguien perfecto, puro e inocente* al que el pedófilo cree que debe poseer.

Algunos pecados sexuales afectan negativamente sobre todo a la familia y a la persona misma, pero la pedofilia tiene *unas profundas consecuencias legales y morales.*

Según las agencias especializadas, la mayoría de los pedófilos *delinquen contra más de un niño*; pero aún es más alarmante el hecho de que muchos de ellos tengan *trato con varios pequeños semanalmente e incluso a diario.* Y uno de los principales problemas con los encarcelados por pedofilia es que no reciben tratamiento mientras están en prisión y, por tanto, se convierten en reincidentes.

Consulte las leyes de su estado o país acerca de la responsabilidad que tiene de denunciar un posible abuso infantil.

Incluso bajo tratamiento psiquiátrico, la mayoría de los pedófilos *nunca se rehabilitan del todo* de sus deseos sexuales hacia los niños. Sin embargo, la *terapia de consejería puede ayudarlos* a reducir sus impulsos inmorales hacia los pequeños, y estimularles a llevar una vida en la que no los pongan por obra.

PASOS PRÁCTICOS 5

Los siguientes pasos sirven como punto de partida para tratar la pedofilia.

1. Comprométase a actuar responsablemente

- La sanidad empieza por un dolor y un arrepentimiento piadosos. Pídale a Dios ayuda para cumplir las siguientes promesas:
  - Jamás llevaré a la práctica mis deseos de tener relaciones sexuales con niños.
  - Me esforzaré constantemente por disminuir esos impulsos negándome a dar rienda suelta a las fantasías sexuales y, en vez de ello, huiré resueltamente de las mismas.
  - Me negaré a fantasear con niños y aprenderé a dar un nuevo enfoque a mis ideas, y a entrenar mi mente para sustituir esas fantasías sexuales por un pensamiento racional.
- Si lucha usted con la atracción sexual hacia los niños o está involucrado en delitos sexuales cibernéticos, no tiene por qué llevar a la práctica sus deseos. En cambio, para emprender el camino hacia la recuperación, deberá someterse a un riguroso tratamiento con un consejero experimentado en el trabajo con delincuentes sexuales.
- *Tenga a mano una lista de expertos profesionales si no cuenta usted con la experiencia suficiente en el terreno de la consejería de pedófilos y delincuentes sexuales.*

2. Concéntrese en una sexualidad sana

- Aprenda a sustituir sus impulsos hacia el pecado sexual por otras actividades que no supongan una violación de su propia persona ni de los demás. Comience por estudiar y comprender el significado y el propósito del Señor para la sexualidad. Lea, estudie y medite la Palabra de Dios, sus promesas y su designio para el sexo dentro del matrimonio.

3. Conciba un plan para rendir cuentas

- La pedofilia es un problema grave, porque no solo afecta al que lo comete sino que además causa serios daños a la vida de su víctima. Debe usted, por tanto, rendir cuentas a algún cristiano maduro que sea su amigo de confianza, pastor o mentor, o quizá a un determinado grupo de apoyo.
- Debido a la seriedad del problema es muy importante que quienes luchan con la pedofilia consigan una red de apoyo, la cual podría incluir a alguien encargado de pedirle cuentas y con quien le fuera posible hablar de sus continuas luchas. La red de apoyo debería incorporar asimismo un grupo de terapia o respaldo donde aprenda más acerca de sus propias luchas, y que le haga comprender que los demás también se enfrentan a retos similares.

4. Considere la terapia con fármacos

- A menudo existe una correlación entre depresión y pedofilia. Consulte a su médico y consideren juntos algunos de los tratamientos médicos disponibles tales como:
  - Depo-Provera: un medicamento que bloquea la producción de progesterona
  - otros como Celexa, Lexapro, Luvox, Pazil, Prozac y Zoloft, los cuales han tenido un éxito moderado en el tratamiento de la pedofilia y la depresión
  - la terapia combinada con algún tipo de tratamiento farmacológico que ha conseguido cierto éxito[6]

Notas adicionales para el consejero:

- *La realidad es que la prognosis del tratamiento resulta manifiestamente deficiente y la reincidencia excepcionalmente elevada en el terreno de la pedofilia y los crímenes sexuales. Muchos estados y países han tenido que hospitalizar a delincuentes de alto riesgo quienes, después de cumplir una pena completa de cárcel, han salido libres dispuestos a reanudar su conducta, no habiendo demostrado remordimiento alguno ni cambiado nada su atracción por los niños cuando estaban en prisión. Muchas iglesias y pastores también han tenido problemas serios por confiar en las declaraciones de arrepentimiento que han hecho ciertos pedófilos a los que se les han permitido entrar en situaciones familiares y con niños donde han reincidido.*

- *Hay dos tareas decisivas a la hora de realizar cualquier trabajo con pedófilos.*
  - *Eche mano de toda la ayuda disponible, incluso de la información de los expertos. Considere la posibilidad de usar terapias combinadas de fármacos, consejería individual y grupos de apoyo.*
  - *Haga cuanto sea necesario para proteger a cualquier niño en situación de alto riesgo, aunque ello implique aconsejar la separación del pedófilo de su familia y de otras personas, y mantener dicha separación por un largo periodo de tiempo.*

EJEMPLOS BÍBLICOS 6

Empezaron a llevarle niños a Jesús para que los tocara, pero los discípulos reprendían a quienes los llevaban. Cuando Jesús se dio cuenta, se indignó y les dijo: "Dejen que los niños vengan a mí, y no se lo impidan, porque el reino de Dios es de quienes son como ellos. Les aseguro que el que no reciba el reino de Dios como un niño, de ninguna manera entrará en él". Y después de abrazarlos, los bendecía poniendo las manos sobre ellos (Mr. 10:13-16).

Dios valora enormemente a los niños. Jesús reprendió a sus seguidores por no hacerlo suficientemente, y demostró su amor hacia los pequeños tomándolos en sus brazos y bendiciéndolos.

Sería mejor que se arrojara al mar con una piedra de molino alrededor del cuello que hacer que uno de estos pequeños caiga en pecado (Lc. 17:2, NTV).

Este pasaje tiene que ver con el incitar a los niños al pecado. La pedofilia hace añicos el espíritu de los pequeños y deja lastimadas sus almas, abriéndoles así el camino hacia futuras conductas destructivas tanto contra sí mismos como contra otros.

Las víctimas de agresión sexual tienen:

- 3 veces más probabilidades de padecer depresión que la población restante
- 6 veces más probabilidades de sufrir trastorno de estrés postraumático
- 13 veces más probabilidades de abusar del alcohol
- 26 veces más probabilidades de abusar de las drogas
- 4 veces más probabilidades de considerar el suicidio

Organización Mundial de la Salud, 2002

Antes de recibir esa circuncisión, ustedes estaban muertos en sus pecados. Sin embargo, Dios nos dio vida en unión con Cristo, al perdonarnos todos los pecados y anular la deuda que teníamos pendiente por los requisitos de la ley. Él anuló esa deuda que nos era adversa, clavándola en la cruz. Desarmó a los poderes y a las potestades, y por medio de Cristo los humilló en público al exhibirlos en su desfile triunfal (Col. 2:13-15).

La increíble gracia de Dios abarca a todas las personas y cada pecado imaginable. Él acepta nuestros corazones quebrantados y arrepentidos y nos limpia de la maldad, incluso de la pedofilia y el delito sexual.

7 ORACIÓN

Padre celestial, gracias por esta persona que ha demostrado una enorme valentía viniendo hoy a verme. Señor, él quiere andar contigo y ser un siervo obediente, pero sus deseos y atracciones le están causando tremendos problemas. Por favor, muéstrale tu grandeza y sánalo de su aflicción. Proporciónale la fuerza, las habilidades y las herramientas necesarias para controlar sus atracciones y llevar una vida recta...

El acoso sexual en el trabajo 31

RETRATOS 1

- "Mi supervisor me puso las cosas bien claritas —explica Isabel—: me dijo, en términos inequívocos, que si quería conservar mi empleo tenía que irme a la cama con él. Le contesté que no y me despidió".
- "Puede parecer una tontería que denuncie un acoso sexual —dijo Andrés—, pero voy a hacerlo de todos modos. Trabajo en una oficina solo con mujeres, y la mitad del tiempo me siento realmente incómodo. No aguanto ni un día más escuchando acerca de las relaciones sexuales y los hombres, los nombres que me aplican y el contacto excesivo".
- Perla llevaba unas pocas semanas en la empresa, durante las cuales se dio cuenta de que Alicia, la supervisora, la contemplaba durante periodos de tiempo inusualmente largos. Ella pensaba que la mujer era simplemente una jefa diligente, pero luego Alicia empezó a hacerle ciertas preguntas personales acerca de su vida privada. Una compañera le comentó que a su parecer la mujer era lesbiana, pero Perla no quiso creerla. Sin embargo, cuando Alicia descubrió que la joven tenía treinta años y estaba soltera, empezó a enviarle correos electrónicos en un tono excesivamente cariñoso, rozando lo insinuante. Luego, al recibir un mensaje de voz de su jefa en el que le hacía diversos comentarios acerca de su atractivo físico, Perla se sintió sumamente incómoda.

DEFINICIONES E IDEAS CLAVE 2

- El acoso sexual en el trabajo tiene lugar cuando *un comportamiento de carácter íntimo afecta explícita o implícitamente el trabajo de un individuo* o crea un ambiente de intimidación, hostilidad o agravio en el ámbito laboral.[1]
- Este tipo de acoso sexual es *una forma de discriminación* que viola la legalidad en muchos países.
- El acoso sexual en el trabajo *puede incluir uno o más de los siguientes comportamientos*:
  - proposiciones sexuales indeseadas
  - petición de favores sexuales
  - conducta verbal de naturaleza erótica
  - conducta física de naturaleza erótica

- El acoso sexual puede darse *en diversas situaciones y entre una variedad de personas*. Por ejemplo:
  - El blanco puede ser *hombre o mujer*.
  - El acosador puede pertenecer tanto *al sexo masculino como al femenino*.
  - El blanco puede ser del *mismo sexo o del sexo contrario* al del acosador.
  - El acosador puede ser el jefe inmediato, un representante del patrón, un supervisor de otra sección, un compañero del trabajo o alguien ajeno a la empresa.
  - El blanco del acoso tal vez no sea la persona acosada, sino *cualquier otra a la que afecte esa conducta ofensiva*.
  - El acoso sexual puede *no suponer perjuicio económico para la víctima o, por el contrario, llegar a provocar su despido del trabajo*.
  - La conducta del acosador debe ser *indeseada*.[2]
- En muchos casos *resulta útil para la persona elegida como blanco informar al acosador ella misma* de que su conducta no es bien recibida, y pedirle que deje de molestarla inmediatamente. También puede utilizar cualquier mecanismo de queja o reclamación que tenga a mano en su lugar de trabajo. Con frecuencia, el acoso sexual cesa después de haber presentado una queja interna formal.
- Según un alto funcionario de cierto departamento gubernamental estadounidense, la Corte Suprema de Estados Unidos ha simplificado las cosas en cuanto al acoso sexual, al definir *dos tipos básicos de esta clase de abuso en el lugar de trabajo*.

Primer tipo: "Quid pro quo"

- El primer tipo de acoso sexual incluye una *acción tangible que afecta el empleo*. Un ejemplo del mismo es cuando el supervisor explica a una subordinada que, a menos que coopere sexualmente, perderá su puesto de trabajo, no se la tendrá en cuenta a la hora de ascender, recibirá una sanción, etc., y luego cumple su amenaza si la empleada no se presta a ello. A esto se le llama acoso sexual *quid pro quo*, debido al carácter que tiene de transacción.[3]

Segundo tipo: "Ambiente hostil"

- A diferencia del *quid pro quo* —en el cual algún jefe directo lanza un ultimátum—, en este tipo de acoso el resultado de rechazar *la conducta indeseada de supervisores, compañeros de trabajo, clientes o cualesquiera otras personas con quienes el individuo acosado interactúa* es una atmósfera de hostilidad hacia él o ella. Entre los comportamientos que caracterizan a este tipo de abuso están:
  - las *amenazas* de imponer un *quid pro quo* sexual
  - las conversaciones acerca de actividades sexuales
  - los chistes de mal gusto
  - el *contacto físico* innecesario o excesivo
  - las *observaciones sobre los atributos físicos* de un empleado
  - la exhibición de *imágenes sexualmente sugestivas*

- el uso de *apelativos cariñosos fuera de lugar* como "querida", "muñeca" o "nena"
- la conducta física *hostil o amenazante*
- la utilización de *lenguaje grosero, soez u ofensivo*[4]

ENTREVISTA DE EVALUACIÓN 3

Para la persona objeto del acoso sexual

1. ¿Cuándo empezó el acoso sexual?
2. ¿De qué clase de acoso se trata?
3. ¿Qué ha hecho usted para intentar poner fin al mismo?
4. ¿Fueron de alguna utilidad sus intentos de poner fin al acoso? ¿Por qué?
5. ¿Sigue usted sufriendo el acoso?
6. ¿Cree que corre algún peligro físico?

Para el supervisor u otro acosador sexual

1. ¿Cuándo empezó con el acoso en cuestión?
2. ¿De qué clase de acoso sexual se trata?
3. ¿Entiende usted las consecuencias éticas y legales de esta acusación?
4. ¿Le ha hablado acerca del problema la persona que lo acusa? ¿Cuáles fueron los resultados de la conversación?
5. ¿Cuál es el siguiente paso para resolver el problema?
6. ¿Qué puede hacer usted para proteger de acoso sexual a los empleados presentes y futuros?

CONSEJOS SABIOS 4

Dios ha creado a todos los seres humanos a su imagen, y merecen respeto. *El acoso sexual, la explotación y el maltrato son conductas destructivas.* Cuando una persona sufre este tipo de injusticia, su capacidad para desarrollar y utilizar los dones de creatividad e integridad que el Señor le ha dado se ve sofocada.

El acoso sexual puede producirse de varias maneras. Sin embargo, ocurra donde ocurra y suceda como suceda, siempre *erosiona el sentimiento de seguridad y bienestar de la persona.* Cuando dicho acoso lo perpetra alguien que debería defender a ese individuo —como un pastor, consejero, profesor o supervisor—, semejante experiencia causa aún más confusión y dolor a la víctima.

Hay que tomar en serio a las personas que se quejan de acoso sexual. Tal vez se trate de un malentendido, y ambas partes puedan crecer mediante el proceso de resolución del mismo; pero si verdaderamente ha habido acoso, *los sentimientos de traición y dolor* serán muy reales para la víctima.

En muchos casos, la víctima se sentirá *nerviosa o tendrá miedo de denunciar el acoso sexual.* Quizá le preocupe perder su empleo, especialmente si el acosador es su jefe inmediato o alguien en una posición de autoridad. *Las víctimas también pueden temer que las pongan en ridículo, las culpen o las llamen mentirosas.*

He aquí algunos principios generales para aconsejar a quien se ha visto acosado sexualmente en el trabajo:

1. La víctima puede experimentar *sentimientos e impresiones semejantes a los de una persona violada.*
2. *El individuo objeto del acoso puede sentirse inseguro y avergonzado* por no ser capaz de impedirlo.
3. Casi con toda seguridad, quien ha perpetrado el acoso sexual afirmará que le han *malinterpretado por completo* y puede *culpar a la víctima* del problema.
4. La *respuesta de la empresa* determinará si se trata de un lugar seguro donde la víctima puede volver a trabajar.
5. Aunque la empresa responda de manera positiva a la reclamación de la víctima, las acusaciones tardarán tiempo en abordarse, y el acusado probablemente alegará nuevos hallazgos negativos bien ante el departamento de recursos humanos de la compañía o ante la junta correspondiente de igualdad en el empleo del Gobierno. Durante ese largo proceso, *la persona acosada necesitará que otros la conforten y alienten.*

Es importante *crear un entorno seguro* en el que su paciente se sienta respetado, creído y capaz de asumir el control de su vida.

Prevención

La prevención es probablemente el mejor medio para acabar con el acoso sexual en el trabajo, y *empieza por una comunicación clara de parte de los patronos y supervisores en cuanto a que no se tolerará esa clase de conducta.* Son ellos quienes deben crear un entorno transparente en el que se pueda denunciar sin miedo el acoso sexual o la posibilidad del mismo. Esto es posible llevarlo a cabo en parte estableciendo procedimientos de queja o reclamación, así como tomando medidas inmediatas y apropiadas cuando algún empleado presenta una acusación.

Denuncia del acoso sexual

Si una persona cree o sospecha que la han convertido en blanco de acoso sexual en su lugar de empleo, es apropiado *informar del incidente a la dirección* del centro de trabajo, o poner una denuncia ante la junta correspondiente de igualdad en el empleo del gobierno, según las normas establecidas para ello.

5 PASOS PRÁCTICOS

1. Hable sinceramente

- Tal vez se esté preguntando: *¿Por qué me ha tenido que pasar esto a mí?* Puede que experimente diversos sentimientos como ira contra su acosador, vergüenza por no ser capaz de poner fin al acoso sexual, desprecio hacia sí mismo o la sensación de ser usado. Es importante hablar con alguien en quien confíe —algún familiar, amigo o consejero— para revisar tales sentimientos y legitimarlos. Hable francamente de lo que le ha ocurrido.

- *La confianza y la seguridad son de vital importancia en estos casos: certifique y afirme los sentimientos de la persona a quien aconseja. Ayúdela a comprender que ella no ha tenido la culpa del acoso, y anímela a buscar formas adecuadas de expresar sus sentimientos fuera de la consulta, tales como llevar un diario o escribir su historia.*

2. Deje de culparse a sí mismo y de sentir vergüenza

- Intente comprender cómo se produjo el acoso y entienda que no fue usted el responsable del mismo. Procure renunciar a la autoinculpación, así como a los sentimientos de vergüenza.
- Lo que le ha sucedido es culpa de otro, de modo que puede recobrar el control de sus emociones y su sentido de integridad personal.

> Durante el año fiscal de 2007 en Estados Unidos, la Comisión para la Igualdad de Oportunidades en el Empleo (EEOC, por sus siglas en inglés) recibió 12.510 demandas por acoso sexual en el trabajo. El 16% fueron presentadas por hombres. Ese mismo año, la EEOC resolvió 11.592 de ellas y recaudó 49,9 millones de dólares en beneficios económicos para las partes demandantes y otros individuos agraviados (sin contar las remuneraciones monetarias obtenidas en los tribunales).

3. Considere asistir a un grupo de apoyo

- Hablar con alguien que ha pasado por un dolor semejante y dejarse asesorar por la experiencia de otros siempre es una ayuda. En un ambiente de grupo, los individuos comentan y hablan de sus propias historias de acoso sexual laboral, se apoyan mutuamente y también intercambian consejo en cuanto a cómo denunciar dicho acoso y ponerle fin.

4. Idee un plan de acción

- Diseñe un plan de acción con su consejero y dé los pasos necesarios para garantizar que el autor del acoso sexual se haga responsable de sus acciones.

5. Ore

- Pídale a Dios la fuerza para resistir y la sabiduría necesaria para denunciar debidamente el acoso. Confíe también en que el Señor utilizará esa dolorosa experiencia para bendecir su vida y ayudar a otros.

EJEMPLOS BÍBLICOS 6

El Señor… restaura a los abatidos y cubre con vendas sus heridas. Él determina el número de las estrellas y a todas ellas les pone nombre. Excelso es nuestro Señor, y grande su poder; su entendimiento es infinito; el Señor sostiene a los pobres, pero hace morder el polvo a los impíos (Sal. 147:2-6).

El acoso sexual es una experiencia descorazonadora que puede sacudir cada aspecto de la confianza propia y de la identidad de una persona, pero Dios promete estar cerca de los abatidos, y les brinda su presencia, su paz y su sabiduría. Las víctimas pueden tener la certeza de que algún día, de alguna manera, la justicia de Dios prevalecerá.

Hermanos míos, considérense muy dichosos cuando tengan que enfrentarse con diversas pruebas, pues ya saben que la prueba de su fe produce constancia. Y la constancia debe llevar a feliz término la obra, para que sean perfectos e íntegros, sin que les falte nada (Stg. 1:2-4).

Dios, si se lo permitimos, puede utilizar cada cosa que sucede en nuestras vidas —la buena, la mala y la desconcertante— para acercarnos más a Él. El Señor usará aun la traumática experiencia del acoso sexual en el trabajo para darnos más profundidad, sabiduría y esperanza de las que hayamos conocido jamás. Aunque el acoso no haya sido su plan perfecto en un principio, Él transformará por su gracia lo negativo en positivo para aquellos a quienes ama.

Si a alguno de ustedes le falta sabiduría, pídasela a Dios, y él se la dará, pues Dios da a todos generosamente sin menospreciar a nadie. Pero que pida con fe, sin dudar, porque quien duda es como las olas del mar, agitadas y llevadas de un lado a otro por el viento. Quien es así no piense que va a recibir cosa alguna del Señor; es indeciso e inconstante en todo lo que hace (Stg. 1:5-8).

Cuando empieza el acoso, la víctima se halla a menudo desprevenida y se siente confundida. Pero si acude a Dios mediante la oración, la lectura de la Biblia y a un consejero sabio, puede comprender realmente cuál es la senda que el Señor quiere que escoja. El camino tal vez no sea fácil ni claro. Puede ser que la persona experimente mucha oposición por parte del acosador, mientras que otros no entienden por qué la víctima presentó su acusación en primer lugar. Pero si confía en Dios y sigue la senda que Él le marca, podrá permanecer firme.

7 ORACIÓN

Señor, mi amigo acude hoy a ti después de una experiencia traumática. Ha sido víctima del acoso sexual en su lugar de trabajo, y necesita tu presencia para saber qué curso de acción debe seguir. Él precisa tu toque sanador, y también sabiduría para protegerse contra futuras violaciones contra su libertad...

PARTE 4

Problemas de identidad sexual

32 La homosexualidad

1 RETRATOS

- José había guardado su secreto a lo largo de la secundaria. Todos los chicos que conocía hablaban sin reparos y con frecuencia acerca del deseo que sentían por las chicas de la escuela, pero él no podía dejar de pensar en los muchachos desnudos en el vestuario. Al llegar a la universidad oyó rumores de que un joven que dormía en el otro extremo del pasillo era homosexual, y ambos se juntaron de inmediato y comenzaron una intensa relación sexual. José se había convertido a Cristo en un campamento de verano cuando tenía trece años de edad, pero ahora ya no sabe qué pensar acerca de Dios; sus impulsos sexuales parecen dominar el resto de los aspectos de su vida.
- Los padres de Ana se divorciaron cuando ella era solo un bebé, y su papá se mudó a otra parte del país. Raras veces visitaba a la chica y a su madre, y apenas las llamaba por teléfono. La madre de Ana se sentía culpable y sola, y a lo largo de toda la niñez de su hija la colmó de atenciones. Cuando la chica estudiaba bachillerato salía de vez en cuando con chicos, pero se encontraba mucho más cómoda en compañía de sus amigas. Cierto día, Leticia —una chica nueva en la escuela— le pidió que la acompañara a un recado, y por el camino condujo el automóvil hasta un parque solitario, se detuvo y, atrayendo a Ana hacia sí, le susurró: "Tengo unas ganas irresistibles de besarte". Luego se inclinó hacia ella y le dio un beso. Primero lo hizo con ternura y, a continuación, de un modo apasionado. Las emociones de Ana se inflamaron; la chica disfrutaba de la atención que le prestaba su amiga y de la atracción sexual que le producía, pero se sentía terriblemente avergonzada y confusa. Tras una semana de tortura emocional, le declaró confidencialmente al consejero de la escuela: "Ya no estoy segura de lo que soy. ¿Acaso soy lesbiana?".
- Carlos empezó a mirar materiales pornográficos cuando tenía solo ocho años de edad, y se obsesionó con el sexo. Al cumplir los trece años se masturbaba varias veces al día, y durante el bachillerato mantuvo su primer encuentro sexual con una chica. Ahora que está en la universidad ha tenido docenas de parejas, pero eso no parece bastarle. Hace poco empezó a experimentar también con chicos, y es algo que le gusta de veras.

2 DEFINICIONES E IDEAS CLAVE

- *La atracción homosexual* es una predisposición erótica hacia personas del mismo sexo, y el *comportamiento homosexual* consiste en participar en cualquier actividad amorosa de ese tipo.

- Probablemente ningún otro tema despierte *emociones tan fuertes en personas con perspectivas contrapuestas y afianzadas* como la homosexualidad, especialmente dentro de la comunidad cristiana. Muchos sostienen la idea bíblica de que la homosexualidad es una perversión del propósito divino en cuanto al sexo y una distorsión de la identidad humana. Otros, en cambio, argumentan que los homosexuales no tienen elección en cuanto a su preferencia sexual, y presionan para que se los acepte juntamente con su comportamiento.
- *Identificar las causas de la homosexualidad* ha demostrado ser un tema difícil y explosivo. *Algunos dicen que las personas escogen ser homosexuales debido a la influencia de su entorno social, y otros que la homosexualidad viene determinada por la genética.* Hasta el momento, ningún estudio ha establecido de manera concluyente la etiología de la homosexualidad, pero hay varios factores que parecen contribuir a la atracción hacia personas del mismo sexo:
  - *El trasfondo familiar* de la persona, especialmente la relación con el padre del mismo sexo, puede conformar la sexualidad emergente en la adolescencia.
  - *Las interacciones con otros,* especialmente durante los años formativos, enseñan y refuerzan las pautas sexuales.
  - *Las experiencias sexuales tempranas,* especialmente las que tienen que ver con seducción, abuso o relaciones homosexuales, pueden condicionar la identidad personal y la percepción de la propia sexualidad en los niños.
  - *Algunas causas biológicas* han recibido la máxima atención en los últimos años. Sin embargo, las investigaciones arrojan resultados ambiguos. Se ha dicho a menudo que dichos resultados "avalan la existencia de una causa biológica o genética" de la homosexualidad. Esto, como es natural, les parece convincente a aquellos que adoptan un estilo de vida homosexual; puesto que si dicho estilo de vida no se ve ya como una elección, sino como un *imperativo biológico*, tampoco constituye una *orientación sexual pecaminosa* que requiera soluciones espirituales.

> Más del 68% de mujeres lesbianas dicen haber padecido una diversidad de problemas de salud mental en el pasado, tales como depresión y tristeza crónicas, miedo y ansiedad constantes y otras complicaciones mentales.
>
> *Duke Journal of Gender Law and Policy*

- *La naturaleza apasionada y expuesta* de los encuentros homosexuales puede hacer que las personas sean más vulnerables a las diversas *enfermedades de transmisión sexual*, incluso al VIH o el sida. Los varones jóvenes que tienen relaciones sexuales con otros hombres (HSH) y con un número elevado de parejas distintas, corren un riesgo extremo de contraer alguna infección de transmisión sexual. Según los Centros de Control de las Enfermedades estadounidenses, el número de HSH entre los trece y los veinticuatro años de edad recientemente diagnosticados de VIH aumenta cada año, y casi se ha duplicado desde el año 2000. La cifra de hombres contagiados se incrementó en un 11 por ciento en 2001 y en un 18 por ciento en 2006.[1]

3 ENTREVISTA DE EVALUACIÓN

1. ¿Cuándo comenzó su atracción por las personas de su mismo sexo? ¿Cómo se dio cuenta de que tenía esos sentimientos?
2. ¿Ha puesto en práctica sus deseos? Hábleme acerca de sus experiencias.
3. Cuénteme acerca de las relaciones que tenía con su familia original. ¿Cómo se llevaba con su madre y su padre? ¿Estaban ellos en casa cuando usted era pequeño? ¿Se interesaban activamente por su vida? ¿Cómo se expresaban —o se expresan— el afecto que sienten el uno por el otro? ¿Y el que le tienen a usted?
4. ¿Cuándo experimentó su primer encuentro sexual? ¿Cómo ocurrió? ¿De qué manera le afectó entonces? ¿Ha sufrido alguna vez abusos sexuales? ¿Fue a manos de alguien de su mismo sexo o del contrario?
5. ¿Cómo se ha relacionado con los miembros del sexo opuesto? ¿Siente atracción por ellos? ¿Ha salido alguna vez con alguno?
6. ¿Fantasea usted acerca de encuentros con personas de su mismo sexo? ¿Cuántas de esas fantasías se han hecho realidad… o casi?
7. ¿Está manteniendo actualmente relaciones sexuales?
8. ¿Ha hablado usted a alguien de sus deseos o comportamientos homosexuales? ¿Cómo ha reaccionado la persona en cuestión?
9. ¿Qué esperanzas y temores abriga en cuanto a su sexualidad?
10. ¿Qué metas pretende alcanzar con las sesiones de consejería?

4 CONSEJOS SABIOS

En el controvertido ámbito de la homosexualidad y la terapia de reorientación sexual, *el papel del consejero se ve fácilmente comprometido por las demostraciones de estupefacción o las muestras extremas de reprobación o censura.* De hecho, la mayoría de los homosexuales son hipersensibles y están hipervigilantes en cuanto a esta dinámica. Manténgase interesado y exprese sus opiniones en un tono natural.

El paciente ha venido a verle (o quizá alguien le haya traído) en busca de ayuda, y se encuentra en un estado emocional sumamente vulnerable. El progreso de esa persona puede depender de su habilidad que para hacer que se sienta segura y hable con franqueza acerca de sus heridas, temores y esperanzas para el futuro. De manera que, aun cuando sus propias ideas sean contrarias a la conducta homosexual, *la empatía y la comprensión son esenciales* en la fase inicial de la consejería. *Si le resulta demasiado difícil trabajar con alguien que lucha con la atracción hacia personas de su mismo sexo, tendrá que remitirlo a otro consejero.* En este momento es sumamente importante que su paciente sepa que usted le acepta como alguien completamente digno del amor de Dios.

Explore los sentimientos y las actitudes de la persona a quien está aconsejando, acerca de los impulsos y los comportamientos homosexuales que experimenta. En muchos casos, *los pacientes acuden a la consulta, porque se sienten confundidos y avergonzados* (quienes están satisfechos con su homosexualidad y la justifican, en raras ocasiones —si es que alguna vez— buscarán ayuda). La persona quizá esté sufriendo un *grado de ansiedad significativo* debido a su orientación sexual y su conducta, y es posible que los temores que experimenta nublen su capacidad para pensar. Una de sus primeras tareas como consejero consistirá, entonces, en *ayudarle a aclarar la confusión que siente acerca de su identidad* y a determinar quién es él o ella en realidad. Anímele a responder primero a esta pregunta decisiva, a fin de resolver su rompecabezas: "¿Soy de veras homosexual —lo cual consiste en abrazar una determinada identidad sexual—, o un hombre, una mujer o un cristiano que lucha con atracciones y deseos homosexuales?

> Hasta 9.000.000 de niños que viven en Estados Unidos tienen un padre o una madre homosexual, y el 25% de las parejas de lesbianas están criando hijos. El 20% de esos hijos se han planteado tener relaciones sexuales con personas de su mismo sexo, a pesar de no haber experimentado nunca tal atracción.
>
> *Duke Journal of Gender Law and Policy*

Evite citar versículos a cada momento en la sesión de consejería. Muchos de los que vienen a verle ya saben que la Biblia describe la homosexualidad como pecado, y han evitado acudir a otros pastores o consejeros cristianos para que no les prediquen la condenación. Sin embargo, es importante indagar qué piensan ellos que dicen las Escrituras acerca de la homosexualidad, y luego conversar acerca de lo que significan para ellos las palabras de la Biblia y dónde está la *disonancia*. Por ejemplo, ¿cómo asume su paciente las declaraciones bíblicas? ¿Qué está dispuesto a llevar a cabo para agradar a Dios y experimentar su fortaleza y su propósito en la vida?

Las personas con tendencias homosexuales —en especial los hombres— podrían estar participando en actividades sexuales adictivas y, en ocasiones, dejar de hacerlo les ayudaría a tomar decisiones saludables en cuanto a su orientación sexual. Muchos consejeros cristianos utilizan *un modelo de tratamiento de las adicciones* con el fin de ayudar a los homosexuales; y a menudo lo hacen en el contexto de la terapia de grupo para cambiar los hábitos sexuales. Este modelo se basa en *varias suposiciones*, que incluyen: una posible predisposición, el deseo de cambiar por parte del paciente, la iniciativa de acudir a Dios en busca de esperanza y fortaleza, la realización de un inventario moral minucioso y profundo de los impulsos y comportamientos de la persona, un arrepentimiento genuino, el apoyo mutuo, y una perspectiva de cambio a largo plazo. Los homosexuales —al igual que los alcohólicos o los drogadictos— quizá no se consideren nunca "curados" ellos mismos, pero al reconocerse desvalidos para superar su condición empiezan un proceso y aprenden a andar día tras día en una senda que puede conducirlos a un estilo de viva nuevo y saludable.

PASOS PRÁCTICOS 5

Todos los consejeros cristianos deben estar preparados para ayudar a las personas aconsejadas a definir sus metas y avanzar constructivamente hacia la resolución de esa confusa ambivalencia que muchas veces envuelve la identidad y la sexualidad.

1. Identifique sus objetivos personales

- Piense en las metas que le gustaría lograr por medio de la consejería. Determine cómo le gustaría que fuera su vida al final de este proceso, y haga partícipe de dichas metas a su consejero.
- *Decida si sus objetivos y los de su paciente son compatibles con la fe y la práctica que usted profesa. Si las personas aconsejadas se sienten afirmadas en su identidad y estilo de vida homosexual, y quieren ayuda para mantener mejores relaciones con parejas del mismo sexo, probablemente no sea usted el adecuado para servirle de consejero, como alguien que no cree que dichas relaciones estén bien delante de Dios. Recuerde, sin embargo, que los pacientes pueden suponer que un consejero cristiano es alguien rígido y censurador, y que quizá se mantengan a la defensiva hasta que usted les muestre empatía y comprensión. Ayude a sus aconsejados a aclarar las metas de sus vidas, brindándoles la oportunidad de escoger radicalmente entre una postura que afirma la homosexualidad y otra que promueve la terapia de cambio.*
- *Si el paciente admite su confusión y sus sentimientos contradictorios acerca de los deseos y comportamientos homosexuales, y desea cambiar, puede usted ofrecerle una senda realista en la que experimentará la paz, la libertad y el gozo en Cristo, y mantendrá una relación significativa con personas de ambos sexos.*

2. Examine sus creencias actuales en cuanto a la sexualidad

- Céntrese en conversar acerca de lo que le han enseñado en el pasado con respecto a la homosexualidad, y la manera como esto ha contribuido a su sistema de creencias presente. ¿Qué considera usted normal y anormal?
- *Muchas personas que tienen deseos y comportamientos homosexuales acuden al consejero con un acopio de desinformación acerca de las causas, enfermedades y definiciones de lo que es una sexualidad "normal", y de un sinfín de otras cuestiones relacionadas con el problema. A algunos les han enseñado que han cometido un pecado imperdonable, y se sienten no solo avergonzados sino también desesperados. Ayude a su paciente a comprender el plan de Dios para la sexualidad, así como la disposición del Señor a perdonarle de todos sus pecados y absolverle de ellos (véase 1 Jn. 1:9).*

3. Reconozca sus miedos y esperanzas

- Sea sincero en cuanto a sus emociones. Este es un paso importante para sentirse comprendido, fomentar la confianza en su consejero, y avanzar.
- Muchas personas esperan que los consejeros les den una solución fácil y rápida que los haga sentirse mejor de inmediato. Esto, desde luego, no sucederá. La homosexualidad requiere un crudo realismo acerca del proceso de cambio y de sus objetivos. Cambiar es posible,

pero a menudo demanda tiempo y esfuerzo, y aun así, a veces los deseos sexuales no desaparecen por completo.

- La homosexualidad puede resultar tan emocionalmente explosiva en su tratamiento como lo es en la sociedad: cargada de pasiones exacerbadas y de miedos aterradores. Sea transparente acerca de toda la gama de sentimientos que experimente.

La terapia de identidad sexual

Plantéese utilizar el modelo de Terapia de Identidad Sexual (TIS) para aconsejar a la persona, a fin de ayudarla a resolver la cuestión primordial de la identidad sexual que debería elegir. Los psicólogos cristianos Mark Yarhouse y Warren Throckmorton han ideado un excelente modelo de consejería, el cual ha sido refrendado y recomendado por muchos profesionales cristianos y no cristianos de la salud mental.[2]

4. Comprenda lo importante que es controlar su propia mente

- Esté dispuesto a aprender de qué manera nuestros pensamientos y sentimientos dictan nuestras acciones. Practique nuevas formas de interpretar y analizar las ideas y emociones destructivas antes de llevarlas a la práctica.
- *La combinación de pasión erótica y vergüenza hace que muchos homosexuales estén obsesionados, e incluso angustiados, con su experiencia y su identidad sexual. Para algunos, la sexualidad es primordialmente un mundo de fantasía que consume sus vidas, y llegan a obsesionarse tanto que no pueden dejar de pensar en el sexo. Enseñe a sus pacientes a discernir en qué pensamientos, cánticos, pasajes de las Escrituras y mensajes inspiradores han de concentrarse, y los cuales deben recitar en alta voz como sustitutos de sus fantasías intrusivas e indeseadas.*

5. Anímese con cada paso adelante

- El cambio de identidad y de estilo de vida es una tarea monumental. Las personas con otros problemas complejos como el alcoholismo, la drogadicción, el juego compulsivo y las disfunciones alimentarias han dado pasos eficaces para salir de sus tinieblas y obtener la esperanza y la salud, y usted puede hacer lo mismo.
- Alégrese con cada paso que dé hacia delante. Aunque resbale no todo está perdido; Dios lo ama y le está ayudando a cambiar. Puede continuar avanzando si se arrepiente, recibe el perdón del Señor y se esfuerza por alcanzar metas que sean bíblicas.
- *Anímelo mucho, señalándole que los beneficios del progreso son dignos de seguir adelante.*

6. Plantéese la posibilidad de participar en un grupo de apoyo

- El aliento que pueda darle un grupo de apoyo cristocéntrico supondrá para usted una enorme diferencia. En un ambiente de respaldo y de rendición de cuentas mutuo, escuchará de quienes luchan con problemas semejantes a los suyos cómo se las arreglan para tomar decisiones valientes y experimentar el gozo del cambio real.
- *Refiera a su paciente a algún grupo de apoyo local o comience uno usted mismo.*

6 EJEMPLOS BÍBLICOS

Así que, mis queridos hermanos, como han obedecido siempre —no sólo en mi presencia sino mucho más ahora en mi ausencia— lleven a cabo su salvación con temor y temblor, pues Dios es quien produce en ustedes tanto el querer como el hacer para que se cumpla su buena voluntad (Fil. 2:12-13).

Nuestra obediencia a Dios es la forma de responder a su bondad y magnificencia. No se trata simplemente de "tomarle o dejarle" y de obedecerle solo cuando queremos. Todos hemos de tomar decisiones difíciles cuando seguimos a Cristo, pero el Señor promete obrar poderosamente en nosotros por su Espíritu para capacitarnos, cambiarnos y movernos a seguir adelante.

> En los adolescentes y preadolescentes puede darse una homosexualidad experimental, que va desde comparar los genitales con otros del mismo sexo hasta las relaciones sexuales propiamente dichas. A menudo esta fase de experimentación resulta pasajera y las personas acaban siendo solo heterosexuales.

Pero cuando se manifestaron la bondad y el amor de Dios nuestro Salvador, él nos salvó, no por nuestras propias obras de justicia sino por su misericordia. Nos salvó mediante el lavamiento de la regeneración y de la renovación por el Espíritu Santo, el cual fue derramado abundantemente sobre nosotros por medio de Jesucristo nuestro Salvador. Así lo hizo para que, justificados por su gracia, llegáramos a ser herederos que abrigan la esperanza de recibir la vida eterna (Tit. 3:4-7).

Cuando Cristo murió en la cruz pagó por todos los pecados que cualquier ser humano ha cometido: aquellos que a menudo pasamos por alto —como la avaricia o la envidia— y los que consideramos horribles, como, por ejemplo, el asesinato. No hay pecado que esté fuera del perdón de Jesús; ni siquiera la homosexualidad. Si nos volvemos a Él, Dios derrama su Espíritu sobre nosotros, nos perdona y nos da esperanza y aliento, y nos enseña que la vida puede ser mucho mejor de lo que jamás soñamos.

Con respecto a la vida que antes llevaban, se les enseñó que debían quitarse el ropaje de la vieja naturaleza, la cual está corrompida por los deseos engañosos; ser renovados en la actitud de su mente; y ponerse el ropaje de la nueva naturaleza, creada a imagen de Dios, en verdadera justicia y santidad (Ef. 4:22-24).

El proceso de cambio exige objetividad y tenacidad. La transformación que buscamos no sucede porque sí. En este pasaje de Efesios, Pablo la compara con mudarse de ropa: nos despojamos de nuestras viejas ideas y de los comportamientos que antes teníamos. Las Escrituras renuevan así nuestra mente; y luego nos vestimos con nuevas conductas, sanas y provechosas que honran a Dios. Para mudarnos de ropa hemos de determinar lo que nos quitaremos y lo que nos pondremos en lugar de ello, y lo mismo sucede con el cambio de estilo de vida.

ORACIÓN 7

Padre, tú eres sabio y poderoso. Mi amigo está luchando con sus deseos sexuales y quiere cambiar. Señor, tú le ofreces la esperanza de que ese cambio es posible. Dale sabiduría en cuanto a los pasos que debe dar para sustituir las viejas fantasías por ideas nuevas y saludables. Infúndele el valor necesario para llevarlo a cabo y seguir avanzando cuando se sienta desanimado...

33 El trastorno de la identidad de género

1 RETRATOS

- A Ramona la llamaron así en honor de su padre, y siempre ha sido "la preferida de papá", lo cual no hay que confundir —según dice ella— con la "nenita de papá", ya que Ramona aborrece ser chica y dice sentirse más chico que muchacha.
- César tuvo una infancia normal, pero a los trece años poco más o menos comenzó a sentir que algo no andaba bien; y ahora, con dieciséis, no se está desarrollando como los demás chicos, y es cada vez más un objeto de burla. Cierto compañero de su clase comentaba: "¿Qué es César? ¡Anda, habla e incluso tiene aspecto de chica!".
- Patricia —antes Patricio— ha estado tomando hormonas durante el último año para adquirir rasgos femeninos secundarios tales como caderas y senos. "Ese es un buen comienzo —dice—, y tan pronto como pueda pagármela me someteré a una operación de cambio de sexo. He sido mujer interiormente toda mi vida; ahora, por fin, voy a serlo también por fuera".

2 DEFINICIONES E IDEAS CLAVE

- Se diagnostica de *trastorno de la identidad de genero* (o disforia de género) a personas que cumplen determinados criterios clínicos relacionados con los *sentimientos de insatisfacción respecto de su sexo biológico* y de *identificación con el sexo opuesto*. Este trastorno se da más entre los varones (que quieren ser mujeres) que entre las mujeres (que quieren ser hombres).
- Según la Asociación Americana de Psiquiatría y el *Manual Diagnóstico y Estadístico de los Trastornos Mentales* (*DSM-IV-TR*, por sus siglas en inglés), para asignar oficialmente a alguien un trastorno de la identidad de género, *deben cumplirse los siguientes requisitos*:
  - Deben haber pruebas de que el individuo se identifica, de un modo intenso y persistente, con el otro sexo.
  - Esta identificación con el otro sexo no es únicamente el deseo de obtener las supuestas ventajas relacionadas con las costumbres culturales.
  - Deben existir también pruebas de malestar persistente por el sexo asignado o un sentido de inadecuación en el papel de su sexo.
  - El diagnóstico no debe establecerse si el individuo padece una enfermedad física intersexual simultánea (p. ej. síndrome de insensibilidad a los andrógenos o hiperplasia adrenal congénita).

- Deben existir pruebas de malestar clínicamente significativo o deterioro social, laboral o de otras áreas importantes de la actividad del individuo.[1]

- El DSM-IV-TR también proporciona criterios diagnósticos para los trastornos de identidad de género que no cumplen los requisitos generales antes mencionados. Para un *trastorno de la identidad de género en los niños*, por ejemplo, o un *trastorno de identidad de género no especificado* (TIGNE). En el primer caso, los siguientes criterios deben identificarse antes de que la persona tenga dieciocho años de edad:
  - Las afecciones intersexuales (p. ej. el síndrome de insensibilidad a los andrógenos o la hiperplasia adrenal congénita) y la disforia de género asociada.
  - El comportamiento pasajero de travestismo relacionado con el estrés.
  - Una obsesión persistente con la castración o la penectomía sin el deseo adicional de adquirir las características del otro sexo.[2]
- *Los adultos con trastorno de identidad de género, a menudo...*
  - desean vivir como alguien del sexo opuesto
  - tratan de obtener una operación de cambio de sexo
  - se visten y actúan de maneras características del sexo contrario
  - llegan a estar aislados y condenados al ostracismo
  - desarrollan una depresión entre moderada y grave
  - caen en un estado de ansiedad entre leve y severo
- El trastorno de la identidad de género en los niños a menudo *se describe como "algo que siempre ha estado presente"*, y las personas que lo padecen no recuerdan ninguna época de su vida cuando se sintieran satisfechas con su género. Sin embargo, otros con ese mismo trastorno dicen que los síntomas *empezaron a aparecer en su adolescencia o ya como adultos*, y esos síntomas parecen intensificarse con el tiempo.
- Los problemas referentes a la identidad de género pueden manifestarse de varias formas. Algunas personas, por ejemplo, practican el *travestismo*, mientras que otras tratan de conseguir *el cambio se sexo mediante una operación quirúrgica.*
- *El trastorno de la identidad de género en los niños* se reconoce por una serie de rasgos característicos tales como:
  - el deseo expreso de ser del sexo contrario
  - una percepción de sus genitales o indicadores de su sexo biológico como algo repugnante e indeseado
  - la participación en actividades y juegos más apropiados para el otro sexo
  - la creencia de que al hacerse mayores se convertirán en personas del sexo opuesto
  - el rechazo habitual de sus congéneres
  - el aislamiento y la timidez
  - un estado de ansiedad entre moderado y severo
  - una baja autoestima
  - el abandono de la escuela
- En la infancia, *el trastorno se manifiesta* de una de las formas siguientes:

  - Un niño puede afirmar que su pene o sus testículos son repugnantes o que más adelante desaparecerán; dice que sería mejor no tener miembro viril; siente aversión por los juegos rudos de los chicos; y rechaza los juguetes, las actividades y los pasatiempos estereotipados como masculinos.
  - Una niña, por su parte, tal vez rechace la práctica típicamente femenina de orinar sentada, afirme que tiene o llegará a tener un pene, exprese que no quiere que le salgan senos o le venga la regla, o demuestre una marcada aversión hacia la forma normativa de vestir de las mujeres.
- En los casos patológicos *los niños se desvían del modelo normal* de exploración de los comportamientos masculino y femenino. Tales niños *adquieren unas pautas inflexibles, compulsivas, persistentes y rígidamente estereotipadas de la propia identidad sexual o de aquella del sexo opuesto.* En uno de los extremos tenemos a los chicos que se vuelven excesivamente masculinos a modo de compensación y, en el otro, a los afeminados que rechazan su masculinidad e insisten tercamente en que realmente son niñas y quieren dar a luz en un futuro. Estos niños evitan frecuentemente jugar con otros varones, se visten como las chicas, juegan principalmente con niñas, se ponen pelucas y cosméticos, y andan, mueven los brazos y gesticulan típicamente como las mujeres. Aunque sea mucho menos corriente, también *algunas niñas repudian los roles y amaneramientos tradicionalmente femeninos* a favor de las características de los hombres. Ambos comportamientos extremos de género requieren la intervención de profesionales.
- *No todos los transexuales* —quienes se visten y actúan como individuos del sexo opuesto— *padecen trastorno de la identidad de género.* El fetichismo travestista es otra afección clínica (clasificada como parafilia) de la que hablaremos en el próximo capítulo.
- Por lo general *los homosexuales no sufren trastorno alguno de la identidad de género.* La mayoría de ellos se identifican vigorosamente con su sexo biológico. Lo que los distingue es la *atracción hacia personas de su mismo sexo.*

3 ENTREVISTA DE EVALUACIÓN

1. ¿Cuánto tiempo hace que le preocupa su identidad de género?
2. ¿De qué maneras ha afectado a su vida este problema?
3. ¿Cuenta usted con una red de apoyo compuesta por amigos y familiares de confianza? Hábleme de ellos.
4. ¿Ha participado usted en algún grupo de apoyo para afrontar las cuestiones que se le plantean?
5. ¿Qué espera usted conseguir o poder cambiar mediante las sesiones de consejería?
6. Además de sus problemas con la identidad de género, ¿sufre usted alguna depresión significativa? En tal caso, ¿cómo le está afectando?

7. ¿Padece usted algún estado grave de ansiedad? ¿De qué manera influye esta en su vida?
8. ¿Está usted luchando (o ha luchado antes) con la depresión, el abuso de estupefacientes o pensamientos de infligirse daño a sí mismo? Cuénteme.

CONSEJOS SABIOS 4

Los individuos que padecen trastorno de la identidad de género experimentan una *lucha entre su sexo verdadero y el que creen tener.* Un paciente biológicamente varón, por ejemplo, puede sentirse como una mujer atrapada en un cuerpo masculino. Muchos individuos que luchan con el trastorno de la identidad de género son *biológicamente normales*: han nacido físicamente hombres o mujeres. Sin embargo, hay algunos casos en los que ciertas personas vienen al mundo con genitales *y otras características físicas externas que las confunden* y pueden llevarlas a un trastorno de la identidad de género. Explíquele a su aconsejado que, en tales casos, *los rasgos físicos anormales no desvían el plan de Dios* para su vida ni para lo que es su identidad de género.

Este trastorno resulta *bastante desconcertante y desalentador* para la persona que lo padece, y a menudo produce rechazo social. El abuso de estupefacientes, la depresión clínica y los intentos de suicidio son también problemas que contribuyen al mismo. Además, los individuos que luchan con el trastorno de la identidad de género *sienten con frecuencia una vergüenza debilitante*, porque están sumamente conscientes de la gran "diferencia" que hay entre ellos y los demás, y de que no encajan con sus congéneres. No es inusual que esas personas oculten sus deseos y vivan en un mundo secreto, hasta que encuentran a alguien capaz de afirmar su identidad sexual y amarlas lo suficiente como para aceptarlas tal como son. Algunos mantienen secreta su condición y se casan, esperando que el matrimonio cure su dolencia.

Los niños adquieren en casa el comportamiento apropiado para su sexualidad, pero con mucha frecuencia *experimentan con cosas y conductas que utiliza habitualmente el sexo opuesto.* Un niño pequeño, por ejemplo, puede pintarse con el pintalabios de su madre, o una niña puede jugar con el camión de juguete de su hermano en vez de con su muñeca. Por lo general, los pequeños dejan atrás sin problemas esos tipos de comportamiento a medida que van creciendo; sin embargo, si esta clase de conducta se vuelve patológicamente obsesiva y rígida, puede provocar un trastorno de la identidad de género.

PASOS PRÁCTICOS 5

El tratamiento para el trastorno de la identidad de género puede ser un proceso lento y complicado, y los mejores resultados del mismo guardan relación con una diagnosis y una intervención tempranas. Anime a su paciente a empezar con los siguientes pasos:

1. Exprese sus opiniones personales en cuanto a su sexo biológico

- Comience por examinar sus ideas actuales con el objeto de descubrir cualquier media verdad que pueda estar contribuyendo a su sistema fundamental de creencias. ¿Cree que su sexo biológico cuenta con algunos aspectos positivos? ¿Cuáles considera que son los rasgos negativos del mismo?
- *Ayude a su paciente a identificar cualquier pensamiento negativo en cuanto a su sexo. Un varón que padece trastorno de la identidad de género, por ejemplo, podría decir: "Los hombres son todos unos cerdos: groseros, repugnantes e insensibles. A diferencia de mí, son atléticos y deportistas. Al sexo masculino no le gusta el arte ni la moda...". Señálele, entonces, las afirmaciones erróneas y las medias verdades: muchos hombres no son groseros ni especialmente atléticos, y les agrada el arte.*

2. Empiece a identificarse con otros de su mismo sexo

- Si desea cambiar, debe empezar a buscar formas de relacionarse con personas de su sexo biológico.
- *Proporcione más ejemplos y soluciones imaginativas para ayudar a la persona a identificar aquellas cosas que tiene en común con otros de su mismo sexo.*

3. Hable acerca de su malestar con su aspecto físico

- Recuerde siempre que aunque un individuo pueda tener una apariencia diferente de la mayoría de las personas de un sexo en particular, genéticamente somos siempre plenamente varones o mujeres. El aspecto físico es un indicador secundario de la sexualidad.
- Algunas personas con trastorno de la identidad de género tienen genitales y características secundarias de su sexualidad coherentes con su sexo biológico (es decir, que cuentan con un desarrollo físico normal). Otras, sin embargo, tal vez posean una genitalidad ambigua o una condición física hermafrodita. Hable con su consejero de los sentimientos que experimenta en cuanto a sus rasgos sexuales biológicos.
- *Para el paciente con un desarrollo anormal de los genitales, la prueba genética quizá resulte útil. Confirmar el sexo de una persona genéticamente y considerar la biología externa como secundaria pueden ser herramientas eficaces para poner coto a ciertos pensamientos acerca de la identidad sexual.*

6 EJEMPLOS BÍBLICOS

Porque tú formaste mis entrañas; me hiciste en el seno de mi madre. Te alabaré, porque asombrosa y maravillosamente he sido hecho; maravillosas son tus obras, y mi alma lo sabe muy bien. No estaba oculto de ti mi cuerpo, cuando en secreto fui formado, y entretejido en las profundidades de la tierra. Tus ojos vieron mi embrión, y en tu libro

se escribieron todos los días que me fueron dados, cuando no existía ni uno solo de ellos (Sal. 139:13-16, LBLA).

Las personas que luchan con un trastorno de la identidad de género experimentan un conflicto interior y adversidad en las relaciones de proporciones enormes. Necesitan el amor, la gracia y el cuidado divinos, así como recordatorios de que Dios no las ha abandonado en su lucha, sino que las ha formado y ha dispuesto cada día de sus vidas, y que continuará obrando en ellos para ayudarlos a forjarse una autoimagen fuerte y saludable.

Porque somos hechura suya, creados en Cristo Jesús para buenas obras, las cuales Dios preparó de antemano para que anduviésemos en ellas (Ef. 2:10 RVR-60).

Dios tiene un plan para la vida de cada creyente. Él es el Creador de todo y ha preparado una tarea para que llevemos a cabo en su nombre. Somos especiales para el Señor y muy amados, creados con un propósito específico. Dios conoce la identidad de cada uno de sus hijos y desea que confiemos en Él en todos sus caminos.

Clamo al SEÑOR con mi voz... Delante de El expongo mi queja; en su presencia manifiesto mi angustia. Cuando mi espíritu desmayaba dentro de mí, tú conociste mi senda... porque no hay quien me tome en cuenta; no hay refugio para mí; no hay quien cuide de mi alma. A ti he clamado, SEÑOR; dije: Tú eres mi refugio, mi porción en la tierra de los vivientes. Atiende a mi clamor... Saca mi alma de la prisión, para que yo dé gracias a tu nombre; los justos me rodearán, porque tú me colmarás de bendiciones (Sal. 142:1-7, LBLA).

David estaba obviamente angustiado y turbado cuando clamó a Dios de esta manera. Él sabía que el único que podía salvarle del dolor en esta vida era el Señor. Muchos que luchan con problemas de identidad de género se sienten solos y piensan que nadie los comprende ni se interesa por ellos. A menudo experimentan un intenso miedo en cuanto a hablar a otros de sus sentimientos, sabiendo que les espera la censura o el rechazo. Los consejeros cristianos tenemos el deber de traer consuelo, aliento y comprensión acerca del amor incondicional de Dios, y de ayudar a nuestros pacientes a comprender que Él será el refugio que necesitan.

ORACIÓN 7

Señor, gracias por mi amigo y por su disposición a contarme este asunto tan delicado. Se trata de algo que no todo el mundo comprende; así que, Dios, por favor, anda con él y muéstrale tu comprensión, mientras aprende más acerca de tu plan para su vida. Gracias por tu sabiduría y fortaleza...

34 Fetichismo travestista

1 RETRATOS

- Rogelio es un hombre verdaderamente viril, pero tiene un secreto que dejaría estupefactos a sus amigos varones: guarda una reserva oculta de braguitas femeninas que se pone casi a diario.
- Cuando Rubén era pequeño y jugaba con su hermana mayor, esta solía vestirlo de niña; y al ir creciendo, a Rubén nunca dejó de gustarle ponerse ropa de mujer. Ahora le parece divertido y sexualmente estimulante.
- Carlos no solo pasa por mujer, sino que a menudo es la mujer más hermosa de la reunión: alta, vestida con suma elegancia, con una voz profunda pero además sexy y femenina... Le encanta ver cómo los hombres se le acercan, y se muere de risa al ver el asombro en sus caras cuando descubren finalmente que "ella es un él".

2 DEFINICIONES E IDEAS CLAVE

- La persona dada al *fetichismo travestista* es aquella que obtiene satisfacción sexual *poniéndose prendas de ropa fabricadas para individuos del sexo contrario.* La *inmensa mayoría de dichas personas son hombres* que se visten y actúan como mujeres, como puede verse en muchas películas. Los expertos suponen que las estadísticas se inclinan hacia los varones, porque en la cultura occidental las mujeres pueden ponerse ropa masculina sin llamar la atención.
- Los términos relacionados con el fetichismo travestista son *travestismo* (la práctica de un fetiche travestista) y *travestido o travesti* (el individuo aficionado al fetiche en cuestión).
- La práctica de un *travestido* puede oscilar desde el ponerse *alguna prenda del sexo opuesto* hasta *disfrazarse completamente*, utilizando además cosméticos y gesticulando con amaneramiento. Algunos travestidos parecen del sexo contrario hasta el punto que *no se los reconoce como tales.*
- La Asociación Americana de Psiquiatría clasifica el fetichismo travestista *como una parafilia* (trastorno sexual caracterizado por un comportamiento socialmente inapropiado). Otras parafilias incluyen el exhibicionismo y el voyerismo.
- A los travestidos *no se les debería considerar homosexuales*, aunque algunos de ellos también lo sean. Según el Manual Diagnóstico y Estadístico IV (DSM-IV-TR, por sus siglas en inglés), la mayoría de los hombres que se visten como mujeres son heterosexuales.
- El fetichismo travestista *comienza por lo general en la adolescencia*, cuando los chicos empiezan a experimentar con la ropa o los cosméticos de su madre o sus hermanas.

- En algunos casos, sin embargo, el fetichismo travestista se inicia antes *si una madre viste a su hijo como una niña*. Esta práctica se asocia a menudo con la rabia que siente esa madre hacia los hombres, su preferencia por las niñas o, en algunos casos, su odio contra el sexo masculino.

ENTREVISTA DE EVALUACIÓN 3

1. ¿Cuándo empezó a ponerse ropa del otro sexo? ¿Qué satisfacción obtiene usted con ello? ¿Cómo ha ido progresando esa conducta?
2. ¿De quién procura ocultarlo? ¿Cómo afectaría su relación con esas personas si se enterasen?
3. ¿Dónde practica el travestismo? ¿Lo hace con otros?
4. ¿Participa usted en alguna conducta sexual de riesgo en relación con su travestismo?
5. ¿Qué beneficios obtendría si abandonara ese comportamiento? ¿Por qué tiene miedo de dejarlo?
6. ¿Cuáles son sus metas para este proceso de consejería?

CONSEJOS SABIOS 4

El mundo secular entiende que el fetichismo travestista podría considerarse una preferencia personal, ética y sexual de un individuo; sin embargo, el hecho de vestirse como un miembro del sexo contrario para obtener satisfacción sexual constituye *una perversión y una negación del plan divino para la sexualidad*.

Aunque el fetichismo travestista es una práctica sexual aberrante y se clasifica como parafilia, *no constituye ningún delito*, ya que los travestidos no imponen a nadie sus apetitos.

En la mayoría de los casos *dichos travestidos no inician el proceso de consejería ni lo desean*, pero sus cónyuges u otras personas importantes en sus vidas se sienten tan consternados con el asunto que acuden en busca de ayuda. El papel del consejero es, entonces, proporcionar a la persona angustiada sabiduría y dirección, con la esperanza de abrir líneas de comunicación para que el travestido también busque asistencia profesional.

Cierta enciclopedia de trastornos mentales destaca los siguientes puntos en cuanto al *tratamiento del fetichismo travestista*:

- El empleo de terapias aversivas y, en particular, del electrochoque, ha resultado bastante ineficaz para el tratamiento del fetichismo travestista.
- También se ha tratado a las personas aficionadas a los fetiches con un tipo de terapia conductual conocida como "reorientación orgásmica", la cual intenta ayudarles a dejar de experimentar la excitación sexual mediante el comportamiento travestista y aprender a responder eróticamente a otros estímulos diferentes y más apropiados. Pero este tratamiento ha tenido igualmente un éxito limitado.

- La mayoría de aquellos individuos que cuentan con algún fetiche travestista no buscan nunca ayuda profesional. La obsesión con el travestismo se considera esencialmente inocua para otras personas, ya que esa práctica no se asocia con ninguna actividad delictiva ni el travestido impone a los demás sus preferencias sexuales.[1]

5 PASOS PRÁCTICOS

1. Busque una motivación para cambiar

- Resulta difícil cambiar un hábito o comportamiento si no se tiene algún motivo para hacerlo. Dedique un rato a evaluar cada área de su vida y su nivel actual de funcionamiento. ¿Cómo le va en las relaciones con los demás? Identifique cualesquiera razones que utilice habitualmente para justificar esa conducta y trátelas con su consejero.
- Intente comprender cómo está afectando ese comportamiento sus relaciones, y plantéese cambiar por amor de sus seres queridos.

2. Descubra el plan divino para la sexualidad

- Dios ha creado al ser humano para que se relacione con otros, y ha incorporado en la constitución biológica de cada individuo el deseo sexual. Además, toda persona es genética y enteramente hombre o mujer. Comience a explorar y comprender el plan que el Señor tiene para usted dentro de la constitución genética de su sexo. Hable con su consejero acerca de los rasgos exclusivos de su personalidad y del propósito especial en esta vida para el cual ha sido creado.
- Concéntrese en los aspectos únicos de su personalidad que Dios le ha otorgado y piense de qué manera Él quiere usarlo para edificar su reino.
- *Ayude a su paciente a aprender nuevos mecanismos de resistencia para superar la necesidad de vestirse con ropas de mujer, la manera como sus pensamientos afectan sus emociones y en qué forma los sentimientos negativos pueden llevarnos a conductas sexualmente pervertidas.*

3. Confíe en Dios

- ¡Dios lo ama tal como es! Confíe en el Señor y en el plan que Él tiene para su vida. Dependa de Dios a fin de obtener la fortaleza necesaria para vencer el deseo de entregarse a conductas de travestismo. Ore por la intervención y la sanidad divinas. Él nunca le dejará ni le desamparará, y será su refugio y su fuerza en la debilidad.

4. Busque un mentor o un amigo de confianza a quien pueda rendir cuentas

- Con la ayuda de su consejero, encuentre un mentor o amigo de confianza que pueda ser su confidente. Pídale que le ayude a mantenerse firme en los compromisos que ha hecho para cambiar, y le anime en su recorrido hacia la sanidad.

- *Esté dispuesto a examinar la lista de posibles mentores y amigos de su paciente. Hágale ver la diferencia que hay entre personas fiables y no fiables. Asegúrese de que el individuo a quien escoge para rendirle cuentas comprenda la importancia de la confidencialidad y la confianza. Averigüe si la persona en cuestión es capaz de hacerle a su paciente preguntas difíciles, al tiempo que lo ama y anima a mantenerse firme.*

EJEMPLOS BÍBLICOS

6

Por eso, dispónganse para actuar con inteligencia; tengan dominio propio; pongan su esperanza completamente en la gracia que se les dará cuando se revele Jesucristo. Como hijos obedientes, no se amolden a los malos deseos que tenían antes, cuando vivían en la ignorancia. Más bien, sean ustedes santos en todo lo que hagan, como también es santo quien los llamó; pues está escrito: "Sean santos, porque yo soy santo" (1 P. 1:13-16).

Nuestras vidas no se miden por lo que permite nuestra sociedad (o lo que a esta le parece divertido). En última instancia hemos de responder solo ante Dios, y un día le rendiremos cuentas de nuestro comportamiento. Comprender esto da a nuestras elecciones un nuevo marco de referencia y nos ayuda a aclarar cuál es nuestra dirección en la vida. También nos hace comprender que cualquier obsesión o compulsión puede convertirse fácilmente en un ídolo al que adoremos en vez de hacerlo al único Dios verdadero.

Ya que invocan como Padre al que juzga con imparcialidad las obras de cada uno, vivan con temor reverente mientras sean peregrinos en este mundo. Como bien saben, ustedes fueron rescatados de la vida absurda que heredaron de sus antepasados. El precio de su rescate no se pagó con cosas perecederas, como el oro o la plata, sino con la preciosa sangre de Cristo, como de un cordero sin mancha y sin defecto. Cristo, a quien Dios escogió antes de la creación del mundo, se ha manifestado en estos últimos tiempos en beneficio de ustedes. Por medio de él ustedes creen en Dios, que lo resucitó y glorificó, de modo que su fe y su esperanza están puestas en Dios (1 P. 1:17-21).

El cambio es difícil de lograr, pero empezamos a buscarlo con la firme convicción de que contamos con el perdón maravilloso de Dios. Miramos hacia atrás, a la cruz, y vemos que Jesús pagó por todos nuestros pecados. Y al comprender cuánto nos ha perdonado Él, deseamos agradarle con todas las fibras de nuestro ser.

Por último, fortalézcanse con el gran poder del Señor. Pónganse toda la armadura de Dios para que puedan hacer frente a las artimañas del diablo. Porque nuestra lucha no es contra seres humanos, sino contra poderes, contra autoridades, contra potestades que dominan este

mundo de tinieblas, contra fuerzas espirituales malignas en las regiones celestiales. Por lo tanto, pónganse toda la armadura de Dios, para que cuando llegue el día malo puedan resistir hasta el fin con firmeza (Ef. 6:10-13).

La lucha contra el travestismo, como con cualquier otra dificultad en la vida, es una batalla espiritual, y necesitamos asegurarnos de tener puesta la armadura de nuestra fe para pelear y vencer. Si olvidamos esta verdad, nos veremos fácilmente sorprendidos por las acusaciones y tentaciones del enemigo.

7 ORACIÓN

Amado Dios, gracias por crear la sexualidad y hacernos seres sexuales. Mi hermano ha estado obteniendo satisfacción sexual de vestirse como alguien del sexo opuesto. Por favor, muéstrale la forma de cambiar, y permanece a su lado mientras se recupera de este problema. Gracias por tu perdón, sabiduría y fortaleza…

PARTE 5

Cuestiones sexuales en la crianza de los hijos y la vida familiar

35 Crianza de hijos sexualmente sanos

1 RETRATOS

- Rodolfo se puso en pie con su hermana mayor e informó a sus padres: "Tengo algo que decirles, y creo que a ninguno de ustedes les va a gustar", luego miró a su hermana, quien le hizo un gesto para que siguiera, mientras sus padres aguardaban en silencio. Después de varios balbuceos, por fin el chico soltó abruptamente: "Estoy enamorado de otro hombre y vamos a irnos a vivir juntos". Mientras sus padres seguían mirándole desconcertados, Rodolfo añadió: "¿No lo entienden? Soy homosexual, y creo que lo he sido desde hace mucho tiempo".
- Estrella llegó a casa con su nueva compañera de habitación de la universidad para pasar el fin de semana, y tanto su padre como su madre se sintieron sorprendidos y contentos de ver que la chica había hecho tan buena amistad en tan poco tiempo después de empezar el año académico. Aquella noche la madre de Estrella entró de improviso en la habitación de su hija para contarle las noticias que acababa de escuchar por la televisión acerca de un violento incidente en la universidad, y se quedó estupefacta al encontrarse con Estrella y su nueva amiga desnudas y embebidas en un apasionado abrazo erótico.
- Hilario y Elena decidieron viajar hasta el apartamento de su hija en la universidad estatal un hermoso día de otoño, pensando que el trayecto de dos horas en automóvil resultaría agradable. Esperaron un rato excesivamente largo tras llamar a la puerta, y cuando Camila les abrió por fin, lo hizo con un gesto de culpabilidad en su rostro. Al entrar se encontraron con el novio de la chica tumbado en el sofá, y escucharon a su hija contarles que los dos habían dormido allí porque se excedieron un poco con la bebida la noche anterior. Aunque Hilario pareció aceptar el relato, Elena estaba convencida de que su hija no se había acostado sola.

2 DEFINICIONES E IDEAS CLAVE

- Criar *hijos sexualmente sanos desde el punto de vista bíblico* significa darles *una orientación heterosexual que les haga desear el matrimonio y esperar hasta la boda para mantener relaciones sexuales,* y luego *reservarse para sus cónyuges y permanecerles fieles tanto en lo sexual como en lo emocional* durante todo el tiempo que estén casados.

- Tal vez muchas personas consideren muy estrecha esta definición en una era tan obsesionada con el sexo como la nuestra, pero se ajusta a la receta divina para una vida sexual saludable. Si esto es verdad —y resulta bastante fácil de comprobar—, quiere decir que *cualquier desviación de las normas dadas por Dios traerá consigo problemas y producirá un dolor y un sufrimiento innecesarios que entristecen al Señor.*
- *Para los niños el amor se deletrea T-I-E-M-P-O.* No hay sustituto para cada hora, minuto y segundo que los padres pasan en actividades provechosas con sus hijos. Los pequeños necesitan grandes dosis de atención paterna y materna —a diario si es posible—, y un ejemplo y una enseñanza directa, que solo sus padres pueden proporcionarles, en cuanto a cómo formar un matrimonio sano y mantener relaciones sexuales satisfactorias. De ahí que las familias no solo deban pasar más tiempo juntas, sino también apartar momentos en los cuales los padres *hablen abiertamente de las cuestiones sexuales*, no transmitiendo órdenes únicamente ni repitiendo lo mismo como un anuncio televisivo.

ENTREVISTA DE EVALUACIÓN 3

Las siguientes preguntas le ayudarán a evaluar lo bien que se desempeña la familia a la que aconseja en cuanto a pasar juntos ratos suficientes y provechosos.

1. ¿Aparta su familia un periodo de esparcimiento y un tiempo devocional cada semana? ¿Y qué me dice de algún rato para conversar acerca de los valores y las reglas familiares? ¿Estaría usted dispuesto a programar una hora para cada una de estas cosas semanalmente?
2. ¿Está corto de ideas o de actividades para hacer durante el tiempo dedicado a la familia? ¿Qué cosas se imagina que podría llevar a cabo? ¿Cuáles son las actividades les gustan tanto a usted como a su cónyuge e hijos?
3. ¿Le preocupan los valores, las conductas y las imágenes referentes al sexo que afectan a sus hijos día tras día? ¿Qué inquietudes específicas tiene usted acerca de esas cosas?
4. ¿Cuánto tiempo pasa con sus hijos cada semana? ¿Se concentra cuando está con ellos en hacer alguna actividad juntos o simplemente en estar ahí? ¿Tienen sus retoños momentos con usted en los que no reciban órdenes? ¿Estaría dispuesto a dedicar algún tiempo a la familia sin que sonaran los teléfonos móviles, la televisión o hubiera otras distracciones?
5. ¿Ora usted con su familia?
6. ¿Cuánto tiempo pasa cada día conversando con ella?
7. ¿Es usted capaz de hablar acerca del sexo? ¿Estaría dispuesto a

hacerlo con sus hijos? ¿Ha intentado darles esa "charla" en el pasado? ¿Qué tal le fue?

8. ¿Se demuestran usted y su cónyuge el amor que tienen el uno por el otro delante de sus hijos? ¿Se sentirían incómodos si lo hicieran?
9. ¿Está usted por lo general demasiado cansado para dedicar tiempo a su familia? ¿Qué otra cosa le impide tener esos ratos familiares? ¿Es usted capaz de dejar a un lado el trabajo para concentrarse en las necesidades de su familia?
10. Analizando su uso del tiempo, ¿a qué le da más importancia en su vida en este momento? ¿Qué puede ser más valioso que forjar una relación vigorosa con su cónyuge e hijos?

4 CONSEJOS SABIOS

En primer lugar, las familias *deben apartar ratos para el esparcimiento*; es decir, programar ocasiones en las que todos sus miembros estén presentes y participen de *alguna actividad interactiva como grupo*. Esto no es lo mismo que sentarse juntos a ver una película en la televisión, ni que cada uno se dedique a "sus propias cosas" en compañía de los otros (como entretenerse con videojuegos individuales, leer libros, hacer los deberes o escuchar un iPod). Stephen Covey llama a esto mantener un "monólogo colectivo", lo cual no es especialmente valioso para forjar lazos familiares.

> Comparados con los que se abstienen de las relaciones sexuales, los adolescentes sexualmente activos cuentan con más probabilidades de usar estupefacientes, tener notas académicas y aspiraciones más bajas y gozar de peor salud mental.
>
> *American Journal of Preventive Medicine*, 2004

El *tiempo devocional familiar* es una ocasión importante para que la familia proteja su bienestar espiritual y cree un puente para tratar toda clase de cuestiones. El propósito principal de la reunión familiar es *adorar a Dios y estudiar su Palabra*. Esto puede hacerse con cánticos, oraciones, lectura de la Biblia y conversaciones acerca de temas religiosos o espirituales.

Algunas personas piensan que programar esos ratos familiares resulta impersonal y poco espontáneo; sin embargo, la planificación *garantiza que se lleven a cabo los mismos* y es una forma infalible de tener constancia del tiempo que la familia pasa junta. A muchos padres que trabajan les resulta más fácil anotar en sus agendas ese periodo con los suyos como una "reunión crucial" que ninguna cosa puede desplazar.

En contra de la creencia popular, forjar lazos familiares no tiene que ver solo con las actividades provechosas que la familia realiza junta, sino también con la cantidad de tiempo que dedica a ellas. Significa orar con sus hijos antes de que se acuesten, darles agua durante la noche y escuchar sus sueños la mañana siguiente mientras desayunan. Las relaciones se forjan en momentos inesperados de compañerismo, además de durante esas horas y horas en que simplemente estamos juntos.

Cuando las familias pasan ratos así, a los padres les resulta más fácil *hablar con sus hijos acerca del sexo sin que resulte intimidatorio o embarazoso*. Así la crianza de hijos sexualmente sanos debería suceder de forma muy natural. Antes de hablar a sus hijos de la sexualidad, sin embargo, es preciso que los padres definan *lo que ellos mismos creen y lo que ejemplifican*. El sexo es un aspecto maravillosamente diseñado de la identidad, y como tal resulta importante que los padres examinen sus creencias en cuanto al mismo a la luz de la Palabra de Dios. En el mundo de hoy, la influencia liberal de los medios de comunicación a través de la televisión, el cine y la música pueden fomentar una idea acomodaticia de la sexualidad; y el hecho de que los padres sin pareja o divorciados se comprometan en una nueva relación romántica revela a sus hijos una actitud complaciente acerca del sexo. Los niños captan rápidamente las discrepancias que hay entre lo que sus padres dicen y lo que hacen.

PASOS PRÁCTICOS 5

1. Demuestren el cariño que se tienen el uno al otro

- No teman que sus hijos presencien *una demostración pública de afecto entre mamá y papá*. Bésense, abrácense, háganse cumplidos, tómense de las manos, etc. Los niños tal vez protesten y les digan que "dejen de besuquearse" o que se vayan "a otro sitio a hacerlo"; pero con el tiempo recordarán que mamá y papá se atraían el uno al otro y se comprometieron *únicamente el uno con el otro* de por vida.
- Conviertan en una prioridad el apartar tiempo cada semana (o al menos cada dos semanas) para "salir juntos". Esto mantendrá viva y apasionada la atracción y la relación entre ustedes.

Se ha demostrado que el comienzo temprano de la actividad sexual se vincula con síntomas de depresión posteriores, especialmente en las chicas adolescentes que empezaron antes de los 16 años de edad y cuyas relaciones terminaron.

American Journal of Sociology, 2007

2. Conversen con sus hijos (según su edad) acerca del sexo

- Asegúrense de hablar con sus retoños acerca de la sexualidad, tomando en consideración la edad que tienen y lo que pueden escuchar. Debido a la influencia cada vez mayor de los medios de comunicación desde una edad temprana, cuanto antes lo hagan mejor. ¡No esperen hasta que sus hijos lleguen a la asignatura de educación para la salud en la escuela secundaria! Como padres tienen ustedes el derecho y la responsabilidad de ser los primero en explicarles de qué trata el regalo de la sexualidad que Dios ha ideado. Sus hijos no recibirán esa perspectiva de la televisión ni de sus amigos. Cuando hablen acerca del sexo háganlo discretamente. Denles tiempo para pensar y tal vez hasta les hagan alguna pregunta. Hay muchos buenos libros y series en video que le pueden ayudar a mantener una comunicación abierta con sus hijos en relación con el sexo y la sexualidad. Evitar "darles la charla" a sus retoños solo los estimulará a buscar la información en otra parte: la escuela, los amigos, etc.

- Ideen un plan acerca de cómo y cuándo tener esas "charlas". Su consejero puede proporcionarles datos y referencias que los ayuden a convertir las mismas en conversaciones útiles y memorables.

3. Transmítanles lo que la Biblia dice acerca del amor, la sexualidad y las relaciones

- Estén preparados para hablar de pasajes específicos de las Escrituras que expongan el plan y el propósito divinos en cuanto a la pureza sexual en las relaciones y el matrimonio. Siempre es importante poder dar razones que apoyen sus creencias, lo cual proporcionará una base sólida a sus hijos que los ayude a mantenerse firmes frente a la tentación.

6 EJEMPLOS BÍBLICOS

Pero persiste tú en lo que has aprendido y te persuadiste, sabiendo de quién has aprendido; y que desde la niñez has sabido las Sagradas Escrituras (2 Ti. 3:14-15, RVR-60).

Timoteo había estado aprendiendo la Biblia desde que era niño, y a los padres cristianos Dios les ha dado la responsabilidad de criar a sus hijos en el conocimiento y el amor del Señor y de su Palabra. La educación que los padres proporcionan a sus hijos quedará grabada en las mentes de estos y les suministrará un fundamento firme sobre el cual puedan construir.

Así mismo, en nuestra debilidad el Espíritu acude a ayudarnos. No sabemos qué pedir, pero el Espíritu mismo intercede por nosotros con gemidos que no pueden expresarse con palabras (Ro. 8:26).

A los padres puede resultarles difícil sostener una conversación con sus hijos acerca del sexo y las relaciones, y a menudo el hacerlo les produce ansiedad. Preguntarse cómo y cuándo abordar este tema quizá deje a los padres confundidos e incluso atemorizados. Es muy reconfortante saber que Dios es fuerte allí donde nosotros somos débiles, y que Él mostrará su fidelidad intercediendo por nosotros y proporcionándonos la paz necesaria para tener esa charla llena del Espíritu que los niños tan desesperadamente necesitan oír de sus padres.

Por lo tanto, hermanos, tomando en cuenta la misericordia de Dios, les ruego que cada uno de ustedes, en adoración espiritual, ofrezca su cuerpo como sacrificio vivo, santo y agradable a Dios. No se amolden al mundo actual, sino sean transformados mediante la renovación de su mente. Así podrán comprobar cuál es la voluntad de Dios, buena, agradable y perfecta (Ro. 12:1-2).

Para que los jóvenes sean sexualmente puros y espiritualmente maduros deben estar dispuestos a renunciar a sus deseos egoístas. La visión que los padres deberían presentar a sus hijos es la de un culto digno del Señor, lo cual implica estar dispuestos a renunciar a todos los anhelos, pasiones y apetitos sexuales que desagradan a un Dios santo. Ejemplificando esta clase de actitud delante sus hijos, los padres desempeñan un papel esencial en la vida de estos y les inculcan una idea de la santidad por la que vale la pena luchar y sacrificarse.

ORACIÓN

Señor, gracias por estos padres que han venido hoy aquí con el deseo de criar bien a sus hijos. Ellos desean ser buenos padres, especialmente educando a hijos para que sean sexualmente saludables. En este momento piensan que no saben muy bien qué camino tomar. Muéstrales ese camino, Señor, y enséñales de un modo particular que el amor que tienen a sus hijos es un pálido reflejo del tuyo para con cada uno de ellos como su Padre celestial...

36 Los niños y adolescentes sexualmente activos

1 RETRATOS

- Pedro y Cristina habían disfrutado de una estupenda relación con su hija Sara, que ahora estaba en segundo curso de secundaria. Esta siempre había sido una niña y una alumna ejemplar; pero recientemente se comportaba de un modo extraño: pocas veces los miraba a los ojos, e iba continuamente de acá para allá, asistiendo a eventos y conferencias, en lugar de hablar con ellos. Pedro creía que se trataba "solo de una etapa" por la que pasaba su hija, pero Cristina no estaba tan segura. Varias semanas después, esta sostuvo una conversación con la madre de una de las mejores amigas de Sara, quien le preguntó si su hija utilizaba anticonceptivos. "¿Anticonceptivos? —respondió Cristina casi a gritos— ¿Para qué, si puede saberse?". Pocos minutos después sabía bastante más del comportamiento sexual de la chica de lo que hubiera podido imaginar.
- Micaela era una madre sin pareja que hacía cuanto estaba en su mano por educar a sus dos hijos varones. Para ella la vida suponía una lucha. El mayor de sus retoños era un atleta consumado en el bachillerato, y se le conocía como un machote en todos los sentidos. Algunas de las amigas de Micaela le preguntaron si no le importaba que el muchacho tuviera fama de "acostarse con casi todas las animadoras deportivas de la escuela". Ella respondió con una risita nerviosa, pero le horrorizó pensar que alguien pudiera tener ese concepto de su hijo. Aunque ya sospechaba algo así, nunca había reflexionado a fondo sobre el asunto.
- Diana llamó a Samuel, su marido, para decirle que el director de la escuela secundaria quería reunirse con ellos inmediatamente. Cuando llegaron allí, el hombre les informó que habían descubierto a su hijo practicando el sexo oral con su novia en el estacionamiento durante un descanso entre clases.

2 DEFINICIONES E IDEAS CLAVE

- Se llama *niño sexualmente activo* al adolescente o preadolescente implicado en conductas sexuales ilícitas con otros jovencitos o adultos, sin estar lo suficientemente maduro emocionalmente para ello ni físicamente protegido contra las consecuencias negativas que pueden tener tales conductas. Entre estas, se cuentan los comportamientos precoitales y de estimulación erótica, como mirar material pornográfico o practicar sexo oral.

- De los 18.900.000 nuevos casos de ITS (Infecciones de Transmisión Sexual) que aparecen cada año en Estados Unidos, 9.100.000 (el 48%) se dan entre jóvenes de quince a diecinueve años de edad. *Aunque aquellos en edades comprendidas entre los quince y los veinticuatro representan solo una cuarta parte de la población sexualmente activa, suponen casi la mitad de los casos de ITS anuales.*[1]
- El Guttmacher Institute (Instituto Guttmacher) informa que:
  - Aproximadamente la mitad de los jóvenes de edades comprendidas entre los quince y los diecinueve años en Estados Unidos (el 46%) han mantenido relaciones sexuales por lo menos una vez.
  - Al cumplir los quince años de edad, solo el 13 por ciento de los adolescentes han mantenido relaciones sexuales. Sin embargo, al llegar a los diecinueve, siete de cada diez han practicado el coito.
  - La mayoría de los jóvenes mantienen relaciones sexuales por primera vez alrededor de los diecisiete años de edad, pero no se casan hasta que cuentan entre veinticinco y treinta años. Esto significa que las jóvenes y los jóvenes adultos corren el riesgo de sufrir un embarazo no deseado o de contraer alguna infección de transmisión sexual durante casi una década.
  - Los adolescentes están esperando más que antes para iniciar las relaciones sexuales. En 2002, el 13 por ciento de las chicas y el 15 por ciento de los chicos habían practicado el sexo antes de cumplir los quince años de edad, en comparación con el 19 y el 21 por ciento respectivamente de 1995.[2]
- La mayoría de las chicas adolescentes con experiencia sexual (el 59%) tuvieron una *primera pareja que les llevaba entre uno y tres años de edad.*[3]
- Los jovencitos que dicen ser cristianos *alcanzan tasas un poco menores pero casi iguales de actividad sexual* que la población general de adolescentes.
- *Las presiones sexuales que sufren los jóvenes* de hoy día son enormes: *la música, el cine y el acceso a sitios-web sexualmente explícitos* multiplican los impulsos hormonales acostumbrados y aceleran la experimentación juvenil que es normal en el desarrollo.
- Algunos padres cristianos consideran la experimentación sexual de sus hijos como *la peor cosa que pudiera sucederles* a ellos como padres, porque les hace quedar mal ante sus amistades.
- Con bastante frecuencia *la madre y el padre de un joven sexualmente activo tienen perspectivas y propugnan valores contradictorios* en cuanto al comportamiento de su hijo; y si no llegan a un acuerdo, el adolescente los *utilizará para dividirlos* y estirar al máximo las reglas de la casa y su comportamiento como adulto.

3 ENTREVISTA DE EVALUACIÓN

Estas preguntas van dirigidas a uno o ambos padres:

1. ¿Cómo supo usted acerca del comportamiento sexual de su hijo y qué le dijeron?
2. ¿Cuánto tiempo hace que el chico o la chica se comporta de ese modo? ¿Cuántas parejas ha tenido?
3. ¿Cómo reaccionó usted (o cada uno de ustedes) al conocer la situación?
4. ¿Cómo respondió su hijo o hija cuando lo descubrieron?
5. Hábleme de sus valores con respecto a la sexualidad. ¿Cómo adquirió dichos valores? ¿Qué experiencia sexual tenía usted cuando era de la edad de su hijo? ¿En qué forma afecta dicha experiencia sus expectativas actuales acerca del chico o la chica?
6. ¿Qué esperanzas tiene en cuanto a su hijo en este momento?
7. (*Para el matrimonio*) ¿En qué puntos están ustedes de acuerdo sobre lo que deben hacer? ¿En cuáles no concuerdan?
8. Describa el estado actual de su relación con el chico o la chica.
9. Aunque fije ciertas consecuencias para las acciones de su hijo o hija, ¿de qué maneras puede transmitirles amor, perdón y aceptación?
10. ¿En qué consecuencias está pensando? ¿Cómo puede imponerlas?
11. ¿Cuál es su plan para mantener una comunicación significativa con su jovencito, especialmente acerca del sexo?

4 CONSEJOS SABIOS

Las investigaciones han demostrado que cuanto más sepan los niños o adolescentes acerca del sexo, menos probable será que experimenten con el mismo o lo practiquen. *Los padres deben hablar, hablar y hablar con sus hijos en cuanto al comportamiento y los valores sexuales*, haciendo de la sexualidad un tema normal de conversación en la familia —incluso bromeando acerca de ella en ciertas ocasiones—, y creando la sensación de que tales discusiones son algo corriente y deben esperarse. Los padres saben que en el grupo de amigos de sus hijos se comentan estas cosas, de manera que ellos deberían hacer lo propio también en casa.

Los padres deben hablar pronto, *de manera apropiada para la edad de sus hijos*, de cuáles son sus valores con respecto al sexo. Aunque el chico o la chica sea un adolescente con quien sus padres no hayan conversado nunca acerca de la sexualidad, aún no es demasiado tarde para empezar a hacerlo.

A fin de responder debidamente al comportamiento sexual de sus hijos, a los padres puede resultarles útil *recordar su propia historia en ese terreno*, como contexto de los valores que desean inculcar al chico o la chica. Esta reflexión tal vez les brinde el discernimiento, la paciencia y la resolución necesarios para tomar las medidas adecuadas.

Conversen acerca de la enseñanza bíblica y las historias que *refuerzan el comportamiento y los valores piadosos.* Los padres deberían referir ejemplos de la bendición divina sobre sus vidas por haber seguido las normas de Dios en cuanto a la sexualidad. Anime igualmente al matrimonio a estar dispuestos a hablar de las consecuencias que ha traído consigo el no haber obedecido los mandamientos del Señor acerca de la pureza sexual.

Considere la relación que existe entre la madre y el padre para *constatar si hay actitudes y enfoques afines u opuestos* en cuanto a la conducta de su hijo. Uno de los pasos más importantes del proceso de consejería consiste en ayudar a los padres a lograr un consenso con respecto a lo que deben hacer. Si son incapaces de llegar a un acuerdo, probablemente su hijo intentará enfrentarlos para obtener el control sobre ellos y sobre la situación.

Una de las lecciones más importantes que hay que aprender y comunicar a los jovencitos sexualmente activos es la del perdón: *la gracia de Dios cubre todos los pecados*, aun cuando el chico o la chica hagan cosas que podrían destrozar su vida. Aun así, perdonar no significa que no se imponga disciplina alguna por los pecados cometidos o no se establezcan límites para el futuro. *Perdonamos unilateralmente —como Cristo nos perdonó a nosotros—, pero es necesario ganar la confianza mediante un comportamiento responsable continuado.*

Los padres deben *contarle al consejero las frustraciones, los temores y la ira* que les produce la situación. Tal vez se culpen el uno al otro o se retraigan, pero comprender los sentimientos y la perspectiva del cónyuge resulta decisivo para establecer una buena comunicación con el adolescente.

Los padres deben evitar los extremos de la pasividad ("tirar la toalla") y las reacciones duras y descontroladas, y hablarles a sus hijos con calma acerca de las esperanzas y los temores que tienen en cuanto a ellos, así como del plan divino para la sexualidad, de las posibles consecuencias naturales de su conducta (como los embarazos y las ITS) y de aquellas otras ya existentes (p. ej. la erosión de la confianza por causa de sus decisiones y engaños). Tienen que transmitir a sus retoños la *visión de un futuro a largo plazo* —en el terreno educativo, profesional y familiar , la cual puede frustrarse a consecuencia de un embarazo, un aborto o una enfermedad. *Pintarles vívidamente la esperanza de un futuro brillante* hará que la conversación no se concentre únicamente en los pecados pasados o en el castigo, y permitirá que los padres refuercen los sueños que tienen para ese hijo o hija.

El padre y la madre necesitan comprender que *la explosión de las hormonas* es un hecho muy real en los adolescentes, y que el centro de raciocinio (la corteza frontal del cerebro) no se estabilizará hasta cumplidos los veinte años de edad. Llegado ese momento, la razón —con frecuencia— triunfará sobre el instinto; pero hasta entonces los padres tienen una función clave que cumplir: ayudar a sus hijos a *fijarse ciertos límites* y a *mantenerlos* cuando estén con sus amigos.

Muchos padres se *horrorizan y escandalizan* al enterarse de las actividades sexuales de sus hijos. Piensan en aquel niño dulce y obediente que conocieron y se preguntan: *¿Quién es este chico?* Ha llegado la hora de aceptar la realidad, y de comprender que los congéneres de su adolescente estarán comentando —y tal vez explorando— las cuestiones y los límites sexuales. La adolescencia es una época de cambio físico, emocional, relacional y hormonal, y *en todas las escuelas —y en casi todos los grupos de amigos— las tentaciones sexuales abundan.*

Cuando los padres se sienten sorprendidos por el comportamiento de su hijo o su hija, generalmente *pierden los estribos o se apartan del adolescente.* Sin embargo, lo que necesitan hacer en ese momento es *aumentar la calidad de su relación con él.* Si hablan únicamente del pecado y el castigo, pueden arrojar a su retoño en brazos de otros. Esta es una buena ocasión para colmar al chico o la chica de afecto incondicional, abrazos, muestras de afirmación y comentarios positivos acerca de lo que está haciendo bien. Abrir un diálogo en cuanto a los valores, las esperanzas, los temores y los sueños que tienen los padres y el hijo o la hija puede suponer un paso importante para aprender a entenderse.

5 PASOS PRÁCTICOS

1. Hablen

- La herramienta principal para combatir la promiscuidad sexual de los adolescentes es una franca comunicación con ellos. Utilice ejemplos de las tentaciones sexuales que le asaltaban cuando usted era joven, a fin de iniciar el diálogo con sus hijos.
- *En la sesión de consejería anime a los padres a hablar de sus frustraciones, ira y dolor por la revelación de las actividades sexuales de sus hijos. Invítelos también a reflexionar sobre su propia historia sexual —especialmente cuando tenían la edad de ellos—, y compare aquella época con este mundo actual tan increíblemente lleno de tentaciones y presiones sexuales. Utilice esa conversación para ayudar a cada uno de los padres a comprender la perspectiva y las reacciones de su cónyuge en cuanto al comportamiento del niño.*

2. Enseñen

- Utilicen un diálogo sosegado y respetuoso con su hijo a fin de inculcarle valores bíblicos y las habilidades necesarias para mantener relaciones saludables: respeto en vez de manipulación, fijación de límites en lugar de coacción o concesiones, y una vida regida por la Biblia y no por la presión de grupo.
- Muchos jóvenes se creen invencibles, "a prueba de balas". Dedique algún tiempo a explicarle a su hijo el plan de Dios para la actividad sexual en el matrimonio, así como los riesgos que suponen los embarazos y las ITS para los adolescentes.

3. Tengan un amor firme

- Hay que considerar con gran cuidado las consecuencias de la promiscuidad sexual en los adolescentes y orar seriamente al respecto. En la mayoría de las actividades que implican una mala conducta por parte de los niños, las consecuencias naturales —tales como quedarse sin dinero para gastar— son suficientes; pero en el terreno de la sexualidad, las secuelas pueden ser sumamente graves y duraderas (como ocurre en el caso de los embarazos y las ITS).

- Impliquen al chico o la chica en la negociación para establecer las consecuencias de su comportamiento, sin excluir la severidad y duración de las mismas.
- Sopesen qué consecuencias *lógicas* o *asignadas* pueden imponerse, y eviten aquellas que no lograrían hacer cumplir. Las consecuencias apropiadas son, entre otras:
  - Instalar un bloqueo o un filtro permanente en la computadora familiar o en la del niño para impedir que este acceda a los sitios web de contenidos sexuales explícitos.
  - Restringir permanentemente el acceso a páginas de Internet que inciten o permitan el diálogo sexualmente explícito y el intercambio de fotos personales.
  - Durante el bachillerato, pongan límites a las chicas en cuanto a salir con muchachos uno o dos años mayores que ellas.
  - Impongan un toque de queda razonable que pueda irse relajando a medida que crece la confianza en su hijo y mejora la comunicación con él.
  - No permitan que el jovencito pase la noche en casa de otros que no tienen los mismos valores que ustedes ni deje siquiera que visite dichos hogares.
  - Limite durante un periodo razonable el uso de vehículos, teléfonos móviles, dinero y otros privilegios como dolorosas consecuencias por la mala conducta.
- No planeen castigos que no puedan imponer. Intentar proteger al niño de su pareja sexual, por ejemplo, tal vez sea imposible de llevar a cabo en un marco escolar donde los estudiantes asisten juntos a clase.
- Repasen la lista anterior con su consejero para idear un plan. Luego, discutan el mismo con su hijo, y pídanle que participe en darle el retoque final. Esto ayudará al chico o la chica a considerar dicho plan como suyo propio, lo cual supondrá una motivación enorme para él y también les dará ánimo a ustedes.

4. Escuchen y haga preguntas

- Examinen los antecedentes de su hijo en cuanto a la conducta, sin excluir el comportamiento sexual del chico o la chica. ¿Se ha comportado así él o ella una sola vez, o existe ya un patrón de relaciones sexuales con una persona o con varias?
- *A menudo la fuerte combinación de independiencia adolescente, resentimiento contra la autoridad de los padres, y vergüenza, produce una brecha profunda en la relación del jovencito con sus padres. Intente descubrir los temas y los momentos en que dicha relación fue franca y saludable, y ayude a los padres a utilizarlos como trampolín para cultivar la relación con su hijo.*

5. Prepárense para encontrar resistencia

- Algunos jovencitos se ponen furiosos en cuanto los descubren, pero a otros los invade el remordimiento durante las primeras etapas de su exposición. Sin embargo, tarde o temprano el adolescente resistirá las restricciones impuestas a su libertad, y deberán ustedes estar preparados para mantenerse firmes en cuanto al castigo que le han impuesto.
- Miren más allá del estado de ánimo o la conducta inmediata que manifieste su hijo. Aunque no deberían cerrar los ojos a la realidad de su pecado, comprendan que transigir acerca del sexo no forma parte de la identidad del jovencito. Disciplínelo, pero sin olvidarse de amarlo.
- *Ayude a los padres a prepararse para esta clase de resistencia preguntándoles cómo reaccionarán cuando se produzca.*

6. Estimulen la pureza

- Cualquiera que haya sido el comportamiento pasado de su hijo en el ámbito de la sexualidad, anímenlo a empezar a buscar activamente la pureza. Preséntensela como una *visión* positiva para el matrimonio. Aunque para los adolescentes es fácil obsesionarse con sus errores sexuales pasados, alienten a su hijo —aun cuando esté sexualmente activo en este momento— a tomar una decisión a favor de la pureza desde hoy mismo. Pídale que haga el voto de abstenerse de las relaciones sexuales hasta que se case, y que se una a aquellos grupos en la iglesia y en la escuela que también lo han hecho. Esto podría incluir el llevar un anillo o colgante que expresara dicho voto públicamente.

6 EJEMPLOS BÍBLICOS

Instruye al niño en el camino correcto, y aun en su vejez no lo abandonará (Pr. 22:6).

Este pasaje no garantiza que los hijos siempre volverán al Señor, pero sí que tendrán en cuenta la enseñanza de sus padres cuando pasen por una crisis y las cosas no funcionen. Se refiere tanto a nuestra naturaleza pecaminosa que responde a la tentación como a la "inclinación" dada por Dios que todo niño tiene y que los padres deben reconocer, identificar y fomentar. Aun cuando se sientan sumamente decepcionados por la conducta de su hijo, esos padres pueden expresar: "Esto lo has hecho bien"; o tal vez "tienes mucho talento para...".

Huyan de la inmoralidad sexual. Todos los demás pecados que una persona comete quedan fuera de su cuerpo; pero el que comete inmoralidades sexuales peca contra su propio cuerpo. ¿Acaso no saben que su cuerpo es templo del Espíritu Santo, quien está en ustedes y al que han recibido de parte de Dios? Ustedes no son sus propios dueños; fueron comprados por un precio. Por tanto, honren con su cuerpo a Dios (1 Co. 6:18-20).

Vivimos en una cultura tan saturada de sexo que es fácil pasar por alto la perspectiva divina de que la sexualidad es un regalo maravilloso que debemos disfrutar en la seguridad y al amparo del matrimonio. Lo primero que los cristianos necesitamos entender es que pertenecemos a Dios: Él nos ama y sabe lo que más nos conviene a nosotros y a nuestros hijos. La abstinencia sexual (o una reafirmación de esa abstinencia) antes de casarnos constituye su voluntad, porque protege la preciosa relación entre un hombre y su esposa.

Sean comprensivos con las faltas de los demás y perdonen a todo el que los ofenda. Recuerden que el Señor los perdonó a ustedes, así que ustedes deben perdonar a otros. Sobre todo, vístanse de amor, lo cual nos une a todos en perfecta armonía (Col. 3:13-14, NTV).

La disciplina sin perdón es dura, pero la gracia puede derretir a la larga el corazón más insensible. Al fijar el castigo para un niño sexualmente activo, necesitamos emplear medidas iguales de disciplina, perdón, esperanza en el futuro y afecto.

Escucha, oh Israel, el SEÑOR es nuestro Dios, el SEÑOR uno es. Amarás al SEÑOR tu Dios con todo tu corazón, con toda tu alma y con toda tu fuerza. Y estas palabras que yo te mando hoy, estarán sobre tu corazón; y diligentemente las enseñarás a tus hijos, y hablarás de ellas cuando te sientes en tu casa y cuando andes por el camino, cuando te acuestes y cuando te levantes. Y las atarás como una señal a tu mano, y serán por insignias entre tus ojos. Y las escribirás en los postes de tu casa y en tus puertas (Dt. 6:4-9, LBLA).

Aunque los padres no hayan enseñado la verdad divina a sus hijos hasta ahora, pueden empezar a hacerlo en esta importante coyuntura de su relación con ellos. Los niños no aprecian una desabrida lista de versículos, pero pueden mostrarse sorprendentemente abiertos cuando sus padres les hablan con sinceridad, les cuentan sus propias experiencias de esperanza y fracaso, y revelan su búsqueda de una auténtica fe en Dios. Con el Señor el cambio siempre es posible.

ORACIÓN 7

Padre, este matrimonio está profundamente preocupado por su hijo. Pero a ti te importa aún más que a ellos, y tienes preparado un futuro brillante para él. Sabemos que estás dispuesto a emplear cualquier cosa —incluso nuestro pecado— a fin de enseñarnos las lecciones más valiosas de la vida. Gracias por tu gracia. Da a estos padres sabiduría para fijar unas consecuencias claras de la conducta de su hijo, amor para discernir —más allá del comportamiento pecaminoso del chico o de la chica— un futuro maravilloso, al igual que perseverancia para que sigan buscando tu senda a través del cambio…

37 El embarazo y la crianza de hijos en la adolescencia

1 RETRATOS

- Catalina se había convertido en una joven bella durante el último año de secundaria, y todo el mundo reparaba en aquella nueva "chica de bachillerato" ese verano en el lago; especialmente Lucas, quien estaba a punto de entrar en el segundo curso de ese mismo ciclo. Catalina se sentía muy halagada de que aquel estudiante mayor le prestara atención. Al comienzo del nuevo año académico, sin embargo, la joven se quedó estupefacta al saber que estaba embarazada, pero Lucas negó cualquier relación con el asunto y dijo a Catalina que le dejara en paz.
- Nadia se había estado escapando por las noches con Tula, su mejor amiga, para juntarse con una pandilla de punkis alborotadores durante varios fines de semana. Hasta que una noche, la pandilla rodeó a las chicas y las violaron, amenazándolas con matarlas si se lo contaban a alguien. Seis semanas después Nadia descubrió que, como resultado de aquella violación, había quedado embarazada, y las jovencitas no pudieron guardar el secreto por más tiempo.
- Desde que empezó a venirle la regla, lo único que deseaba Gisela era tener bebés y convertirse en madre. A ella la había criado su madre soltera, tras darla a luz cuando tenía quince años de edad, y la chica creía poder "aprovechar del sistema" de la misma manera que su madre lo había hecho, teniendo hijos y dejando que el Estado los mantuviera. Aunque contaba solo dieciséis años de edad empezó a acostarse con su vecino casado —de veinticinco— que vivía en el apartamento de al lado, determinada a darle su siguiente hijo.

2 DEFINICIONES E IDEAS CLAVE

- Las relaciones sexuales en la adolescencia a menudo conducen a *embarazos adolescentes: niños que se convierten en padres mientras aún viven en casa con sus propios padres.* Aunque muchas jovencitas ahora abortan a sus bebés, muchas otras los tienen y se comprometen a criarlos con o sin el padre, o bien los dan en adopción.
- *La crianza de hijos en solitario* —y la mayor parte de los padres adolescentes son solteros— implica *la responsabilidad de educar al niño sin el beneficio de contar con el otro padre o un cónyuge.* Esto

sucede por lo general como resultado del abandono de este o su incapacidad en razón de su edad. Cada año, cerca de *750.000 chicas adolescentes de edades comprendidas entre los quince y los diecinueve años se quedan embarazadas* en Estados Unidos; y aunque la tasa de embarazos ha caído un 36 por ciento desde que alcanzó su cima en 1990, aún representa un problema social importante.[1] Actualmente hay 13.600.000 padres solteros, los cuales han de criar a 21.200.000 niños (aproximadamente el 26 por ciento de los jovencitos estadounidenses menores de veintiún años).[2]

- Hay *pocas cosas más difíciles* que ser una joven madre soltera. Uno de los mayores problemas que enfrentan las madres adolescentes es la presión económica cada vez mayor que supone el proveer para sus hijos. *A menudo las necesidades materiales obligan a esas mamás a poner a un lado las metas educativas a fin de suplir las carencias básicas del bebé.* De hecho, las estadísticas revelan que siete de cada diez madres adolescentes no cursan los estudios de bachillerato.[3]

> En Estados Unidos, una de cada cinco mujeres habrá dado a luz para cuando tengan 20 años de edad.
> Urban Institute, 2003

- Muchas madres solteras siguen viviendo con sus padres, recurriendo a la ayuda de estos para criar al niño. No obstante, hay algunos padres que reaccionan al embarazo de sus hijas echándolas de casa y creando una situación aún más estresante para las futuras madres. Aparte de los arreglos en cuanto a la vivienda, *las exigencias de la vida para los padres solteros abarcan las 24 horas del día todos los días de la semana.* Cambiar pañales, alimentar al pequeño, preparar las comidas, limpiar la casa, pagar las facturas, conservar un empleo y, posiblemente, hasta ir a la escuela, puede resultarles apabullante y demoledor. Aproximadamente la mitad de las madres solteras reciben ayuda estatal,[4] pero aun con la asistencia del Gobierno, *criar un hijo en solitario resulta sumamente difícil.* Las madres adolescentes ganan una media de 5.600 dólares anuales durante los primeros trece años de crianza maternal.[5]
- *En la mayoría de los casos, el padre del niño está ausente de la vida de la jovencísima madre.* El deterioro de la paternidad se considera uno de los males sociales más graves de Estados Unidos. Cerca del 40 por ciento de los niños se van a la cama en hogares en los que el padre no está presente. La ausencia del padre se relaciona con la delincuencia, el suicidio, el embarazo de adolescentes, el abuso de alcohol y las drogas, y la cárcel. Además, la National Commission on Children (Comisión Nacional para los Niños) descubrió que aproximadamente la mitad de los pequeños de familias con problemas no habían visto en absoluto a su papá a lo largo de todo un año.[6]
- A la mayoría de las madres solteras puede parecerles insoportable la falta de apoyo emocional del padre del bebé, junto con las presiones económicas y el aumento de las responsabilidades. Aunque criar a un niño recién nacido es siempre difícil —aun para los matrimonios—, hacerlo en solitario puede resultar desolador, agobiante y

descorazonador; de modo que es imperioso para la madre soltera *formar una red de amigos dispuestos a escuchar sus preocupaciones, apoyarla e invertir en su nueva familia*. Cuidar a un bebé con tantas necesidades hace más difícil mantener las amistades. Sin embargo, las relaciones profundas y sinceras son decisivas para mantenerse psicológicamente saludable y no hundirse. Con el amor y el respaldo de amigos solícitos, criar un bebé como madre soltera no solo es factible sino también gratificante.

3 ENTREVISTA DE EVALUACIÓN

Hacer las siguientes preguntas le ayudará a tener una idea mejor de cómo le va (o puede irle) a la madre adolescente en su tarea de criar a un hijo en solitario:

1. ¿Qué opciones te planteas para el bebé? (En el mundo actual existen muchas alternativas para una adolescente embarazada: llevar a buen término el embarazo, dar al niño en adopción, o abortarlo. Haga esta pregunta para saber realmente lo que piensa la chica embarazada).
2. ¿Tienes alguna pregunta en cuanto al embarazo y el aborto? (No dé por sentado que la hayan informado debidamente acerca de las opciones existentes. El cerebro de los adolescentes no está plenamente formado, y su capacidad para reflexionar sobre las acciones y sus consecuencias cuenta con ciertos límites. La mayoría de los jovencitos solo piensan en el presente).
3. ¿Qué red de apoyo tienes? ¿Cuentas con tus padres? ¿Te ayudan ellos (o están dispuesto a hacerlo) con la crianza de tu hijo?
4. ¿Cómo proveerás apoyo emocional para tu niño? ¿Recibirá este una influencia sana de parte de personas del sexo opuesto?
5. Si la adolescente aconsejada tiene ya un niño: ¿Cuánto tiempo hace que eres madre soltera? Descríbeme un día o una semana normal en tu vida.
6. ¿Participa el otro padre en la crianza de tu hijo de vez en cuando? ¿Es su participación útil o perjudicial para el niño?
7. ¿Qué cuidado tienes de ti misma como madre soltera? ¿Cuándo fue la última vez que saliste con algunos amigos para divertirte? ¿Quién se ocupa de tu hijo cuando estás fuera?
8. ¿Cuán difícil te resulta ser madre soltera en este momento?
9. ¿Qué planes tienes para el futuro? ¿Piensas en casarte? ¿Te estás planteando ir a la universidad? ¿Cómo esperas mantener a tu familia en lo económico?

4 CONSEJOS SABIOS

A la mujer embarazada, la opción de abortar a menudo se le presenta como una "solución rápida" que acabará con sus problemas y tensiones.

Ayude a su paciente a *examinar las alternativas que tiene, tales como tener al niño o darlo en adopción.* Aunque con frecuencia las mamás adolescentes experimentan la influencia de sus novios o padres para tomar una decisión, explíquele a su aconsejada la importancia de indagar acerca de las opciones disponibles y *tomar una decisión personal informada en cuanto a lo que es mejor para ella y para su bebé.* ¡Tener un hijo no es ninguna sentencia de muerte! Aunque tal vez la adolescente embarazada considere la preñez como algo que le "arruinará" la vida, tiene usted la posibilidad de guiarla para que vea la providencia y el amor de Dios aun en un embarazo inesperado. (Vea la sección "Pasos prácticos" para analizar algunas opciones tales como dar al niño en adopción).

El descubrimiento de que va a tener un bebé puede destrozar el mundo de una chica adolescente, de modo que resulta decisivo ayudarla a encontrar respuestas para las preguntas que la afligen, tales como: "¿Qué les digo ahora a mis padres? ¿Qué voy a hacer en cuanto a mi novio? ¿Puedo seguir en la escuela? ¿Me perdonará Dios? ¿Volverá mi vida a ser "normal" algún día? *El hecho de escuchar y legitimar los sentimientos de su paciente son pasos iniciales importantes*, después de los cuales deberá ayudarla a encontrar las respuestas a sus preguntas. No dude en hablar con franqueza acerca de las luchas que la chica está experimentando, y guíela en la búsqueda de soluciones prácticas para sus angustias y preocupaciones.

> En Estados Unidos, siete de cada diez madres adolescentes abandonarán los estudios de enseñanza secundaria.
>
> U.S. Census Bureau 2000

Si la adolescente a quien aconseja decide conservar su bebé, ayúdela a comprender el valor de la nueva familia que acaba de formarse. Sin importar cuál sea el grado de participación del padre en la vida del niño, es importante que la madre soltera entienda que *ella y su bebé constituyen una familia.*

La clave para la buena crianza de un niño en solitario consiste en *reclutar a "padres sustitutos" que se comprometan a ser parte de la nueva familia*, tales como abuelos, tíos y tías, amigos, vecinos, hermanos y hermanas mayores... cualesquiera personas de confianza que asuman el compromiso de ayudar para que ese niño crezca tan saludable y bien adaptado como sea posible. También el incorporarse a una iglesia local y asistir a algún grupo de apoyo con otras madres solteras son buenas formas de *recibir un estímulo significativo y respaldo práctico.*

A medida que el niño vaya creciendo, si es un chico, *a la joven madre tal vez le parezca un reto particularmente grande el criarlo por sí sola.* Sin la presencia del padre, ella debería buscar buenas influencias masculinas para su hijo en un abuelo, tío, monitor de niños exploradores, entrenador deportivo, etc. Aunque las mujeres tienen la tendencia natural a proteger a sus retoños, es importante que la madre soltera permita que su hijo participe en juegos bruscos de vez en cuando con otros chicos. Tiene que enseñarle la diferencia que hay entre el bien y el mal, al tiempo que le concede una cierta medida de autonomía.

5 PASOS PRÁCTICOS

1. Sé sincera acerca de tus temores y ansiedades

- Tener un bebé quizá te dé miedo, ¡especialmente si eres una madre soltera! Tal vez tu primera respuesta al saber que estabas embarazada haya sido de ansiedad, ira, temor, frustración, remordimiento y un sinfín de otras emociones. Busca alguna persona de confianza —amiga, familiar, profesora o consejero— para hablar acerca de ello. Expresa los temores, las preguntas y las preocupaciones que te asaltan. No necesitas hacerte la fuerte ni "recobrar la compostura". Simplemente sé tú misma.

2. Elige vivir en el perdón de Dios

- Sean cuales fueren las circunstancias en que concebiste al bebé, comprende que el Señor te extiende un perdón gratuito y completo cuando le buscas, a pesar de tus errores, o de la conducta indebida de otra persona en caso de violación. Vivir bajo el sentimiento de culpabilidad, la autocensura o la vergüenza no solo es nocivo sino también contrario a la Biblia.
- El amor de Dios para contigo no se basa en lo que hagas o dejes de hacer. De hecho, no está en tus manos cambiar en absoluto la solicitud que Él siente por ti como hija suya. Aunque la concepción de tu hijo haya sido inesperada, cada niño constituye un regalo del Señor que debemos valorar y amar.

3. Investiga todas las opciones posibles

- Quizá te sientas demasiado abrumada por la idea de tener que criar un hijo tú sola, y creas que la única opción que hay es la de abortar. Esto, sencillamente, no es cierto. En muchos países hay centros de crisis para mujeres embarazadas gestionados por voluntarios que desean ofrecerte verdaderas alternativas, y que te ayudarán amablemente a conocer otras opciones disponibles.
- Tu consejero puede dirigirte a alguno de esos centros para mujeres en crisis.
- *Tenga a mano una lista de esa clase de centros para entregar a su paciente.*

4. Crea una red de apoyo

- Ser madre adolescente es difícil pero para nada imposible. Puedes criar a tu hijo, pero no intentes hacerlo sola. Pide el apoyo y consejo de personas a quienes respetas, y no permitas que tu embarazo imprevisto te aparte de tu familia, de los miembros de tu iglesia o de tus amigos a causa de la vergüenza. Dios te ha bendecido con el milagro de dar cobijo en tu interior una vida diminuta, y para sustentarla necesitarás la ayuda y el apoyo de las personas que te aman. No trates de recorrer sola ese trayecto.

5. Idea un plan de crianza

- La mayoría de las madres adolescentes viven en casa de sus padres, pero eso no significa que puedas desentenderte de tu maternidad. Tendrás que reflexionar a fondo sobre tu nuevo papel como madre y, a la vez, como hija que reside en el hogar paterno. Dedica algún tiempo a hablar con tus padres acerca de tu nuevo rol y de lo que se espera de ti. Deberás abordar las siguientes cuestiones:
  - las reglas que has de seguir
  - lo que es negociable y lo que no (p. ej. los toques de queda tal vez se puedan pactar)
  - ciertos momentos familiares que deberás respetar ineludiblemente (como una determinada noche cada semana o tomar juntos el desayuno o la cena)
  - las tareas familiares y el cuidado de la casa (p. ej. cuál es la responsabilidad de cada uno, qué cosas son obligatorias, y para cuándo deben acabarse los trabajos del hogar)
  - quién se hará cargo del bebé, dónde y cuándo
  - cómo incluir y organizar el estudio y el trabajo
  - quién correrá con los diferentes gastos
- *Los planes de crianza de un hijo diferirán según la edad del padre adolescente y en función de otras cuestiones. Involucre a toda la familia en la conversación y proponga sus ideas. Aun el más joven puede tener algo para decir, pero son los padres quienes deberán tomar las decisiones finales.*

EJEMPLOS BÍBLICOS 6

Ahora, pues, ninguna condenación hay para los que están en Cristo Jesús, los que no andan conforme a la carne, sino conforme al Espíritu (Ro. 8:1, RVR-60).

Aunque no resulta difícil condenarse cuando se ha hecho algo verdaderamente malo, la Palabra de Dios nos dice que, puesto que Jesús llevó nuestra condenación, nosotros, sus seguidores, estamos libres de ella. Vivir en libertad significa aceptar la realidad de que el Señor es el único que controla nuestra vida y provee para nosotros todo lo necesario. Dios quiere que, en vez de compararnos con los demás, nos veamos como Él nos ve: ¡libres de toda condenación!

Si confesamos nuestros pecados, él es fiel y justo para perdonar nuestros pecados, y limpiarnos de toda maldad (1 Jn. 1:9, RVR-60).

En este pasaje, la Palabra de Dios aborda simple y claramente el tema del pecado: confiésalo y el Señor te lo perdonará. ¡No hay lugar para la ambigüedad! Es fácil para los creyentes complicar excesivamente la vida cristiana con reglas, expectativas y lo que debemos y no debemos hacer, pero la promesa de las Escrituras es que Dios quiere y está dispuesto a perdonar nuestras transgresiones, y que no hay pecado lo bastante grande como para que Él no lo remita.

Yo te haré saber y te enseñaré el camino en que debes andar; te aconsejaré con mis ojos puestos en ti (Sal. 32:8, LBLA).

Ser madre soltera es una tarea difícil y a menudo compleja, pero según el salmista no tenemos que resolverlo todo nosotros solos. En esta promesa del Salmo 32, vemos que Dios quiere que acudamos a Él con nuestras necesidades, puesto que no hay problema que el Señor no pueda resolver, ya que es omnipotente y omnisciente. Además, lejos de tratarse de un Dios distante y abstracto, aquí se nos revela como un Padre amoroso y digno de confianza. Cuando Él dice: "Yo te haré...", no hay nada qué dudar. Dios siempre hará lo que sea necesario, siempre contestará a sus hijos.

> Cada año cerca de 750.000 chicas entre los 15 y los 19 años quedan embarazadas. La tasa de embarazos en adolescentes ha caído un 36% desde su cota máxima en 1990.
>
> Alrededor del 9% de todos los niños (6.600.000) vivían en una familia que incluía a un abuelo, y el 23% de los que vivían con un abuelo no contaban con la presencia de ninguno de sus padres.
>
> El 12% de los niños hispanos y el 14% de los niños negros vivían con uno de sus abuelos, mientras que solo el 6% de los blancos no hispanos lo hacían.
>
> Centers for Disease Control and Prevention, 2000

He aquí, herencia de Jehová son los hijos; cosa de estima el fruto del vientre (Sal. 127:3, RVR-60).

Tú creaste las delicadas partes internas de mi cuerpo y me entretejiste en el vientre de mi madre. ¡Gracias por hacerme tan maravillosamente complejo! Tu fino trabajo es maravilloso, lo sé muy bien. Tú me observabas mientras iba cobrando forma en secreto, mientras se entretejían mis partes en la oscuridad de la matriz. Me viste antes de que naciera. Cada día de mi vida estaba registrado en tu libro. Cada momento fue diseñado antes de que un solo día pasara (Sal. 139:13-16, NTV).

Los niños son preciosos para Dios, incluso cuando nacen bajo circunstancias inesperadas. La vida de un bebé es un milagro del Señor, y cuidar esa vida debe ser de importancia capital para sus padres. El Salmo 139 nos revela el amor y la solicitud de Dios por cada pequeño. Aunque cuando este se halla dentro del vientre de su madre no podamos verlo, el Señor conoce todos sus intrincados detalles: el color de los ojos, el tipo de pelo, las esperanzas, los sueños, las aspiraciones y las pasiones que ese niño tendrá algún día... Cada momento de la vida del bebé está escrito en la mente de Dios, y cada uno de ellos colmado de su gracia.

Pues estoy convencido de que ni la muerte ni la vida, ni los ángeles ni los demonios, ni lo presente ni lo por venir, ni los poderes, ni lo alto ni lo profundo, ni cosa alguna en toda la creación, podrá apartarnos del amor que Dios nos ha manifestado en Cristo Jesús nuestro Señor (Ro. 8:39-39).

Nada puede separarnos de Jesús si somos sus hijos: ni siquiera un embarazo inesperado o el hecho de ser una madre adolescente, como tampoco el rechazo de un novio o los malentendidos de los amigos. Nada tiene el poder de cambiar el amor que Dios nos tiene; ya que Él, no solo nos creó, sino que también nos ha redimido. Su amor por nosotros es incondicional. Pablo nos dice que no hay nada en toda la Creación que pueda cambiar eso.

ORACIÓN 7

Señor, no creo que haya en el mundo un trabajo más difícil que ser padre soltero. Esta madre adolescente necesita una bendición suplementaria de tu parte para poder sobrevivir al camino que tiene por delante. Sé tú con ella y con su hijo en todo momento, y en cada circunstancia…

38 El incesto

1 RETRATOS

- Renata no le había contado jamás a nadie lo que le sucedió cuando era adolescente. Tenía la esperanza de que si nunca hablaba de ello quedaría en el olvido; después de todo solo había ocurrido una vez. Jamás se lo había dicho a sus padres, porque pensaba que ellos no le creerían, pero había evitado a su tío desde entonces todo lo posible. Ahora parecía no tener sentido hablar de cómo este había abusado sexualmente de ella.
- Luis estaba enormemente confundido, pero se negaba a contarle a nadie lo que sucedía con su madre alcohólica y divorciada por miedo a que los separaran. Cuando su mamá estaba alterada por la noche solía pedir al niño que se acostara con ella y le acariciara y besara los pechos hasta que se "sentía mejor". Aunque Luis tenía ahora quince años de edad, eso había estado sucediendo durante tanto tiempo que al muchacho le parecía normal.
- Paco y Lucía notaban que su hija Carmela estaba más apegada a ellos últimamente, y que protestaba con vehemencia cuando ellos pasaban una noche fuera y la dejaban a cargo de su abuelo. "¿Qué le pasa?", se preguntaban. Una semana después María, su hija mayor, habló con ellos y les contó que el hombre había estado abusando sexualmente de ella durante años y ahora estaba haciendo lo mismo con su hermana pequeña. Paco se quedó sin palabras, y su mujer rompió a llorar y expresó entre lágrimas: "Creía que mi padre había dejado de hacer tal cosa".

2 DEFINICIONES E IDEAS CLAVE

- Se conoce como incesto el *contacto o la conducta sexual cuyo fin es la estimulación sexual que se produce entre parientes cercanos:* padres e hijos, hermanos, nietos y abuelos, tíos y sobrinos o primos carnales. *El incesto ilegal es cualquier relación sexual de un familiar adulto con otro menor de edad.*
- Por lo general, el incesto adopta la forma de *abuso sexual contra un jovencito y que es cometido por un familiar mayor que él.*[1]
- En los últimos veinte años se ha prestado más atención al abuso infantil, incluido el incesto. Sin embargo, las relaciones incestuosas todavía siguen siendo *uno de los delitos sexuales menos denunciados en Estados Unidos.* A menudo la víctima oculta la verdad acerca del hecho por los sentimientos de culpabilidad y vergüenza que experimenta o por miedo al abusador.[2]

- El incesto es una forma *especialmente demoledora* de abuso sexual, porque sucede a manos de alguien en quien la víctima debería poder confiar.
- Las personas que han sido víctimas de incesto *tienen una mayor tendencia a la depresión, la ansiedad, el trastorno de estrés postraumático, el trastorno de personalidad límitrofe, el abuso de estupefacientes y las disfunciones sexuales.*[3]
- En la mayoría de los casos de *incesto entre hermanos* están implicados un individuo de cada sexo (el 74%). La incidencia del incesto entre hermanos del mismo sexo es del 26 por ciento (16% entre chicos y 10% entre chicas).[4]
- El incesto ocurre tanto en familias adineradas como en otras de posición socio-económica baja, y afecta a personas de *todas las razas y etnias.*
- Cierto estudio de alcance nacional, realizado en Estados Unidos con presos de cárceles estatales condenados por crímenes violentos, reveló que el *20 por ciento de dichos crímenes se cometieron contra niños*, y que tres cuartas partes de los convictos por esa clase de delitos dijeron haberlos perpetrado en su propia casa o en la del pequeño.[5]
- Las víctimas de *incesto son a menudo muy reacias a revelar lo que ha sucedido.* A muchas de esas víctimas menores de edad el abusador les ha dicho que se trata de una "experiencia de aprendizaje", y que en todas las familias algún miembro mayor se ocupa de impartirla. *Las víctimas de incesto pueden tener miedo a que no les crean, las censuren o las castiguen si cuentan lo sucedido.*

ENTREVISTA DE EVALUACIÓN 3

En años recientes, muchos terapeutas han sido llevados a los tribunales por realizar entrevistas consideradas excesivamente indicativas o insinuantes de la culpabilidad del acusado. Por esta razón, los abogados de la acusación han incorporado a su personal entrevistadores adiestrados en la utilización de muñecos anatómicamente adecuados, y realizan interrogatorios con preguntas que son abiertas en su mayoría.

Si existe alguna posibilidad de que el caso de la persona a quien usted aconseja termine yendo a juicio, por favor pida que este interrogatorio tan sensible desde el punto de vista legal se realice en otro lugar, e informe a los tribunales, abogados o cualquier otra instancia que el propósito de su entrevista tiene únicamente fines y propósitos terapéuticos. Señale que tiene la intención de mantener confidenciales todas las comunicaciones y apuntes del caso.

La siguiente evaluación se hace solo con un propósito terapéutico, aunque la información pueda llegar a formar parte del informe judicial, y da por sentado que el entrevistado tiene doce o más años de edad. Tal vez desee usted contar con la presencia de algún padre o tutor en el juicio. Entrevistar a niños que han sido víctimas de cualquier clase de maltrato es un arte especial y legalmente delicado que requiere una formación y una pericia específicas. Todos esos casos deberían trasladarse a personas expertas en esta área de la consejería.

1. ¿Qué ha sucedido para que viniera hoy a verme?
2. ¿Es esta la primera vez que usted o su familia han buscado ayuda?
3. Hábleme de su familia, ¿cómo va todo en casa?
4. Hábleme de su pasado. ¿Ha tenido alguna experiencia dolorosa o inusual, aunque fuera hace mucho tiempo? ¿Cuánto duró aquello?
5. ¿Puede decirme quién le sometió a esa clase de vejaciones? (*Si la persona es reacia a hacer tal cosa, explíquele que necesita saberlo para poder ayudarla a ella, a otros que pudieran sufrir abusos y al abusador mismo. Además, si el individuo a quien aconseja es menor de edad, y está aún en contacto con el abusador, quizá deba tomar medidas inmediatas e informar acerca de los hechos*).
6. ¿Sabe usted si hay otros en su familia que estén sufriendo abusos?
7. ¿Qué problemas ha experimentado últimamente como resultado de lo sucedido? (*Escuche en qué forma el abuso ha afectado a la persona. No existen dos individuos iguales en lo referente a la historia y las consecuencias del incesto. Sea consciente de que las víctimas de este tipo de abuso tienden a minimizar la influencia del mismo*).
8. Hábleme de sus sentimientos en cuanto a lo que le ha pasado (*el aconsejado necesita poder experimentar sus verdaderas emociones*).
9. ¿Se siente usted responsable del abuso? ¿Y por haberlo mantenido en secreto?
10. ¿Qué se le dijo que podría suceder si ese secreto llegaba un día a conocerse? (*Tranquilice a la persona aconsejada, explicándole que no está sola y que tampoco es responsable del abuso a que la sometieron*).
11. ¿Qué opinión tiene de sí mismo? ¿Se considera una persona más bien buena o mala? (*Descubra qué creencias malsanas haya podido adquirir el individuo a consecuencia del abuso; como, por ejemplo, qué piensa acerca de sí mismo por permitir que el incesto continuara*).
12. ¿Qué concepto tiene de la persona que le hizo tales cosas? (*Preste atención a las justificaciones tales como: "No pudo evitarlo, estaba borracho". Esa clase de mecanismos de defensa han ayudado a la persona aconsejada a sobrellevar la situación, pero también la han hecho menos capaz de considerarse a sí misma como una verdadera víctima del incesto*).
13. ¿Ha intentado alguna vez que el abuso cesara? ¿Qué sucedió cuando lo hizo?
14. ¿Cuál quisiera que resultara de esta reunión? ¿Qué le ayudaría a sanar de sus heridas?
15. ¿A quién le ha contado estas cosas? ¿Cómo respondió él o ella?
16. ¿Qué papel piensa que haya desempeñado Dios en todo esto?

4 CONSEJOS SABIOS

Las personas víctimas de incesto han visto *profanados de manera trágica sus límites más sagrados*, y la sanidad de semejante abuso requiere la restauración de unos límites saludables y de la confianza. El proceso de consejería debe ser delicado y no contribuir a dañar o avergonzar accidentalmente al individuo. Déjese guiar por su paciente mientras este le cuenta su historia, e invítelo con delicadeza a seguir adelante si se producen silencios, pero no le obligue a decirle lo que tal vez no esté dispuesto o sea incapaz de revelar. Asegúrele que *la experiencia incestuosa no fue culpa suya.*

El incesto es quizá la *forma más aterradora como un ser humano puede hacer daño a otro,* ya que destruye la relación esencial que debería ser fuente de afecto profundo y protección contra todo tipo de males. Los niños buscan en sus padres y su familia extendida la información acerca de su propia identidad, de cómo es el mundo y de cómo es Dios. Cuando hay incesto en una familia *se produce una trágica corrupción de esas imágenes.*

Para recuperarse del incesto (ya se trate de un niño o de un adulto que mira en retrospectiva un trauma del pasado), es importante que la persona se replantee la naturaleza de Dios y comprenda que Él no es como quien le causó aquel daño, sino alguien bueno, tierno y cariñoso, todo lo opuesto de la maldad que le hicieron.

Una de las preguntas más corrientes que se hacen las víctimas de incesto es: "¿Por qué a mí?"; y en ocasiones esa clase de abusos les producen *sentimientos de falta de valía.*

Los consejeros necesitan *reprimir su propia ira contra quien perpetró el incesto,* a fin de proporcionar a la persona aconsejada un ambiente seguro donde expresar verdaderamente sus sentimientos.

El comportamiento sexual con un menor de edad es delito, haya sido o no consentido. Tal comportamiento deberá denunciarlo a las autoridades competentes si está usted legalmente obligado a ello. Consulte las leyes de su estado o país al respecto.

La práctica normal cuando se trabaja con víctimas de abuso sexual es informar a la persona aconsejada acerca de los límites de la confidencialidad al comienzo del proceso de consejería. Para mantener viva la confianza y mostrar un respeto especial hacia sus pacientes, también es una buena praxis notificarles con anterioridad que está obligado a denunciar los hechos, y que espera que el hacerlo no les haga rechazar una asistencia posterior, ya que tiene una disposición absoluta a seguir trabajando con ellos.

PASOS PRÁCTICOS 5

1. Hable acerca del abuso

- El primer paso hacia la sanidad es hablar de la experiencia en sí. Busque a alguien de su confianza —un pastor, maestro o consejero que no tenga que ver con el problema— y cuéntele con sinceridad lo que ha sucedido. Para salir de una situación de abuso se necesita ayuda, y lo primero que hay que hacer a fin de relacionarse con los entendidos es hablar.
  - El abuso sexual puede tratarse, lo cual le convertirá en un sobreviviente.

- No es usted el responsable del abuso, sino solo de su recuperación.
- Exprese sus pensamientos, su conducta y sus sentimientos; acéptelos y prepárese para manejarlos (¡aunque sean irracionales!).

- *Tenga cuidado de no volver a traumatizar a la persona con sus preguntas acerca del abuso. La confianza y la seguridad son de importancia capital. Descarte toda posibilidad de suicidio, depresión o problemas médicos, especialmente si el incesto o la violación han sido recientes. Sopese también la naturaleza y la duración del incesto, su grado de seriedad y su historial. A veces la persona busca ayuda para otros problemas que en realidad tienen su origen en el abuso sexual.*

2. Concédase el tiempo necesario para sanar

- La sanidad de una violación o un incesto constituye un proceso largo y difícil, y el tiempo que cada persona necesita para alcanzarla varía. No se ponga un plazo fijo, ni se diga que ya debería "haberlo superado".
- *Actúe con sensibilidad y evalúe el estado emocional presente de su aconsejado y la capacidad que tiene para hablar acerca del abuso en un nivel más específico. Elogie a su paciente por el valor que demuestra buscando ayuda, contando su historia y sacando a la luz aquello que estaba encubierto.*

3. Llore su pérdida

- Ha sido usted violada, y los sentimientos de rabia y las lágrimas son normales en estos casos y deben expresarse. Permítase experimentar y procesar sus emociones en vez de reprimirlas.
- *Algunos pacientes pueden irse al otro extremo, a modo de compensación, y quedarse entumecidos y sin emoción alguna ante su pérdida. En tales casos no obligue a su aconsejado a llorar o entristecerse antes de que esté listo para ello. Permítase a sí mismo sentir el dolor necesario junto con él y acompáñelo en su duelo.*

4. Aprenda a recuperar el control

- Comience a alzarse en defensa del niño violado que lleva dentro. Recupere su fuerza, su voz y el control que le arrebató la persona que cometió el incesto. Utilice el poder de Jesús, quien comprende plenamente el dolor que usted siente, ya que Él mismo padeció también lo inimaginable en su vergonzoso juicio y su ignominiosa muerte en la cruz.
- Lograr que le crean y ser capaz de contar su historia de abuso sexual son pasos iniciales importantes. Permita que su consejero le ayude a afirmarse, tener voz y empoderarse frente al que ha ejercido poder sobre usted.
- *Algunas víctimas desearán confrontar a quien perpetró el incesto, mientras que otras no desearán o no podrán hacerlo hasta que se hayan fortalecido. Sea sensible con la fase del proceso de sanidad en que se encuentra su paciente.*

5. Asista a un grupo de apoyo

- Curarse es emprender un viaje. Los expertos que trabajan con sobrevivientes del incesto saben el poder que tienen la empatía y la compasión en el proceso de sanidad. No tiene usted por qué pasar por esto solo: utilice la experiencia y la disposición de otros para caminar a su lado en un espíritu de oración, brindándole el apoyo que se merece.
- Asistir a un grupo de sobrevivientes de violencia sexual puede ser un paso positivo hacia la sanidad. Al compartir su historia con otros que han experimentado un dolor semejante al suyo estará contribuyendo a su crecimiento personal y, a la vez, ayudará a otros para que también lo hagan.
- *Tenga a mano una lista de profesionales cristianos locales de referencia, expertos en aconsejar a sobrevivientes de abuso sexual e incesto, así como de grupos de apoyo que se reúnan en su zona.*

6. Establezca límites saludables

- Como sobreviviente del abuso sexual usted ha visto sus límites personales gravemente violados, lo cual seguramente le habrá dejado confundido y preguntándose qué es lo normal y lo saludable. Un paso importante es entonces fijar ciertos límites sanos y ser capaz de comunicarlos de un modo resuelto y positivo.
- Aprenda a diferenciar entre personas fiables y no fiables, y entre lo que está bien y lo que está mal, en lo concerniente a interactuar física y verbalmente con los demás.

Notas adicionales para el consejero:

- *Siga asegurando a su paciente que la sanidad tendrá lugar. Las sesiones pueden hacerse más difíciles al ahondar en su pasado, pero anímelo a permanecer firme y constante durante el proceso.*
- *Tal vez necesite usted algún asesoramiento profesional para habérselas realmente con el profundo dolor que el incesto le ha causado a su aconsejado. No es nada malo ni constituye una señal de debilidad, el hecho de buscar más ayuda o consultar a un consejero con cierta experiencia en aconsejar a sobrevivientes del incesto. Asegúrese de obtener el consentimiento por escrito de su paciente para hablar con terceros.*

EJEMPLOS BÍBLICOS 6

Es verdad que ustedes pensaron hacerme mal, pero Dios transformó ese mal en bien para lograr lo que hoy estamos viendo: salvar la vida de mucha gente (Gn. 50:20).

Si alguien tuvo motivos para vengarse fue José. Los celos habían llevado a sus hermanos a cometer el terrible atropello de venderlo como un vulgar esclavo, a fin de no volver a verlo nunca más (Gn. 37:11-28).

Antes de ser exaltado al poder en Egipto, José tuvo que pasar trece años sin libertad personal. Pero José comprendió sabiamente que la soberanía divina había anulado el maltrato de sus parientes, transformando en bien el mal que ellos habían cometido. Esta respuesta de fe y fortaleza solo pueden darla quienes confían en que Dios es soberano e invalida los efectos de la maldad de otros en sus vidas.

No tomen venganza, hermanos míos, sino dejen el castigo en las manos de Dios, porque está escrito: "Mía es la venganza; yo pagaré", dice el Señor... No te dejes vencer por el mal; al contrario, vence el mal con el bien (Ro. 12:19, 21).

Dios conoce todo lo que ha sucedido en nuestras vidas, aun el dolor, la traición y el quebranto. Él estaba presente en ese momento tenebroso, y sigue caminando a nuestro lado. Los agravios cometidos contra nosotros también los perpetraron contra Él, incluso despojándolo de su ropa en la cruz.

Él promete dar el pago —la venganza es suya y solo suya— y a nosotros nos corresponde simplemente sanar y perdonar. No permita que el mal lo venza ni otorgue tanto poder al abusador sobre su vida; derrote la maldad haciéndose bien a sí mismo y a los demás.

Ninguna cosa creada escapa a la vista de Dios. Todo está al descubierto, expuesto a los ojos de aquel a quien hemos de rendir cuentas (He. 4:13).

A veces las personas piensan que pueden esconder de todo el mundo algunas partes de su vida, e intentan ocultar su temperamento irascible, sus celos profundos o su pecado sexual. Pero la violencia sexual no ha pasado desapercibida para Dios, y aunque quien la perpetró crea que no se le pedirán cuentas, el Señor sabe lo que ha hecho y promete juzgarle adecuadamente.

7 ORACIÓN

Señor, a ti se te parte el corazón cuando alguien es herido de un modo tan terrible. Gracias porque esta persona ha venido a ti en busca de ayuda y sanidad, y también por tu bondad y fortaleza. Concédele la sabiduría y el valor necesarios para ser sincero acerca del dolor que experimenta. Tú jamás nos abandonas, y quieres ayudar a esta criatura tuya a experimentar tu amor y tu paz...

Los solteros y la sexualidad 39

RETRATOS 1

- Amelia, una cristiana soltera de veintinueve años de edad, ha puesto el listón muy alto para el hombre con quien espera casarse, y ha hecho una lista de las cualidades que busca en su futuro esposo. Aunque ha salido con varios hombres, ninguna de esas relaciones ha durado más de seis meses, salvo una que mantuvo por dos años no mucho después de cumplir los veinte. Tiene un excelente futuro profesional y muchas amistades sólidas con otras mujeres, pero a menudo se siente sola y sueña con el día en que finalmente pueda comenzar una familia. Con sus amigos y familiares animándola a sentar cabeza, y su propia percepción de que el tiempo va pasando y ella se hace mayor, Amelia se está enfadando con Dios por hallarse todavía soltera.
- Diana miró furtivamente al anillo que aún llevaba desde que era estudiante de bachillerato. Había prometido permanecer sexualmente pura hasta el matrimonio, creyendo que Dios la bendeciría si honraba su código de abstinencia sexual hasta encontrar al hombre de su vida. Ahora es una chica universitaria y está enamorada de un joven con quien espera casarse, pero le incomoda la incitación de este a tener intimidad sexual y a explorar juntos la sexualidad, y se pregunta por qué el chico ni siquiera ha mencionado un futuro matrimonio.
- Hacía dos años que Rafael se había divorciado cuando empezó a salir de nuevo con mujeres. Sin embargo, al comienzo se dio cuenta de que el deseo de intimidad sexual con ellas era demasiado fuerte para controlarlo, y se convenció a sí mismo de que se trataba solo de sexo y no de amor, sin ningún otro tipo de compromiso. No obstante, esa mentalidad liberal les ha causado a las mujeres con las que ha salido más daño del que él jamás hubiera imaginado, y desgarrado entre sus deseos sexuales y el no querer herir a nadie se ha refugiado en la pornografía, e incluso ha pensado en pagarse una prostituta.

DEFINICIONES E IDEAS CLAVE 2

- Los cristianos solteros *se debaten entre una cultura impregnada de sexo* que promueve las relaciones sexuales multiformes sin compromiso matrimonial, y una *iglesia que los llama a vivir en abstinencia hasta que se casen*. Para muchos creyentes se trata de un conflicto arduo y fatigoso.

- Puesto que la Biblia limita las relaciones sexuales al ámbito del matrimonio, muchos solteros han tratado de *restringir el significado de las mismas al coito*. De ahí que buen número de personas consideren el sexo oral como algo diferente. Sin embargo, *la intención de esta práctica es producir el orgasmo en la pareja*, y puesto que *las enfermedades de transmisión sexual se pueden contagiar también de esa manera*, debe considerarse impropia fuera del matrimonio.
- Esta restricción de la relación sexual "únicamente al coito" hace que también el sexo anal e incluso las prácticas homosexuales puedan considerarse algo distinto; por tanto, *debemos ser muy cuidadosos en cómo definimos el sexo* y lo que consideramos lícito en al ámbito de la sexualidad.
- El término "enrollarse" tiene tantos significados como personas lo utilizan. Desde los adolescentes a los adultos sin pareja, dicho término puede referirse a una actividad sexual tan sencilla como darse un beso en los labios o en la boca, hasta practicar el sexo oral con amigos, conocidos, extraños o novios no formales.
- *Entre los factores que contribuyen a que los solteros tengan relaciones sexuales fuera del matrimonio se cuentan:*
  - La justificación de que todo el mundo lo hace.
  - El hecho de que estamos "enamorados" de la persona en cuestión y que "de todos modos nos casaremos probablemente con ella".
  - Una sociedad permisiva en la que los medios de comunicación publicitan el sexo fuera del matrimonio —incluso el de carácter homosexual o bisexual— como algo emocionante y un derecho del que todos debemos disfrutar.
  - El elevado número de individuos divorciados.
  - La aceptación social cada vez más generalizada de la cohabitación.
  - El mensaje permisivo que se envía a los hijos de padres divorciados de que la cohabitación es aceptable.
  - El consumo de drogas y alcohol, especialmente entre los estudiantes universitarios. Cuando estas cosas se mezclan con las relaciones sexuales, la combinación puede tener efectos negativos de por vida, y constituye una de las razones principales del aumento de las violaciones durante las citas amorosas, de las ETS y de los embarazos inesperados o indeseados.

3 ENTREVISTA DE EVALUACIÓN

Sea cuidadoso en su manera de tratar al paciente en las sesiones de consejería, ya que la mayoría de los jóvenes solteros son muy sensibles a las actitudes de censura y probablemente dejarán de escucharle si es eso lo que perciben. Un modo más apropiado consiste en hacer que ellos mismos expresen sus creencias y reconozcan que han violado su propio código moral. Es probable que el problema de fachada tenga poco o nada que ver con la inmoralidad sexual, pero sus comentarios acerca de la depresión, la ansiedad o el "problema relacional" que padecen pueden dar pie a una conversación más amplia y ayudarle a usted a ejercer una influencia más profunda.

En cuanto a su manera de aconsejar, considere también otros factores vinculados al estado de las relaciones del individuo. Por ejemplo: ¿Se trata de una chica soltera que busca marido? ¿Es quizá una joven profesional a la que no le preocupa casarse, pero que lucha con pensamientos y deseos sexuales? ¿Está divorciada e intenta empezar una nueva relación? Considere el contexto de la persona y empiece por ahí, ya que ello le sugerirá sin duda una gran variedad de preguntas. Muchas mujeres solteras jóvenes están resentidas con Dios por no haber podido encontrar aún a su pareja, y fantasean con el matrimonio. Y son bastantes las que no tienen marido y padecen problemas de autoestima, deseando sentirse hermosas y deseadas por los hombres. Por otra parte, las que salen con varones pueden estar luchando con falta de dominio propio, y otras aún encontrarse atrapadas en la cultura del "enrollarse" con amigos, extraños y conocidos. Las personas divorciadas, a su vez, tienen una mentalidad diferente, por haber experimentado algún tipo de matrimonio consumado, y echan de menos la intimidad sexual que acompañaba esa relación. Los sentimientos de soledad, rechazo o aislamiento son muy comunes en estos casos.

Preguntas generales

1. ¿Qué piensa usted acerca del sexo fuera del matrimonio? ¿Es capaz de vivir según sus propias convicciones en esta área?
2. ¿Mantiene alguna intimidad sexual con un novio u otro tipo de persona? ¿Ha quebrantado su código moral con respecto a dicha intimidad? ¿De qué manera?
3. ¿Habla usted del matrimonio con esa persona o piensa casarse con ella?
4. ¿Se siente avergonzado o culpable después de realizar actos sexuales porque estos contravienen su propio código moral? ¿Qué pasos ha dado para resolver este dilema?
5. ¿Cuándo tuvo relaciones sexuales por primera vez? ¿Con qué frecuencia las mantiene? ¿Lo hace con una sola persona o con varias?
6. ¿Disfruta invariablemente del sexo? Si no.. ¿por qué lo practica?
7. ¿Utiliza siempre alguna protección cuando mantiene relaciones sexuales? ¿Le parece que dicha protección no le ha fallado jamás? ¿Deberíamos pedirle cita para una prueba de ETS a fin de cerciorarnos de ello?
8. ¿Planea usted con tiempo sus relaciones sexuales o surgen espontáneamente?
9. ¿Cree usted que su comportamiento es correcto y saludable, o le gustaría cambiarlo?
10. Si desea cambiar, ¿qué estrategias ha probado para hacerlo? ¿Han resultado eficaces dichas estrategias?
11. ¿La han presionado alguna vez para mantener relaciones sexuales?

¿Qué haría si eso volviera a suceder? ¿Ha pensado alguna vez que la habían violado? *Si la persona aconsejada ha sufrido una violación, pregunte*: ¿Cómo ha afectado a sus actitudes y sentimientos en cuanto al sexo el hecho de que le obligaran a practicarlo?
12. ¿Existe alguna relación entre el amor y las relaciones sexuales? ¿Cuál es?
13. ¿Cree usted que Dios puede perdonarle sus pecados sexuales? ¿Qué piensa acerca de Él en este momento? ¿Es Dios lo bastante grande y poderoso para librarlo del yugo que representa para usted ese individuo, impulso o situación?
14. ¿Qué le parece que debería hacer ahora? Si pudiera describir una situación ideal de aquí a un año, ¿cuál sería?

Preguntas eliminatorias

1. ¿La han obligado a mantener relaciones sexuales? ¿Cuándo sucedió eso? (*Si la persona es menor de edad la violación debe denunciarse*).
2. ¿Existe alguna posibilidad de que esté usted embarazada? En tal caso, ¿qué piensa hacer al respecto?
3. Las enfermedades de transmisión sexual se pueden contraer tanto mediante el coito como a través del sexo oral. ¿Ha mantenido usted relaciones sexuales sin protección? (*De ser así, la persona debería someterse inmediatamente a un examen médico y, en caso de estar infectada, advertir a todos aquellos con quienes ha practicado el sexo —al menos durante un cierto periodo de tiempo— para que se hagan una prueba*).
4. ¿Se siente usted deprimido? ¿Se ha planteado alguna vez que podría haber una conexión entre su comportamiento sexual y la depresión? ¿Está considerando hacerse daño a sí mismo? ¿Tiene algún plan de acción? (*Esté preparado para conseguir ayuda profesional*).
5. ¿Ha sido toda su actividad de carácter heterosexual? En caso contrario, ¿cuánto tiempo lleva manteniendo relaciones sexuales con alguien de su mismo sexo?
6. Si ha llevado a cabo actos homosexuales, ¿lo ha hecho de manera continua o solo experimental? (*En caso de que la persona tenga un problema de homosexualidad lea el capítulo correspondiente*).

4 CONSEJOS SABIOS

Ya sea que nuestra sexualidad nos haya proporcionado intimidad en nuestras relaciones o causado dolor y desesperación, Dios nos ha creado a su imagen como seres sexuales. Génesis 2:24-25 nos revela que el propósito divino es que el hombre y la mujer se unan en una sola carne. Esta unión sexual ya tenía lugar *antes* de que el género humano cayera en pecado; por tanto, *el ser humano fue creado con la libertad para compartir abiertamente su cuerpo con su cónyuge, deleitarse juntos sexualmente y honrar al Señor por medio de ese deleite.*

La Biblia dice que "del corazón salen... las fornicaciones, los hurtos, los falsos testimonios, las blasfemias.... Estas cosas son las que contaminan al hombre" (Mt. 15:19-20, RVR-60). A menudo, cuando alguien vive en pecado sexual es porque no puede controlar sus deseos en el ámbito de la sexualidad. Tales deseos —si están orientados hacia el sexo contrario— son naturales y no hay por qué censurarlos, *pero deben considerarse según la fase actual de la vida de la persona; en este caso, de su soltería.*

La sanidad es posible cuando se ha cometido infidelidad o algún acto de inmoralidad sexual. Para comenzar el proceso de sanidad, la persona debe *entender lo que le ha llevado a ejecutar tal acción.* Esto requerirá una consideración meticulosa, y a veces prolongada, de las pautas sexuales adquiridas. *Renovar la relación con Dios es esencial y transformador.* El primer paso consiste en confesar cualquier pecado sexual cometido, y luego aprender a discernir y a decirse la verdad a uno mismo y a aquellos ante quienes se haya de rendir cuentas. El individuo que busca la sanidad también tendrá que *dedicar tiempo a restaurar y enriquecer sus relaciones sobre una base no sexual.* El proceso de restauración implica identificar y restablecer los aspectos positivos de sus lazos de amistad. El proceso de enriquecimiento consiste en *aprender y desarrollar nuevas aptitudes y conductas* para fortalecer las relaciones.

Muchas personas sienten vergüenza de haber contraído una ETS mediante algún contacto sexual ilícito. El tratamiento debe, por tanto, *adaptarse a los factores específicos de cada caso,* abordando cuestiones tales como la gracia, el perdón, perdonar a otros y recuperar la confianza perdida. Ya que la persona aconsejada es soltera, recomiéndele la *abstinencia* y háblele del *poder para el ministerio* que encierra una vida célibe.

PASOS PRÁCTICOS 5

1. Entienda la belleza y el propósito de la sexualidad

- El deseo y la intimidad sexual son una expresión del amor y el compromiso entre esposo y esposa. La Biblia dice que el sexo es algo más que el roce de una piel con otra; se trata no solo de un hecho físico sino también de un misterio espiritual (1 Co. 6:16). A menudo, los medios de comunicación y el cine presentan las relaciones sexuales como una aventura emocionante, pero cualquier intento de satisfacer las necesidades íntimas de la persona fuera del matrimonio no hará sino perjudicar a esta a largo plazo. La masturbación, la pornografía y otros tipos de conductas sexuales sin que estemos casados pueden despojar al sexo de la belleza y el misterio que el Señor quiso que tuviera, y por último distanciarnos de la "sensibilidad" del Espíritu Santo (Ef. 4:19) y del corazón de Dios. Es muy probable que cualquier actividad sexual que no tenga lugar entre esposos cause daños emocionales, físicos y espirituales.
- *Corrija con delicadeza cualquier información errónea del paciente acerca de la sexualidad y el comportamiento sexual, y explíquele que el sexo puede experimentarse de manera saludable como un don de Dios en el ámbito del matrimonio. Cualquier preocupación obsesiva*

o vergüenza agobiante causada por la actividad sexual fuera del matrimonio debe abordarse. Si el aconsejado se ha arrepentido y ha empezado a dar pasos hacia la sanidad y la abstinencia, Dios lo ha perdonado y no hay razón para que siga viviendo avergonzado por su conducta pasada. La sexualidad saludable puede restaurarse.

2. Forje relaciones sólidas

- Empéñese en fomentar amistades íntimas con personas de su propio sexo, y rodéese de gente que realmente se interese por usted y le haga responsable de una forma pura de pensar. La causa de su obsesión con la sexualidad puede deberse a una falta de relaciones no sexuales saludables, y la pornografía y las fantasías acerca del sexo no harán sino aislarle todavía más.

3. Comprométase y actúe responsablemente

- Aunque batalle con la atracción sexual *no tiene por qué llevar a la práctica esos impulsos.* Los deseos sexuales no son ninguna elección, sino un don divino, y no debería usted sentirse culpable por los impulsos que siente.
- Ore pidiéndole poder a Dios para...
  - no dar salida a sus impulsos mediante la masturbación o la pornografía
  - escapar de aquellas situaciones que constituyen para usted una tentación sexual
  - negarse a fantasear acerca del sexo y enfocar sus pensamientos en otras cuestiones

4. Esfuércese por llevar una vida pura

- No espere ser capaz de decir no cuando la pasión se encienda. Decida de antemano lo que hará y lo que no hará cuando llegue el caso.
- Establezca límites específicos para la interacción en una relación romántica, tales como...
  - si se quedará solo con su pareja en un automóvil o apartamento
  - el tipo de contacto físico que se permitirá tener
  - a qué clase de sitios irá y no irá en sus citas (bares, clubes o fiestas salvajes no ayudan a mantener la pureza)
- Pídale a Dios cada día el poder para mantenerse puro, y que Él lo santifique y prepare para tener buenas relaciones sexuales cuando se case.

5. Responsabilícese ante otros y busque su apoyo

- Puede usted mantenerse sexualmente puro aun cuando salga con alguien a quien ama y con quien espera casarse. Solicite a algún amigo o mentor que le pida cuentas y le pregunte con regularidad cómo transcurre su relación y los pensamientos que tiene.
- Plantéese también la posibilidad de asistir a un grupo de terapia o de apoyo donde pueda aprender más acerca de sus propias luchas e

interactuar con otros que se enfrentan a retos semejantes. Ante todo sea sincero, ya que mentir no le ayudará a mantenerse puro.

EJEMPLOS BÍBLICOS

Mas esto digo por vía de concesión, no por mandamiento. Quisiera más bien que todos los hombres fueran como yo... Digo, pues, a los solteros y a las viudas, que bueno les fuera quedarse como yo (1 Co. 7:6-8, RVR-60).

En el contexto del ministerio y de la libertad para ejercerlo, Pablo consideraba el hecho de ser soltero —"como yo", según sus palabras— más valioso que la condición de casado. En su opinión, solo debía buscarse el matrimonio si el dominio propio en lo referente a la sexualidad era un problema irresoluble. Los cristianos sin lazos maritales gozan de la mayor libertad para viajar y predicar el evangelio, considerando el servicio a Dios como su centro de atención y su meta principal.

Pero si no pueden dominarse, que se casen, porque es preferible casarse que quemarse de pasión (1 Co. 7:9).

Pablo exhorta a los cristianos a casarse antes que consumirse de pasión. El dominio propio por el cual él aboga añade estabilidad a la vida de la persona soltera, en vez de la inestabilidad que conlleva la lucha constante con los deseos sexuales.

Aconteció que entró él un día en casa para hacer su oficio, y no había nadie de los de casa allí. Y ella lo asió por su ropa, diciendo: Duerme conmigo. Entonces él dejó su ropa en las manos de ella, y huyó y salió (Gn 39:11-12, RVR-60).

La lujuria no tiene ninguna meta o lógica piadosa. A veces no podemos disuadir a alguien de cometer una mala acción, y la única solución que nos queda es apartarnos. José solo conocía una respuesta para aquel reto moral: verlo desde el punto de vista divino. Concluyó que profanar su propia integridad sería una "gran maldad" y "pecar contra Dios" (v. 9, LBLA).

El pecado sexual perjudica nuestra relación con el Señor, y puede destruir nuestras relaciones con otras personas. ¡José comprendió que la única opción que tenía era salir corriendo!

Así que Dios creó a los seres humanos a su propia imagen. A imagen de Dios los creó; hombre y mujer los creó. Luego Dios los bendijo con las siguientes palabras: "Sean fructíferos y multiplíquense. Llenen la tierra y gobiernen sobre ella" (Gn. 1:27-28, NTV).

Hemos sido creados a imagen de Dios, y diseñados para regocijarnos en nuestro mutuo atractivo físico. En Génesis 2:24-25 la Biblia describe el amor que Adán y Eva compartían, su compromiso mutuo y la libertad y la seguridad que experimentaban como "una sola carne" en una relación entre dos almas. Cuando un hombre y una mujer se convierten en uno solo al casarse, el vínculo de la intimidad física fortalece su relación. Dios aprueba y alienta el placer sexual y, por último, la procreación dentro del matrimonio.

7 ORACIÓN

Amado Señor, gracias porque mi amigo está buscando ayuda. Por favor, asístele y hazle comprender tu plan para la sexualidad y —lo que es aún más importante— tu propósito para su vida como soltero. Enséñale nuevas estrategias para manejar la tentación. Sabemos que en cuanto pedimos tu perdón, tú nos lo concedes. Te alabamos por esta realidad, y te damos gracias por perdonarnos. Por favor, acompaña a esta persona en cada etapa de su camino mientras intenta mantenerse pura de aquí en adelante...

El sexo de los mayores 40

RETRATOS 1

- Ricardo y Cristina, un matrimonio ya sin hijos en casa, están sentados en extremos opuestos del sofá en la consulta del consejero. "¿Cómo puedo sentirme cercano a mi mujer si ella me niega las relaciones sexuales?", dice Ricardo. "¿Cómo me es posible tener intimidad sexual con él cuando llevamos años sin ninguna intimidad emocional?", profiere Cristina de inmediato.
- Durante toda su vida, su difunta madre le dijo a Ana que el sexo era algo sucio, y ella jamás ha experimentado ningún deleite en las relaciones sexuales (y ahora mucho menos). "Pensé que había resuelto esta cuestión hace treinta años, pero ahora mi marido se queja de que abordo nuestra intimidad como si tuviera a mi madre sentada en el hombro susurrándome palabras envenenadas".
- Alfonso estaba acostado completamente despierto en mitad de la noche, con la cabeza dándole vueltas y el estómago revuelto. Echó un vistazo a la hermosa joven que dormía desnuda a su lado y emitió un profundo gemido. *¿Qué voy a hacer ahora?* —pensó—. *¿Cómo reaccionarían mi esposa y mis hijos si me vieran así?* El remordimiento le invadió al recordar la manera en que aquella mujer, joven y sensual —treinta y dos años menor que él—, se le había acercado en el bar del hotel de una ciudad lejana donde pasaba una semana atendiendo ciertos negocios. Había sido una larga semana de trabajo fructífero, y estaba listo para relajarse. *El sexo que tuvimos fue increíble,* —pensó; pero empezaba a comprender que las secuelas iban a ser casi imposibles de superar—. *¿Qué voy a hacer ahora?* —se dijo.

DEFINICIONES E IDEAS CLAVE 2

- *Tal como Dios la creó, la intimidad sexual es un aspecto esencial y maravilloso del matrimonio.* Según la Biblia, el propósito del sexo es triple: procrear (Gn. 9:7), proporcionar intimidad (Gn. 2:24) y producir placer (Gn. 18:12, RVR-60). Sin embargo, para las personas mayores las relaciones sexuales pueden convertirse fácilmente en una carga.
- Un estudio reciente publicado en el *Journal of Sex Research* reveló que *el 14 por ciento de los varones y el 26 por ciento de las mujeres con más años de matrimonio no habían tenido relaciones sexuales durante los doce últimos meses.* Las razones de su abstinencia eran que la falta

de deseo sexual o alguna enfermedad —sin descontar la disfunción eréctil— dificultaban su desempeño en dichas relaciones.[1]

- En el transcurso de su investigación, Osmo Kontula y Elina Haavio-Mannila descubrieron que, sorprendentemente, en muchos casos las parejas mayores

    consideraban que su matrimonio era feliz y estaban igual de *satisfechos con la cercanía y el contacto físico* que tenían el uno con el otro. La calidad de su relación no había sufrido, a pesar de que llevaban más de cuarenta años casados y su actividad sexual era mucho menos frecuente que antes. La disminución de dicha actividad no los hacía infelices, porque *no consideraban que el sexo fuera tan importante en su matrimonio.*[2]

- *Aunque la sexualidad tiene su importancia en una relación matrimonial, no es en absoluto el cimiento de la misma.* En la vejez, la cercanía y la intimidad pueden mantenerse incluso si ha habido problemas de salud o una disminución del deseo sexual. El hecho de reconocer que dicha disminución es un aspecto normal del envejecimiento puede permitir que los cónyuges sigan disfrutando sexualmente el uno del otro y descansen en la solidez de su matrimonio. En realidad, es posible compensar la mengua de las relaciones sexuales entre los ancianos con una mayor calidad de las mismas; ya que, después de años de experiencia juntos, las parejas veteranas conocen mejor lo que le gusta a cada uno.
- *Incluso en las parejas que llevan más tiempo casadas, su matrimonio proporciona los mayores niveles de placer y satisfacción sexual tanto a hombres como a mujeres.* Al igual que sucede en el caso de las parejas más jóvenes, los matrimonios mayores que disfrutan de una mayor felicidad tienen relaciones sexuales con más frecuencia.
- Más del *60 por ciento de las parejas cristianas mayores* luchan con algún tipo de disfunción sexual en su matrimonio.[3]
- Mary Ann Mayo y el Dr. Joseph Mayo ofrecen estos datos y estas interesantes ideas acerca del sexo en la vejez:

    Cuando una pareja mayor interrumpe su deleite conyugal, las mayoría de las veces lo hace como consecuencia de alguna enfermedad. Hay *innumerables ancianos sexualmente atractivos, de entre setenta y noventa años de edad, que mantienen una dinámica vida amorosa.* Y de aquellos que cuentan sesenta años o más y tienen pareja, el 80 por ciento dicen estar sexualmente activos.[4]

- Hay dos verdades que debemos tener en cuenta. La primera es que *las dificultades en el funcionamiento sexual ocurren en todos los grupos de edades,* y no se deben únicamente al envejecimiento. La segunda es que, *a partir de la edad madura, los problemas sexuales aumentan tanto para los hombres como para las mujeres.* Esta segunda verdad ha llevado a algunos a inferir que dichos problemas deben ser de naturaleza hormonal y no se pueden solucionar. Tan cierto como la muerte y los impuestos, cuando acometemos el último tercio de nuestra vida nos parece que lo bueno ya ha pasado y solo nos quedara un pobre sustituto de aquello que fue. Sin embargo, estas suposiciones sobre la vejez no siempre resultan ciertas: *es* posible para los matrimonios mayores pasar buenos ratos juntos, incluso de intimidad sexual.

ENTREVISTA DE EVALUACIÓN 3

Para los matrimonios mayores existen tres cuestiones importantes: 1) ¿Están experimentando problemas sexuales? 2) ¿Tienen una idea clara del plan de Dios para la sexualidad? y 3) ¿Creen que la decadencia sexual es inevitable a causa de la edad, o piensan que pueden disfrutar del sexo más de lo que lo han hecho nunca antes? Plantearles las preguntas siguientes quizá le ayude a hacerse una idea más precisa de la situación, pero al abordar este tema el consejero debe estar bien seguro de contar con el consentimiento de la pareja y de conocer los límites que ellos han establecido para la comunicación.

1. ¿Están ambos satisfechos con su vida sexual? ¿Qué es lo que va y lo que no va bien en la misma?
2. ¿Comprenden ustedes que el plan de Dios para el sexo —ahora que la procreación ha llegado a ser un tema irrelevante— aún incluye la intimidad y el placer? ¿Cuán sólida es la intimidad sexual entre ustedes? ¿Y su intimidad emocional? ¿Y qué me dicen de sus relaciones sexuales?
3. ¿Piensan ambos que están teniendo suficiente intimidad sexual? ¿Han probado algún tratamiento para aumentar su satisfacción y deleite sexual? ¿Han dado buenos resultados?
4. ¿Se esfuerzan al máximo por aumentar su satisfacción emocional y sexual como pareja? ¿Se ha interpuesto en su camino alguna enfermedad u otro tipo de obstáculo?
5. ¿Tienen algún problema sexual grave? ¿Cuándo empezaron a observar que había cambios? ¿Qué han hecho para resolver la situación? ¿Es esta una de sus prioridades para buscar consejo?

CONSEJOS SABIOS 4

David y Claudia Arp han realizado extensas investigaciones acerca de matrimonios en la "segunda etapa" de la vida, y recopilado las *diez preocupaciones principales* en los años del "nido vacío":[5]

1. las disputas
2. la comunicación
3. el sexo
4. la salud
5. la diversión
6. el esparcimiento
7. el dinero

8. el envejecimiento de los padres
9. los preparativos para la jubilación
10. los hijos

Las tres primeras cuestiones —*los conflictos, la comunicación y el sexo*— son también las áreas que mayor problema causan a las parejas casadas más jóvenes.

A fin de experimentar una pasión duradera en el matrimonio, las parejas deben centrar sus encuentros sexuales en *deleitarse en el cuerpo del otro*. La excitación, el coito y el orgasmo no son la mejor forma de medir la satisfacción sexual, pero resultan eficaces *cuando se busca el placer del cónyuge*.

Sin embargo, el placer no debe ser el único propósito de las relaciones sexuales en el matrimonio: *la intimidad matrimonial y la felicidad mutua* también han de constituir prioridades máximas. En la búsqueda de tales metas, la pareja tiene que aceptar las diferencias que hay entre hombres y mujeres: *la constancia más predecible del marido* y *la compleja volubilidad de la esposa*. Así el sexo será más interesante, estará menos orientado a lograr determinados objetivos, y se hará más relajado y más hondamente satisfactorio, incluso en los postreros años del matrimonio.

5 PASOS PRÁCTICOS

1. Háganse una revisión médica completa

- No solo puede estar interfiriendo en la vida sexual del matrimonio mayor algún trastorno físico crónico o agudo, sino que si desconocen su existencia el problema quizá se agrave. Ambos cónyuges deberían someterse a un meticuloso examen médico para descartar cualquier problema clínico que pudiera interferir con su vida sexual.

2. Vuelvan a concentrarse en la intimidad y la amistad

- La determinación de cuidar su matrimonio resulta decisivo, especialmente porque es muy probable que la crianza de sus hijos adolescentes les haya robado buena parte de su tiempo para estar juntos. Aplíquense a la recuperación de la intimidad y la amistad entre ustedes. Forjen sus recuerdos como pareja. Hagan excursiones, acampadas, paseen por el bosque, asistan a conciertos, salgan de compras... Vuelvan a hacer las cosas que hacían años atrás, cuando se conocieron. Proponérselo no solo fomenta los lazos de intimidad y unidad, sino que también puede inflamar nuevamente ese amor apasionado que tal vez haya quedado relegado durante los años de la crianza de sus hijos.

3. Persigan objetivos comunes

- Aunque en su matrimonio hayan llegado a la época del "nido vacío", la meta para su vida sexual debería seguir siendo la misma de sus primeros años: proporcionarse satisfacción y placer mutuos. Su consejero los ayudará a encontrar nuevas formas de lograr la intimidad en un hogar donde ya no hay hijos.

4. Hablen de sus preocupaciones

- De vez en cuando, todas las parejas necesitan aclarar su situación y conversar con franqueza acerca de los cambios físicos y emocionales que están experimentando, así como de las cuestiones que las han acompañado a lo largo de todas las etapas de su matrimonio. No hay pareja que no tenga alguna preocupación permanente para la que no haya solución definitiva. Aprenda a aceptar aquellas cosas que nunca cambiarán, y a resolver los problemas que sí pueden solucionarse. El cambio, si se maneja sabiamente, puede mejorar las relaciones matrimoniales durante el "nido vacío". La clave está en hacer un alto para comprender el punto de vista de su cónyuge al tiempo que expresa el suyo propio.
- Una forma de aclarar la situación es practicando la escucha activa: turnándose en hacer el papel del que habla y del que escucha. El propósito de ello es entender y otorgar validez al punto de vista de su cónyuge. No tiene por qué estar de acuerdo con todo, sino escuchar para comprender la perspectiva del otro.
- Cuando los matrimonios llegan a la época del "nido vacío", muchos empiezan a experimentar un cambio de roles. No se sorprenda si esto ocurre en su relación, y aprenda a aceptar su nuevo papel y a disfrutar del mismo.
- *Muchas parejas necesitan ayuda para saber cómo deben manejar sus nuevos roles a medida que su relación cambia con el paso de los años. Empiece por ayudar a sus pacientes a redefinir su papel como individuos y como matrimonio.*

> La queja principal acerca del sexo entre las parejas mayores es el aumento de la libido y una disminución de la respuesta sexual.
>
> Muchos matrimonios van abandonando la actividad sexual al envejecer, pero se ha demostrado que las relaciones sexuales fomentan:
>
> - mejores hábitos de sueño
> - una disminución del estrés
> - una felicidad mayor
>
> A pesar de los problemas de salud, la comodidad y la autoaceptación hacen posible unas magníficas relaciones sexuales para las parejas mayores.
>
> Revista de AARP, 2008

5. Inflamen de nuevo su amor

- Los años del "nido vacío" y posteriores son un momento excelente para que las parejas revitalicen su vida amorosa. Concéntrense tanto en el lado emocional como físico del amor, como hacían de recién casados. Disfruten de la libertad que tienen para estar juntos a solas ocupados en aquello que escojan para expresarse su amor mutuo.
- Los matrimonios sin hijos en casa necesitan comprender el cambio que están experimentando sus cuerpos y la manera como esto puede afectar al ritmo de sus relaciones sexuales. En esta etapa, su vida amorosa puede describirse más como un delicioso paseo que como una carrera o un sprint. Hagan lo que les parezca mejor a los dos. Asimismo, a medida que la salud y el aguante están más comprometidos, quizá cada uno de ustedes deba adoptar el papel

de iniciador de vez en cuando. Hablen acerca de sus expectativas y estén dispuestos a experimentar y ser imaginativos.

6 EJEMPLOS BÍBLICOS

Puesto que en obediencia a la verdad habéis purificado vuestras almas para un amor sincero de hermanos, amaos unos a otros entrañablemente, de corazón puro (1 P. 1:22, LBLA).

Cuando marido y mujer se comprometen el uno con el otro el día de la boda, hacen votos de amarse hasta que uno o ambos cónyuges abandonen esta tierra. Así se crea entre ellos una unión sincera y comprometida. En 1 Pedro se nos exhorta a amarnos el uno al otro entrañablemente y de corazón; y cuando los cónyuges se demuestran esta clase de amor comprometido, no hay ningún reto que sea demasiado difícil para ellos.

Bebe el agua de tu propio pozo, el agua que fluye de tu propio manantial. ¿Habrán de derramarse tus fuentes por las calles y tus corrientes de aguas por las plazas públicas? Son tuyas, solamente tuyas, y no para que las compartas con extraños. ¡Bendita sea tu fuente! ¡Goza con la esposa de tu juventud! Es una gacela amorosa, es una cervatilla encantadora. ¡Que sus pechos te satisfagan siempre! ¡Que su amor te cautive todo el tiempo! (Pr. 5:15-19).

Sin importar lo que suceda a lo largo del proceso de envejecimiento, los maridos y las esposas pueden experimentar una relación sexual profunda y satisfactoria. El acto matrimonial tal vez cambie debido a los impedimentos físicos, pero el espíritu sigue siendo el mismo: ¡lleno de deseo apasionado y de emoción renovada!

7 ORACIÓN

Señor, te damos gracias porque las relaciones sexuales en el matrimonio son un don maravilloso. Ayuda a esta pareja a honrarte con su sexualidad, y a cultivar su cercanía emocional, espiritual y sexual...

Notas

1. La intimidad de la pareja y el placer sexual

1. Citado en Howard Hendricks y Jeanne Hendricks, eds., *Husbands and Wives* (Wheaton: Victor, 1988), p. 249.

2. Ibíd.

3. Las amenazas para la intimidad sexual

1. Amy Stein, *Healing Pelvic Pain* (Nueva York: McGraw Hill, 2008).

4. El aumento de la satisfacción sexual

1. Tim y Beverly LaHaye, *The Act of Marriage after 40* (Grand Rapids: Zondervan, 2000), p. 227. Publicado en español por Editorial Unilit con el título *El acto matrimonial después de los 40.*

5. El estrés y las relaciones sexuales

1. http://footstepsineden.blogspot.com/2009/04/this-photo-from-stock-vault-photos-is.html, 9 abril, 2009.

2. "The Survey of Recent Events", citado en Robert M. Kaplan y Dennis P. Sacuzzo, *Psychological Testing: Principles, Applications, and Issues* (Pacific Grove, CA: Brooks/Cole Publishing, 1989), pp. 445-447.

6. El control de natalidad y la reproducción

1. Paul y Lori Byerly, "Birth Control", 2005, http://themarriagebed.com/pages/biology/birthcontrol.shtml.

2. Ibíd.

3. Para información adicional acerca de los preservativos femeninos, visite http://www.avert.org.

4. Byerly, "Birth Control".

5. R. Roddy et al., "A Dosing Study of Nonoxynol-9 and Genital Irritation", *International Journal of STD and AIDS* 4, No. 3 (1993):165-170.

6. Byerly, "Birth Control".

7. "The Risk of Ectopic Pregnancy after Tubal Sterilization", *The New England Journal of Medicine* 336 (13 marzo, 1997): 762-767.

8. "Emergency Contraception's Mode of Action Clarified". *Population Briefs* 11, No. 2 (2005), http://www.popcouncil.org/publications/popbriefs/pb11(2)_3.html.

9. Investigación de la Universidad de Nueva York, *Archives of Sexual Behavior* (20 mayo, 2002) en Byerly, "Birth Control".

10. Roddy et al., "A Dosing Study of Nonoxynol-9 and Genital Irritation", pp. 165-170.

11. "National Evidence-based Clinical Guidelines: Male and Female Sterilisation", Royal College of Obstetricians and Gynecologists, enero 2004, http://www.rcog.org.uk/index.asp?PageID=699.

12. "Vasectomy and Vasovasostomy (Reversal Surgery)", *Well Connected*, septiembre 2001, http://www.vasectomy-information.com/pages/wellconn2001.pdf.

8. El deseo sexual apagado

1. Michelle Weiner-Davis, *The Sex-Starved Marriage: A Couple's Guide to Boosting Their Marriage Libido* (Nueva York: Simon & Schuster, 2004); Jay Dixit, "Myths about Low Sexual Desire", *Psychology Today* (5 febrero, 2008), http://www.psychologytoday.com/articles/200802/myths-about-low-sexual-desire.

2. Citado en Hendricks and Hendricks, eds., *Husbands and Wives*, p. 249.

3. Ibíd.

9. Los trastornos orgásmicos

1. Rosemary Basson, "Orgasmic Disorder", *The Merck Manual of Medication Information*, 2008, http://www.merck.com/mmhe/print/sec22/ch250f.html.

10. La eyaculación precoz

1. http://www.mayoclinic.com/health/premature-ejaculation/DS00578.

2. William H. Masters y Virginia E. Johnson, *Human Sexual Inadequacy* (Nueva York: Bantam, 1970).

3. American Psychiatric Association, *Diagnostic and Statistical Manual of Mental Disorders*, 4ª ed., texto rev. (Washington, DC: American Psychiatric Association, 2000), p. 227.

4. http://www.mayolinic.com/health/premature-ejaculation/DS00578.

5. LaHaye, *The Act of Marriage after 40*, p. 93.

11. El trastorno de la excitación sexual

1. *Psychology Today*, http://www.psychologytoday.com/conditions/sexual-arousal-disorder.

2. American Psychiatric Association, *Diagnostic and Statistical Manual of Mental Disorders* IV (1994), p. 543.

3. http://www.merck.com/mmhe/sec22/ch250/ch250f.html.

12. El trastorno de dolor genital

1. *Psychology Today*, http://www.psychologytoday.com/conditions/sexual-pain-disorder?tab=Treatments.

2. Ibíd.

3. Ibíd.

13. La masturbación y el autoerotismo

1. LaHaye, *The Act of Marriage after 40*, p. 189; énfasis añadido.

14. El sexo oral

1. LaHaye, *The Act of Marriage after 40*, pp. 88-89.

2. Samuel S. Janus y Cynthia L. Janus, *The Janus Report on Sexual Behavior* (Nueva York: John Wiley, 19994).

3. John Hopkins Medical Institutions, "Oral Sex Increases Risk of Throat Cancer", ScienceDaily (10 mayo, 2007), http://www.sciencedaily.com/releases/2007/05/070509210142.htm.

15. El sexo anal

1. Un *swinger's club* es un grupo de personas que se juntan para experimentar el sexo con múltiples compañeros. En el mundo secular se sugiere como una manera de estimular la vida sexual de las parejas. Pero estos clubes entrañan muchos riesgos y se oponen a los planes divinos para el sexo. Muchos matrimonios no son conscientes de que esta práctica constituye un pecado a los ojos de un Dios santo, y necesitan que su consejero bíblico los asesore con claridad.

2. W. D. Mosher, A. Chandra y J. Jones, "Sexual Behavior and Selected Health Measures: Men and Women 15-44 Years of Age, United States, 2002", *Advanced Data from Vital and Health Statistics* 362 (Yattsville, MD: National Center for Health Statistics, 2005), http://www.cdc.gov/nchs/data/ad/ad362.pdf

3. Ibíd., pp. 21-26.

4. WebMD, "Sexual Health: Your Guide to Sexually Transmitted Diseases", http://webmd.com/sexual-conditions/guide/sexual-health-stds.

5. Clifford y Joyce Penner, *Getting Your Sex Life Off to a Great Start* (Nashville: Word, 1994), p. 79.

16. Las enfermedades de transmisión sexual

1. "The Facts about STIs", http://pregnancycc.com/home/index.php?option=com_content&task=view&id=41&Itemid=72.

2. Ibíd.

17. La transmisión del VIH y el sida

1. H. I. Hall, S. Ruiguang, P. Rhodes et al., "Estimation of HIV Incidence in the United Stated", *Journal of the American Medical Association* 300 (2008): pp. 529-529.

2. http://www.cdc.gov/hiv/topics/surveillance/basic.htm.

18. Los sobrevivientes adultos de abuso sexual

1. Diane Langberg, *Counseling Survivors of Sexual Abuse* (Wheaton: Tyndale, 1997), p. 80.

2. "Child Sexual Abuse", http://en.wikipedia.org/wiki/childhood_sexual_abuse#cite_note-2.

3. The American Academy of Child and Adolescent Psychiatry, "Child Sexual Abuse", http://aacap.org/page.ww?name=Child+Sexual+Abuse&section=Facts+for+Families.

4. Ibíd.

5. Jan Morrison, *A Safe Place: A Guide for Living beyond Sexual Abuse* (Colorado Springs: Shaw Books, 2002)

6. Rape, Abuse and Incest National Network, RAINN, 2008, www.rainn.org.

7. National Clearinghouse on Child Abuse and Neglect, "Child Maltreatment Report, 2002", http://www.childwelfare.gov/systemwide/statistics/can.cfm.

8. Jim Hopper, "Child Abuse Statistics, Research, and Resources", www.jimhopper.com.

9. J. Briere y D. M. Eliot, "Prevalence and Psychological Sequence of Self-Reported Childhood Physical and Sexual Abuse in General Population", *Child Abuse and Neglect* 27, No. 10 (2003).

10. D. Finkelhor, K. Mitchell, y J. Wolak,"Highlights of the Youth Internet Safety Survey" (U.S. Department of Justice, Office of Justice Programs, marzo 2001); véase también "Internet Crimes against Children" (Office for Victims of Crime Bulletin; Washington, DC: U.S. Department of Justice, 2001).

11. Véase Langberg, *Counseling Survivors Survivors of Sexual Abuse*, pp. 95-98.

19. La infidelidad y las aventuras amorosas

1. "Infidelity Statistics", http://www.menstuff.org/issues/byissue/infidelitystats.html.

2. E. O. Laumann, J. H. Gagnon, R. T. Michael y S. Michaels, *The Social Organization of Sexuality: Sexual Practices in the United States* (Chicago: University of Chicago Press, 1994), véanse tablas 5.1A/B/C en pp. 177-179.

3. Elisabeth Kübler-Ross, *On Death and Dying* (Nueva York: Macmillan, 1970).

20. El perdón y la restauración de la confianza

1. Associated Press, 1999, http://www.infidelityassistance.com/infidelity_statistics.php.

21. La adicción al sexo y al romance

1. Pat Carnes, *Don't Call It Love: Recovery from Sexual Addiction* (Nueva York: Bantam, 1992).

22. La pornografía

1. "Pornography Statistics", http://www.familysafemedia.com/pornography_statistics.html.

2. Ibíd.

23. El "poliamor" y las relaciones sexuales en grupo

1. Teresa M. Howell et al., "The Association between Sexual Fantasies, Behaviors and Pornography in Undergraduates" (cartel, 112ª reunión annual de la American Psychological Association, Honolulu, agosto 2004).

24. El exhibicionismo y el voyerismo

1. *Encyclopedia of Mental Disorders*, www.minddisorders.com/Py-Z/Voyeurism.html.

2. K. Freund, R. Watson y D. Rienzo, "The Value of Self-Reports in the Study of Voyeurism and Exhibitionism", *Annals of Sex Research* 2 (1988): pp. 243-262.

25. El fetichismo

1. Alfred Binet, "Le Fetichisme dans l'amour [El fetichismo en el amor]", *Revue Philosophie* 24 (1887): pp. 143-167.

26. El froteurismo

1. American Psychiatric Association, *Diagnostic and Statistical Manual of Mental Disorders*, 4ª ed. (2000), p. 570.

27. El sadismo y el masoquismo

1. American Psychiatric Association, *Diagnostic and Statistical Manual of Mental Disorders* 4ª ed. (2000), p. 570.

2. Ibíd.

28. La violencia sexual y la violación

1. http://en.wikipedia.org/wiki/Sexual_violence.

2. http://en.wikipedia.org/wiki/Rape.

3. MedicineNet.com; http://www.medterms.com/script/main/art.asp?articlekey=12412.

4. Judith Herman, *Trauma and Recovery* (Nueva York: Basic Books, 1997), p. 133.

29. La prostitución y la explotación sexual

1. J. J. Potterat et al., "Estimating the Prevalence and Career Longevity of Prostitute Women", *Journal of Sex Research* 27 (1990): 233-243.

2. R. J. Estes y N. A. Weiner, "Commercial Sexual Explotation of Children in the United States, Canada, and Mexico", University of Pensylvania School of Social Work, http://www.sp2.upenn.edu/~restes/CSEC_Files/Exec_Sum_020220.pdf.

3. D. D. Brewer et al., "Prostitution and the Sex Discrepancy in Reported Number of Sexual Partners", *Proceedings of the National Academy of Science U.S.A.* 97, No. 22 (octubre 2000): 12385-12388.

4. R. T. Michael et al., *Sex in America* (Boston: Little, Brown, 1994).

5. M. H. Silbert, *Victims of Sexual Aggression: Treatment of Prostitute Victims of Sexual Assault* (Nueva York: Van Nostrand Reinhold, 1984).

6. Diane H. Schetky y A. H. Green, *Child Sexual Abuse* (Nueva York: Brunner/Mazel, 1988).

7. Jody Raphael y Deborah L. Shapiro, *Sisters Speak Out: The Lives and Needs of Prostituted Women in Chicago* (Chicago: Center for Impact Research, 2002), p. 5.

30. La pedofilia

1. American Psychiatric Association, *Diagnostic and Statistical Manual of Mental Disorders*, 4ª ed. (2000), p. 566.

2. Ryan Hall y Richard Hall, "A Profile of Pedophilia: Definition, Characteristics of Offenders, Recidivism, Treatment Outcomes, and Forensic Issues", Mayo Clinic Proceedings 82 (2007): pp. 457-471.

3. U.S. Department of Justice, Office of Justice Programs, *Bureau of Justice Statistics*, "National Crime Victimization Survey 2007", http://www.ojp.usdoj.gov/bjs/cvict.htm#ncvs.

4. David Burton, citado en K. Thomas, "Who Are the Child Molesters among Us?" *USA Today* (12 marzo, 2002).

5. Ruben Rodriguez, citado en ibíd.

6. www.childprotection.lifetips.com.

31. El acoso sexual en el trabajo

1. *The U.S. Equal Employment Opportunity Commission*, 27 junio, 2002, http://www.eeoc.gov/facts/fs-sex.html.

2. Ibíd.

3. U.S. Department of Transportation, "Preventing Sexual Harassment. A Fact Sheet for Employees", http://www.dotcr.ost.dot.gov/Documents/complaint/Preventing_Sexual_Harassment.htm.

4. Ibíd.

32. La homosexualidad

1. Centers for Disease Control, "Trends in HIV/AIDS Diagnoses among Men Who Have Sex with Men—33 States, 2001-2006", *Morbidity and Mortality Weekly Report* 57, No. 25 (27 junio, 2008), pp. 681-683.

2. Véase Mark Yarhouse, "Sexual Identity Therapy: A New Working Model", *Christian Counseling Today* 15, No. 2 (2007): pp. 38-40. Y su sitio web: www.sexualidentity.blogspot.com.

33. El trastorno de la identidad de género

1. American Psychiatric Association, *Diagnostic and Statistical Manual of Mental Disorders*, 4ª ed. (2000), p. 579.

2. Ibíd., p. 537.

34. El fetichismo travestista

1. http://www.minddisorders.com/Py-Z/Transvestic-fetishism.html.

36. Los niños y adolescentes sexualmente activos

1. H. Weinstock et al., "Sexually Transmitted diseases among American Youth: Incidence and Prevalence Estimates, 2000", *Perspectives on Sexual and Reproductive Health* 36, No. 1 (2004): pp. 6-10).

2. Guttmacher Institute, "Facts on American Teens' Sexual and Reproductive Health", septiembre 2006, http://www.guttmacher.org/pubs/fb_ATSRH.html.

3. Ibíd.

37. El embarazo y la crianza de hijos en la adolescencia

1. J. S. Santelli et al., "Recent Declines in Adolescent Pregnancy in the United States: More Abstinence or Better Contraceptive Use?" *American Journal of Public Health* 97, No. 1 (2007).

2. U.S. Census Bureau, www.census.gov, 2007.

3. Ibíd.

4. G. Acs and H. Koball, "TANF [Asistencia temporal para familias necesitadas] and the Status of Teen Mothers under Age Eighteen", *Urban Institute*, 2003, http://www.urban.org/publications/310796.html.

5. Ibíd.

6. National Commission on Children, *Speaking of Kids: A National Survey on Children and Parents* (Washington, DC, 1991).

38. El incesto

1. Rape, Abuse, and Incest National Network, RAINN, 2008, www.rainn.org.

2. Ibíd.

3. Christine Courtois, *Healing the Incest Wound: Adult Survivors in Therapy* (Nueva York: W. W. Norton, 1996), p. 135.

4. Ibíd.

5. Lawrence Greenfield, *Child Victimizers: Violent Offenders and Their Victims* (Washington, DC: Bureau of Justice Statistics and the Office of Juvenile Justice and Delinquency Prevention, U.S. Department of Justice, 1996).

40. El sexo de los mayores

1. Osmo Kontula y Alina Haavio-Mannila, "The Impact of Aging on Human Sexual Activity and Sexual Desire", *The Journal of Sex Research* (1 enero, 2009): pp. 46-56.

2. Ibíd.

3. "Sexuality Survey", *AARP The Magazine* (agosto 1999): pp. 57-69; Roper Starch Worldwide Survey, "Healthy Sexuality and Vital Aging, Executive Summary: A Study by the National Council on Aging" (septiembre 1998), pp. 1-15, https://www.ncoa.org/attachments/SexualitySurveyExecutiveSummary.pdf.

4. Mary Ann Mayo y Joseph L. Mayo, *The Menopause Manager: A Safe Path for a Natural Change* (Grand Rapids: Revell, 1998), p. 107.

5. David Arp y Claudia Arp, *The Second Half of Marriage* (Grand Rapids: Zondervan, 1998).

Recursos recomendados

1. La intimidad de la pareja y el placer sexual

Dillow, Linda y Lorraine Pintus. *Temas de intimidad: 21 interrogantes que las mujeres tienen sobre sexo.* Nashville, TN: Grupo Nelson, 2007.

Leman, Kevin. *Música entre las sábanas: Descubra los secretos de la intimidad sexual en el matrimonio.* Miami, FL: Editorial Unilit, 2004.

_____. *Sube la temperatura: Guía para la intimidad sexual de las parejas.* Miami, FL: Editorial Unilit, 2015.

Wheat, Ed y Gaye Wheat. *El placer sexual ordenado por Dios: Un manual completo para la pareja cristiana.* Puerto Rico: Editorial Betania, 1980.

2. El deseo y las expectativas sexuales

Dillow, Linda y Lorraine Pintus. *Temas de intimidad: 21 interrogantes que las mujeres tienen sobre sexo.* Nashville, TN: Grupo Nelson, 2007.

LaHaye, Tim, y Beverly LaHaye. *El acto matrimonial.* Terrassa: Editorial Clie, 1988.

______. *El acto matrimonial después de los 40.* Miami, FL: Editorial Unilit, 2002.

Leman, Kevin. *Música entre las sábanas: Descubra los secretos de la intimidad sexual en el matrimonio.* Miami, FL: Editorial Unilit, 2004.

Rosenau, Douglas E. *Una celebración del sexo.* Nashville, TN: Betania, 2003.

Wheat, Ed y Gaye Wheat. *El placer sexual ordenado por Dios: Un manual completo para la pareja cristiana.* Puerto Rico: Editorial Betania, 1980.

3. Las amenazas para la intimidad sexual

Dillow, Linda y Lorraine Pintus. *Temas de intimidad: 21 interrogantes que las mujeres tienen sobre sexo.* Nashville, TN: Grupo Nelson, 2007.

Leman, Kevin. *Música entre las sábanas: Descubra los secretos de la intimidad sexual en el matrimonio.* Miami, FL: Editorial Unilit, 2004.

Rosenau, Douglas E. *Una celebración del sexo.* Nashville, TN: Betania, 2003.

Wheat, Ed y Gaye Wheat. *El placer sexual ordenado por Dios: Un manual completo para la pareja cristiana.* Puerto Rico: Editorial Betania, 1980.

4. El aumento de la satisfacción sexual

Dillow, Linda y Lorraine Pintus. *Temas de intimidad: 21 interrogantes que las mujeres tienen sobre sexo.* Nashville, TN: Grupo Nelson, 2007.

LaHaye, Tim, y Beverly LaHaye. *El acto matrimonial.* Terrassa: Editorial Clie, 1988.

______. *El acto matrimonial después de los 40.* Miami, FL: Editorial Unilit, 2002.

Leman, Kevin. *Música entre las sábanas: Descubra los secretos de la intimidad sexual en el matrimonio.* Miami, FL: Editorial Unilit, 2004.

Penner, Clifford L. y Joyce J. Penner. *52 maneras de tener relaciones sexuales divertidas y fabulosas.* Nashville, TN: Grupo Nelson, 2011.

Rosenau, Douglas E. *Una celebración del sexo.* Nashville, TN: Betania, 2003.

Wheat, Ed y Gaye Wheat. *El placer sexual ordenado por Dios: Un manual completo para la pareja cristiana.* Puerto Rico: Editorial Betania, 1980.

5. El estrés y las relaciones sexuales

Yancey, Philip. *Alcanzando al Dios invisible.* Miami, FL: Editorial Vida, 2004.

_____. *Cuando la vida duele: ¿dónde está Dios cuando sufrimos?* Miami, FL: Editorial Unilit, 2001.

6. El control de natalidad y la reproducción

Billings, John. *Método de ovulación.* México: Paulinas, 1998.

7. La infertilidad

Glahn, Sandra. *Sostén en nuestra infertilidad: Esperanza y ayuda para las parejas que enfrentan la infertilidad.* Miami, FL: Editorial Vida, 2005.

Vredevelt, Pam. *Brazos vacíos.* Miami, FL: Editorial Unilit, 2003.

8. El deseo sexual apagado

Dillow, Linda y Lorraine Pintus. *Temas de intimidad: 21 interrogantes que las mujeres tienen sobre sexo.* Nashville, TN: Grupo Nelson, 2007.

LaHaye, Tim, y Beverly LaHaye. *El acto matrimonial.* Terrassa: Editorial Clie, 1988.

______. *El acto matrimonial después de los 40.* Miami, FL: Editorial Unilit, 2002.

Leman, Kevin. *Música entre las sábanas: Descubra los secretos de la intimidad sexual en el matrimonio.* Miami, FL: Editorial Unilit, 2004.

Rosenau, Douglas E. *Una celebración del sexo.* Nashville, TN: Betania, 2003.

Wheat, Ed y Gaye Wheat. *El placer sexual ordenado por Dios: Un manual completo para la pareja cristiana.* Puerto Rico: Editorial Betania, 1980.

9. Los trastornos orgásmicos

Dillow, Linda y Lorraine Pintus. *Temas de intimidad: 21 interrogantes que las mujeres tienen sobre sexo.* Nashville, TN: Grupo Nelson, 2007.

Leman, Kevin. *Música entre las sábanas: Descubra los secretos de la intimidad sexual en el matrimonio.* Miami, FL: Editorial Unilit, 2004.

Penner, Clifford L. y Joyce J. Penner. *52 maneras de tener relaciones sexuales divertidas y fabulosas.* Nashville, TN: Grupo Nelson, 2011.

Rosenau, Douglas E. *Una celebración del sexo.* Nashville, TN: Betania, 2003.

Wheat, Ed y Gaye Wheat. *El placer sexual ordenado por Dios: Un manual completo para la pareja cristiana.* Puerto Rico: Editorial Betania, 1980.

10. La eyaculación precoz

Wheat, Ed y Gaye Wheat. *El placer sexual ordenado por Dios: Un manual completo para la pareja cristiana.* Puerto Rico: Editorial Betania, 1980.

11. El trastorno de la excitación sexual

Dillow, Linda y Lorraine Pintus. *Temas de intimidad: 21 interrogantes que las mujeres tienen sobre sexo.* Nashville, TN: Grupo Nelson, 2007.

Leman, Kevin. *Música entre las sábanas: Descubra los secretos de la intimidad sexual en el matrimonio.* Miami, FL: Editorial Unilit, 2004.

Rosenau, Douglas E. *Una celebración del sexo.* Nashville, TN: Betania, 2003.

Wheat, Ed y Gaye Wheat. *El placer sexual ordenado por Dios: Un manual completo para la pareja cristiana.* Puerto Rico: Editorial Betania, 1980.

12. El trastorno de dolor genital

Dillow, Linda y Lorraine Pintus. *Temas de intimidad: 21 interrogantes que las mujeres tienen sobre sexo.* Nashville, TN: Grupo Nelson, 2007.

Leman, Kevin. *Música entre las sábanas: Descubra los secretos de la intimidad sexual en el matrimonio.* Miami, FL: Editorial Unilit, 2004.

Rosenau, Douglas E. *Una celebración del sexo.* Nashville, TN: Betania, 2003.

Wheat, Ed y Gaye Wheat. *El placer sexual ordenado por Dios: Un manual completo para la pareja cristiana.* Puerto Rico: Editorial Betania, 1980.

13. La masturbación y el autoerotismo

LaHaye, Tim, y Beverly LaHaye. *El acto matrimonial.* Terrassa: Editorial Clie, 1988.

______. *El acto matrimonial después de los 40.* Miami, FL: Editorial Unilit, 2002.

Leman, Kevin. *Música entre las sábanas: Descubra los secretos de la intimidad sexual en el matrimonio.* Miami, FL: Editorial Unilit, 2004.

Rosenau, Douglas E. *Una celebración del sexo.* Nashville, TN: Betania, 2003.

Wheat, Ed y Gaye Wheat. *El placer sexual ordenado por Dios: Un manual completo para la pareja cristiana.* Puerto Rico: Editorial Betania, 1980.

14. El sexo oral

William Cutrer y Sandra Glahn. *Intimidad sexual en el matrimonio.* Grand Rapids: Portavoz, 1999.

Dillow, Linda y Lorraine Pintus. *Temas de intimidad: 21 interrogantes que las mujeres tienen sobre sexo.* Nashville, TN: Grupo Nelson, 2007.

LaHaye, Tim, y Beverly LaHaye. *El acto matrimonial.* Terrassa: Editorial Clie, 1988.

______. *El acto matrimonial después de los 40.* Miami, FL: Editorial Unilit, 2002.

Leman, Kevin. *Música entre las sábanas: Descubra los secretos de la intimidad sexual en el matrimonio.* Miami, FL: Editorial Unilit, 2004.

Penner, Clifford L. y Joyce J. Penner. *52 maneras de tener relaciones sexuales divertidas y fabulosas.* Nashville, TN: Grupo Nelson, 2011.

Rosenau, Douglas E. *Una celebración del sexo.* Nashville, TN: Betania, 2003.

Wheat, Ed y Gaye Wheat. *El placer sexual ordenado por Dios: Un manual completo para la pareja cristiana.* Puerto Rico: Editorial Betania, 1980.

15. El sexo anal

Dillow, Linda y Lorraine Pintus. *Temas de intimidad: 21 interrogantes que las mujeres tienen sobre sexo.* Nashville, TN: Grupo Nelson, 2007.

LaHaye, Tim, y Beverly LaHaye. *El acto matrimonial.* Terrassa: Editorial Clie, 1988.

______. *El acto matrimonial después de los 40.* Miami, FL: Editorial Unilit, 2002.

Leman, Kevin. *Música entre las sábanas: Descubra los secretos de la intimidad sexual en el matrimonio.* Miami, FL: Editorial Unilit, 2004.

Penner, Clifford L. y Joyce J. Penner. *52 maneras de tener relaciones sexuales divertidas y fabulosas.* Nashville, TN: Grupo Nelson, 2011.

Rosenau, Douglas E. *Una celebración del sexo.* Nashville, TN: Betania, 2003.

Wheat, Ed y Gaye Wheat. *El placer sexual ordenado por Dios: Un manual completo para la pareja cristiana.* Puerto Rico: Editorial Betania, 1980.

16. Las enfermedades de transmisión sexual

Centros para el Control y la Prevención de Enfermedades: www.cdc.gov/std/spanish.

17. La transmisión del VIH y el sida

Centros para el Control y la Prevención de Enfermedades: http://www.cdc.gov/std/spanish.

HIV/AIDS Treatment Information Service: 1-800-HIV-0440. https://infosida.nih.gov.

MedlinePlus (español): http://www.nlm.nih.gov/medlineplus/spanish/hivaids.html.

18. Los sobrevivientes adultos de abuso sexual

Allender, Dan. *Corazón herido*. Miami, FL: Editorial Caribe, 1995.

Langberg, Diane. *En el umbral de la esperanza: Una puerta abierta hacia la sanidad de los sobrevivientes de abusos sexuales*. Miami, FL: Editorial Unilit, 2003.

19. La infidelidad y las aventuras amorosas

Arterburn, Stephen, Fred Stoeker y Mike Yorkey. *Corazones restaurados: Una guía para la sanidad de las esposas después del pecado sexual de sus esposos*. Miami, FL: Editorial Unilit, 2005.

Carder, Dave. *Destrozados: La recuperación de una relación extramatrimonial*. Miami, FL: Editorial Unilit, 2013.

Dobson, James. *El amor debe ser firme*. Miami, FL: Editorial Vida, 2006.

Laaser, Debra. *Promesas quebrantadas: Esperanza y sanidad para la mujer traicionada sexualmente*. Miami, FL: Editorial Vida, 2009.

Laaser, Mark. *Cómo sanar las heridas de la adicción sexual*. Miami, FL: Editorial Vida, 2005.

Spring, Janis Abrahms y Michael Spring. *Después de la infidelidad: Sanando el dolor y restableciendo la confianza cuando la pareja ha sido infiel*. Nashville, TN: HarperCollins Español, 2015; no escrito desde una perspectiva cristiana.

20. El perdón y la restauración de la confianza

Arthur, Kay. *El perdón: Rompiendo el poder del pasado*. Chattanooga, TN: Precept Ministries International, 2012.

DeMoss, Nancy Leigh. *Escoja perdonar: Su camino a la libertad*. Grand Rapids, MI: Editorial Portavoz, 2007.

Kendall, R. T. *Perdón total*. Lake Mary, FL: Casa Creación, 2004.

MacArthur, John. *La libertad y el poder del perdón*. Grand Rapids, MI: Editorial Portavoz, 1999.

Stanley, Charles. *La paz del perdón*. Nashville, TN: Grupo Nelson, 2012.

Worthington, Everett. *El poder de perdonar*. México, D.F.: Editorial Diana, 2006.

21. La adicción al sexo y al romance

Hawkins, David. *¡Acabe con las adicciones cotidianas!* Grand Rapids, MI: Editorial Portavoz, 2009.

Laaser, Mark. *Cómo sanar las heridas de la adicción sexual*. Miami, FL: Editorial Vida, 2005.

Moore, Beth. *Libre: Haz que la libertad en Cristo sea una realidad en tu vida*. Miami, FL: Editorial Unilit, 2002.

Schaumburg, Harry. *La adicción sexual*. El Paso, TX: Casa Bautista de Publicaciones, 2009.

22. La pornografía

Laaser, Debra. *Promesas quebrantadas: Esperanza y sanidad para la mujer traicionada sexualmente*. Miami, FL: Editorial Vida, 2009.

Laaser, Mark. *Cómo sanar las heridas de la adicción sexual.* Miami, FL: Editorial Vida, 2005.

23. El "poliamor" y las relaciones sexuales en grupo

Laaser, Debra. *Promesas quebrantadas: Esperanza y sanidad para la mujer traicionada sexualmente.* Miami, FL: Editorial Vida, 2009.

Laaser, Mark. *Cómo sanar las heridas de la adicción sexual.* Miami, FL: Editorial Vida, 2005.

24. El exhibicionismo y el voyerismo

Laaser, Mark. *Cómo sanar las heridas de la adicción sexual.* Miami, FL: Editorial Vida, 2005.

25. El fetichismo

Laaser, Mark. *Cómo sanar las heridas de la adicción sexual.* Miami, FL: Editorial Vida, 2005.

26. El froteurismo

Laaser, Mark. *Cómo sanar las heridas de la adicción sexual.* Miami, FL: Editorial Vida, 2005.

27. El sadismo y el masoquismo

Laaser, Mark. *Cómo sanar las heridas de la adicción sexual.* Miami, FL: Editorial Vida, 2005.

28. La violencia sexual y la violación

Langberg, Diane. *En el umbral de la esperanza: Una puerta abierta hacia la sanidad de los sobrevivientes de abusos sexuales.* Miami, FL: Editorial Unilit, 2003.

Meyer, Joyce. *La revolución de amor.* Nueva York: Faithwords, 2009.

29. La prostitución y la explotación sexual

Allender, Dan. *Corazón herido.* Miami, FL: Editorial Caribe, 1995.

Grant, David y Beth Grant. *Más allá de la cortina manchada: La lucha de Proyecto Rescate por las víctimas de la industria de la esclavitud sexual.* Springfield, MO: Onward Books, 2012.

Langberg, Diane. *En el umbral de la esperanza: Una puerta abierta hacia la sanidad de los sobrevivientes de abusos sexuales.* Miami, FL: Editorial Unilit, 2003.

30. La pedofilia

Arterburn, Stephen. *Sanidad es una elección.* Grand Rapids, MI: Editorial Portavoz, 2007.

Arterburn, Stephen y Debra Cherry. *Conozca y controle sus apetitos.* Lake Mary, FL: Casa Creación, 2005.

Laaser, Mark. *Cómo sanar las heridas de la adicción sexual.* Miami, FL: Editorial Vida, 2005.

31. El acoso sexual en el trabajo

Cloud, Henry y John Townsend. *Límites.* Miami, FL: Editorial Vida, 2000.

DeMoss, Nancy Leigh. *Mentiras que las mujeres creen y la verdad que las hace libres.* Grand Rapids, MI: Editorial Portavoz, 2001.

32. La homosexualidad

Laaser, Mark. *Cómo sanar las heridas de la adicción sexual.* Miami, FL: Editorial Vida, 2005.

33. El trastorno de la identidad de género

Eldredge, John. *Salvaje de corazón: Descubramos el secreto del alma masculina.* Nashville, TN: Editorial Betania, 2003.

Eldredge, John y Stasi. *Cautivante: Revelando el misterio del alma de una mujer.* Nashville, TN: Caribe-Betania, 2005.

34. El fetichismo travestista

Laaser, Mark. *Cómo sanar las heridas de la adicción sexual.* Miami, FL: Editorial Vida, 2005.

35. La crianza de hijos sexualmente sanos

Jones, Stan y Brenna Jones. *Esta es la realidad: La verdad en cuanto a ti y el sexo.* El Paso, TX: Editorial Mundo Hispano, 1999.

36. Los niños y adolescentes sexualmente activos

Chapman, Gary. *El enojo: Cómo manejar una emoción poderosa de una manera saludable.* Grand Rapids, MI: Editorial Portavoz, 2009.

_____. *Los 5 lenguajes del amor de los jóvenes.* Miami, FL: Editorial Unilit, 2011.

Scherrer, David L. y L. Klepacki. *Cómo hablar con tus hijos de sexualidad.* Lake Mary, FL: Casa Creación, 2005.

38. El incesto

Allender, Dan. *Corazón herido.* Miami, FL: Editorial Caribe, 1995.

Langberg, Diane. *En el umbral de la esperanza: Una puerta abierta hacia la sanidad de los sobrevivientes de abusos sexuales.* Miami, FL: Editorial Unilit, 2003.

39. Los solteros y la sexualidad

Anderson, Neil T. y Dave Park. *Pureza bajo presión: Amistades, citas, relaciones perdurables.* Miami, FL: Editorial Unilit, 1996.

Arterburn, Stephen, Fred Stoeker y Mike Yorkey. *La batalla de cada hombre: La guía que todo hombre necesita para ganar la guerra de la tentación sexual, una victoria a la vez.* Miami, FL: Editorial Unilit, 2003.

Ethridge, Shannon. *La batalla de cada mujer.* Miami, FL: Editorial Unilit, 2016.

Hammond, Michelle McKinney. *¿Por qué digo sí cuando necesito decir no? Escapando de la trampa de la tentación.* Buenos Aires: Peniel, 2004.

40. El sexo de los mayores

Leman, Kevin. *Música entre las sábanas: Descubra los secretos de la intimidad sexual en el matrimonio.* Miami, FL: Editorial Unilit, 2004.

Rosberg, Gary y Barbara, y Ginger Kolbaba. *Las 5 necesidades sexuales de hombres y mujeres.* Carol Stream, IL: Tyndale Español, 2008.

Smalley, Gary y Ted Cunningham. *El lenguaje del sexo: Cómo experimentar la belleza de la intimidad sexual.* Miami, FL: Editorial Vida, 2009.

Sea usted pastor, consejero profesional o sencillamente alguien que se interesa por los demás, en estos manuales encontrará la información necesaria para asistir y consolar a las personas quebrantadas y doloridas cerca de usted.

EDITORIAL
PORTAVOZ

NUESTRA VISIÓN

Maximizar el efecto de recursos cristianos de calidad que transforman vidas.

NUESTRA MISIÓN

Desarrollar y distribuir productos de calidad —con integridad y excelencia—, desde una perspectiva bíblica y confiable, que animen a las personas a conocer y servir a Jesucristo.

NUESTROS VALORES

Nuestros valores se encuentran fundamentados en la Biblia, fuente de toda verdad para hoy y para siempre. Nosotros ponemos en práctica estas verdades bíblicas como fundamento para las decisiones, normas y productos de nuestra compañía.

Valoramos la excelencia y la calidad
Valoramos la integridad y la confianza
Valoramos el mérito y la dignidad de los individuos y las relaciones
Valoramos el servicio
Valoramos la administración de los recursos